SPORT
VERLAG

UMKÄMPFTE KRONE

Die Duelle der Schachweltmeister von Steinitz bis Kasparow

Raymund Stolze
unter Mitarbeit von
Eduard Gufeld, Klaus Metscher,
Joachim Petzold, Hans Platz
und Albin Pötzsch

Sportverlag Berlin

ISBN 3-328-00526-9

Dritte, veränderte Auflage
Gestaltung: Margitta und Frank-Norbert Beyer
Einband: Theodor Bayer-Eynck
Printed in Germany
Gesamtherstellung: Mohndruck
Graphische Betriebe GmbH Gütersloh

Inhalt

КАСПАРОВ

Vorwort

Der Kampf um die Schachkrone brachte stets Impulse für die weitere Entwicklung dieser Sportart. Die Matche um die Weltmeisterschaft werden ja nicht nur ausgetragen, um den stärksten Schachspieler zu ermitteln, sondern es treffen in diesen Vergleichen auch die unterschiedlichsten schöpferischen Auffassungen aufeinander. Praktisch muß sich dann erweisen, wessen Stil zum jeweiligen Zeitpunkt der fortschrittlichste ist. Ein nicht geringer Teil des Wissens, das über das Schachspiel gesammelt wurde, ist deshalb das Verdienst der Weltmeister und ihrer Herausforderer. Der Champion ist jedoch verpflichtet, einen größeren Beitrag zur Erweiterung des »Schachhorizonts« zu leisten.

Weltmeister – das ist immer eine Epoche im Schachsport. Wilhelm Steinitz, der erste gekrönte Schachkönig, machte sich besonders um die Ausarbeitung einer logischen Spieltheorie verdient. Er gab den Schachspielern gewissermaßen ihr Einmaleins. Bis zur höchsten Mathematik war es aber noch sehr weit.

Emanuel Lasker war der erste, der sich ernsthaft und mit wissenschaftlicher Gründlichkeit mit den psychologischen Aspekten des Schachspiels befaßte. Das Schach war in seinem Verständnis vor allem der Kampf zweier Intellekte.

José Raoul Capablanca, Laskers Thronfolger, galt als unübertroffener Meister der Schachtechnik, weshalb er auch als »Schachmaschine« bezeichnet wurde. Sein sogenanntes Sicherheitsspiel, das keineswegs mit einem Mangel an Kampfgeist identisch war, garantierte ihm maximale Ergebnisse. Die von ihm praktizierte eiserne Zweckmäßigkeit, von der nicht wenige Kritiker meinten, sie bewirke den raschen Tod des Schachs, fand jedoch mit der Ära Alexander Aljechins ein Ende. In dessen Stil zeigte es sich, daß ein nur logisches Herangehen mit einer hohen Stufe der Vorausberechnung nicht ausreichend ist, wenn ihm schachliche Phantasie, Intuition und Mut gegenüberstehen. Daß freilich auch eine so begabte Persönlichkeit wie Aljechin nicht unbesiegbar ist, demonstrierte Max Euwe, der fünfte Weltmeister der Schachgeschichte.

Ende der vierziger Jahre begann die Hegemonie der sowjetischen Schachschule. Michail Botwinnik, ihr Patriarch, war ein Wissenschaftler, der nach einem Algorithmus des Schachs suchte. Damit bereicherte er einerseits wesentlich die Eröffnungstheorie und ermöglichte andererseits Voraussagen bis weit ins Mittelspiel. Wassili Smyslow erwies sich als glänzender Kenner des Endspiels und besaß ein bewundernswürdiges Positionsverständnis. Michail Tal bewies, daß Schach nicht nur eine harmonische Verbindung von Sport und Wissenschaft ist, sondern auch von Kunst. Tigran Petrosjan ist, wenn man so will, der Geburtshelfer des gesunden Pragmatismus. Ein charakteristischer Vertreter dieser Richtung war Boris Spasski, der erste wirklich universelle Schachspieler.

Selbst wenn es paradox klingen mag: Der nächste Weltmeister, Robert Fischer, setzte die sowjetischen Traditionen schöpferisch fort. Mit ihm beginnt für mich das moderne Schachspiel. In der Zeit seines größten Triumphes erhöhte sich das Interesse am Schach in der Welt bedeutend. Auch Anatoli Karpow ist ein hervorragender Praktiker. Er entwikkelte vor allem die sportliche Komponente des Schachs weiter. Was mich selbst angeht, so ist meine Art des Herangehens universal. Schach bedeutet für mich Kampf und Sport.

Lange Zeit war umstritten, nach welchem Reglement man die Weltmeister ermitteln sollte. Ich bin der Auffassung, daß es nur in einem Zweikampf möglich ist. Der Herausforderer muß im fairen Wettstreit Mann gegen Mann nachweisen, daß er stärker als der Champion ist. Die bisherigen WM-Duelle haben diesen Modus hinreichend bestätigt, denn es gab tatsächlich noch niemanden, der zufällig Weltmeister wurde. Wer das Zeug dazu hat, den höchsten Titel zu erkämpfen, der schafft das auch. Eine Ausnahme ist vielleicht Harry Pillsbury. Dieser Amerikaner spielte zwar zu seiner Zeit objektiv stärker als Lasker, doch er erkrankte schwer und starb. Was die letzten 40 Jahre angeht, so waren nur Bronstein und Keres Pechvögel. So benötigte Bronstein gegen Botwinnik 1951 nur noch zwei Remis, doch er verlor die dramatische 23. Partie. Keres wurde im Kandidatenturnier viermal »nur« Zweiter, weshalb er als »ewiger Kandidat« in die Schachgeschichte einging. Beide waren sicher Spieler der Extra-, wenn nicht sogar der Superklasse, aber für den Weltmeistertitel war halt noch ein weniges mehr vonnöten.

Die 120 Partien, die ich bisher mit Anatoli Karpow um die Weltmeisterschaft spielte – wir saßen rund 580 Stunden gemeinsam am Schachbrett –, ließen nicht die kleinste Möglichkeit für Zufälligkeiten offen. Es fanden sich auch wieder Propheten, die behaupteten, wir hätten das Schachspiel endgültig erschöpft und nach uns wäre nichts Neues mehr zu erwarten. Nun, ich denke, gerade unser letzter Wettkampf ist die beste Antwort auf diese haltlose These. Das schöpferische Potential im Schach ist unbegrenzt. Im Grunde steckt in einer Schachpartie eine unendliche Vielfalt von Geheimnissen. Zum Glück, meine ich, denn das macht dieses jahrtausendealte Spiel wirklich unsterblich.

Garri Kasparow
13. Schachweltmeister

Die ungekrönten Könige

»Die Natur hat uns das Schachbrett gegeben, aus dem wir nicht hinauswirken können, noch wollen; sie hat uns die Steine geschnitzt, deren Wert, Bewegung und Vermögen nach und nach bekannt werden; nun ist es an uns, Züge zu tun, von denen wir uns Gewinn versprechen.« (Johann Wolfgang von Goethe)

In seiner autobiographischen Schrift »Bekenntnisse« erwähnt der französische Aufklärer und Philosoph Jean-Jacques Rousseau (1712–1778) auch mehrmals seine enge Beziehung zum Schach, das ihm ein gewisser Bagueret beigebracht hatte. »Bereits nach den ersten Zügen stürzte ich mich in die tiefste Schachraserei. Ich kaufte Schachbrett und Figuren, schloß mich in mein Zimmer ein und verbrachte die Tage und Nächte damit, alle Spielmöglichkeiten zu lernen.« Der über 20jährige begriff schnell die Züge und schlug später auch den Prinzen von Conti. Dabei deuteten ihm die heimlichen Zeichen und verzweifelten Gebärden der Begleiter des Günstlings aus der Kamarilla Ludwigs XV. an, daß es doch standesgemäß wäre, gegen den Prinzen zu verlieren. Rousseau, einer der geistigen Wegbereiter der Französischen Revolution von 1789, sagte am Partieschluß daraufhin seinem adligen Widerpart mit der ihm eigenen feinsinnigen Ironie: »Ich ehre Sie zu sehr, um Sie im Schach gewinnen zu lassen.«

Mit seiner Schilderung führt uns der vor mehr als 200 Jahren verstorbene Pädagoge und Schriftsteller in jene Zeit der gesellschaftlichen Evolution des Schachspiels, als es sich aus der jahrhundertelangen Repräsentation an Königs- und Fürstenhöfen sowie Adelspalästen löste. Die Meister suchten sich in der erstarkenden Schachbewegung des 18. Jahrhunderts neue Domizile und fanden sie zunächst in den Kaffeehäusern, Klubs und Zirkeln großer Städte. Genannt sei das »Café de la Régence« in Paris. In London war es seit 1692 »Slaughters Kaffeehaus«, das sich in der Nähe des Trafalgar Square befand. Es begann zugleich jene Periode des Schachspiels der Neuzeit, in der die internationalen Vergleiche zunahmen und der Anspruch verwirklicht werden konnte, weltbeste Spieler zu ermitteln. In die Schachgeschichte gingen sie als ungekrönte Könige ein.

Die Historie der Schachwettkämpfe läßt sich freilich bis ins 9. und 10. Jahrhundert verfolgen. So berichten arabische Chronisten von berühmten Schachspielern, die sie »Alia« nennen, was soviel wie Großmeister heißt. Trotz gewisser Warnungen im Koran wurde das Schachspiel, das von Indien nach Persien gelangte und von hier an die Araber übermittelt wurde, von den Mohammedanern eifrig gepflegt. Die persisch-arabischen Schachmeister standen in ständigem Wettstreit untereinander.

Als erstes europäisches Land wurde Spanien infolge der Eroberung durch die Mauren mit dem Spiel der 32 Steine konfrontiert, dessen Regeln sich ebenfalls zu verändern begannen. Das alte langsame Schatrandsch der arabisch-islamischen Länder, das sich aus dem vor rund 2 000 Jahren ersonnenen indischen Tschaturanga und dem nachfolgenden persischen Tschatrang entwickelte, mußte dem modernen, neuzeitlichen Schach weichen. Seine Geburtsurkunde stellten ihm in der Renaissance die spanischen Spieler Ramirez Lucena und Ruy Lopez mit ihren ersten Schach- und Regelbüchern 1497 und 1561 aus. In den gegenüber dem arabischen Schach neuen Regeln, die bis zum 18. Jahrhundert stetig vervollkommnet wurden und noch heute gültig sind, wandelte sich unter anderem die Dame von der schwächsten zur stärksten Figur, der Läufer sprang nicht mehr über die Steine, der Bauer erhielt in der Ausgangsstellung den Doppelschritt im ersten Zug. Außerdem kamen hinzu das En-passant-Schlagen, die Rochade sowie die Umwandlung des Bauern, der die 8. beziehungsweise 1. Reihe erreicht hat, in eine beliebige eigene Figur mit Ausnahme des Königs.

Nicht verwunderlich ist, daß noch unter den Augen des spanischen Königs Philipp II. (1527–1598) bereits im Jahre 1575 in Madrid ein kleines Turnier stattfand. Es wurde von dem italienischen Meister Giovanni Leonardo di Bona da Cutri vor seinem Landsmann Paolo Boi und eben Ruy Lopez gewonnen. Dieser Stadtpfarrer zu Zafra in Estrenadura gilt als Vater der Spanischen Eröffnung.

Die Dauer des italienischen Aufschwungs kann man etwa von 1570 bis 1640 festschreiben. Sie ist vor allem mit einer Person verbunden, dem Kalabresen Gioacchino Greco (1600–1634). Er brachte um 1619/20 in Rom ein Traktat von 150 Schachpartien heraus, das eine Sammlung glanzvoller Kombinationen darstellte. Nicht zu übersehen ist darin seine Vorliebe für verwegene abenteuerliche Varianten. Das von ihm in der Italienischen Partie entwickelte Gambit 1. e4 e5 2. ♘f3 ♘c6 3. ♗c4 ♗c5 mit c2–c3 im 4. Zug ist bis in die Gegenwart eine beliebte Fortsetzung.

Nach Spanien und Italien ging die »Schachvormacht« in Europa auf das Frankreich der vorbürgerlichen Revolution über. Dessen Schachruhm ist am meisten mit dem Namen von François André Philidor (1726–1795) verbunden. Als dieser 14jährig nach Paris kam, konnte er im »Café de la Régence« vom späteren Berufsspieler Kermuy Sire de Légal außerordentlich viel lernen. Dort machte er aber auch die Bekanntschaft der Philosophen, Aufklärer und Literaten d'Alembert, Diderot, Robespierre, Rousseau und Voltaire, die selbst an den Schachtischen saßen und das Spiel zur Schulung des Denkens und der Phantasie schätzten.

Philidor, der viel in London spielte und publizierte, überragte seine Zeitgenossen auch in der Praxis. So schlug er, der von Beruf Musiker war und in seinem Leben 23 Opern geschrieben hat, 1765 den berühmten Syrer Philipp Stamma 8:2. Nach diesem Match mit Stamma, der 1737 die noch heute gültige algebraische Schachnotation eingeführt hat, nannten englische Zeitungen Philidor manchmal den besten Schachspieler aller Zeiten, aber niemals Weltmeister. Philidor führte damit die Reihe der »ungekrönten« Könige an. In seinem 1749 in London erstmals erschienenen Lehrbuch »L'analyse du jeu des échecs« (Analyse des Schachspiels) formulierte er als erster allgemeine theoretische Grundsätze des modernen Positionsspiels. Sein bekanntester Lehrsatz hieß: Die Bauern sind die Seele des Schachspiels.

Die streng positionelle Auffassung des ersten »Ungekrönten« fand jedoch auch viele Gegner. Deren Devise waren vor allem stürmische Angriffe und geistvolle Opferkombinationen. Remispartien waren selten. Auf dem Schachbrett blühte kräftig die »blaue Blume« der Romantik.

Zentren des Schachspiels waren immer noch die auch ökonomisch und kulturell am weitesten fortgeschrittenen Länder England und Frankreich. Die Männer von der Insel unterstrichen dabei deutlicher ihre Anwartschaft auf die Dominanz. Der als stärkster Spieler in der Ära nach Philidor anerkannte Meister war jedoch erneut ein Franzose, Louis Charles Mahé de Labourdonnais (1797–1840). Er behauptete sich gegen den irischen Meister Alexander MacDonnell (1798–1835) in einer Serie von sechs Wettkämpfen nach 88 Partien mit 44 zu 30 Siegen. Austragungsort dieses denkwürdigen Matches, das zugleich die Zeit der großen Zweikämpfe im modernen Schach einleitete, war von Juni bis November 1834 der Londoner Westminster Schachklub. Da es damals noch keine Seil- oder Stuhlabsperrungen gab, standen die zahlreichen Zuschauer unmittelbar am Schachtisch und diskutierten lauthals über das Geschehen auf dem Brett. MacDonnell hat die Anstrengungen dieses knapp ein halbes Jahr dauernden Schachmarathons nicht verkraftet und starb bereits ein Jahr später. Der Franzose hingegen konnte sich bis zu seinem Tode des Rufs erfreuen, gegen niemanden mehr verloren zu haben. Doch nicht nur deshalb fehlt sein Name in keinem Schachlexikon. 1836 gab er auch das erste Schachjournal der Welt – La Palamède – heraus. Der Titel bezog sich auf diese früher weit verbreitete Legende, daß der griechische Held Palamedes das Schachspiel während des Trojanischen Krieges erfunden haben soll.

Dem Shakespeare-Forscher Howard Staunton (1810–1874) blieb es vorbehalten, die inoffizielle Schachkrone schließlich doch nach England zu holen. Nachdem er im Frühjahr 1843 dem besten Franzosen Pierre de Saint Amant (1800–1872) noch knapp unterlag (+2, −3, =1), gelang ihm im gleichen Jahr eine eindrucksvolle Revanche. In der Höhle des Löwen in Paris besiegte er im zweiten Anlauf den Franzosen entscheidend (+11, −6, =4). Da er mit seinem nüchternen Stil und der ausgefeilten Technik auch Matchkämpfe gegen Meister anderer Länder gewann, wurde Staunton zwischen 1843 und 1851 als stärkster Spieler der Welt akzeptiert. Nicht unwesentlich trug dazu ebenso seine verdienstvolle literarische Tätigkeit bei. So gründete er unter anderem 1840 die englische Schachzeitung Chess Players Chronicle. Von ihm stammt ferner nicht nur die recht beliebte Englische Eröffnung, auch die bei internationalen Wettkämpfen gebräuchlichen Figuren sind nach der Staunton-Norm gefertigt. Eines seiner hervorragenden Verdienste für das Schach ist die Organisation des ersten internationalen Schachturniers 1851 in London. Dieser erste internationale Wettkampf, der anläßlich der Londoner Weltausstellung stattfand, war der Auftakt für künftige internationale Meister- und Großmeisterwettbewerbe auf allen Kontinenten.

Das Turnier mit 16 namhaften Meistern aus mehreren Ländern – in Form von Zweikämpfen ausgetragen – hatte mit Adolf Anderssen (1818–1879) einen unerwarteten Triumphator. Der Lehrer aus Breslau bezwang im ersten Durchgang den starken Franzosen Lionel Kieseritzki $2\frac{1}{2}$:$\frac{1}{2}$, gewann danach gegen den Ungarn Szén 4:2, behielt im dritten Umgang gegen den eigentlichen Favoriten Staunton klar mit 4:1 die Oberhand. Über seine Eindrücke schrieb Anderssen, der auch in der Schlußrunde siegreich war ($4\frac{1}{2}$:$2\frac{1}{2}$ gegen Wyvill), seinen Freunden der 1827 gegründeten Berliner Schachgesellschaft, die ihm die Reise über den Kanal finanziert hatte. Er berichtete, daß es keinen sonderlichen Komfort gab, die Tische und Stühle waren klein und niedrig, die großen Schachbretter ragten auf beiden Seiten über die Tischkanten hinaus, und neben den Spielern saßen die Sekretäre, deren Aufgabe im Mitschreiben der Partie bestand. »... man hatte kein freies Plätzchen, um das sorgenvolle Haupt während des harten Kampfes zu stützen. Für den englischen Spieler ist allerdings eine bequeme Einrichtung überflüssig. Kerzengerade sitzt er auf seinem Stuhle, steckt die Daumen in beide Westentaschen und sieht, bevor er zieht, eine halbe Stunde reglos aufs Brett. Hundert Seufzer hat der Gegner ausgestoßen, wenn er endlich seinen Zug ausführt«, hieß es in Anderssens Korrespondenz.

Mit dem Erfolg von Anderssen hatte sich auch die Romantik durchgesetzt, die mit ihm und seinem Opfer- und

Kombinationsspiel ihren Höhepunkt erreichte. So zauberte er in London in einer Nebenpartie mit Kieseritzki jene Opferpartie in wenig mehr als einer Stunde aufs Brett, die als Unsterbliche in die Schachgeschichte eingegangen ist. Ein Jahr später gelang dem nun weltbesten Spieler in Berlin gegen Jean Dufresne die wie die »Unsterbliche« mit einem Damenopfer verbundene »Immergrüne Partie«.

Staunton, den seine Erfolglosigkeit sehr schmerzte – er kam nur auf Platz vier –, hatte noch während des Turniers den künftigen Sieger auf 21 Spiele herausgefordert. Anderssen nahm das Angebot an. Den Beginn des Matches schob der Engländer aber aufgrund seines schwankenden Gesundheitszustandes immer weiter hinaus. Letztlich fand es doch nicht statt.

Auch in den USA hatte das Londoner Turnier Spuren hinterlassen. Sechs Jahre nach dieser »Meisterschaft von Europa« kam es in New York zum ersten amerikanischen Schachkongreß, für den es keinen würdigeren Schauplatz als am Broadway gab. Zu den 16 Startern zählte ein junger Mann aus New Orleans, der nur 1,62 m große Paul Charles Morphy (1837–1884). Bereits als 12jähriger galt er in seiner Heimat als Wunderkind, denn er schlug auf seiner Geburtstagsfeier den besten Spieler der Stadt, seinen Onkel, in einer Blindpartie nach nur 20 Zügen! Dem knabenhaft wirkenden Morphy war in der nach Londoner Vorbild im K.-o.-System durchgeführten ersten USA-Landesmeisterschaft kein Gegner gewachsen. Im Finale blieb der deutsche Meister Louis Paulsen (1833–1891) mit 6:2 (+5, −1, =2) auf der Strecke.

Im Sommer 1858 reiste Morphy, der inzwischen sein Jurastudium erfolgreich abgeschlossen hatte, nach Europa. Innerhalb eines halben Jahres schlug er alle Spitzenspieler des alten Kontinents außer Staunton, der nicht mehr aktiv war. Auch Adolf Anderssen konnte bei dem auf 7 Gewinnpartien angesetzten Match im Dezember 1858 in Paris den Amerikaner nicht stoppen. Mit 2:7 bei 2 Unentschieden bezog er eine deutliche Niederlage. Dem Spiel des deutschen Mathematikprofessors war jedoch eine längere Wettkampfpause von sechs Jahren anzumerken.

Bei seiner Rückkehr nach den USA wurde Morphy, der seine beispiellosen Ergebnisse durch eine schnelle Figurenentwicklung, positionelle Vorbereitung des Angriffs und unerwartete Opferkombinationen erzielte, begeistert empfangen. Es gab Morphyhüte und einen Morphy-Baseballklub. Doch niemals mehr nahm das Schach-Phänomen Morphy an einem Turnier der Weltelite teil. Morphy, der Schach als Beruf ablehnte, eröffnete in seiner Heimatstadt eine Anwaltspraxis, die seine Landsleute jedoch boykottierten. Der Einsiedler aus New Orleans, dessen Schachstern nur zwei Jahre hell leuchtete, zerbrach so an seiner Umwelt und starb, geistig erkrankt, im Alter von 47 Jahren.

Der tragische Rücktritt Morphys hatte zur Folge, daß niemand die Verantwortung übernehmen wollte, Organisator eines WM-Matches zu sein, solange Morphy am Leben war. In Europa rückte indes wieder Adolf Anderssen an die Spitze der stärksten Schachmeister. Sein Name ist mit der Einführung der Bedenkzeit eng verbunden, einer der unabdingbaren Komponenten des sportlichen Schachwettkampfes. So bestritt er 1861 gegen den ungarischen Baron Ignaz von Kolisch (1837–1889) das erste Match der Schachgeschichte mit Züge-Zeitbegrenzung. Jeder Spieler hatte für 24 Züge zwei Stunden Bedenkzeit, die mittels Sanduhr gemessen wurde. Ein Jahr später gab es in London das erste internationale Sanduhren-Turnier, wobei für jeden Zug durchschnittlich fünf Minuten zur Verfügung standen. Dennoch wurde damals mit dem Faktor Zeit sehr großzügig umgegangen. So durfte man beispielsweise 1867 bei einem Turnier in Paris außerordentliche Bedenkzeit beanspruchen, wenn dafür ein gewisser Obolus entrichtet wurde. Der Gegner dagegen konnte ebensoviel Zeit unentgeltlich verbrauchen. Im gleichen Jahr honorierte man bei einem Turnier in Dundee, in dem Wilhelm Steinitz den Ehrenplatz belegte, erstmals die Remispartien mit einem halben Punkt. 1883 meldete schließlich der Engländer Wilson ein Patent an, das bis heute den Schachuhren zugrunde liegt.

London 1862 – wiederum triumphierte Anderssen. Auf Platz 6 kam bei seinem ersten großen Wettkampf ein gewisser Wilhelm Steinitz aus Prag.

Steinitz' Aufstieg verlief fortan kometenhaft. Nach einer Serie von Siegen in Wettkämpfen gegen stärkste englische Meister traf er schon vier Jahre nach seinem Eintritt in die internationale Schacharena auf Anderssen. Das Duell nahm einen erbitterten Verlauf. Keine Partie – es war vereinbart worden, auf 8 Siege zu spielen – endete remis. Mit seinem 8:6-Erfolg stieg der damals 30jährige Österreicher, der sich euphorisch selbst zum Weltmeister ernannte, zum besten Spieler seiner Zeit auf. Seine im Grunde unangetastete Position erschütterte erst der Romantiker Johannes Hermann Zukertort. Das berühmte Londoner Turnier von 1883 gewann er mit sage und schreibe drei Punkten Vorsprung vor Steinitz. Um sein Prestige wieder herzustellen, forderte der letzte ungekrönte Schachkönig den Anderssen-Schüler demonstrativ zu einem Wettkampf um die Schachkrone auf. Bis zu diesem ersten offiziellen Match um die Schachweltmeisterschaft vergingen aber noch mehr als zweieinhalb Jahre.

Die Galerie der »ungekrönten« Schachkönige: André Danican Philidor, Louis Charles Mahé de Labourdonnais, Howard Staunton, Adolf Anderssen und Paul Charles Morphy. Einen Zweikampf trugen jedoch nur die beiden letztgenannten aus. Im Pariser Hotel Breteuil fegte dabei im Dezember 1858 Morphy (rechts) seinen deutschen Rivalen mit 7:2 vom Brett. Kurz zuvor hatte der Amerikaner schon in anderer Hinsicht für Aufsehen gesorgt: Im Café de la Régence spielte er blind acht Partien simultan, die er tags darauf seinem Sekretär lückenlos aus dem Gedächtnis diktierte

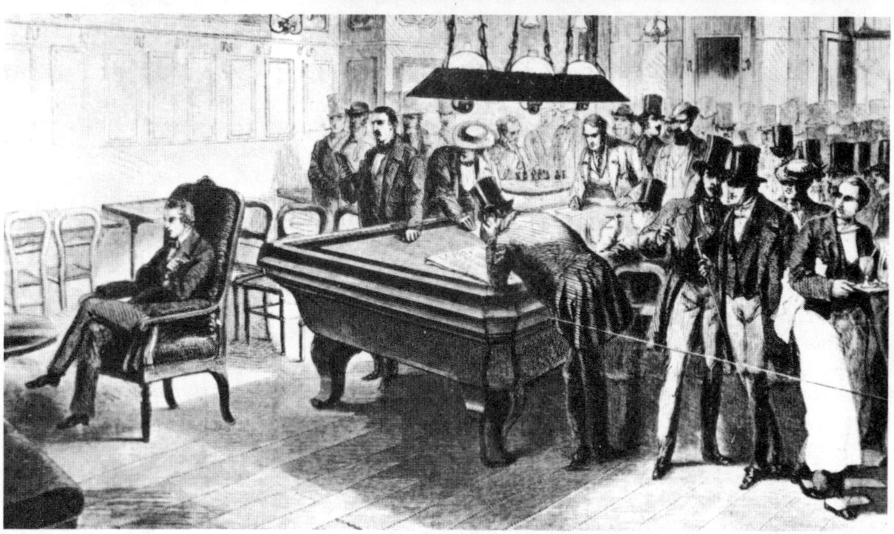

Das Reglement im Wandel der Zeit

»Schach hat wie die Liebe, wie die Musik die Kraft, die Menschen glücklich zu machen.« (Dr. Siegbert Tarrasch)

»Heute, am 29. Dezember 1885, ist zwischen Wilhelm Steinitz in New York und J. H. Zukertort aus London ein Übereinkommen getroffen worden, dahingehend, ein Schach-Match um die Kämpenschaft (Championchip) der Welt und einen Einsatz von zweitausend (2 000) Dollar von jeder Seite zu spielen.«

Niemand widersprach den beiden Rivalen, die mit diesem Dokument gleichsam die Geburtsstunde der Schachkrone fixiert hatten. Bemerkenswert war, daß in jenem Vertrag zwischen den Spielern nichts darüber gesagt wird, ob der Kampf zwischen dem Weltmeister Steinitz und dem Herausforderer Zukertort ausgetragen wird. Mit dieser entschiedenen Zäsur wurde auf jeden Fall dafür gesorgt, daß in der Chronik der Welttitelkämpfe aller gegenwärtig betriebenen Sportarten Schach an zweiter Stelle steht (1873 wurden bereits im Billard die Weltbesten gekürt).

Man muß annehmen, daß nicht nur die beiden Kontrahenten, sondern auch die Organisatoren fest entschlossen waren, diesen Wettkampf ohne jedwede Bedenken als Weltmeisterschaft auszurichten. Der Titel World champion prangte dann auch in den Januartagen 1886 von Plakaten und Reklameflächen in New York und sorgte für eine außergewöhnlich starke Beachtung des ersten Duells um die Schachkrone. Würdige Austragungsstätte des wahrhaft sporthistorischen Ereignisses war jener Saal am Broadway, wo die amerikanische Schachlegende Paul Charles Morphy einst Triumphe gefeiert hatte. Auch das Brett und die Figuren waren die gleichen. Nur die Schachuhr war neu, denn bei Morphys Schachkämpfen zwischen 1857 und 1860 gab es noch keine Zeitbegrenzung.

Als der 43jährige Herausforderer Zukertort die erste Begegnung mit dem weißen Damenbauern eröffnete, lag hinter beiden Spielern ein langjähriges zähes Gerangel um Bedingungen und Regeln, in dessen Verlauf sie sich nahezu verfeindeten. Es ging um Bedenkzeiten, Austragungsmodus, Börsen, Vermiet- und Verkaufsrechte von Partien und Partiesammlungen, Spielorte, Partienanzahl sowie Wertungen der halben und ganzen Zähler. Streitpunkte, die auch noch heute zum Teil Ursachen zeitaufwendiger und für Spieler und Organisatoren gleichermaßen psychologisch belastender Reglementsdiskussionen sind. Jeder suchte seine Vorteile, und auch in der Öffentlichkeit wurde kein Hehl aus der Meinung zum Gegner gemacht. Da das Spielen mit der Schachuhr noch relativ neu war, verlangte Steinitz beispielsweise als Bedenkzeit eine Stunde für 12 Züge. Zukertort hingegen erschien das zu langsam, und er fixierte 20 Züge pro Stunde. Man einigte sich dann beim 1. WM-Match auf 120 Minuten für die ersten 30 Züge und eine Stunde für je weitere 15 Züge. Alle Konditionen für die Premiere der Weltmeisterschaften wurden bei einem Notar festgelegt.

Zu den wichtigsten Abmachungen des Matches, das zur Sicherung der finanziellen Mittel in drei Städten der USA ausgetragen wurde, gehörte die Festlegung von zehn Gewinnpartien für den Sieger. Remispartien zählten nicht. Diese Regelung einer unbegrenzten Partienanzahl zum Erreichen einer bestimmten Summe von Gewinnpunkten ohne Zählen der Unentschieden hat sich durch die bewegte Zeit der Matchkämpfe bis zur Gegenwart erhalten. Veränderungen war nur die Grenze der zu erspielenden Gewinnpunkte von 10 auf 8 bis nunmehr 6 unterworfen. Von den 34 bisher ausgetragenen WM-Zweikämpfen sind 12 nach dieser Variante ausgetragen worden.

Zuletzt wurde die internationale Schachwelt von diesem System 1984/85 beim Aufeinandertreffen der sowjetischen Großmeister Anatoli Karpow und Garri Kasparow mehr als fünf Monate in Atem gehalten. So lange wie niemals zuvor. Erstmalig in der Geschichte der Schachweltmeisterschaften gab es unter Berücksichtigung des Gesundheitszustandes beider Spieler einen – stark umstrittenen – spektakulären Abbruch nach 48 (!) Partien ohne deren Wertung. Zu diesem Zeitpunkt hatte keiner der Beteiligten die erforderlichen 6 Gewinnpunkte auf seinem Konto. Auch der Schachsport kann seitdem auf eine »Unvollendete« verweisen.

Der Abbruch eines WM-Kampfes war schon einmal, 1927 beim Duell des kubanischen Weltmeisters José Raoul Capablanca und seines in Moskau geborenen Herausforderers Alexander Aljechin, erwogen worden. Auch damals waren 6 Gewinnpunkte festgelegt, und bei 31 Partien gab es noch keine Entscheidung. Aljechin, der die französische Staatsbürgerschaft erhielt, als dieser Wettkampf sich seinem Ende näherte, lag 4:3 in Führung. Mit zwei Siegen in der 32. und 34. Partie konnte er sich dann doch als 4. Weltmeister mit dem Titel schmücken. Für das System der unbegrenzten Partienanzahl dürfte indes das Resultat von Karpow–Kasparow ganz offensichtlich der Schwanengesang gewesen sein.

Das »Unbegrenzte« war auch mit im Spiel des einzigen in der WM-Geschichte angesetzten und dennoch nicht ausgetragenen Zweikampfes. Weltmeister Robert Fischer (USA) hatte 1975 für das Duell mit seinem Herausforderer Anatoli Karpow 179 durchnumerierte Forderungen aufgestellt, die alle bis auf eine vom Veranstalter und vom UdSSR-Aktiven erfüllt wurden. Die einzige unannehmbare Bedingung des ausdrücklich auf Wunsch Fischers über 10 Gewinnpartien führenden Vergleichs lautete, daß der US-Amerikaner Weltmeister bleiben würde, wenn beide Spieler gemeinsam je 9 Punkte erreicht hätten. De facto hieß das aber, Karpow hätte in der Endphase einen Zwei-Punkte-Vorsprung besitzen müssen, um Titelträger zu werden! Scheinbar eine Parallele zum WM-Match Steinitz–Zukertort, wo es bereits eine 9-Punkte-Klausel gab. Sie wies aber den feinen Unterschied auf, daß den Spielern beim Stande von 9:9 ein Unentschieden bescheinigt worden wäre.

Mit der Anerkennung von Wilhelm Steinitz als Weltmeister begann auch die bis 1946 dauernde Ära der Schach-Titelträger, die ihre Bedingungen den Herausforderern diktieren konnten. Sie waren jetzt im wahrsten Sinne des Wortes die »Schachkönige« und bestimmten faktisch autoritär die Wahl der Kronprinzen. Viele Begegnungen, die vom sportlichen Standpunkt aus von großem Interesse gewesen wären, kamen aufgrund finanzieller Schwierigkeiten der Herausforderer nicht zustande. Das gilt beispielsweise für die in Aussicht genommenen Treffen Lasker–Tschigorin und Lasker–Pillsbury, Capablanca–Rubinstein oder Capablanca–Nimzowitsch. »In der Vergangenheit legte der Weltmeister in der Regel keinen großen Enthusiasmus an den Tag, wenn die Rede auf einen Wettkampf mit dem stärksten Gegner kam«, schrieb Exweltmeister Michail Botwinnik.

Zu denen, die nicht bereitwillig die Herausforderung weniger gefährlicher Gegner annahmen, ja, im Gegenteil, sich den stärksten stellten, um sich als Weltmeister würdig zu erweisen, gehörte zweifellos Wilhelm Steinitz. Eben aus diesem Grunde wählte er 1889 Michail Tschigorin als ersten offiziellen WM-Herausforderer. Diesem Zweikampf kommt unter dem Gesichtspunkt der Herausbildung des Reglements, das in 100 Jahren Schachweltmeisterschaft wohl mehr Stein des Anstoßes als Stein der Weisen war, ebenfalls eine besondere Rolle zu. Es war der erste WM-Wettkampf mit einer begrenzten Partienanzahl. Nach diesem grundlegenden Typ fanden knapp zwei Drittel aller bisherigen WM-Zweikämpfe statt, nämlich 21. Die festgelegte Anzahl der Partien reichte dabei von 10 über 20 und 24 bis 30. Zumeist vereinbart, so auch beim zurückliegenden 34. Kampf um die Schachkrone, wurden 24 Partien. Sie standen erstmals beim WM-Duell gegen Capablanca in der Ausschreibung, das der Weltmeister Emanuel Lasker aus gesundheitlichen Gründen vorzeitig aufgeben mußte.

Interessant und nicht ohne Einfluß auf den Ausgang der Titelkämpfe sind die Modifikationen innerhalb des Modus der begrenzten Partienzahl. Die halben Punkte bekamen Gewicht, sie wurden – außer beim 12. WM-Match zwischen Lasker und Capablanca – in der Endabrechnung mitgezählt. Das Abkommen dieses Kampfes, zu dem sich Lasker aus umstrittenen Gründen als Weltmeister bereits vor Matchbeginn selbst entthront hatte, sah 8 Gewinnpartien vor. Bei den letzten drei WM-Duellen Karpow–Kasparow war festgelegt worden, daß auch derjenige Matchsieger ist, der zuerst sechs Siege aufzuweisen hat.

Als sich Steinitz und Tschigorin 1889 beim Stammwettkampf der limitierten Partienzahl gegenübersaßen, war derjenige Spieler Sieger, der zuerst mehr als 50 Prozent der möglichen Punkte errang. Titelverteidiger Steinitz hatte nach 17 von 20 Runden die erforderlichen 10½ Punkte und behielt so das Zepter. Letztmalig wurde nach dieser Regelung in der WM-Begegnung zwischen Alexander Aljechin und dem Niederländer Max Euwe 1935 und 1937 gekämpft, wo 30 Partien angesetzt waren. Bei den zum Gewinn benötigten 15½ Punkten mußten aber mindestens 6 aus Gewinnpartien herrühren.

Eine neue Variation im begrenzten Partienspiel gab es in der WM-Praxis 1910 zwischen dem damaligen Champion Emanuel Lasker und dem Österreicher Karl Schlechter. Für dieses Match war ausgehandelt worden, daß dem Weltmeister ein Unentschieden im Gesamtresultat genüge, um die Krone zu behalten. Schlechter als Herausforderer benötigte in dem auf nur zehn Partien begrenzten WM-Zweikampf 5½ Punkte, also eine Gewinnpartie mehr zum Titelgewinn als der amtierende Weltmeister. Lasker schaffte in einem großartigen Finale das für ihn so wichtige 5:5 und blieb Weltmeister. Die 50-Prozent-Klausel mit dem Bonus des Titelverteidigers besteht noch heute.

Auch ein anderes Privileg des Weltmeisters wurde in den ersten Jahren der Titelkämpfe aus der Taufe gehoben: das Revancherecht. Der erste Schachweltmeister Wilhelm Steinitz war es, der nach seiner Niederlage 1894 sofort einen Rückkampf anstrebte. Lasker hatte es damit jedoch nicht so eilig; erst zwei Jahre später »gewährte« er dem nun schon 60jährigen, gesundheitlich ruinierten Steinitz diese Chance. Von Michail Botwinnik, dem ersten sowjetischen Weltmeister, wurde das Revancherecht wiederbelebt und 1958 und 1961 mit Erfolg genutzt. Jüngst beim 34. WM-Duell wurde es erneut angewandt, wenn auch wohl zum letzten Mal.

Lasker nahm sich übrigens später – wie seine Nachfolger – oft viel Zeit gegenüber den Gegnern, die einen Kampf wollten und ihn auch moralisch verdient hatten. So erstreckten sich die Verhandlungen mit Capablanca über nahezu zehn Jahre. Der Kubaner wiederum legte 1922 in London einer ausgesuchten Schar der damals führenden Meister seine Vorschläge für die Regelung der künftigen Wettkämpfe um die Weltmeisterschaft auf den Tisch. Um möglichst lange auf seinem Schachthron zu verweilen, hatte er sich hinter einem uneinnehmbaren »goldenen Wall« verschanzt, wie die Großmeister seinerzeit sagten. Aljechin dazu: »Capablanca arbeitete die Londoner Regeln aus, wonach die Summe, die ein Herausforderer aufbringen mußte, mit 10 000 Dollar festgesetzt wurde. Capablanca war offenbar überzeugt, daß keiner seiner Gegner imstande sein würde, solch eine Summe zu beschaffen.«

Nun, Aljechin gelang es dennoch, mit Hilfe argentinischer Schachenthusiasten die entsprechende Geldmenge zu beschaffen und den Kubaner obendrein zu bezwingen. Capablanca bekam danach nie mehr die Gelegenheit zu einer Revanche. Aljechin forderte nämlich von dem Kubaner die gleichen Bedingungen, wie der sie ihm zuvor diktiert hatte. Capablanca war aber nicht in der Lage, sie zu erfüllen.

Eine grundlegende Wende trat erst nach dem Tod des Weltmeisters Aljechin im Jahre 1946 ein. Der nunmehr vakante Titel bot dem am 20. Juli 1924 in Paris gegründeten Weltschachbund, der Fédération Internationale des Échecs (FIDE), endlich Gelegenheit, in Aktion zu treten. Getreu dem Wahlspruch der FIDE »gens una sumus« (Wir sind eine Familie) sollten fortan alle Schachmeister, die sich für stark genug hielten, die Möglichkeit bekommen, um die Schachkrone zu streiten. Auf dem 17. FIDE-Kongreß in Winterthur 1946 faßte man deshalb den Beschluß, die WM-Kämpfe in eigene Regie zu nehmen. Dem stimmte die Vollversammlung im darauffolgenden Jahr zu. Man schrieb fest, daß Weltmeisterschaften alle drei Jahre weiterhin als Zweikampf auszutragen sind. Der Herausforderer hat sich für das WM-Match über die sogenannten Zonen- und Interzonenturniere und das Kandidatenturnier zu qualifizieren. Die Zeiten der Weltmeister, da sie den Rhythmus der Kämpfe bestimmten und einen Herausforderer akzeptierten oder abwiesen, waren somit endgültig vorbei.

Da ein Anschluß zum neuen Modus der FIDE gefunden werden mußte, beschloß die Weltschachföderation, ein Matchturnier mit den damals stärksten Spielern auszutragen. Dafür nominierte sie Exweltmeister Max Euwe, die sowjetischen Vertreter Michail Botwinnik, Paul Keres und Wassili Smyslow sowie die Amerikaner Reuben Fine und Samuel Reschewski. Da Fine absagte, kam es 1948 zum berühmten Fünferturnier in Den Haag und Moskau, das Michail Botwinnik den Titel brachte.

Mit dem einzigen Rundenturnier in der 100jährigen WM-Geschichte trat zugleich das dornenreiche System der FIDE-WM-Ausscheidungswettbewerbe in Kraft. Die Internationale Schachföderation hatte dazu ihre damals 40 Mitgliedsländer geografisch in 9 Zonen eingeteilt. Gegenwärtig sind die über 120 in der FIDE vertretenen Länder 13 Zonen zugeordnet. Nach einem festgelegten Schlüssel steigen die Bestplazierten aus den Zonenturnieren in die Interzonen- und Kandidatenturniere auf. Das erste Interzonenturnier, damals als »Weltschachturnier« deklariert, wurde 1948 in Saltsjöbaden bei Stockholm mit 20 Spielern durchgeführt. Zwei Jahre später erlebte Budapest Kandidatenturnier Nummer 1, bei dem sich als erster Herausforderer für den WM-Kampf 1951 David Bronstein durchsetzte.

Während die FIDE-WM-Finals trotz mitunter spektakulärer Begleitumstände in den zurückliegenden vier Jahrzehnten nach einem stabilen Reglement stattfanden, war im System der Interzonen- und Kandidatenturniere viel Bewegung. Ständig dem Versuch Rechnung tragend, allen Spielern annähernd gleiche Chancen zu gewähren, wurde die Teilnehmerzahl an den Interzonenturnieren bis zu 24 in den Jahren 1964 bis 1970 erhöht. 1972 verzeichnete die Chronik erstmalig zwei, und seit 1982 werden sogar drei Interzonenturniere gewertet. Die Kandidatenturniere wurden bis 1962 als doppel- oder vierrundige Turniere gespielt und danach bis 1983 als Zweikämpfe im Viertel- und Halb- sowie im Finale mit jeweils acht Startern ausgetragen, obendrein noch mit oftmals veränderten Modalitäten.

Eine umstrittene Regeländerung für die Einzelweltmeisterschaften beschloß die FIDE 1983. Unter Beibehaltung der Qualifikations-Reihenfolge über Zonen- und Interzonenturniere und das Kandidatenturnier wurde der gesamte WM-Zyklus von bisher drei auf zwei Jahre zusammengedrängt. Der Weltmeister sollte nun alle zwei Jahre seinen Titel verteidigen. Bei Kandidatenturnieren griff man wieder auf den Rundenmodus zurück. Die drei Erstplazierten sowie der Verlierer des WM-Kampfes bestreiten dann das Halbfinale. Der Sieger des Kandidatenfinales ist der Herausforderer. Da der 32. WM-Kampf zwischen Anatoli Karpow und Garri Kasparow neu aufgelegt wurde und sich sofort eine Revanche anschloß, ergaben sich gleich zu Beginn Startschwierigkeiten für diese neue Regelung. Auf dem 57. FIDE-Kongreß 1986 in Dubai wurde deshalb der WM-Zyklus wieder auf drei Jahre verlängert.

Das 35. WM-Duell eröffnet nunmehr das zweite Jahrhundert der Wettkämpfe um die Schachkrone. An Dramatik und Spannung mangelte es in den ersten 100 Jahren der Schachweltmeisterschaften wahrlich nicht. In diesen Kämpfen wurde Weltmeisterwürdiges geboten, Bleibendes, kreatives, phantasievolles, die Theorie ständig bereicherndes Schach. Und das glücklicherweise trotz aller vorangegangenen Querelen um die jeweiligen Modalitäten.

1886 - 1894 Wilhelm Steinitz

»Steinitz erschloß den ganzen geistigen Reichtum des Schachs. Er hat den Charakter dieses alten Spiels grundlegend verändert.«
(Anatoli Karpow)

Ein Genie erobert die erste Krone

Ohne Wilhelm Steinitz, der die Schacharena in der Ära der Romantik betrat, ist das moderne Schach nicht denkbar. Er entdeckte die Gesetze des Positionsspiels, die Lehre von den starken und schwachen Feldern, die Kunst des Verteidigens und Lavierens. Nach seinem Wettkampf mit Anderssen schrieb er, daß man erst dann mit Aussicht auf sicheren Erfolg angreifen darf, wenn die gegnerische Stellung schon geschwächt und angeschlagen ist. »Jetzt geht es mir nur darum, eine verläßliche und einfache Methode zu finden, die mich instand setzen würde, solche Schwächen zu provozieren und auszunutzen.« Steinitz war es auch, der als erster den Gedanken aussprach, daß jeder Plan vorrangig auf objektiven Voraussetzungen fußen müsse und nicht auf der Begabung oder dem schöpferischen Einfallsreichtum eines bestimmten Spielers aufgebaut sein dürfe.

Diese wahrhaft revolutionären Ideen fanden damals jedoch wenig Resonanz. Auch als Steinitz ab 1874 die Leitung der Schachspalte der englischen Zeitung The Field übernahm, änderte das nichts. In den folgenden acht Jahren erlebte er, der als 13. Kind einer armen Handwerkerfamilie 1836 in Prag geboren wurde, das seltene Gefühl materieller Sicherheit. Während seiner Zeitungsarbeit war er jedoch bis auf einen Wettkampf gegen James Blackburne, der 1876 in London 7:0 ausging, nicht aktiv. So mehrten sich jene Stimmen, die da forderten, Steinitz möge doch, bitte schön, seine Auffassungen nicht nur gedruckt verbreiten, sondern endlich auch praktisch am Brett beweisen. Dennoch ist es eigentlich einem Zufall zu danken, daß er tatsächlich in die Praxis zurückfand. Das Prager Schachgenie hatte nämlich unverhofft Streit mit dem Herausgeber von The Field, dem in jener Zeit anerkannt besten Schachorgan Europas. Steinitz muß das so gekränkt haben, daß er seinen Hut nahm. Fortan gab es nur noch eins für ihn: Schach.

Was nun folgte, war ein erneuter Sturmlauf in die Weltspitze. Lediglich das 5. Londoner Turnier 1883 verlief für Steinitz nicht wie gewünscht. Jener zweite Platz hinter Johannes Hermann Zukertort, noch dazu mit insgesamt 7 Niederlagen belastet, drückte ihn ungemein. Ein Zweikampf mit dem sechs Jahre jüngeren Schachromantiker, den er elf Jahre zuvor mit 7:1 bei vier Remis weggefegt hatte, mußte her. Schließlich ging es nicht zuletzt um das Prestige des von ihm verkündeten Positionsspiels.

Steinitz gereicht es zur Ehre, daß er nichts unversucht ließ, sich mit Morphy zu treffen. So soll er im Januar 1883 extra nach New Orleans gefahren sein und dort stundenlang vor dem Haus des Amerikaners gewartet haben. Es wird erzählt, daß dieser dann zu einem Gespräch bereit gewesen wäre, jedoch unter der Bedingung, daß kein Wort über das Schachspiel fällt.

Als am 10. Juni 1884 die traurige Nachricht um die Welt ging, Paul Morphy sei aus dem Leben geschieden, blieben für die Krone des Schachkönigs nur noch zwei Kandidaten: Wilhelm Steinitz und Johannes Hermann Zukertort. Mit Unterzeichnung jenes Dokuments vom 29. Dezember 1885 wurde die Geburtsurkunde der Schachweltmeisterschaft von ihnen ausgestellt.

Der erste Titelkampf begann am 11. Januar 1886 in New York. Es wurde auf dem historischen kleinen Tisch gespielt, an dem Morphy seine glänzenden Siege errungen hatte.

Wie groß das Interesse an dieser Begegnung war, geht aus einem Bericht des International Chess Magazine hervor: »Kapitän Mackenzie demonstrierte die Partie an einem Wandbrett von vier Quadratfuß. Die Züge wurden unverzüglich per Telegraf nicht nur an verschiedene amerikanische Klubs weitergegeben, sondern auch nach London.«

Der Verlauf des ersten WM-Matches war anfangs hochdramatisch. Nach den fünf in New York ausgetragenen Partien lag das vielseitig begabte polnische Multitalent – Zukertort war promovierter Mediziner, beherrschte elf Sprachen und galt außerdem als wirklich guter Pianist – 4:1 in Front. Im zweiten Teil des Wettkampfes in St. Louis glich Steinitz nicht nur aus, sondern ging mit 5:4 in Führung. Das letzte Kapitel der Auseinandersetzung in New Orleans stand, nachdem Zukertort nochmals auf 5:6 verkürzte, dann völlig im Zeichen seines Endspurts. Am 29. März 1886 stand der erste offizielle Schachweltmeister fest: Wilhelm Steinitz.

Während der Sieger den persönlichen Triumph sichtlich genoß, vollzog sich bei seinem Gegner eine menschliche Tragödie. Der herzkranke Zukertort war während des insgesamt 77tägigen Duells physisch völlig zusammengebrochen, seine Gesundheit völlig dahin. »Zukertort hat ruhmlos verloren, Steinitz hat sich als stärkster Spieler der Welt erwiesen. Ist er aber zufrieden mit dem Resultat des Wettkampfes?« fragte leicht provozierend die New-Yorker Staatszeitung.

Steinitz selbst sah das natürlich anders. Ein Jahr vor seinem Tod schrieb er im American Chess Magazine: »Ich war ... Weltmeister, weil ich meiner Zeit um zwanzig Jahre voraus war. Ich spielte nach Grundsätzen, die weder Zukertort noch irgendeiner meiner Zeitgenossen verstand.«

Der 1. Weltmeister

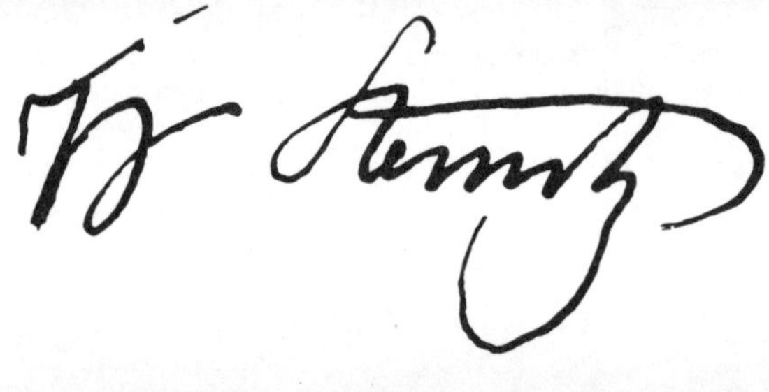

Als Dr. Johannes H. Zukertort (1. v. rechts) bei seinem dritten Turnierstart in Barmen 1869 nur 3. bis 4. unter sechs Teilnehmern wurde – Sieger blieb Adolf Anderssen (3. v. links) –, konnte niemand ahnen, daß er 17 Jahre später das erste offizielle WM-Match gegen Wilhelm Steinitz bestreiten würde. Dieser hatte sich 1866 nach seinem 8:6-Erfolg gegen Anderssen kühn selbst zum Weltmeister ernannt

Damengambit (1. Partie)

Weiß: Zukertort Schwarz: Steinitz

Zukertort begeht einen positionellen Fehler (7. c5?), der auch heute noch in ähnlichen Stellungen bei weniger geübten Spielern oft zu sehen ist. Bald hat der künftige Weltmeister im Zentrum und am Königsflügel das Spiel in der Hand, bringt mit 15. … ♘g2+! und 16. … ♘:e3+ ein korrektes Figurenopfer und vermeidet eine letzte, raffinierte Falle seines Gegners. Auf 40. … ♗:d2? 41. ♖ef1! ♕:e2 42. ♖h8+ wäre nämlich noch ein Dauerschach möglich gewesen.

1. d4 d5 2. c4 c6 3. e3 ♗f5 4. ♘c3 e6 5. ♘f3 ♘d7 6.a3 ♗d6 7. c5 ♗c7 8. b4 e5! 9. ♗e2 ♘gf6 10. ♗b2 e4 11. ♘d2 h5! 12. h3 ♘f8 13. a4 ♘g6 14. b5 ♘h4! 15. g3 ♘g2+!

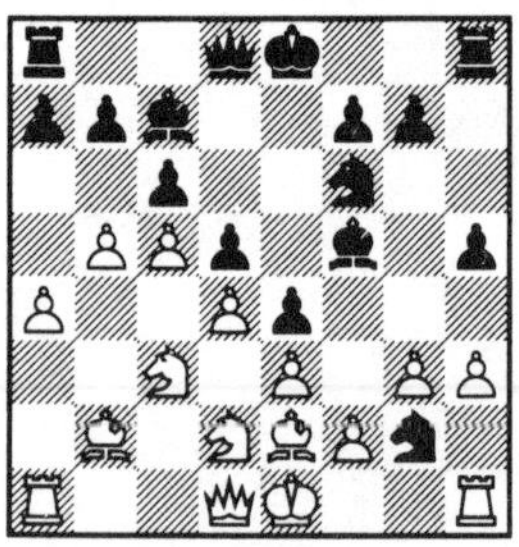

16. ♔f1 ♘:e3+ 17. fe ♗:g3 18. ♔g2 ♗c7 15. ♕g1 ♖h6 20. ♔f1 ♖g6 21. ♕f2 ♕d7 22. bc bc 23. ♖g1 ♗:h3+ 24. ♔e1 ♘g4 25. ♗:g4 ♗:g4 26. ♘e2 ♕e7 27. ♘f4 ♖h6 28. ♗c3 g5 29. ♘e2 ♖f6 30. ♕g2 ♖f3 31. ♘f1 ♖b8 31. ♔d2 f5 33. a5 f4 34. ♖h1 ♕f7 35. ♖e1 fe+ 36. ♘:e3 ♖f2 37. ♕:f2 ♕:f2 38. ♘:g4 ♗f4+ 39. ♔c2 hg 40. ♗d2 e3! 41. ♗c1 ♕g2 42. ♔c3 ♔d7 43. ♖h7+ ♔e6 44. ♖h6+ ♔f5 45. ♗:e3 ♗:e3 46. ♖f1+ ♗f4. Weiß gab auf.

Stand: Zukertort 0 Steinitz 1

Spanisch (4. Partie)

Weiß: Steinitz Schwarz: Zukertort

Der Anziehende holt aus der Eröffnung keinen Vorteil heraus, aber von kurzzügigen „Großmeister-Remisen“ wußte man damals noch nichts. Beide Seiten lavieren bis zum 36. Zug, doch dann verliert Steinitz plötzlich die Geduld. Er kombiniert, jedoch inkorrekt. Danach war es schnell aus.

1. e4 e5 2. ♘f3 ♘c6 3. ♗b5 ♘f6 4. 0–0 ♘:e4 5. ♖e1 ♘d6 6. ♘:e5 ♘:e5 7. ♖:e5+ ♗e7 8. ♗f1 0–0 9. d4 ♖e8 10. ♖e1 ♗f6 11. c3 ♖:e1 12. ♕:e1 ♘f5 13. ♗f4 d6 14. ♘d2 ♗e6 15. ♗d3 ♘h4 16. ♘e4 ♘g6 17. ♗d2 d5 18. ♘c5 ♗c8 19. ♕e3 b6 20. ♘b3 ♕d6 21. ♕e8+ ♘f8 22. ♖e1 ♗b7 23. ♕e3 ♘e6 24. ♕f3 ♖d8 25. ♕f5 ♘f8 26. ♗f4 ♕c6 27. ♘d2 ♗c8 28. ♕h5 g6 29. ♕e2 ♘e6 30. ♗g3 ♕b7 31. ♘f3 c5 32. dc bc 33. ♘e5 c4 34. ♗b1 ♗g7 35. ♖d1 ♗d7 36. ♕f3 ♗e8 37. ♘:c4? dc 38. ♖:d8 ♘:d8 39. ♕e2 ♘e6. Weiß gab auf.

Stand: Steinitz 1 Zukertort 3

Damengambit (5. Partie)

Weiß: Zukertort Schwarz: Steinitz

Spielt man diese Partie nach, müßte man meinen, daß der Match-Sieger und damit erste Weltmeister Zukertort heißen wird. Schwarz rutscht aus der Eröffnung heraus in eine passive Stellung ab, wonach der Anziehende ganz souverän eine Angriffsposition aufbauen kann. Die schöne Abschlußkombination gehört heute zum handwerklichen Können der jungen Schachgeneration.

1. d4 d5 2. c4 c6 3. ♘c3 ♘f6 4. e3 ♗f5 5. cd cd 6. ♕b3 ♗c8 7. ♘f3 ♘c6 8. ♘e5 e6 9. ♗b5 ♕c7 10. ♗d2 ♗d6 11. f4 0–0 12. ♖c1 ♗:e5 13. fe ♘e8 14. 0–0 f6 15. ♗d3 ♖f7 16. ♕c2 f5 17. ♘e2 ♗d7 18. ♖f2 ♖c8 19. ♗c3 ♕b6 20. ♕d2 ♘e7 21. ♖cf1 ♗b5 22. ♗b1 ♕a6 23. g4 g6 24. h3 ♖c7 25. ♖e1 ♘g7 26. ♘f4 ♘c8 27. gf gf 28. ♖g2 ♔h8 29. ♔h2 ♕c6 30. ♖eg1 ♘e7 31. ♕f2 ♕e8 32. ♖:g7!

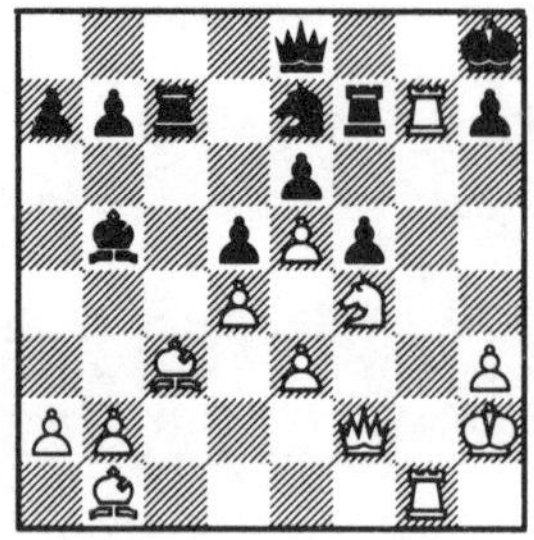

32. … ♖:g7 33. ♖:g7 ♔:g7 34. ♘:e6+. Schwarz gab auf.

Stand: Zukertort 4 Steinitz 1

Spanisch (16. Partie)

Weiß: Steinitz Schwarz: Zukertort

Nach Abschluß der Eröffnung kann Schwarz recht zufrieden sein. Lange Zeit verläuft diese Begegnung in positionellen Bahnen, aber dann erweist sich der Anziehende doch als der bessere Stratege und hat seinen Gegner zwischen dem 30. und 38. Zug fest im Griff. Schwarz ist faktisch gezwungen, will er nicht ohne Widerstand verlieren, Verwicklungen herbeizuführen (39. … ♗:a3), doch nach genauen Zügen des Weißen geht es nicht weiter. Zukertort läßt sich jedoch das Ende zeigen – mit einer Figur weniger (ohne Kompensation) spielt er noch munter weiter.

1. e4 e5 2. ♘f3 ♘c6 3. ♗b5 ♘f6 4. d3 d6 5. c3 g6 6. d4 ♗d7 7. ♘bd2 ♗g7 8. de ♘:e5 9. ♘:e5 de 10. ♕e2 0–0 11. ♗d3 ♕e7 12. f3 ♗c6 13. ♘b3 a5 14. ♗e3 ♘d7 15. h4 a4 16. ♘d2 h6 17. h5 g5 18. ♘f1 ♘c5 19. ♗c2 ♖fd8 20. ♘g3 ♗d7 21. 0–0–0 c6 22. ♖d2 ♗e6 23. ♘f5 ♗:f5 24. ef ♖:d2 25. ♕:d2 ♘d7 26. g4 ♘f6 27. ♗e4 ♖d8 28. ♕c2 ♘d5 29. ♗f2 b5 30. a3 ♗f8 31. ♖d1 ♕b7 32. c4 bc 33. ♕:c4 ♖b8 34. ♖d2 ♘b6 35. ♕c3 ♘d5 36. ♕c4 ♘b6 37. ♕d3 ♗e7 38. ♖c2 ♘d5 39. ♕c4 ♗:a3 40. ba ♕b1+ 41. ♔d2 ♖d8 42. ♗:d5! ♖:d5+ 43. ♔e3 ♖b5 44. ♕:c6 ♖b3+ 45. ♔e2 ♔h7 46. f6 ♖b2 47. ♖:b2 ♕:b2+ 48. ♔f1 ♕:a3 49. ♕e8. Schwarz gab auf.

Stand: Steinitz 7 Zukertort 5

Wiener Partie (20. Partie)

Weiß: Steinitz Schwarz: Zukertort

Solche Partien sieht man heute nicht mehr. Steinitz hat als Anziehender häufig keine Furcht gehabt, mit seinem König schon in der Eröffnungsphase ein paar Schritte ins Freie zu riskieren. Hier verliert sein Gegner schnell den Faden, und der Sieg ist alsbald nur noch eine Frage der Zeit. Er wäre allerdings sogar noch schneller möglich gewesen, hätte Weiß statt 14. ♗f4, was auch zum Gewinn reichte, mit 14. ♘e5! fortgesetzt.

1. e4 e5 2. ♘c3 ♘c6 3. f4 ef 4. d4 d5 5. ed ♕h4+ 6. ♔e2 ♕e7+ 7. ♔f2 ♕h4+ 8. g3 fg+ 9. ♔g2

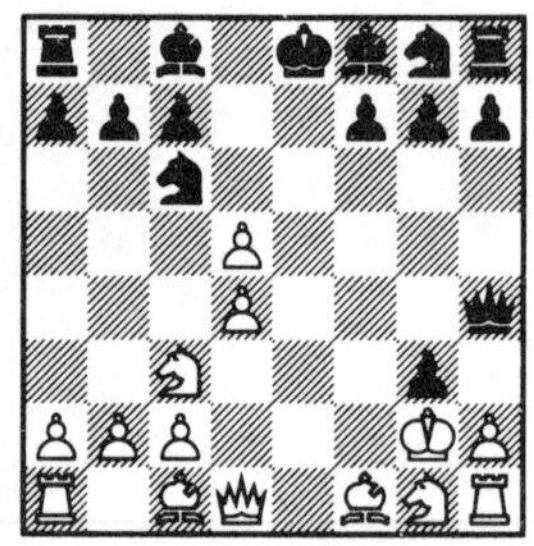

9. … ♘:d4 10. hg ♕g4 11. ♕e1+ ♗e7 12. ♗d3 ♘f5 13. ♘f3 ♗d7 14. ♗f4 f6 15. ♘e4! ♘gh6? 16. ♗:h6 ♘:h6 17. ♖:h6 gh 18. ♘:f6+ ♔f8. Schwarz gab auf, ohne 19. ♘:g4 abzuwarten.

Endstand: Steinitz 10 Zukertort 5

Damengambit
(9. Partie)

Kommentare: Emanuel Lasker

Weiß: Zukertort Schwarz: Steinitz
1. d4 d5 2. c4 e6 3. ♘c3 ♘f6 4. ♘f3 dc 5. e3 c5 6. ♗:c4 cd 7. ed ♗e7 8. 0–0 0–0 (Zukertort entwickelt zunächst seine Figuren – das verstand er meisterhaft. Steinitz verfolgt jedoch schon in diesem frühen Stadium den Plan, den Damenbauern seines Gegners zu isolieren, um daraus später Nutzen zu ziehen.) 9. ♕e2 ♘bd7 10. ♗b3 ♘b6 11. ♗f4 ♘bd5 12. ♗g3 (Die beiden Läuferzüge zeigen, daß Zukertort noch keine bestimmten Absichten verfolgt. Er hofft auf irgendwelche Verwicklungen, wo man kombinieren kann.) 12. ... ♕a5 13. ♖ac1 ♗d7 14. ♘e5 ♖fd8 (Das planvolle Spiel des Nachziehenden hat ihm bereits gewisse Positionsvorteile eingebracht.) 15. ♕f3 ♗e8 16. ♖fe1 ♖ac8 17. ♗h4 (Weiß beabsichtigt, mit ♗:f6 fortzusetzen, um die Position des schwarzen Springers auf d5 zu schwächen.) 17. ... ♘:c3 18. bc ♕c7 19. ♕d3 ♘d5 20. ♗:e7 ♕:e7 21. ♗:d5 (Diesen starken Läufer hätte sich der Anziehende erhalten sollen.) 21. ... ♖:d5 22. c4 ♖dd8 23. ♖e3 (Ein leichtfertiger Versuch, mit unzureichenden Mitteln zum Angriff zu kommen, ist doch die Stellung des schwarzen Königs absolut sicher.) 23. ... ♕d6 (Nun wird planmäßig auf die weiße Bauernphalanx gedrückt.) 24. ♖d1 f6 25. ♖h3 (Auf der Suche nach einer Kombination.) 25. ... h6 26. ♘g4 ♕f4 (Schwarz verhindert ein mögliches Opfer.) 27. ♘e3 (Der Angriff ist bereits beendet, der Turm auf h3 steht deplaziert. Es beginnt der Gegenangriff.) 27. ... ♗a4 (Zwingt den Turm, die erste Reihe zu verlassen, die dann Schwarz bei passender Gelegenheit besetzen kann.) 28. ♖f3 ♕d6 29. ♖d2 ♗c6 30. ♖g3 (siehe Diagramm) 30. ... f5 (Zukertort muß die Drohung einer Gabel beachten und sucht weiter unverdrossen nach Kombinationsmöglichkeiten.) 31. ♖g6 ♗e4 32. ♕b3 (Dieser Zug verhindert 32. ... f4, da darauf die taktische Fortsetzung 33. c5! möglich ist.) 32. ... ♔h7 (Die Abwehrmaßnahmen sind getroffen. Nun soll Zukertort ruhig kombinieren!) 33. c5 ♖:c5 34. ♖:e6 ♖c1+ 35. ♘d1 ♕f4 36.

♕b2 ♖b1 37. ♕c3 ♖c8 38. ♖:e4 ♕:e4. Damit ist der Kampf beendet – Weiß gab auf.

Wenn Zukertort sich von einem Plan leiten läßt, steht sein Können dem von Steinitz nicht nach. Vergleichen Sie zum Beispiel die 4. Partie des Wettkampfes mit dieser. Jeder Zug Zukertorts ist dort zielgerichtet; ein harmonisches Zusammenspiel der Figuren, die vortrefflich für einen Angriff auf den gegnerischen König, sowohl in seiner Ausgangsstellung als auch nach der Rochade, zusammenwirken. Aber die starke Konzentration der Figuren zum Angriff gegen den König ist nun mal ein altbekannter Plan, den Zukertort nicht erfinden mußte. Doch in der taktischen Durchführung dieses Planes war er ein Meister. Steinitz aber erfand sehr gute Pläne am Brett, die in sich die Gewähr für einen Erfolg bargen.

Der Romantiker zahlte Lehrgeld

Nach dem Gewinn des Weltmeistertitels hatte sich Steinitz vom aktiven Schach zurückgezogen. Seine Aufmerksamkeit galt jetzt vor allem der von ihm in den USA 1884 gegründeten Zeitschrift International Chess Magazine, die nicht nur seine Zeit verschlang, sondern sich zu einem ausgesprochenen Verlustgeschäft entwickelte. Ein Grund dafür war, daß der Weltmeister mit der übrigen Schachwelt beständig im Streit lag. So übte er beispielsweise taktisch unklug äußerst scharfe Kritik an dem genialen Paul Morphy. In solchen prinzipiellen Auseinandersetzungen war er zudem nicht zum Einlenken bereit, selbst wenn er im Unrecht war. Sein Starrsinn ging so weit, daß er 1891 das Erscheinen des Magazins lieber einstellte, als an seinen Lehren, ohne die das moderne Schach heute selbstverständlich nicht denkbar ist, auch nur die geringsten Abstriche zuzulassen.

Im Denkprozeß von Steinitz und später seines treuesten Meisterschülers Siegbert Tarrasch spielte der Gegner überhaupt keine Rolle. Das prägte nicht nur sein Spiel – er bekannte sich ausdrücklich zu diesem Standpunkt. So in einem Interview des »British Chess Magazine« (Jahrgang 1894): »Meine gesamte Aufmerksamkeit ist auf das Brett konzentriert. An die Person meines Gegners denke ich dabei überhaupt nicht. Soweit ich weiß oder wahrnehme, könnte mein Gegner ebensowohl ein abstrakter Begriff oder ein Automat sein.«

Steinitz war deshalb beständig auf der Suche nach dem jeweils besten, wissenschaftlich begründeten Zug. Sein Zeitgenosse Harry Bird urteilte über die ungewöhnlichen, oft komplizierten und verschachtelten Steinitzschen Stellungen ziemlich irritiert: »Man tue die Schachfiguren in einen Hut, schüttele sie kräftig aus einer Höhe von zwei Fuß auf das Brett, dann hat man Steinitz' Spielweise.«

Als der Ruf lauter wurde, Steinitz möge doch endlich wieder in einem Wettkampf seinen Titel verteidigen, ergab sich eine glückliche Konstellation. Während eines Besuchs in Havanna, wo er im Jahre 1887 Simultanvorstellungen gab und die einheimischen Lokalmatadore in einigen Vergleichskämpfen überlegen bezwang, ereilte ihn ein verlokkendes Angebot. Der dortige Schachklub war bereit, einen Wettkampf zwischen dem Weltmeister und einem ihm ebenbürtigen Gegner auszurichten. Was nicht unwesentlich war: Der sehr reiche Klub stellte zugleich eine größere Geldsumme in Aussicht. Steinitz war außerdem die Wahl seines Kontrahenten völlig freigestellt.

Daß sich der Champion bei seiner ersten Titelverteidigung aber für Michail Tschigorin entschied, spricht für seine sportliche Haltung. Immerhin hatte gerade dieser ihn beim legendären Londoner Turnier 1883 gleich zweimal schlagen können.

Der Stil des anerkannt stärksten russischen Schachmeisters jener Zeit, der ein hervorragender Neuerer der dynamischen Stellungsbehandlung war, schien für Steinitz nicht ungefährlich. Der Weltmeister vertrat ja die von ihm begründete positionelle Schule und postulierte: »Solidität und Gründlichkeit sind in jedem Fall dem Glanz und der Schönheit vorzuziehen. Brillante Kombinationen sind nur nach Fehlern des Gegners möglich.« Tschigorin, ein leidenschaftlicher »Romantiker« auf dem Schachbrett, polemisierte dagegen energisch: »Man muß nicht annehmen, daß dieser Gedanke, der zur Voreingenommenheit wird, das Spiel farblos macht!« Die Entwicklung hat ihm recht gegeben, denn der Gedanke des schöpferischen Schachs mit der Kombination als Krönung hat über den Schematismus und Dogmatismus der »Modernen Schule« triumphiert. Zündstoff für dieses Duell im Jahre 1889 war also mehr als genug vorhanden.

Leidenschaftlich fochten die beiden ihren grundsätzlichen Disput um die »richtigen« Methoden der Führung einer Schachpartie zunächst theoretisch aus, und im praktischen Spiel setzten sie ihre Auseinandersetzung fort. Vor allem zu Beginn war Tschigorin bestens aufgelegt, führte 1:0, 2:1, 4:3. Doch dann gewann Steinitz dreimal hintereinander. Gleiches gelang ihm noch einmal bei Stand von 7:6. Nach 16 des auf 20 Partien angesetzten WM-Kampfes stand es damit 10:6 für den immerhin fast 53jährigen Champion. In der folgenden 17. Partie sicherte er sich dann durch geschickte Verteidigung nach 70 Zügen den noch fehlenden halben Zähler zum Match-Sieg. Dies war das einzige Unentschieden, was bei einem Wettkampf um die Weltmeisterschaft bis heute unerreicht blieb.

Für den Ausgang des Zweikampfes hatte die glückliche Fähigkeit des Weltmeisters, sich rasch an jedes beliebige Klima gewöhnen zu können, keinen geringen Einfluß. Für Tschigorin hingegen wurde die Tropenhitze unerträglich; während der zweiten Hälfte unterliefen ihm unter ungewohnten Bedingungen einige grobe Fehler.

Nicht uninteressant und in der Geschichte einmalig ist, daß die Organisatoren darauf bestanden, daß die restlichen drei Partien noch ausgetragen werden, obwohl der Sieger schon feststand. 20 waren halt festgelegt worden. Sie wurden dann mit dem Einverständnis aller Beteiligten als Konsultationsduelle gespielt. Jede Mannschaft (Steinitz/Gavilan–Tschigorin/Ponce) verbuchte je einen Sieg, einmal trennte man sich unentschieden.

Nur drei Monate nach seiner $6\frac{1}{2}:10\frac{1}{2}$-Niederlage gegen Weltmeister Steinitz 1889 in Havanna feierte Michail Tschigorin einen großartigen Triumph in New York. Mit dem Österreicher Max Weiss (links) teilte sich der erste russische Anwärter auf den Weltmeistertitel beim stark besetzten 6. Amerikanischen Schachkongreß den ersten Preis. Dritter wurde Isidor Gunsberg, der ein Jahr später um den WM-Titel kämpfte

Um Tschigorins geliebtes Evans-Gambit entflammte in den beiden WM-Duellen mit Steinitz ein erbitterter Streit. Als der Champion vor dem zweiten Treffen verlauten ließ, er habe Tips zur Widerlegung dieser Variante vom russischen Meister Alapin erhalten, reagierte eine Petersburger Zeitung sofort. In einer Karikatur wurde der »Verräter« als wühlendes Schwein mit der Legende »Eine primitive Falle« gezeigt

War ein ebenso hervorragender Theoretiker wie großartiger Organisator der Schachbewegung in Rußland: Michail Tschigorin

Evans-Gambit (5. Partie)

Weiß: Tschigorin Schwarz: Steinitz

Zu Tschigorins Matchvorbereitung gehörte das unternehmungslustige Evans-Gambit, bei dem die Taktik den Ton angibt. Steinitz erhält jedoch alsbald Gegenchancen, die einen interessanten Kampf erwarten lassen. Da passiert dem berühmten Begründer der russischen Schachschule ein grobes Versehen, und weg war eine Figur. Heutzutage würde man nach dem 18. Zug aufgeben – Weiß tat es erst, als er buchstäblich sein letztes Pulver verschossen hatte.

1. e4 e5 2. ♘f3 ♘c6 3. ♗c4 ♗c5 4. b4 ♗:b4 5. c3 ♗a5 6. 0–0 ♕f6 7. d4 ♘ge7 8. ♗g5 ♕d6 9.♕b3 0–0 10. ♖d1 ♗b6 11. de ♕g6 12. ♕a3 ♖e8 13. ♘bd2 d6 14. ed cd 15. ♗f4 ♗c5 16. ♕c1 ♗g4 17. ♗g3 ♖ad8 18. h3??

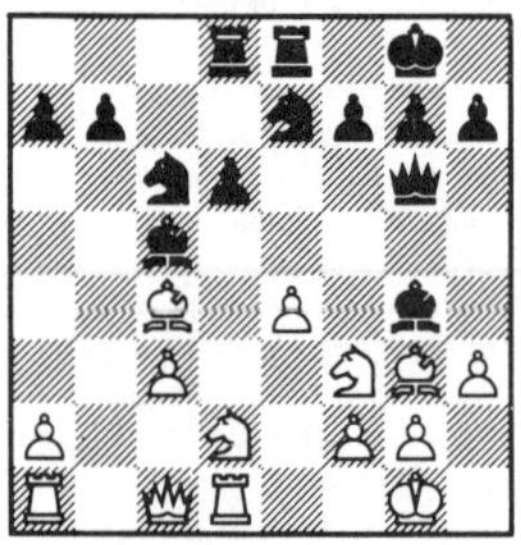

18. ... ♗:f3 19.♘:f3 ♕:g3 20. ♔h1 ♕g6 21. ♖d3 ♕f6 22. ♕d2 ♘g6 23. ♘g5 ♘ce5 24. ♖f3 ♘:f3 25. ♗:f7+ ♕:f7 26. gf ♕c4. Weiß gab auf.

Stand: Tschigorin 2 Steinitz 3

Damenbauernspiel (6. Partie)

Weiß: Steinitz Schwarz: Tschigorin

Diese Partie weist schon Niveau auf. Schwarz löst das Eröffnungsproblem ohne Schwierigkeiten und fürchtet sich nicht vor einem weißen Freibauern vor seiner Haustür. Nachdem Weiß seine Chance 25. ♖f1! ausließ, kann sich die Technik der Endspielführung des Nachziehenden sehen lassen. Der schwarze h-Bauer gewinnt das Rennen in die Damenumwandlung, wonach ein bekannter Trick die Sache schnell beendet.

1. ♘f3 d5 2. d4 ♗g4 3. c4 ♗:f3 4. gf dc 5. e4 e5 6. de ♕:d1+ 7. ♔:d1 ♘c6 8. f4 ♖d8+ 9. ♗d2 ♗c5 10. ♖g1? ♘ge7! 11. ♗:c4 ♘g6 12. ♔c1 ♗:f2 13. ♖g2 ♗b6 14. ♘c3 ♘d4 15. ♘d5 ♘f3 16. ♘:b6 ♘:d2 17. ♖:d2 ab 18. ♖:d8+ ♔:d8 19. ♗:f7 ♘:f4 20. ♔d2 (besser ist 20. ♔c2) 20. ... ♖f8 21. ♗b3 ♘g6 22. e6 ♔e7 23. ♖g1 ♖f2+ 24. ♔e3 ♖:h2 25. ♖g5? ♖h3+ 26. ♔d4 ♖f3! 27. ♖b5 ♘f4 28. a4 h5!

29. a5 h4 30. ab c6! 31. ♖f5 ♘e2+! 32. ♔c5 ♖:f5+ 33. ef h3! 34. ♗a4 h2 35. ♗:c6 bc 36. b7 h1♕ 37. b8♕ ♕c1+! Weiß gab auf.

Stand: Steinitz 3 Tschigorin 3

Tschigorin-Verteidigung (10. Partie)

Weiß: Steinitz Schwarz: Tschigorin

Diesmal kommt der Herausforderer nicht zum Zuge – richtiger gesagt, seine Züge sind für einen gleichwertigen Kampf einfach nicht gut genug. Der Weltmeister spielt wie einer seiner späteren Nachfolger, Michael Tal: Er entwickelt sich schnell, stellt seine Türme in die Mitte und opfert! Steinitz, der »Erfinder« des Positionsspiels, konnte natürlich auch kombinieren – wie man sieht.

1. ♘f3 d5 2. d4 ♗g4 3. c4 ♘c6 4. e3 e5 5. ♕b3 ♗:f3 6. gf ed 7. cd ♘e5 8. ed ♘d7 9. ♘c3 ♕e7+ 10. ♗e3 ♕b4 11. ♕c2! ♘gf6 12. ♗b5 ♖d8 13. 0–0–0 a6 14. ♗a4 ♗e7 15. ♖hg1! g6 16. ♗h6! b5 17. ♗b3 ♘b6 18. ♖ge1 ♔d7 19. ♗f4 ♖c8 20. a3 ♕a5 21. ♗g5! ♘g8 22. ♗:e7 ♘:e7 23. ♘e4 ♖b8 24. ♘f6+ ♔d8 25. ♖:e7!

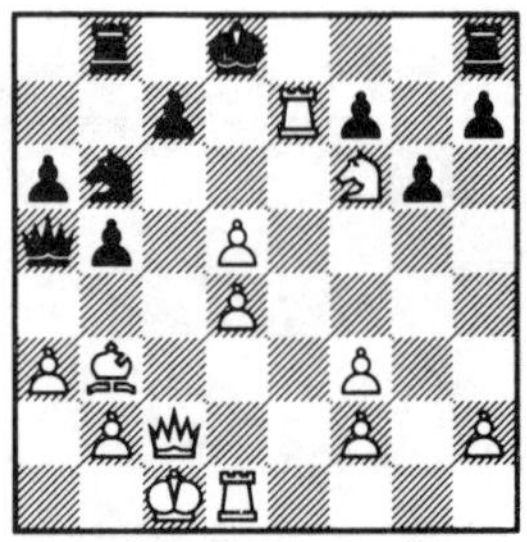

25. ... ♔:e7 26. ♕:c7+ ♘d7 27. ♕:a5. Schwarz gab auf.

Stand: Steinitz 6 Tschigorin 4

Evans-Gambit (Beratungspartie)

Weiß: Ponce/Tschigorin
Schwarz: Gavilan/Steinitz

Auch in der Beratungspartie steht das kühne Evans-Gambit zur Debatte. Was die Mitspieler der beiden Koryphäen bei der Wahl der Züge zu sagen hatten, wurde in der Chronik nicht vermerkt. Ein unglücklicher Randbauernzug, 24. h3? (besser ist 24. ♔h1), war die Ursache der Niederlage. Sehenswert, wie das schwarze Spielerpaar mit allen Figuren den weißen Königsflügel erstürmt. Die Partie ist ein Musterbeispiel für den Lehrsatz, daß bei ungleichen Läufern im Mittelspiel derjenige Vorteil erreicht, der zuerst zum Angriff kommt.

1. e4 e5 2. ♘f3 ♘c6 3. ♗c4 ♗c5 4. b4 ♗:b4 5. c3 ♗a5 6. 0–0 ♕f6 7. d4 ♗b6 8. ♘a3 ♘h6 9. ♗g5 ♕g6 10. ♗:h6 ♕:h6 11. ♘:e5 ♘:e5 12. de 0–0 13. ♗d3 f6! 14. ♘c4 fe 15. ♘:e5 d6 16. ♗c4+ ♗e6 17. ♕b3 de 18. ♗:e6+ ♔h8 19. ♗f5 g6 20. ♗g4 ♖f4! 21. ♗f3? (zäher ist 21. ♗e2 nebst ♔h1) 21. ... g5!

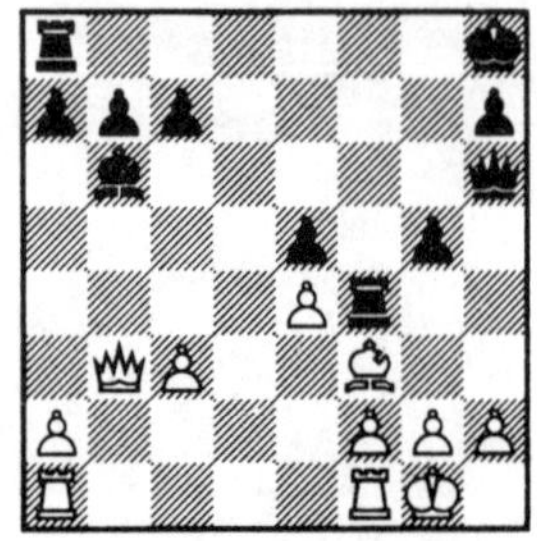

22. ♕d5 ♕f6 23. ♕d1 ♖g8 24. h3? g4! 25. hg h5! 26. g5 ♖:g5 27. ♔h2 ♖h4+ 28. ♔g1 ♖f4 29. ♔h2 ♖h4+ 30. ♔g1 ♖f4 31. ♔h2 ♖h4+ 32. ♔g1 ♕f4! 33. ♖e1 ♖:g2+! Weiß gab auf.

Damenbauernspiel (4. Partie)

Kommentare: Eduard Gufeld

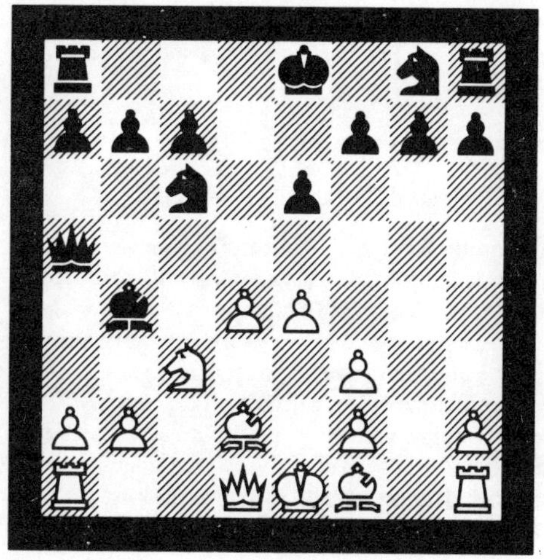

Weiß: Steinitz Schwarz: Tschigorin
1. ♘f3 d5 2. d4 ♗g4 (Eine Erfindung Tschigorins gegen geschlossene Systeme.) 3. c4 ♗:f3 (In späteren Partien setzte der Nachziehende an dieser Stelle mit 3. … ♘c6 fort, was als Tschigorin-Verteidigung in die Schachtheorie einging. Während der besten Jahre des russischen Vorkämpfers brachte sie ihm gute Erfolge ein. In der heutigen Praxis bevorzugt Schwarz zuverlässigere Methoden zum Erreichen eines Gegenspiels.) 4. gf e6 5. cd ♕:d5 (Tschigorin bemüht sich, zu einem lebhaften Figurenspiel zu kommen, eine Spielweise, die auch heute noch ihre Anhänger hat. Später wurden manche seiner Ideen von Theoretikern wie Grünfeld und Nimzowitsch aufgegriffen und weiterentwickelt. Auch leistete Tschigorin einen bedeutenden Beitrag zu den Grundlagen der in der ganzen Welt so beliebten Königsindischen Verteidigung, die er jedoch in diesem Wettkampf noch nicht anwandte.) 6. e4 ♗b4+ 7. ♘c3 ♕a5 8. ♗d2 ♘c6? (siehe Diagramm) (Tschigorin will um jeden Preis seine Figuren entwickeln, doch ist es allein damit nicht getan. Sie müssen auf solche Felder geführt werden, wo sie möglichst etwas angreifen und nicht der Attacke des Gegners ausgesetzt sind. Der Nachziehende setzt sich über diese Regel der Sicherheit hinweg. Steinitz verstand damals schon etwas mehr von solchen Prinzipien.) 9. d5! ed 10. a3! (Man kann Tschigorin schon verzeihen, wenn er diese Kombination des Weltmeisters nicht erkannte.) 10. … ♘d4! (In schwerer Lage sucht Tschigorin nach einer geistreichen Gegenchance. Es verbot sich 10. … ♗d6 wegen 11. ♘:d5 ♕c5 12. ♗e3 ♕a5+ 13. b4, und Weiß gewinnt eine Figur.) 11. ♗d3 (Dieser Zug reicht zum Gewinn, doch noch einfacher war 11. ♖c1!) 11. … 0–0–0 12. ab ♘:f3+ 13. ♕:f3! ♕:a1+ 14. ♔e2 ♕:b2 15. ♖b1 ♕a3 16. ♘b5 ♕a6 17. ♕:f7 ♕b6 18. ♖c1 ♘h6 19. ♕:g7 de 20. ♕:c7+ ♕:c7 21. ♖:c7+ ♔b8 22. ♗:e4. Schwarz gab auf.

Die Sensation blieb letztlich aus

Als sich Steinitz endlich offiziell Weltmeister nennen konnte, hatte er den Zenit seines Könnens gewiß überschritten. Rastlos suchte der ehrgeizige Schachriese aus Prag dennoch beständig das Duell mit den stärksten Meistern seiner Zeit. Steinitz, der wahrlich nicht begütert war, sondern sich eher geradeso über Wasser hielt, fühlte sich der hohen Verantwortung als Champion vollends verpflichtet. So hatte er beispielsweise nach einem gewonnenen Match gegen Michail Tschigorin mit diesem bereits in Havanna eine Revanche vereinbart. Zunächst aber wurde Isidor Gunsberg sein Widersacher.

Sein moralisches Recht auf einen WM-Kampf hatte der gebürtige Ungar in mehreren erstklassigen Turnieren nachgewiesen. So wurde er unter anderem Sieger in Hamburg (1885), in Bradford (1888) und London (1888). Das Londoner Turnier war übrigens zugleich das letzte, an dem sich Hermann Zukertort beteiligte. Der Kontrahent von Wilhelm Steinitz im ersten Kampf um die Schachweltmeisterschaft landete dabei mit sechs Punkten Rückstand zu Gunsberg abgeschlagen im Mittelfeld (7. bis 8.). Beim New-Yorker Turnier von 1889, das Michail Tschigorin an der Spitze sah, kam der in London lebende Gunsberg mit nur einem halben Punkt Rückstand auf Rang 3. Er hatte allerdings die große Genugtuung, den Turniersieger zweimal geschlagen zu haben. Außerdem wurde ihm noch der Schönheitspreis für die beste Partie zugesprochen. Schließlich gelang Gunsberg in einem vom rührigen Schachklub in Havanna organisierten Wettkampf gegen Tschigorin Anfang des Jahres 1890 ein ehrenvolles 9:9 (sechs Partien endeten remis).

Danach war auch der Weltmeister bereit, den 18 Jahre jüngeren als Gegner zu akzeptieren. Die Herausforderungen des Engländers Bird und des Amerikaners Mason hatte Steinitz zuvor zurückgewiesen, da sie ihm in Turnieren stets unterlegen waren.

Mit der Bereitschaft beider zu diesem WM-Kampf war die Austragung desselben freilich noch längst nicht gesichert. In seiner ausgezeichneten Lasker-Biographie merkt Dr. Johannes Hannak dazu an: Die Spieler ... wurden behandelt wie Rennpferde, nur mit dem Unterschied, daß Rennpferde besser genährt und besser betreut werden. Man schloß Wetten ab, gewöhnlich Pari-Wetten. Die beiden Spieler selbst hatten sich die Leute zu suchen, die auf sie »setzen« würden, die sogenannten »Backers«. Erst wenn solche »Backers« in genügender Zahl gefunden waren, konnte man darangehen, den Wettkampf wirklich zu organisieren. Die siegreiche »Backers«-Gruppe, also die, die ihr Geld auf den schließlichen Gewinner des Matches gewettet hatte, gab dann sozusagen gnadenweise und geschenkweise die Hälfte ihres Gewinnes an die beiden Spieler selbst ab, den Löwenanteil an den Matchsieger, einen dürftigen Trostpreis an den Geschlagenen. Die beiden Akteure waren also in Wahrheit nur Bedienstete eines Wettbüros, und zwar besoldete Bedienstete, denen man gerade nur ein Trinkgeld ließ.

Was nun den Wettkampf Gunsberg–Steinitz angeht, so fiel erschwerend ins Gewicht, daß der Herausforderer trotz beachtlicher Erfolge keine Popularität genoß. Das hatte seine Ursache vor allem in Gunsbergs Stil, denn er bevorzugte Verteidigungspositionen, wobei er dann auf Fehler seiner Partner wartete. Kaum jemand wollte deshalb eine Wette eingehen, und Gunsberg gelang es nicht, bei seinen Anhängern die notwendige Summe für den Einsatz aufzubringen. Doch Steinitz, der selbst sein ganzes Leben bitter unter diesen entwürdigenden Bedingungen gelitten hatte – als er 1883 in die USA übersiedelte, bestritt er seinen Broterwerb durch eine Serie von Matchen, Blind- und Vorgabepartien sowie Simultankämpfen –, zeigte sich nachsichtig. Mit dem New-Yorker Manhattan Chess Club fand sich auch ein Ausrichter für das wichtigste Schachereignis des Jahres 1891.

Entgegen den allgemeinen Erwartungen verlief der Wettkampf doch ziemlich ausgeglichen. Gunsberg nutzte sehr geschickt jene Augenblicke, in denen Steinitz zu risikofreudig spielte. Hinzu kam, daß der Herausforderer mit Schwarz schnell Vereinfachungen anstrebte und nichts gegen einen unentschiedenen Ausgang der Partie hatte. Mit Weiß dagegen bemühte er sich vom ersten Zug mit ganzer Kraft um einen Vorteil.

Diese Taktik wurde später bei Wettkämpfen, bei denen die Remispartien nicht zählten, häufig genutzt.

Nach der fünften Partie führte Gunsberg sogar 3:2. Auf eine Sensation wartete man jedoch vergeblich. Bei aller pragmatischen Stärke war er dem alternden Steinitz letztlich doch nicht gewachsen. Nach zehn Partien hatte dieser den anfänglichen Rückstand in einen Zwei-Punkte-Vorsprung umgewandelt und brachte ihn über die Zeit. Nach 19 Partien waren die zur Behauptung des Titels notwendigen 10½ Punkte erreicht.

In der Deutschen Schachzeitung resümierte Siegbert Tarrasch damals: »Gunsberg besiegte Steinitz nicht, aber er zeigte, daß man ihn besiegen kann. Ein wenig mehr Schärfe beim Angriff, mehr Hartnäckigkeit bei der Verteidigung, und es wäre ihm gelungen.«

Im Juli 1886 erschien in der englischen Zeitung The Graphic eine Illustration mit dem Titel »Die 16 führenden Schachspieler der Welt«. In seiner Auswahl plazierte der Gestalter die künftigen WM-Kontrahenten Steinitz und Zukertort sitzend in der Mitte. In dem illustren Kreis – es fehlen Tschigorin und Tarrasch – ist auch Isidor Gunsberg (rechts außen stehend) vertreten, der 1890 seine WM-Chance erhielt

Spanisch (2. Partie)

Weiß: Gunsberg Schwarz: Steinitz

Der Herausforderer ist der reiferen Positionsauffassung des Titelverteidigers nicht gewachsen. Nach einem Aufbaufehler – anstelle von 9. ♘a3? war 9. c4, gefolgt von 10. ♘c3, das Richtige – überspielt Steinitz nach 14. ... f5 seinen Gegner und gewinnt im 19. Zuge ersatzlos die Qualität. Mit dem Aufgeben läßt sich Gunsberg allerdings Zeit – nach 40 Zügen streicht er schließlich die Segel.

1. e4 e5 2. ♘f3 ♘c6 3. ♗b5 d6 4. c3 ♗d7 5. 0–0 ♘ge7 6. d4 ♘g6 7. d5 ♘b8 8. ♗:d7+ ♘:d7 9. ♘a3? ♗e7 10. ♘c2 ♘c5 11. ♕e2 ♕d7 12. b4 ♘a4 13. ♗d2 0–0 14. c4 f5 15. ef ♕:f5 16. ♖ac1 ♖ae8 17. ♘fe1 ♗g5! 18. g3 ♘c3!

19. ♗:c3 ♗:c1 20. ♘g2 ♕f3 21. ♕:f3 ♖:f3 22. ♘ge3 ♗:e3 23. ♘:e3 ♖ef8 24. ♔g2 c6 25. ♗b2 cd 26. ♘:d5 ♖d3 27. ♗c1 b5 28. ♘e3 bc 29. ♘:c4 ♖d4 30. ♘e3 ♖:b4 31. ♖d1 ♖b1 32. ♗a3 ♖:d1 33. ♘:d1 ♖d8 34. f3 d5 35. ♘c3 d4 36. ♘e4 ♖b8 37. h4 h5 38. ♔f2 ♖b1 39. ♗d6 ♖b2+ 40. ♔e1 ♖:a2. Weiß gab auf.

Stand: Gunsberg ½ Steinitz 1½

Italienisch (4. Partie)

Weiß: Gunsberg Schwarz: Steinitz

Hier irrte der Weltmeister! Nach 5. ... ♗:e3 6. fe ist der Doppelbauer im Zentrum sehr, sehr stark und nicht schwach, wie Steinitz damals meinte. Weiß hat nach 20 Zügen die klar bessere Stellung, und nach 32. a5 war die Entscheidung faktisch gefallen. Aber der Titelverteidiger kämpft – erst mit einer Figur, dann mit zwei Figuren weniger, bis das Matt kommt. So schnell warf man eben damals nicht das Handtuch.

1. e4 e5 2. ♘f3 ♘c6 3. ♗c4 ♗c5 4. d3 ♘f6 5. ♗e3 ♗:e3 6. fe d6 7. 0–0 ♘a5 8. ♗b5+ c6 9. ♗a4 ♕b6 10. ♕d2 ♘g4 11. ♖e1 ♕a6 12. c3 f6 13. ♗c2 c5 14. b4 cb 15. cb ♘c6 16. ♗b3 ♕b6 17. a3 ♗d7 18. ♘c3 ♘e7 19. h3 ♘h6 20. d4 ♖d8 21. ♖f1 ♖f8 22. ♕f2 ♖c8 23. ♖ac1 ♕a6 24. a4 ♕b6 25. b5 ♕a5 26. ♕b2 ♘f7 27. ♘d2 ed 28. ed ♕b6 29. ♘e2 d5 30. ed ♘d6 31. ♕a3 ♔d8 32. a5

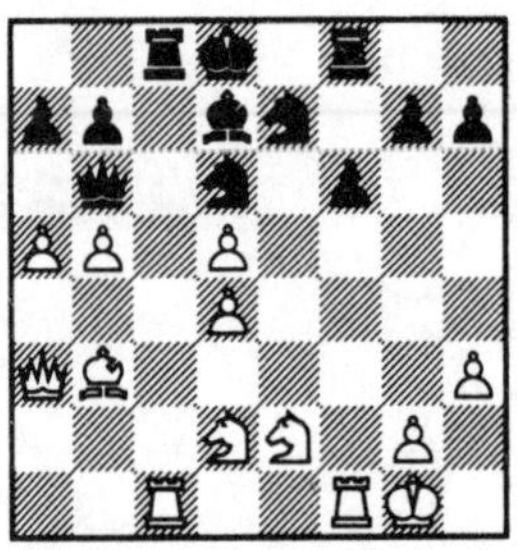

32. ... ♘:b5 33. ♕:e7+ ♔:e7 34. ab ab 35. ♘c4 ♖a8 36. ♖a1 ♘d6 37. ♘:b6 ♖:a1 38. ♖:a1 ♗b5 39. ♘f4 ♔f7 40. ♘e6 ♖e8 41. ♗a4 ♗:a4 42. ♖:a4 g6 43. ♘c4 ♘f5 44. ♖b4 ♖e7 45. g4 ♘g3 46. ♘d6+ ♔g8 47. ♘:b7 ♖d7 48. ♘bc5 ♖:d5 49. ♔f2 ♘f5 50. gf ♖:f5 51. ♔g3 h5 52. ♖b7 g5 53. ♘e4 ♔h8 54. ♖g7 h4+ 55. ♔g2 ♖a5 56. ♘:f6 ♖a2+ 57. ♔f1. Schwarz gab auf.

Stand: Gunsberg 2 Steinitz 2

Evans-Gambit (16. Partie)

Weiß: Gunsberg Schwarz: Steinitz

Der Anziehende kann so eine Art Angstgegner für den Weltmeister gewesen sein – das knappe Wettkampfresultat läßt darauf schließen. Natürlich war die Theorie des gewählten Gambits erst im Entstehen, aber 7. ... h6? (richtig ist 7. ... ♘h6) muß in einer so scharfen Stellung verdächtig sein. Weiß versäumt zwar 8. ♕b3!, bekommt aber auch so eine gute Stellung. Steinitz versucht mit unzureichenden Mitteln einen Angriff, der aber leicht abgewehrt wird. Schließlich erkennt er die mit 20. ♘h4! aufgestellte Falle nicht und verliert seine Dame mitten auf dem Brett. Aber auch ohne diesen Fehler war seine Position höchst unerfreulich.

1. e4 e5 2. ♘f3 ♘c6 3. ♗c4 ♗c5 4. b4 ♗:b4 5. c3 ♗a5 6. 0–0 ♕f6 7. d4 h6? 8. ♕a4 ♗b6 9. ♗b5 ♘ge7 10. ♗a3 ed 11. e5 ♕g6 12. cd ♘d5 13. ♖e1 ♘f4 14. g3 ♕g4 15. ♘bd2 ♘h3+ 16. ♔g2 ♘g5 17. ♗b2 ♘e7 18. ♗e2 ♘e6? 19. ♔h1 ♕f5 20. ♘h4! ♕:f2??

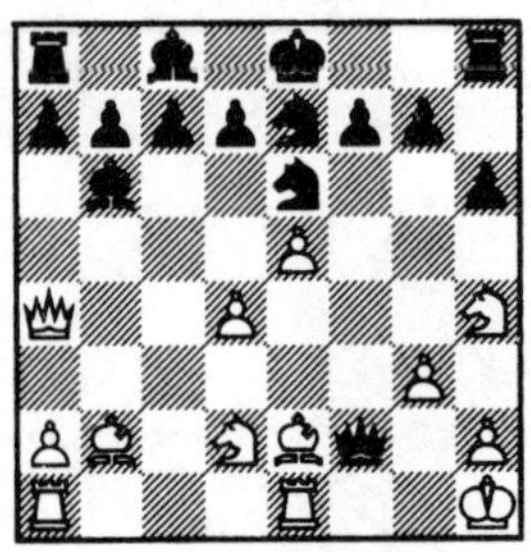

21. ♘e4. Schwarz gab auf.

Stand: Gunsberg 7½ Steinitz 8½

Angenommenes Damengambit (7. Partie)

Kommentare: Eduard Gufeld

Weiß: Steinitz Schwarz: Gunsberg
1. d4 d5 2. c4 dc 3. ♘f3 ♘f6 4. e3 e6 5. ♗:c4 ♗b4+ (Gunsberg hat gegen einen frühzeitigen Abtausch von Figuren nichts einzuwenden.) 6. ♘c3 0–0 7. 0–0 b6 8. ♘e5 ♗b7 9. ♕b3 ♗:c3 10. bc ♗d5 (Schwarz will durch einen weiteren Abtausch die Stellung vereinfachen.) 11. ♗:d5 ed 12. ♗a3 ♖e8 13. c4 c5 (Hier fehlt es dem Nachziehenden an Verständnis für die Prinzipien der Strategie. Er mußte sich zu 13. ... c6 entschließen.) 14. ♖ac1 ♘e4? 15. ♖fd1 (Mit einfachen Entwicklungszügen erhält Steinitz eine vortreffliche Position. Schwarz hat es dagegen schwer, seinen Damenflügel zu mobilisieren.) 15. ... cd 16. ed f6 (Wahrscheinlich hat Gunsberg gehofft, damit den weißen Druck abzuschütteln. Aber der Weltmeister hat eine elegante Kombination in petto.) 17. cd! fe 18. d6+ ♔h8 19. ♕d5 ♘:f2 20. ♖d2! (Die Strategie ist zu Ende, nun ist die Taktik Trumpf, in der beide Seiten Erfindungsreichtum bekunden. Gunsberg fand mit seinem Springeropfer eine geistreiche Möglichkeit, dem Gegner die Aufgabe zu erschweren. Auf 20. ♔:f2 wollte sich Schwarz mit 20. ... ♕h4+ 21. ♔g1 ♘d7 zur Wehr setzen. Steinitz kontert diesen Versuch jedoch schlau und überrascht seinen Gegner mit einer unerwarteten Riposte.) 20. ... ♘d7 (Auf 20. ... ♘h3+ beabsichtigte der Champion, mit 21. gh ♕g5+ 22. ♖g2 ♕e3+ 23. ♔h1 ♕:a3 24. ♖cg1 und entscheidender Attacke auf den schwarzen König fortzusetzen.) 21. ♖:f2 ♘f6 (siehe Diagramm) (Fast sieht es so aus, als ob Schwarz »trocken aus dem Wasser« kommt, doch jetzt folgt ein prächtiger Schluß.) 22. ♖:f6! gf (Das Schlagen auf f6 mit der Dame scheitert: 22. ... ♕:f6 23. d7 ♖f8 24. ♕:a8! ♖:a8 25. ♖c8+ ♕d8 26. ♖:a8 ♕:a8 27. ♗e7!, und der d-Bauer steht zur Umwandlung bereit.) 23. d7 ♖g8 24. de ♖g5 25. ♕:a8! ♕:a8 26. ♖c8+ ♖g8 27. ♖:a8 ♖:a8 28. e6. Schwarz gab auf.

Den Thron noch einmal behauptet

Das wichtigste Schachereignis im Jahre 1892 war natürlich der Revanchekampf zwischen Steinitz und Tschigorin, der erneut unter den Auspizien des Schachklubs von Havanna stand. Ursprünglich hatte sich der Champion nach Gunsberg erst einmal den aufstrebenden deutschen Meister Siegbert Tarrasch als nächsten Kontrahenten gewählt. Doch dieser Plan zerschlug sich. Tarrasch hatte ganz einfach Angst vor der langen Schiffsreise über den Atlantik, so daß der Wegbereiter der russischen Schachschule zum zweitenmal eine Chance erhielt, nach der Schachkrone zu greifen.

Das Match hatte eine amüsante Vorgeschichte. Wilhelm Steinitz brachte 1890 sein Lehrbuch »The Modern Chess Instructor« auf den Markt, in dem er neben einer ausführlichen Zusammenfassung seiner Lehren sechs Eröffnungen einer gründlichen Analyse unterzog. Mit zwei darin bewerteten Varianten war nun aber Tschigorin, der einst in Petersburg (heute Leningrad) eine kleine Kanzlei durchlief, bevor er sich ganz dem Schach widmete, absolut nicht einverstanden. So sollte Weiß nach Steinitz im Zweispringerspiel im Nachzuge nach 1. e4 e5 2. ♘f3 ♘c6 3. ♗c4 ♘f6 4. ♘g5 d5 5. ed ♘a5 6. ♗b5+ c6 7. dc bc 8. ♗e2 h6 9. ♘h3 besser stehen. Ebenso Schwarz im Evans-Gambit nach 1. e4 e5 2. ♘f3 ♘c6 3. ♗c4 ♗c5 4. b4 ♗:b4 5. c3 ♗a5 6. 0–0 ♕f6 7. d4 ♘h6.

Natürlich ließ Steinitz diesen Widerspruch nicht auf sich sitzen, kurzerhand wurde Tschigorin zu einem telegrafischen Wettkampf auf zwei Partien herausgefordert, um den theoretischen Streit zu klären. Steinitz, der mit seiner Familie in den USA in mehr als dürftigen Verhältnissen lebte, riskierte dabei sogar den Einsatz von 750 Dollar und verlor. Da Kabelwettbewerbe zu jener Zeit äußerst selten waren, erregte der nur 1,50 m große, gehbehinderte kurzsichtige Mann mit dem großen Kopf noch den Verdacht der amerikanischen Behörde. Von dieser wurde er sogar vorübergehend als gefährlicher Spion verhaftet.

Der Erfolg Tschigorins löste in der Schachwelt natürlich ein großes Echo aus. Drei Tage nach Beendigung des Kabelwettkampfes, am 1. Mai 1891, lud die Petersburger Schachgesellschaft Steinitz zu einem Match gegen Tschigorin nach Moskau ein. Dieser hatte am darauffolgenden Tag vom Schachklub aus Havanna eine analoge Einladung erhalten.

In diesem Wettkampf erwarteten viele den Sieg des Russen, der in seiner Geburtsstadt Gatschina in einer Internatsschule für Waisenkinder aufgewachsen war und dort von seinem Deutschlehrer das Schachspiel erlernte. Sogar der große Schriftsteller Lew Tolstoi, der einst sagte, daß Schachspielen schlecht sei, da ein Sieg den Gegner betrübt, erklärte: »Ich vermag nicht meinen Patriotismus und den Wunsch zu bezwingen, daß ein Russe Weltmeister werden möge.«

Dennoch hatte Tschigorin in seinem Heimatland nicht nur ihm wohlgesonnene Anhänger. Steinitz zeigte ihm in Havanna ein Paket, das er aus Petersburg von dem bekannten Meister Simon Alapin erhalten hatte, der ihm verschiedene Methoden gegen Tschigorins Lieblingswaffe – das Evans-Gambit – empfahl. Das löste in Petersburg einen Sturm der Entrüstung aus. In einer Zeitung erschien eine Karikatur Alapins, wo dieser als Schwein dargestellt ist, das unter einer Eiche wühlt. »Ein unbedeutender Streich« lautete die Unterzeile.

Das Match selbst wurde für Steinitz zu einer gewaltigen Kraftprobe, zumal er sich auf seine ausgefallene Behandlung des Evans-Gambits versteifte. So führte der 14 Jahre jüngere Herausforderer nach einem glänzenden Auftaktsieg später mit 4:2 und 5:3. Erst in der 14. Runde konnte Steinitz diesen gefährlichen Rückstand ausgleichen. Doch wieder übernahm Tschigorin das Zepter – 6:5, 7:6, 8:7. Nun gewann Steinitz, also stand es 8:8, und die 21. Partie ergab das fünfte Unentschieden. Dann gelang dem Weltmeister mit Weiß ein weiterer Sieg. Hätte Tschigorin nun aber das 9:9 herausgeholt, so wäre das Duell weitergespielt worden. Steinitz hatte dazu festgelegt, daß eine einzige Partie den Wettkampf nicht entscheiden kann, so daß dieser so lange verlängert werden muß, bis einer 12 Siege hätte. In der 23. Partie befand sich der Herausforderer vor mehr als 1 300 Zuschauern ständig im Vorteil, und es war eigentlich nur eine Frage der Zeit, wann Steinitz kapitulieren mußte. Doch da geschah das Unfaßbare. Der russische Meister, der den Eröffnungsstreit im Evans-Gambit klar mit 4:1 für sich entschied, übersah eine zweizügige Mattdrohung. Er patzte fürchterlich und wurde von seinem Gegner matt gesetzt.

Steinitz hatte mit diesem 10:8-Sieg noch einmal die WM-Krone behauptet, wenn auch der für ihn mehr als glückliche Ausgang an dem berühmten seidenen Faden hing. Die kubanische Zeitung El Pablo Morphy resümierte denn auch: »Tschigorin kann stolz sein: Noch nie war Steinitz einer Niederlage so nah wie jetzt.« Das ansehnliche Preisgeld kam Steinitz, der sich sogar mit dem Gedanken trug, gänzlich vom Turnierbetrieb Abschied zu nehmen und nur noch als Schachautor zu wirken, gerade recht, drückte ihn doch nicht nur die finanzielle Last seines inzwischen eingestellten International Chess Magazine.

Für die zeitgenössische Presse waren die WM-Vergleiche zwischen Steinitz und Tschigorin wahre Leckerbissen. »Das Stechspiel« war der wohl treffende Titel einer russischen Karikatur aus dem Jahre 1892. Sie zeigt, wie Steinitz (rechts) die Angriffe seines Herausforderers Tschigorin in Havanna parierte. Das von Wilhelm Steinitz 1884 in den USA gegründete und herausgegebene The International Chess Magazine war fraglos eine der besten von mehr als 600 Schachpublikationen des 19. Jahrhunderts

Evans-Gambit (1. Partie)

Weiß: Tschigorin Schwarz: Steinitz
Es ist die Zeit, in der das Evans-Gambit in voller Blüte stand. Steinitz hat inzwischen eine Verstärkung für Schwarz gefunden und setzt mit 6. ... d6 anstelle des früher gespielten Zuges 6. ... ♕f6 fort. Aber der weitere Weg war damals noch unbekannt. Erst Lasker entzauberte das Gambit nach 7. d4 mit 7. ... ♗b6! So erhält der russische Vorkämpfer nach der gekünstelten Fortsetzung 10. ... ♘ce7? (hier mußte 10. ... ♘f6 gespielt werden) bald einen überwältigenden Angriff, den er mit schönen Opfern schwungvoll vorträgt. Eine Partie, die die Schachfreunde immer wieder erfreut.
1. e4 e5 2. ♘f3 ♘c6 3. ♗c4 ♗c5 4. b4 ♗:b4 5. c3 ♗a5 6. 0–0 d6 7. d4 ♗g4 8. ♗b5 ed 9. cd ♗d7 10. ♗b2 ♘ce7? 11. ♗:d7+ ♕:d7 12. ♘a3 ♘h6 13. ♘c4 ♗b6 14. a4 c6 15. e5 d5 16. ♘d6+ ♔f8 17. ♗a3 ♔g8 18. ♖b1 ♘hf5 19. ♘:f7!

19. ... ♔:f7 20. e6+! ♔:e6 21. ♘e5 ♕c8 22. ♖e1 ♔f6 23. ♕h5 g6 24. ♗:e7+! ♔:e7 25. ♘:g6+ ♔f6 26. ♘:h8 ♗:d4 27. ♖b3 ♕d7 28. ♖f3 ♖:h8 29. g4 ♖g8 30. ♕h6+ ♖g6 31. ♖:f5+! Schwarz gab auf.
Stand: Tschigorin 1 Steinitz 0

Evans-Gambit (7. Partie)

Weiß: Tschigorin Schwarz: Steinitz
Der Anziehende baut sich gut auf, doch im Mittelspiel findet der Weltmeister die besseren Züge. Mit 23. ... ♘h3+ 24. ♔h1 ♗:f3 25. ♕:f3 ♕:f3 26. gf ♖f6 hätte der Titelverteidiger die überlegene Position erreichen können. Doch er wollte mehr und ließ eine Kombination vom Stapel, die aber ein Loch aufwies. Der Rest war Schweigen.
1. e4 e5 2. ♘f3 ♘c6 3. ♗c4 ♗c5 4. b4 ♗:b4 5. c3 ♗a5 6. 0–0 d6 7. d4 ♗d7 8. ♕b3 ♕f6 9. de de 10. ♖d1 h6 11. ♗a3 ♖d8 12. ♘bd2 ♗b6 13. ♗d5 ♘a5 14. ♕b4 c5 15. ♕b2 ♘ge7 16. ♘b3 ♘:b3 17. ♕:b3 0–0 18. ♗:b7 ♘g6 19. c4 ♘f4 20. ♕e3 ♗g4 21. ♗d5 ♖fe8 22. ♗b2 ♖d6 23. ♖d2 ♘:g2?

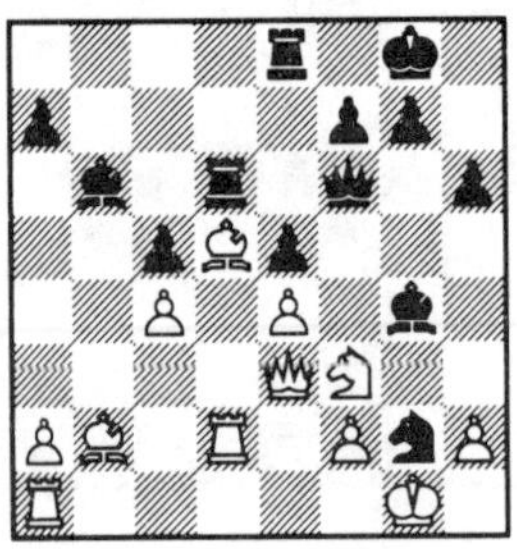

24. ♔:g2 ♗:f3+ 25. ♕:f3 ♕g5+ 26. ♔h1 ♕:d2 27. ♕:f7+ ♔h7 28. ♖g1. Schwarz gab auf.
Stand: Tschigorin 2 Steinitz 2

Zweispringerspiel im Nachzuge (12. Partie)

Weiß: Steinitz Schwarz: Tschigorin
In diesem Match ging es auch um verschiedenartige Auffassungen. Steinitz, der die Beurteilung einer Stellung etwas einseitig von der Bauernstellung aus ableitete und dem aktiven Wirken der Figuren weniger Bedeutung beimaß, wird in dieser Begegnung eines Besseren belehrt. Durchaus spielbar dürfte auch heute noch 9. ♘h3 sein, nur sollte 11. d3 mit schneller Entwicklung der Figuren folgen. Tschigorins Schachauffassung setzt sich hier überzeugend durch.
1. e4 e5 2. ♘f3 ♘c6 3. ♗c4 ♘f6 4. ♘g5 d5 5. ed ♘a5 6. ♗b5+ c6 7. dc bc 8. ♗e2 h6 9. ♘h3 ♗c5 10. 0–0 0–0 11. c3? ♘b7 12. ♕a4 ♗:h3 13. gh ♕d6! 14. d3 ♘d5 15. ♗f3 ♗b6 16. ♕h4 ♗c7 17. ♖d1 f5 18. ♗:d5+ cd 19. ♘d2 ♖f6 20. ♔f1 e4

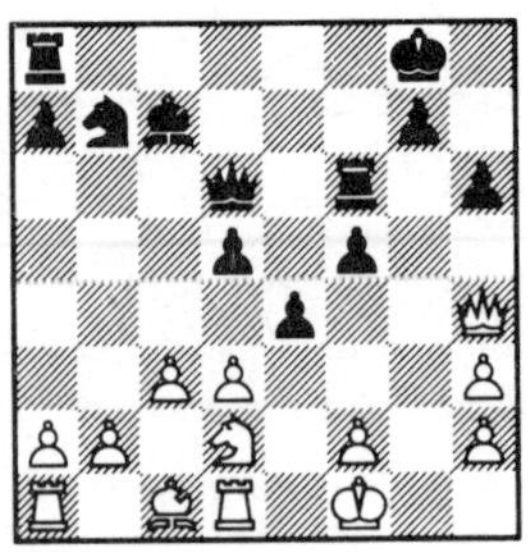

21. d4 ♖g6! 22. ♕h5 ♖g5 23. ♕h4 ♕a6+ 24. c4 dc 25. f4 c3+ 26. ♔f2 e3+! Weiß gab auf.
Stand: Steinitz 3 Tschigorin 5

Königsgambit (23. Partie)

Weiß: Tschigorin Schwarz: Steinitz
Ein Königsgambit kommt aufs Brett, aus dem beide Kontrahenten nach frühzeitigem Damentausch mit gleichen Aussichten ins Mittelspiel gehen. Im 22. Zug greift der Weltmeister daneben und verliert eine ganze Figur. Aber damals ging es eben weiter. Tschigorin spielt aufmerksam bis zum 31. Zug, doch dann muß ein Blackout eingetreten sein, und Steinitz setzt ganz einfach matt. Es geht schon recht turbulent zu zwischen den Großen am Ausgang des 19. Jahrhunderts.
1. e4 e5 2. f4 ef 3. ♘f3 ♘f6 4. e5 ♘h5 5. ♗e2 g6 6. d4 ♗g7 7. 0–0 d6 8. ♘c3 0–0 9. ♘e1 de 10. ♗:h5 gh 11. de ♕:d1 12. ♘:d1 ♘c6 13. ♗:f4 ♗f5 14. ♘e3 ♗e4 15. ♘f3 ♖fe8 16. ♘g5 ♗g6 17. ♘d5 ♗:e5 18. ♘:c7 ♗:c7 19. ♗:c7 ♖ac8 20. ♗g3 ♘d4 21. c3 ♘e2+ 22. ♔f2 h4? 23. ♗d6 ♘d4 24. cd ♖c2+ 25. ♔g1 ♖ee2 26. ♖ae1 ♖:g2+ 27. ♔h1 ♔g7 28. ♖e8 (sofort hätte 28. ♗e5+ entschieden) 28. ... f5 29. ♘e6+ ♔f6 30. ♖e7 ♖ge2 31. d5 ♖cd2 32. ♗b4??

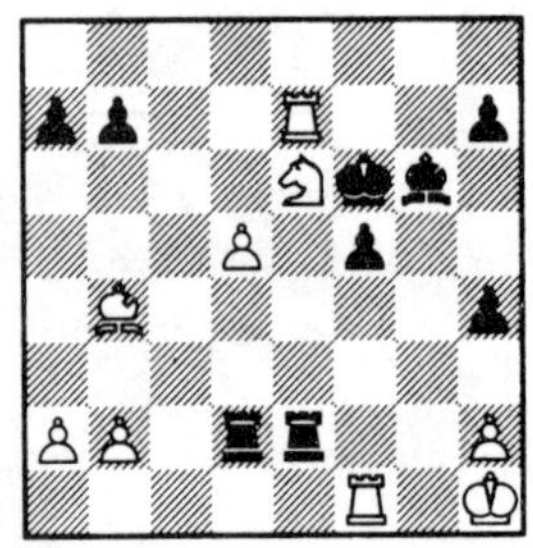

32. ... ♖:h2+ 33. ♔g1 ♖dg2 matt.
Endstand: Tschigorin 8 Steinitz 10

Spanisch
(4. Partie)

Kommentare: Max Euwe

Weiß: Steinitz Schwarz: Tschigorin
1. e4 e5 2. ♘f3 ♘c6 3. ♗b5 ♘f6 4. d3 (Steinitz läßt mit diesem Zug erkennen, daß er keinen Anspruch an die Eröffnung stellt. Heute spielt man an dieser Stelle die kurze Rochade und strebt nach Vorbereitung den Zug d2–d4 an.) 4. … d6 5. c3 g6 6. ♘bd2 ♗g7 7. ♘f1 (Eine bekannte Taktik. Weiß verzichtet auf die kurze Rochade, um möglichst schnell gegen den schwarzen Königsflügel vorzugehen.) 7. … 0–0 8. ♗a4 ♘d7 9. ♘e3 ♘c5 10. ♗c2 ♘e6 (Dieser Zug begünstigt den weißen Plan, da der schwarze Läufer auf c8 von der Verteidigung des Feldes f5 abgeschnitten ist.) 11. h4! (Als ein Kiebitz nach der Partie bemerkte, daß ein so früher Angriff nach der »neuen Schule« ein Fragezeichen verdiene, antwortete Steinitz: »Für gewöhnlich bin ich zu Beginn der Partie kein gefährlicher Angriffsspieler, aber ich erspähte eine Schwächung des feindlichen Königsflügels, und man darf mir nicht den Finger in den Mund stecken, wenn ich auch alt bin, sonst beiße ich.«) 11. … ♘e7 (»Jetzt konnte ich nur bedauern, nicht gleich mit 11. … f5 fortgesetzt zu haben«, schrieb Tschigorin in der Schachrubrik der Zeitung Neue Zeit, in der er diese Partie selbst kommentierte. Am besten war hier jedoch sicher 11. … ♘f4, um den Vorstoß h4–h5 zu verhindern. Auf 12. g3 ist 12. … ♘h5 möglich.) 12. h5 d5 13. hg fg (»Nach der Steinitzschen Anschauung ist nun die schwarze Königsstellung infolge des fehlenden f-Bauern schwach. Die offene h-Linie des Anziehenden bildet den Positionsvorteil, der schließlich die entscheidende Opferkombination ermöglicht. Zunächst sollen aber die vorteilhaften Gegebenheiten im weißen Lager noch vermehrt werden. Zur Fortführung des Angriffs wird jetzt die Diagonale für den Läufer c2 geöffnet«, kommentiert Ungarns Großmeister Gedeon Barzca diese Stellung.) 14. ed (Mehr im Stile von Steinitz wäre 14. ♕e2 gewesen. Dennoch würde dieser Zug wegen der halboffenen f-Linie und des Besitzes des Punktes f4 durch den Nachziehenden nicht ungefährlich gewesen sein.)

14. … ♘:d5 15. ♘:d5 ♕:d5 16. ♗b3 (Jetzt nutzt Weiß konsequent die schlechte Position des schwarzen Königs.) 16. … ♕c6 17. ♕e2 ♗d7 18. ♗e3 ♔h8 (Der König trat wegen der Wirkung des weißen Läufers die Flucht an, doch kann dafür jetzt der Turm auf der offenen h-Linie gefährlich werden.) 19. 0–0–0 (Eine späte, aber sehr starke Rochade.) 19. … ♖ae8 20. ♕f1 a5 (Damit beabsichtigt Schwarz, den starken Läufer auf b3 aus seiner Position zu verdrängen. Eine bessere Verteidigung bot jedoch 20. … ♖f5, gefolgt von … ♘f8.) 21. d4 ed (Angesichts der Drohung d4–d5 ist dieser Zug praktisch erzwungen.) 22. ♘:d4 ♗:d4 23. ♖:d4! (Nun gibt es zu viele Drohungen wie ♖dh4 und ♕d3.) 23. … ♘:d4 24. ♖:h7+! (siehe Diagramm) (Der Anziehende nutzt nun aus, daß im Moment dem schwarzen König das Feld g8 nicht zur Verfügung steht. Tschigorin ist in wenigen Zügen matt.) 24. … ♔:h7 25. ♕h1+ ♔g7 26. ♗h6+ ♔f6 27. ♕h4+ ♔e5 28. ♕:d4+ ♔f5. Schwarz gab gleichzeitig auf.

Fotodokumente aus den ersten Jahren der Schachweltmeisterschaft sind wahrlich eine Rarität. Die Zeitungen behalfen sich damals oft mit Kupferstichen. So wurde auch der allererste WM-Zweikampf Steinitz (rechts) gegen Zukertort in der Illustrierten Zeitung, die in Leipzig erschien, für die Nachwelt künstlerisch aufbereitet festgehalten.
Der 150. Geburtstag von Wilhelm Steinitz im Mai 1986 wurde in der Schachwelt würdig begangen. Das Jubiläum des Begründers des modernen Positionsspiels war der auflagenstärksten Schachzeitung der Welt, 64 – Schachrevue (UdSSR), sogar ein Titelbild wert

1894 - 1921 Emanuel Lasker

»Lasker stand als Weltmeister auf einsamer Höhe,
er hat keine Schüler gehabt und keine Nachahmer gefunden.«
(Ludwig Bachmann)

Er kam, er sah, er siegte

Es muß schon sehr viel Mut dazu gehört haben, dem Weltmeister einen Zweikampf anzutragen, wenn man selbst bis dahin noch kein einziges international bedeutsames Turnier gewonnen hatte. Der Mann, der dieses Wagnis einging, hieß Emanuel Lasker und war noch nicht einmal 25 Jahre alt, als Wilhelm Steinitz seine Herausforderung am 19. August 1893 erreichte.

Sicher, ein ganz unbeschriebenes Blatt war der ehemalige Mathematikstudent der Humboldt-Universität zu diesem Zeitpunkt nicht, der seine Existenzgrundlage dadurch sicherte, daß er in Berliner Schachklubs für Geld spielte, gegen jeden, der das wollte. Offensichtlich war das recht einträglich, denn Lasker gab sein Studium vorübergehend auf und spezialisierte und profilierte sich als Meister auf den 64 Feldern.

Aus dem Jahre 1889 datiert sein erstes Auftreten in einem kleinen internationalen Turnier, daß die Vereinigte Amsterdamer Schachgesellschaft ausgeschrieben hatte. Immerhin kam er dort als Neuling hinter dem Haudegen Amus Burns auf den Ehrenplatz. In den darauffolgenden vier Jahren maß er in etlichen Zweikämpfen die Kräfte, unter anderem mit den englischen Meisterspielern Bird (1890 in Liverpool +7, −2, =3; 1892 in London +5, −0, =0) und Blackburne (+6, −0, =4). Seine Gesamtbilanz dabei dürfte den Kennern der Schachszene nicht entgangen sein: 47 Siege, 20 Unentschieden bei nur 5 Niederlagen. Ebenso nicht sein berauschender Auftritt in New York, wo er inzwischen seßhaft war. Im Meisterturnier von 1893 stellte Lasker einen unglaublichen Rekord auf: Er gewann alle 13 Partien!

Da ein angestrebter Vergleich mit seinem Landsmann Tarrasch scheiterte – dieser war von der Spielstärke seines Gegners nicht eben überzeugt und wertete dessen Siege schlicht als »Dutzenderfolge« ab –, ging der junge Mann aufs Ganze: Er warf dem Schachlöwen Steinitz den Fehdehandschuh zu, wohl wissend, daß der sich bisher noch jedem ernst zu nehmenden Gegner gestellt hatte.

Nun, der Alte reagierte sichtbar unlustig. Das äußerte sich in maßlosen Forderungen. Lasker nahm sich der Sache jedoch energisch an und machte sich als sein eigener Werbeagent die Presse zum Verbündeten. So lancierte er in fast alle Schachzeitungen sein Interview mit dem Chicago Herald, in dem er erklärt hatte: »Ich bin völlig einverstanden, daß Steinitz der stärkste von allen ist, aber nicht weniger bin ich davon überzeugt, daß ich ihn im Wettkampf schlagen werde.«

Dieses Interview und ähnliche Äußerungen Laskers hatten Steinitz so verletzt, daß er selbst nun den Zweikampf wünschte, um den »Unverschämten« in die Schranken zu weisen. Lasker muß mit dieser Reaktion gerechnet haben, denn trotz aller Eigenreklame gelang es ihm nicht, die erforderliche Summe zusammenzubekommen.

Der Weltmeister gab nach. Ja, er war nicht nur mit der Verringerung des Betrages einverstanden, sondern auch damit, daß nicht in Havanna gespielt wurde, der Stadt, die ihm so vertraut war. Austragungsorte wurden New York, Philadelphia und Montreal.

In sportlicher Hinsicht verlief der Wettkampf, der am 15. März 1894 in New York begann, zunächst ganz interessant. Steinitz trotzte seinem 32 Jahre jüngeren Rivalen nach sechs Partien ein 3:3 ab und, was dabei am wichtigsten war, kam sogar zu zwei Siegen. Dann wurde die dramatische 7. Partie gewissermaßen zum Scheideweg. Steinitz hätte sie gewinnen müssen, aber Lasker legte in Bedrängnis erbarmungslos die Schwäche von Steinitz' Stil bloß: dessen taktische Unbeweglichkeit. Der Champion verlor nicht nur diese Partie, sondern sein psychisches Gleichgewicht. Es folgten unmittelbar vier weitere Niederlagen. Als der Troß nach Montreal kam, stand es nach Siegen 7:2, und niemand zweifelte an der Wachablösung im Schacholymp. Um so bewundernswerter war die Energieleistung von Steinitz, der noch einmal alle Reserven mobilisierte und auf 4:7 verkürzte. Was mit zunehmender Distanz jetzt entschied, war jedoch nicht mehr allein das rein schachliche Können, sondern die stärkere Physis von Lasker. Nachdem Partie 15 und 16 von ihm gewonnen worden waren und Steinitz die 17. in großartiger Manier für sich verbuchte, kam am 26. Mai das unvermeidliche Ende. Der Weltmeister mußte die 19. Partie aufgeben. Das Duell war mit 10:5 für Lasker entschieden – er kam, sah und siegte. Mühselig erhob sich Steinitz danach von seinem Sitz und brachte ein dreifaches Hoch »auf den neuen Weltmeister« aus. Dann humpelte er davon in ein Nebenzimmer und spielte mit seinen Freunden Bridge.

Über den Wert des 5. WM-Matches gab es viele kritische Stimmen. Ihren Tenor faßte Curt von Bardeleben in der Deutschen Schachzeitung von 1894 treffend zusammen: »Lasker mangelt die Tiefe des Steinitzschen Spiels, aber er ersetzt das durch außerordentliche Selbstbeherrschung. Sein Spiel ist ziemlich frei von Fehlern, und das ist der Hauptgrund seines Sieges.« Weit verbreitet war deshalb die Meinung, daß Tarrasch der beste Spieler der Welt sei.

Der 2. Weltmeister

Em Lasker

Lasker und Steinitz während einer Partie im letzten Drittel des WM-Matches von 1894 in Montreal. Mit der 5:10-Niederlage gegen seinen 32 Jahre jüngeren Gegner ging die Ära des Schachriesen aus Prag zu Ende, der zuvor in 26 Zweikämpfen unbesiegt geblieben war

Simultanveranstaltungen waren damals schon beliebt. So spielte Weltmeister Lasker beispielsweise am 12. April 1918 im Berliner Café Kerkau gleichzeitig 25 Partien, wobei an jedem Brett zwei Herren Platz genommen hatten und sich gegenseitig beraten konnten

Spanisch (9. Partie)

Weiß: Lasker Schwarz: Steinitz

Eine trockene Positionspartie, die sehr gefallen kann. Heute würde man mit einer so harmlosen Partieanlage kaum über ein Remis hinauskommen. Tatsächlich versäumt Steinitz zweimal den sicheren Ausgleich. Anstelle von 12. ... ♘b5 sollte einfach 12. ... ♖:d8 13. ♖:d4 ♗e7 geschehen, und statt 14. ... ♖:a2? war 14. ... ♖a6 15. e5 d5 16. a3 ♔d7 weit besser. Danach zieht der Herausforderer die positionelle Schlinge immer fester zu. Eine Partie ohne Taktik, aber mit perfekter Technik.

1. e4 e5 2. ♘f3 ♘c6 3. ♗b5 d6 4. ♘c3 a6 5. ♗c4 ♗e6 6. ♗:e6 fe 7. d4 ed 8. ♘:d4 ♘:d4 9. ♕:d4 ♘e7 10. ♗g5 ♘c6 11. ♗:d8 ♘:d4 12. 0–0–0 ♘b5? 13. ♘:b5 ab 14. ♗:c7 ♖:a2? 15. ♗b6 ♗e7 16. c3 ♔f7 17. ♔c2 ♖ha8 18. ♔b3 ♖2a4 19. f3 ♖8a6 20. ♗d4 g6 21. ♖d3 ♔e8 22. ♖hd1 e5 23. ♗e3 ♔d7 24. ♗c5!

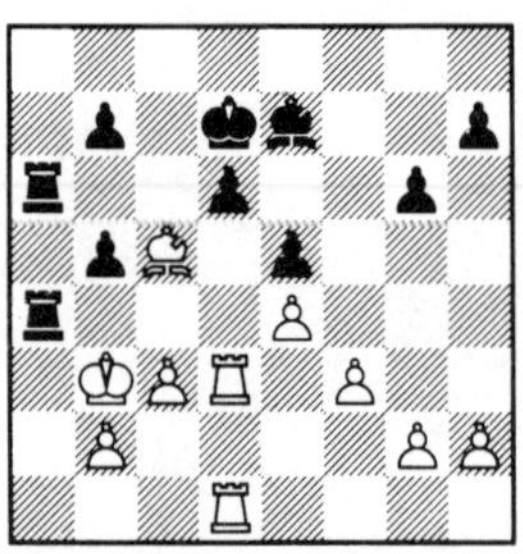

24. ... ♖a1 25. ♖1d2 ♔e6 26. ♗a3 g5 27. ♖d5 ♖b6 28. ♔b4 g4 29. ♔a5 ♖a6+ 30. ♔:b5 h5 31. ♖d1 ♖:d1 32. ♖:d1 gf 33. gf ♖a8 34. ♔b6 ♖g8 35. ♔:b7 ♖g2 36. h4 ♖h2 37. ♔c6 ♗:h4 38. ♖:d6+ ♔f7 39. ♔d5 ♗f6 40. ♖d7+ ♔g6 41. ♔e6 h4 42. ♖d1 h3 43. ♖g1+ ♖g2 44. ♖:g2+ hg 45. ♗c5 ♗d8 46. b4 ♔g5 47. ♔d7 ♗f6 48. b5 ♔f4 49. b6. Schwarz gab auf.

Stand: Lasker 5 Steinitz 2

Damengambit (10. Partie)

Weiß: Steinitz Schwarz: Lasker

In diesem Duell war der Titelverteidiger gegen seinen Widersacher ohne Chance. Der Zug 4. f3 war gewissermaßen eine Eintagsfliege – in keinem Theoriebuch ist er vermerkt. Lasker demonstriert in dieser Begegnung den später von ihm postulierten »gesunden Menschenverstand im Schach«.

1. d4 d5 2. c4 e6 3. ♘c3 ♘f6 4. f3 c5 5. dc ♗:c5 6. cd ♘:d5 7. e4 ♘:c3 8. ♕:d8+ ♔:d8 9. bc ♘c6 10. ♘h3 ♔c7 11. ♘f4 ♖d8 12. ♘d3 ♗d6 13. f4 b6 14. ♘f2 ♗c5 15. ♗e2 ♗b7 16. ♘d3 ♗f8 17. f5 e5! 18. ♗g5 f6 19. ♗e3 ♖ac8 20. 0–0–0? ♔b8 21. ♘f2 ♘d4! 22. ♗:d4 ed 23. ♗d3 dc 24. g4 ♗a3+ 25. ♔c2 ♗c6 26. ♔b3 ♗c5 27. ♘h3 ♗e3 28. ♗c2 ♗d2 29. ♘f2 ♖d4 30. ♔a3 ♗e8 31. ♘d3 ♖:e4 32. ♘b4 ♖d4 33. ♗b3 a5 34. ♘c2 b5. Weiß gab auf.

Stand: Steinitz 2 Lasker 6

Damengambit (11. Partie)

Weiß: Lasker Schwarz: Steinitz

Diese Partie läßt ahnen, daß die Positionsauffassung des Herausforderers wohl schon reifer als die des Weltmeisters ist. Nach einem frühzeitigen Damentausch hat Weiß nur mikroskopischen Stellungsvorteil, der bei guten Verteidigungszügen kaum ausgebaut werden kann. So ist 14. ... a5 ein schlechter Zug, der nur Schwächen am Damenflügel zur Folge hat und besser durch 14. ... ♖fd8 ersetzt worden wäre. Nach 23. e4! steht Weiß schon so überlegen, daß sich Schwarz schließlich nur in ein verlorenes Endspiel »retten« kann.

1. d4 d5 2. c4 e6 3. ♘c3 ♘f6 4. ♘f3 ♗e7 5. e3 0–0 6. ♗d3 c5 7. dc dc 8. ♗:c4 ♕:d1+ 9. ♔:d1 ♘c6 10. a3 ♗:c5 11. b4 ♗b6 12. ♔e2 ♗d7 13. ♗b3 ♖ac8 14. ♗b2 a5 15. b5 ♘e7 16. ♘e5 ♗e8 17. a4 ♗c7 18. ♘c4 ♗d7 19. ♖ac1 ♘ed5 20. ♘:d5 ♘:d5 21. ♘e5 ♗:e5 22. ♗:e5 f6 23. e4!

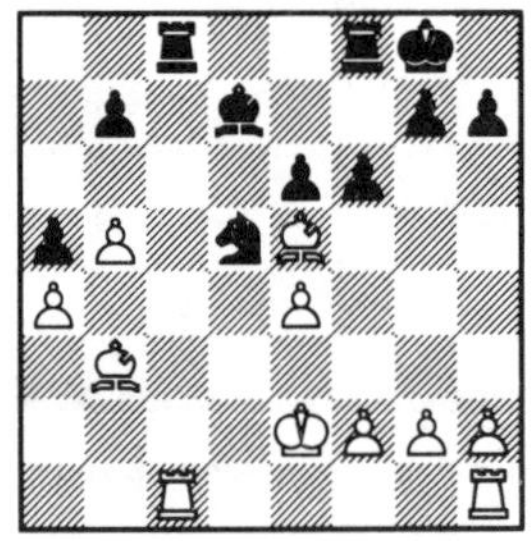

23. ... fe 24. ed ♔f7 25. ♖hd1 ♔e7 26. d6+ ♔f6 27. ♔e3 ♖:c1 28. ♖:c1 ♖c8 29. ♖:c8 ♗:c8 30. ♗c2 ♔f7 31. ♗:h7 b6 32. ♔e4 ♔f6 33. g4 g5 34. ♔f3 ♔f7 35. ♗e4 ♔e8 36. h4 ♔d7 37. h5 ♔e8 38. ♔e3. Schwarz gab auf.

Stand: Lasker 7 Steinitz 2

Spanisch (13. Partie)

Weiß: Lasker Schwarz: Steinitz

Ja, Steinitz zeigt schon noch hin und wieder sein Können. In einer spanischen Abtauschvariante bringt er sein Läuferpaar eindrucksvoll zur Geltung – vergeblich wartet der Herausforderer auf einen Fehler seines älteren Konkurrenten. Später, 1914 in Petersburg, gewinnt Lasker als Anziehender mit der gleichen Variante eine weltberühmte Partie gegen den genialen Kubaner Capablanca. In dieser Partie konnte er offenbar die nötige Erfahrung sammeln.

1.e4 e5 2. ♘f3 ♘c6 3. ♗b5 a6 4. ♗:c6 dc 5. d4 ed 6. ♕:d4 ♕:d4 7. ♘:d4 c5 8. ♘e2 ♗d7 9. ♘bc3 0–0–0 10. ♗f4 ♗c6 11. 0–0 ♘f6 12. f3 ♗e7 13. ♘g3 g6 14. ♖fe1? ♘d7 15. ♘d1 ♘b6 16. ♘f1 ♖d7 17. ♗e3 ♖hd8 18. b3 c4! 19. ♗:b6 cb 20. bc ♗b4 21. c3 ♗c5+ 22. ♔h1 ♖d3 23. ♖c1 a5 24. ♘de3 f5! 25. ef gf 26. h3 ♖g8! 27. ♘d5 ♗:d5 28. cd ♖:d5 29. ♖cd1 ♖:d1 30. ♖:d1 f4! 31. ♔h2 ♖e8 32. a4 ♔c7 33. h4 ♔c6 34. c4 ♗b4 35. ♔h3 ♖e1! 36. ♖:e1 ♗:e1 37. ♔g4 ♔c5 38. ♔:f4 ♔:c4 39. ♔e4 ♗:h4 40. g3 ♗d8 41. ♘e3+ ♔b4 42. ♔d3 ♔:a4 43. ♔c2 ♔b5 44. f4 ♔c5 45. f5 ♔d6 46. g4 b5 47. ♘d1 ♔e5 48. ♘c3 b4 49. ♘a4 ♔d4 50. ♘b2 b5 51. ♔b3 ♗e7 52. g5 a4+ 53. ♘:a4 ba+ 54. ♔:a4 ♔e5. Weiß gab auf.

Stand: Lasker 7 Steinitz 3

Italienisch (17. Partie)

Weiß: Lasker Schwarz: Steinitz

Laskers Konzept, den Gegner zunächst spielen zu lassen, seine Drohungen abzuwehren und auf die eigene Chance wie ein Fuchs zu lauern, geht hier nicht auf. Steinitz erkennt bald seinen Trumpf, der in der halboffenen c-Linie besteht. Dort wird eine förmliche Massage angesetzt, die ein weißes Gegenspiel in der halboffenen f-Linie nicht aufkommen läßt. In der überlegenen Stellung, die er nach 27. ... ♕c4 innehat, begeht er keinen Fehler mehr. Ein schöner Sieg des Titelverteidigers, der ihn vielleicht noch einmal auf eine Wende im Match hoffen ließ.

1. e4 e5 2. ♘f3 ♘c6 3. ♗c4 ♗c5 4. d3 ♘f6 5. ♘c3 d6 6. ♗e3 ♗b6 7. ♕d2 ♘a5 8. ♗b5+ c6 9. ♗a4 ♗:e3 10. fe b5 11. ♗b3 ♕b6 12. 0–0 ♘g4! 13. ♖ae1 f6 14. h3 ♘h6 15. ♘e2 ♘:b3 16. ab 0–0 17. ♘g3 a5! 18. d4 ♘f7 19. ♕f2 ♖a7 20. ♖d1 a4! 21. b4 ♕c7 22. ♘e1 c5! 23. ♕d2 ♗e6! 24. d5 ♗d7 25. ♖a1 cb 26. ♕:b4 ♖c8 27. ♕d2 ♕c4 28. ♖f2 ♘g5! 29. ♕d3 ♖ac7 30. h4 ♘f7 31. ♕:c4 ♖:c4 32. ♖d2 g6 33. ♔f2 ♘d8 34. b3 ♖4c7 35. ♖dd1 ♘b7 36. ♖db1 ♔f7 37. ♔e2 ♖a8 38. ♔d2 ♘a5! 39. ♔d3 h5! 40. ♖a2 ♖aa7 41. b4 ♘c4 42. ♘f3 ♖a8 43. ♘d2 ♘b6! 44. ♖f1 ♖ac8 45. ♘b1 ♔e7 46. c3 ♘c4 47. ♖af2 ♘a3! 48. ♘e2 ♘:b1 49. ♖:b1 ♗g4 50. ♖c1 ♖c4 51. ♖c2 f5. Weiß gab auf.

Stand: Lasker 9 Steinitz 5

Spanisch
(7. Partie)

Kommentare: Eduard Gufeld

Weiß: Lasker Schwarz: Steinitz

1. e4 e5 2. ♘f3 ♘c6 3. ♗b5 d6 4. d4 ♗d7 5. ♘c3 ♘ge7 6. ♗e3 ♘g6 7. ♕d2 ♗e7 8. 0–0–0 a6 9. ♗e2 ed 10. ♘:d4 ♘:d4 11. ♕:d4 ♗f6 12. ♕d2 ♗c6 13. ♘d5 0–0 14. g4? (Bei entgegengesetzten Rochaden erscheint dieser Vorstoß logisch. Tatsächlich ist er jedoch verfrüht, denn Schwarz ist gut entwickelt und kann ein Gegenspiel im Zentrum entfalten.) 14. ... ♖e8 15. g5 ♗:d5 16. ♕:d5 (Auf 16. ed hätte Schwarz mit 16. ... ♖:e3! fortsetzen können. Zum Beispiel 17. fe ♗:g5 18. ♔b1 ♕e7 19. ♕b4 b6 20. e4 ♘e5 oder 17. gf ♖e5 18. fg ♕f6 mit Gegenangriff.) 16. ... ♖e5 17. ♕d2 ♗:g5 18. f4 ♖:e4! (Dieser taktische Schlag widerlegt den Plan von Weiß.) 19. fg ♕e7 20. ♖df1 ♖:e3 21. ♗c4 (Lasker, der mit zwei Bauern weniger in einer schwierigen Position ist, beginnt den Kampf zu komplizieren. Man muß wissen, daß der Stand vor dieser Partie 3:3 war, und daher kann das Resultat dieser siebenten Begegnung einen Wendepunkt im Wettkampf bedeuten.) 21. ... ♘h8 22. h4 c6 23. g6! (siehe Diagramm) (Das Opfer des dritten Bauern ist die beste praktische Chance. Die Erfindungsgabe in ähnlichen komplizierten Situationen war immer »die Visitenkarte« Laskers. Hier vermochte er sogar den Weltmeister zu verwirren, der eine starke Erwiderung versäumt: 23. ... hg! 24. h5 g5!, und wenn 25. h6 gh 26. ♖:h6, dann 26. ... ♖e8! mit einer starken Gegenattacke. Aber Steinitz riskierte es nicht, die h-Linie zu öffnen. Ob das mit seinem Alter zu tun hatte?) 23. ... d5 24. gh+ ♔:h7 25. ♗d3+ ♔g8 26. h5 ♖e8 27. h6 (Das Übergewicht liegt immer noch auf der Seite von Schwarz, aber der Kampf lodert überall auf.) 27. ... g6 28. h7+ ♔g7 29. ♔b1! ♕e5 30. a3 c5 31. ♕f2 c4 32. ♕h4 f6 33. ♗f5 ♔f7 34. ♖hg1 (Weiß hat den Kampf maximal kompliziert und opfert nun noch eine Figur, wobei es für den Nachziehenden nicht obligatorisch ist, sie zu nehmen. Aber Steinitz erträgt die Spannung nicht länger und bricht alle Brücken hinter sich ab.) 34. ... gf? 35. ♕h5+ ♔e7 36.

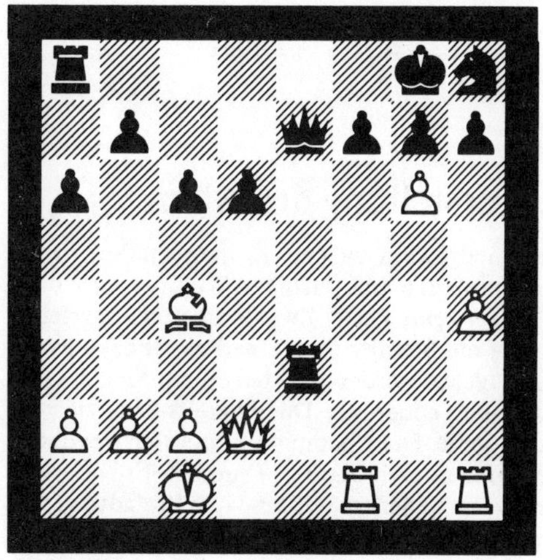

♖g8 ♔d6 37. ♖:f5 ♕e6 38. ♖:e8 ♕:e8 39. ♖:f6+ ♔c5 40. ♕h6 ♖e7 (Während Steinitz die Drohung 41. ♖f8 glücklich abgewehrt hat, läßt er eine andere zu. Sich zu verteidigen, das war für ihn tatsächlich sehr schwer, aber mit 40. ... ♕e7 noch möglich, wie Tschigorin fand. In einer Reihe von Varianten hätte Schwarz die Mehrfigur zurückgeben müssen und dabei immer noch einen Mehrbauern behalten. Eine interessante Fortsetzung zeigte Meister Jakow Neistadt: 41. ♖f8 ♖e6 42. ♖c8+ – schlechter ist 42. ♕:e6 ♕:e6 43. ♖:h8 ♕h3! – 42. ... ♔b6! 43. ♕h5, und der wirkliche Kampf steht noch bevor.) 41. ♕h2 ♕d7 42. ♕g1+ d4 43. ♕g5+ ♕d5 44. ♖f5 ♕:f5 45. ♕:f5+ ♔d6 46. ♕f6+. Schwarz gab auf.

Ist es verwunderlich, daß Steinitz nach solch einem Verlust auch in den folgenden vier Begegnungen Niederlagen einstecken mußte?

Die letzte Vorstellung des Alten

Daß man seinen Titelgewinn zwar zur Kenntnis nahm, ihn aber dennoch nicht als den rechtmäßigen Weltmeister betrachtete, ließ Lasker keine Ruhe. Zwar enthielt der Vertrag für den Wettkampf mit Steinitz auch eine Revancheklausel, ja, es war sogar festgelegt worden, daß bei einem Sieg des Herausforderers dieses neuerliche Duell bereits Ende des Jahres stattfinden sollte. Der Champion fühlte sich dennoch nicht an die getroffene Vereinbarung gebunden. Er erklärte Steinitz, daß aus verschiedenen Städten viele Einladungen eingegangen seien, die er nicht absagen könne. Lasker schlug vor, sich erst zum Jahresende 1895 wieder ans Brett zu setzen. Sein Rivale war darüber sehr verärgert und teilte Lasker unmißverständlich mit, daß er diesem den Titel entziehe und sich als Weltmeister betrachte. Er unterschrieb dabei mit »Champion der Schachwelt – Steinitz«.

Die Schachwelt unterstützte den Exweltmeister bei diesem widersinnigen Verhalten nicht, obwohl sie ungeduldig erwartete, daß Lasker endlich in einem wichtigen internationalen Turnier den Beweis erbringt, daß er und kein anderer die Nummer 1 ist. Diese Chance bot sich eher, als es dem Champion genehm war.

Hastings rief 1895 die großen Meister jener Zeit, und alle kamen sie: Steinitz und seine früheren Herausforderer Tschigorin und Gunsberg, selbstverständlich Tarrasch, der voller Hoffnungen war, dazu die Gilde junger aufstrebender Europäer wie von Bardeleben, Schlechter, Janowski, die erste Garde der Engländer mit Blackburne, Burn, Bird und Mason. Erstmals im Konzert der Asse wollte ein bis dahin nahezu unbekannter Amerikaner namens Harry Nelson Pillsbury mithalten. Emanuel Lasker blieb deshalb keine andere Wahl, als angesichts dieser erstklassigen Besetzung zuzusagen. Daß er gerade eine längere Krankheit überstanden hatte und anschließend eine strapaziöse Reise durch England machte, wo er Schachvorträge hielt, wäre kaum als Entschuldigung respektiert worden. Teile davon nutzte er für sein Buch »Der gesunde Menschenverstand im Schach«.

Vor Beginn des Turniers schrieb das Frankfurter Schachblatt: »Dieses Turnier ist das bedeutendste, das jemals stattgefunden hat. Wer aus ihm überlegen als Sieger hervorgeht, muß als der stärkste Spieler der Welt anerkannt werden.«

Nun, in Hastings gab es 1895 keinen überlegenen Sieger, aber der Abschlußstand des Turniers war geradezu spektakulär. Als zur Preisverleihung gerufen wurde, war es der 23jährige Pillsbury, der die Siegerpalme in Empfang nehmen konnte. Ihm folgte Tschigorin und erst dann das Dreigestirn Lasker, Tarrasch und Steinitz.

Mit dem Erfolg des Amerikaners konnte sich die Konkurrenz natürlich nicht abfinden. Schon während des Hastinger Zusammentreffens hatte Tschigorin im Namen des Petersburger Schachvereins die fünf Erstplazierten zu einem Turnier in die damalige russische Hauptstadt eingeladen. Tarrasch war beruflich offensichtlich unabkömmlich, so daß Lasker, Steinitz, Pillsbury und Tschigorin am 13. Dezember des gleichen Jahres ein Vierermatch mit jeweils sechs Partien jeder gegen jeden aufnahmen. Der Weltmeister konnte sich in Petersburg mit dem ersten Platz öffentlich rehabilitieren. Gegen Pillsbury jedoch verlor er aber mit $2\frac{1}{2}:3\frac{1}{2}$.

Sechs Monate darauf gab es in Nürnberg ein weiteres Gipfeltreffen der »großen Fünf«. Auch dort gelang es dem Amerikaner, den Weltmeister zu bezwingen, der ihm jedoch keine Möglichkeit zu einem Titelkampf einzuräumen gedachte. Lasker gewann aber überlegen das Turnier und wies damit endgültig nach, daß er nicht nur der Primus inter pares war. In seinem Selbstbewußtsein derart gestärkt, gewährte er Steinitz endlich die noch ausstehende Revanche. Diese letzte Vorstellung des Alten im Lokal des Moskauer Ärztevereins wurde zu einem fürchterlichen Fiasko. Nach elf Partien stand es bereits 0:7. »Weshalb spiele ich nicht so mit Pauken und Trompeten?« schrieb der schwerkranke Steinitz in der New-Yorker Sun. »Deshalb, weil Lasker der größte Spieler ist, dem ich jemals begegnet bin.«

An manchen Spieltagen wurde dem Exweltmeister so schlecht, daß er Eisbeutel für seinen Kopf brauchte. Auch zwei Auszeiten von jeweils einer Woche verbesserten seinen kritischen Gesundheitszustand nicht. Ein letztes Aufbäumen brachte ihm in den Partien 12 und 13 zwei Siege. Nach weiteren vier Begegnungen war dann alles entschieden: 10:2 für Lasker lautete der Endstand. Die Ära des Wilhelm Steinitz, der von 28 Zweikämpfen in seiner Laufbahn 26 gewann, war damit vorbei. Nach dem Wettkampf mußte er sogar in einem psychiatrischen Krankenhaus behandelt werden, wobei die Ärzte angeblich Größenwahn diagnostizierten. Drei Jahre später starb Steinitz, der Gigant des 19. Jahrhunderts, völlig verarmt, halb gelähmt, fast verhungert, vergessen und verlassen. Vorher lag er 40 Tage in einem Hospital, weil er versucht hatte, die Schachfiguren mittels elektrischer Gehirnströme zu bewegen, ohne sie zu berühren.

Lasker hingegen genoß mittlerweile solch eine Popularität, daß er sich eine schachliche Auszeit gönnen konnte. Er nahm nur an je einem Turnier in London (1899) und in Paris teil; aus beiden ging er als Sieger hervor. Die gewonnene materielle Sicherheit gestattete es ihm, sich wieder seinem Studium zuzuwenden. Anfang 1902 promovierte er in Erlangen zum Doktor der Mathematik und Philosophie.

Gruppenbild der Schachprominenz anno 1895 in Hastings. Bei diesem ersten Meisterturnier war alles vertreten, was Rang und Namen hatte, auch die »großen Fünf«, die sitzend im Zentrum plaziert wurden: Steinitz, Tschigorin, Lasker, Pillsbury und Tarrasch (v. links). In der zweiten Reihe stehen drei ehemalige und künftige WM-Herausforderer: Schlechter, Janowski (2. und 3. v. links) sowie Gunsberg (2. v. rechts).

Von der eigenwilligen tatarischen Malerin von Schachmotiven Galina Satonina stammt die originelle Darstellung des Weltmeisters Lasker, der zugleich ein überaus begabter Mathematiker war. Seine Doktorarbeit über abstrakte algebraische Systeme ist noch heute von Bedeutung

Italienisch (1. Partie)

Weiß: Steinitz Schwarz: Lasker

Steinitz überrascht seinen Gegner mit 10. ♗a3?!, einem Figurenopfer auf lange Sicht. Doch gerade die Verteidigung gefährdeter Stellungen war eine der großen Stärken Laskers. Sicherlich kamen für beide Seiten im turbulenten Mittelspiel noch andere Möglichkeiten in Betracht, doch nach dem Fehler 38. ♔e3? wurde die letzte Remischance, die in 38. ♖:a6 bestand, verpaßt. Danach setzt sich die Mehrfigur sicher durch. Trotzdem: Das phantasievolle Figurenopfer des alten Haudegens verdient Anerkennung.

1. e4 e5 2. ♘f3 ♘c6 3. ♗c4 ♗c5 4. c3 ♘f6 5. d4 ed 6. cd ♗b4+ 7. ♘c3 ♘:e4 8. 0–0 ♗:c3 9. bc d5 10. ♗a3?!

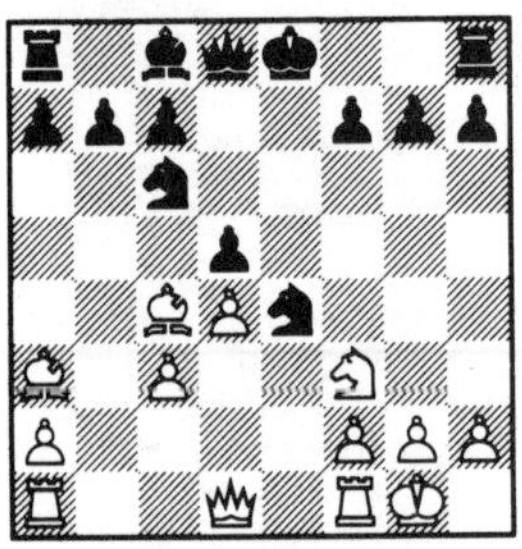

10. ... dc 11. ♖e1 f5 12. ♘d2 ♔f7! 13. ♘:e4 fe 14. ♖:e4 ♕f6! 15. ♕e2 ♗f5 16. ♕:c4+ ♔g6 17. ♖e3 ♖ae8 18. ♖ae1 ♖:e3 19. ♖:e3 h5! 20. h3 h4! 21. d5 ♘e5 22. ♕:c7 ♘d3 23. ♕:b7 ♗c8! 24. ♕c6 ♕:c6 25. dc ♘f4 26. ♖e7 a6 27. c4 ♔f6 28. ♖a7 ♘d3 29. ♗e7+ ♔e6 30. ♖c7 ♘e5 31. ♗b4 ♖g8 32. ♗e7 g5 33. c5 ♘f7 34. f3 ♖e8 35. ♔f2 ♖:e7 36. ♖:c8 ♔d5 37. ♖a8 ♘e5 38. ♔e3? ♘:c6+ 39. ♔d2 a5 40. ♖f8 ♖e5 41. f4 gf 42. ♖:f4 ♖h5 43. ♔e3 ♘e5 44. ♖a4? ♘c4+. Weiß gab auf.

Stand: Steinitz 0 Lasker 1

Italienisch (3. Partie)

Weiß: Steinitz Schwarz: Lasker

Erneut greift der Exweltmeister das theoretische Thema aus der 1. Partie auf, doch hat Lasker in häuslicher Analyse einen eleganten Weg gefunden, mit Vorteil aus den Verwicklungen herauszukommen. Er gibt die Mehrfigur sofort zurück und erhält nach 13. ... 0–0–0 die überlegene Position. Der Titelverteidiger wußte, daß man bei ungleichfarbigen Läufern im Mittelspiel den Angriff suchen muß. Nach 18. ... g5! geht es in der g-Linie los, in der dann auch die Entscheidung fällt.

1. e4 e5 2. ♘f3 ♘c6 3. ♗c4 ♗c5 4. c3 ♘f6 5. d4 ed 6. cd ♗b4+ 7. ♘c3 ♘:e4 8. 0–0 ♗:c3 9. bc d5 10. ♗a3?! dc 11. ♖e1 ♗e6 12. ♖:e4 ♕d5 13. ♕e2 0–0–0 14. ♘e5 ♖he8 15. ♘:c6 ♕:c6 16. ♖e1 ♖g8 17. ♖e5 b6 18. ♗c1 g5! 19. ♖:g5 ♖:g5 20. ♗:g5 ♖g8 21. f4 ♗d5 22. g3 ♔b7 23. h3 ♕b5 24. ♔h2 ♖g6 25. ♕c2 f6 26. ♗h4 ♗c6 27. g4 ♕d5 28. ♕f2 h5 29. g5 fg 30. ♗:g5 h4 31. ♖f1 ♖g8 32. ♕d2 a5 33. a4 ♖e8 34. f5 ♖g8! Weiß gab auf.

Stand: Steinitz 0 Lasker 3

Spanisch (12. Partie)

Weiß: Lasker Schwarz: Steinitz

Sicherlich hatte Lasker vor dieser Begegnung kein Startfieber, lag er doch mit 7:0 in Führung. Vielleicht war er sogar etwas übermütig, als er mit 8. ♕d5 seinen Gegner zum Damentausch einlud. Steinitz hatte wohl inzwischen seine Auffassung über einen isolierten Doppelbauern im Zentrum korrigiert, er ist stark und keineswegs schwach. Daß Lasker in schlechter Stellung 19. ... ♘:e4! nicht sah, beweist das Überraschungsmoment, das vielen Springerzügen innewohnt.

1. e4 e5 2. ♘f3 ♘c6 3. ♗b5 a6 4. ♗a4 d6 5. d4 ♗d7 6. ♗b3 ♗e7 7. de de 8. ♕d5 ♗e6 9. ♕:d8+ ♖:d8 10. ♗:e6 fe 11. c3 ♘f6 12. ♘bd2 ♗c5 13. b4 ♗a7 14. a4 b5 15. ♔e2 ♗b6 16. ab ab 17. ♘e1 ♖f8 18. f3 ♖f7 19. ♘b3? ♘:e4!

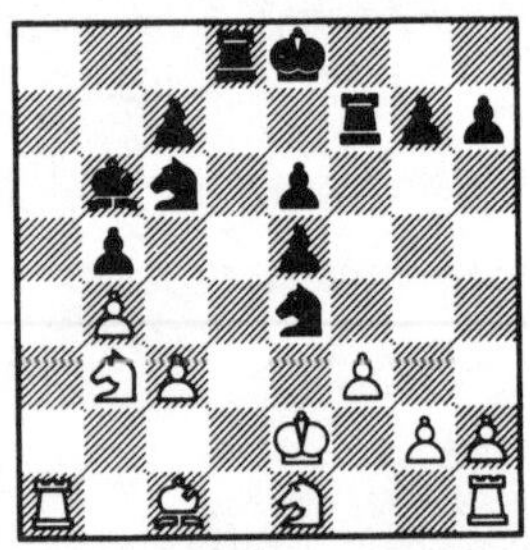

20. ♗b2 ♘d6 21. ♖f1 ♘c4 22. ♗c1 ♘e7 23. ♗g5 ♘d5! 24. ♗:d8 ♘f4+ 25. ♔d1 ♖d7+ 26. ♔c2 ♘e3+ 27. ♔b2 ♘:f1 28. ♗g5 ♘e3 29. ♗:f4 ef 30. ♖c1 e5. Weiß gab auf.

Stand: Lasker 7 Steinitz 1

Damengambit (17. Partie)

Weiß: Steinitz Schwarz: Lasker

Aus heutiger Sicht ist es schon amüsant, wie lange die Matadore im vorigen Jahrhundert in hoffnungslos verlorenen Stellungen weiterspielten. Eröffnung und Mittelspiel verliefen ungefähr so, wie man es auch heute noch sieht. Nach 30. ... e5! übernimmt Schwarz die Führung, und als dann 35. ... ♗:g2! folgt, nutzt der ganze Kampfgeist nichts mehr, wenn auch Steinitz seine letzte Partie in sechs Weltmeisterschaftskämpfen noch bis zum 59. Zug hinschleppt.

1. d4 d5 2. c4 e6 3. ♘c3 ♘f6 4. ♗g5 ♗e7 5. e3 0–0 6. ♕b3 ♘bd7 7. ♘f3 c6 8. ♗d3 dc 9. ♗:c4 b5 10. ♗e2 a6 11. a4 b4 12. ♘b1 c5 13. ♘bd2 ♗b7 14. a5 cd 15. ed ♘d5 16. ♗e3 ♗d6 17. ♘c4 ♗c7 18. ♗g5 f6 19. ♗d2 ♕e7 20. ♘e3 ♖ab8 21. ♗c4 ♖fd8 22. 0–0 ♘f8 23. ♖fe1 ♕f7 24. ♘f1 ♔h8 25. ♘g3 ♗:g3 26. hg ♘g6 27. ♕d3 ♖d6 28. ♖e2 ♗c8 29. ♘e1 ♕d7 30. ♘c2 e5! 31. ♖ae1 ♗b7 32. ♕b3 ♗c6 33. ♘:b4 ♘:b4 34. ♗:b4 ♖:d4 35. ♕c3 ♗:g2!

36. ♔:g2 ♕c6+ 37. ♖e4 ♖:e4 38. ♖:e4 ♕:e4+ 39. ♔g1 ♕b7 40. ♗c5 ♖d8 41. ♗e2 e4 42. b4 ♘e5 43. ♗e3 ♘d3 44. ♗b6 ♖c8 45. ♕d4 h6 46. ♔h2 ♘e5 47. ♕d1 ♖c3 48. ♕d6 ♘f3+ 49. ♔g2 ♕f7 50. g4 ♕a2 51. ♗f1 ♘h4+ 52. ♔g1 ♖c1 53. ♗e3 ♘f3+ 54. ♔g2 ♖:f1 55. ♕:a6 ♖g1+ 56. ♔h3 ♕d5 57. ♕c8+ ♔h7 58. a6 ♖h1+ 59. ♔g2 ♘h4+! Weiß gab auf.

Endstand: Steinitz 2 Lasker 10

Spanisch
(2. Partie)

Kommentare: Eduard Gufeld

Weiß: Lasker Schwarz: Steinitz
1. e4 e5 2. ♘f3 ♘c6 3. ♗b5 ♗c5 4. c3 ♘ge7 5. 0–0 ♘g6 6. d4 ed 7. cd ♗b6 8. ♘c3 0–0 9. a4 a6 10. ♗c4 h6 11. h3 d6 12. ♗e3 ♘ce7 (Schwarz hat die Eröffnung nicht gut behandelt, denn der Anziehende erhielt ein starkes Bauernzentrum. Nun sucht Steinitz nach einem zielgerichteten Plan und nimmt von einer abwartenden, passiven Strategie Abstand. Im folgenden ist er bestrebt, einen befreienden Vorstoß am Damen- und Königsflügel vorzubereiten.) 13. ♖e1 c6 14. ♕b3 ♗c7 15. ♘d2 ♖b8 16. ♖ac1 b5 17. ab ab 18. ♗d3 ♔h8 19. ♘e2 f5 (Der Plan ist erst einmal erfüllt. Schwarz hat seinen Raum erweitert.) 20. ef ♗:f5 21. ♗:f5 ♖:f5 22. ♘g3 ♖f8 23. ♕e6 (Weiß sieht die Lösung des Stellungsproblems darin, ins Endspiel zu gehen und den Druck auf die schwachen Punkte im Lager des Nachziehenden zu verstärken.) 23. … ♕c8 24. ♕:c8 ♖f:c8 25. ♘b3 ♔g8 26. ♘e4 ♔f7 27. g3 ♔e8 28. ♖e2 ♔d7 (Steinitz hat keine Angst um seine Majestät. Nach seiner Devise soll sich der König als eine starke Figur um sich selbst kümmern. Doch er unterschätzt die Gefahr.) 29. ♖ce1 ♗b6 30. ♗f4 (Ein geistreicher Plan. Wie soll man den Bauern d6 verteidigen? Schlecht wäre es, den Läufer auf f4 zu schlagen, denn nach 30. … ♘:f4? folgt 31. ♘f6+, und die Katastrophe für Schwarz ist unvermeidlich: 31. … gf 32. ♖:e7+ ♔d8 33. ♖e8+ ♔d7 34. ♖1e7 matt.) 30. … ♗c7? (»Das schwarze Spiel ist außerordentlich mühsam, und ich denke, daß der Verlust der Partie unvermeidlich ist«, schrieb Tschigorin. »Wenn Steinitz 30. … ♘f5! gespielt hätte, müßte sich Lasker mit Remis zufriedengeben und so fortsetzen: 31. ♗:d6 ♘:d6 32. ♘ec5+ ♗:c5 33. ♘:c5+ ♔c7 34. ♘a6+ ♔d7 35. ♘c5+ ♔c7! 36. ♘a6+ usw. Würde Lasker jedoch den Gewinn des Bauern d6 mit 31. ♗:d6 ♘:d6 32. ♘:d6 ♔:d6 33. ♖e6+ versucht haben, hätte Schwarz sogar Chancen auf einen Sieg erhalten, da der weiße Bauer auf d4 nicht zu verteidigen ist.«) 31. h4 h5 32. ♗g5 (Jetzt ist die Drohung g3–g4 praktisch nicht mehr abzuwehren. Indem der Springer zurückgedrängt wird, forciert Weiß den Angriff auf den schwarzen König.)

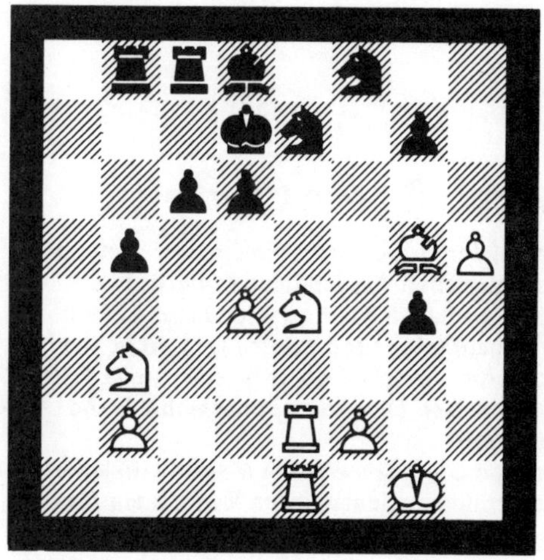

32. … ♗d8 33. g4 hg 34. h5 ♘f8 (siehe Diagramm) 35. ♘ec5+ dc 36. ♘:c5+ ♔d6 (Auch 36. … ♔c7 37. ♗:e7 ♗:e7 38. ♖:e7+ bot keine Rettung. Lasker, der den Schlußteil mit großer Meisterschaft spielte, sagt ein Matt in 5 Zügen an.) 37. ♗f4+ ♔d5 38. ♖e5+ ♔c4 39. ♖c1+ ♔:d4 40. ♘b3+ ♔d3 41. ♖e3 matt.

(K)ein Gegner für den Champion?

Daß zwischen 1897 und 1907 nicht ein einziger Wettkampf um die Weltmeisterschaft stattfand, lag keineswegs daran, daß Lasker nicht genügend Konkurrenten hatte. Entscheidend waren vielmehr seine für die damalige Zeit hohen finanziellen Forderungen. Er verlangte beispielsweise Extrahonorare für den Sieger. Dies konnte oder wollte keine Organisation akzeptieren.

Der ungarische Großmeister Geza Maróczy, in jenen Jahren auch einer der aussichtsreichen Kandidaten für ein WM-Duell, kommentierte diese Haltung Laskers: »Er betrachtete das Schach unter geschäftlichen Gesichtspunkten und beteiligte sich nur an solchen Veranstaltungen, die sich für ihn gut auszahlten. Seine Ansprüche waren aber meistens nicht zu befriedigen.«

Seinen Kritikern antwortend, schrieb der Weltmeister später: »Ich war bereit, den Wettkampf gegen einen beliebigen Gegner aufzunehmen, sobald nur die Schachwelt es wünschte, diesen Wettkampf zu sehen, und bereit wäre, diesen Wunsch zu bestätigen, und das nicht nur mit Worten, sondern auch mit Opfern ihrerseits. Natürlich wünschte ich es keineswegs, ein Objekt der Ausbeutung zu sein. Mir drohte das Los der Schachspieler, die entweder an Hunger starben wie Kieseritzki, Zukertort und Mackenzie oder auch ähnlich wie Pillsbury und Steinitz, die heruntergekommen in geistige Verwirrung gerieten und ihr Leben im Krankenhaus beendeten. Ich war bereit, meine Kunst und meine Ideen der Schachwelt zu geben und sie dadurch zu beleben und die Entwicklung des Spiels zu fördern, aber ich forderte, daß die Schachwelt die Verantwortung übernahm.«

Dennoch bleibt schwer vorstellbar, daß sich innerhalb eines Jahrzehnts niemand fand, der bereit war, im Rahmen der finanziellen Konditionen des Champions einen Wettkampf auszurichten. So hatte der berühmte Petersburger Schachklub Lasker kurz nach seinem Erfolg im Revanche-Match gegen Steinitz zu einem Vergleich mit Tschigorin eingeladen. Der lehnte jedoch ab, ebenso wie 1898 das Angebot des Moskauer Schachklubs, gegen Dr. Siegbert Tarrasch zu spielen. Dieser forderte dann 1903 den Weltmeister selbst heraus. Es gab bereits eine Vereinbarung über den Wettkampf, der im Herbst 1904 stattfinden sollte.

Tarrasch, ein Anhänger der streng wissenschaftlich-methodischen Spielführung von Steinitz, rutschte jedoch zu Jahresbeginn beim Schlittschuhlaufen aus, verletzte sich dabei schwer und war zum festgesetzten Termin noch nicht genesen. 1905 folgte eine wiederholte Herausforderung von Tarrasch.

Jetzt erklärte sich Lasker, der inzwischen in New York wohnte, zwar bereit zu spielen, aber nur in den USA. Dort wurde jedoch zum gleichen Zeitpunkt sein Wettkampf mit Maróczy geplant, der nacheinander ein paar bedeutende Turniere gewonnen hatte (Monte Carlo 1904, Ostende 1905, Barmen 1905). Beide Projekte zerschlugen sich.

Schließlich fand sich doch noch ein Gegner: Frank Marshall. Der Herausforderer genoß durchaus Ansehen, denn er hatte 1906 das stark besetzte Nürnberger Turnier ohne Niederlage gewonnen. Tarrasch wurde dort nur Zehnter mit fünf Punkten Rückstand. Zwei Jahre zuvor war dem Amerikaner ein ebenso glanzvoller Triumph in Cambridge Springs gelungen – dort wurde die gleichnamige Verteidigung aus der Taufe gehoben. Die Partie mit Lasker, der punktgleich mit David Janowski abschloß, endete remis. Erstmals waren beide beim Pariser Turnier 1900 aufeinandergetroffen, Lasker bezog dort eben durch den Angriffskünstler Frank Marshall seine einzige Niederlage.

Der USA-Meister kam freilich dem Weltmeister, der sich 1904 mit der Herausgabe einer eigenen Schachzeitung mit dem bezeichnenden Titel Lasker's Chess Magazine einen Traum erfüllte, noch aus einem anderen Grund sehr gelegen. In der Öffentlichkeit wurde dadurch ein indirekter Vergleich mit Tarrasch möglich. Dieser hatte Marshall 1905 in einem Match ziemlich deklassiert. Nach nur 17 Partien kam er auf die nötigen acht Siege, und nur eine einzige Partie verlor er.

Das Match kam schneller als erwartet zustande. Begünstigend wirkte, daß nach zehn Jahren ohne WM-Titelkampf zweifellos so etwas wie Schachhunger vorhanden war. Klubs in den Städten New York, Philadelphia, Baltimore, Chicago und Memphis richteten den Wettkampf aus, der in den USA allein schon aus Lokalpatriotismus große Resonanz fand. Für Europa hingegen blieb die Kandidatur des Amerikaners, der den Marshall-Angriff in der Spanischen Partie erfand (1918 in einer Partie gegen Capablanca in New York), mehr als fragwürdig. »Wird Marshall, wenn er als Sieger aus diesem Wettkampf hervorgeht, tatsächlich als Weltmeister anerkannt?« fragte die Deutsche Schachzeitung rhetorisch. Nun, diese Befürchtungen waren unnütz. Nachdem Lasker nach 11 Partien erst vier Siege auf seinem Konto hatte, schien es zwar ungewiß, ob er Tarraschs Rekord überbieten könnte. Aber dann folgten vier Siege aufeinander. Der gewiefte Taktiker und einfühlsame Psychologe hatte es verstanden, nicht nur mit ungewöhnlicher Leichtigkeit den Wettkampf zu gewinnen, sondern auch das Resultat von Tarrasch zu übertreffen. Danach war aber auch klar, daß nur dieser sein nächster Gegner werden konnte.

Mit Frank Marshall kreuzte Emanuel Lasker oft die Klingen. In den letzten Monaten des Jahres 1940 war in New York sogar ein Wettkampf zwischen beiden geplant. Es kam aber nur noch zu einer Partie zwischen den alten Freunden, die mit dem Sieg des Amerikaners endete. Marshall gewann damit kurioserweise von den insgesamt 24 Partien, die beide gegeneinander austrugen, die erste (1900, in Paris) und die letzte

Damengambit (3. Partie)

***Weiß:* Marshall *Schwarz:* Lasker**

Der amerikanische Vorkämpfer war ein Angriffsspieler par excellence. Auf seine Spezialeröffnung, das Damengambit, antwortet der Weltmeister mit einem frühzeitigen Springerausfall (5. ... ♘e4), eine Variante, die nach ihm benannt wurde und die auch heute noch hin und wieder in der Turnierpraxis anzutreffen ist. Im Mittelspiel stellt sich Lasker zunächst einmal fest und sicher auf und wartet ab. Auf die Falle 29. ... ♖:c3? 30. ♕:c8+ ♖:c8 31. ♖:c8+ ♔h7 32. ♖h8+!! fällt der Weltmeister natürlich nicht herein. Vielleicht aber hatte er 30. ♘:f7! nicht gesehen – oder war es eine Kombination? Bald sieht es schlimm um den weißen König aus, doch fand der Angriffsspieler Marshall nicht den Verteidigungszug 41. ♕h5!, der wohl das Remis gesichert hätte. Das Mattspiel zum Schluß ist schön.

1. d4 d5 2. c4 e6 3. ♘c3 ♘f6 4. ♗g5 ♗e7 5. e3 ♘e4 6. ♗:e7 ♕:e7 7. ♗d3 ♘:c3 8. bc ♘d7 9. ♘f3 0–0 10. 0–0 ♖d8 11. ♕c2 ♘f8 12. ♘e5 c5 13. ♖ab1 ♕c7 14. ♕b3 b6 15. cd ed 16. ♕a4 ♗b7 17. ♕d1 ♖d6 18. ♕g4 ♖e8 19. ♕g3 ♖de6 20. ♗f5 ♖6e7 21. f4? ♗c8! 22. ♗:c8 ♖:c8 23. ♕f3 ♕d6 24. ♖fc1 ♖ec7 25. h3 h6! 26. ♔h2 ♘h7 27. ♕h5 ♘f6 28. ♕f5 cd 29. ed ♘e4 30. ♘:f7! ♖:f7 31. ♕:c8+ ♖f8 32. ♕b7 ♕:f4+ 33. ♔g1 ♕e3+ 34. ♔h2 ♕g3+ 35. ♔g1 ♘d2 36. ♕:d5+ ♔h8 37. ♔h1 ♘f3! 38. gf ♕:h3+ 39. ♔g1 ♕g3+ 40. ♔h1 ♖f4 41. ♕d8+? ♔h7 42. ♖f1 ♖f5! 43. ♕e8 ♕h4+. Weiß gab auf.

***Stand:* Marshall 0 Lasker 3**

Französisch (8. Partie)

***Weiß:* Lasker *Schwarz:* Marshall**

In dieser Begegnung war ein Sieg des Herausforderers greifbar nahe. Lasker wußte nicht so genau, wie man das gefährliche Abspiel dieser Verteidigung am besten bekämpft, und kommt nach der Eröffnung in eine unangenehme Position. Aber als Marshall die Früchte seiner besseren Eröffnungsstrategie ernten kann, greift er fehl. Mit 17. ... ♗d5! und der möglichen Folge 18. ♕:a7 ♕c6! 19. c3 ♘:a2+ 20. ♔b1 ♘:c3+ 21. bc ♗:f3 22. ♗:f3 ♕:f3 23. d5 ♖:d5 wäre Schwarz obenauf gewesen. Nach der ausgelassenen Chance und dem weiteren Fehlzug 21. ... e5? geht es positionell bergab.

1. e4 e6 2. d4 d5 3. ♘c3 ♘f6 4. ♗g5 ♗b4 5. ed ♕:d5 6. ♗:f6 gf 7. ♕d2 ♗:c3 8. ♕:c3 ♘c6 9. ♘f3 ♕e4+ 10. ♔d2 ♗d7 11. ♖e1 ♕f4+ 12. ♕e3 ♕d6 13. ♔c1 0-0-0 14. ♖d1 ♖hg8 15. g3 ♘b4! 16. ♕a3 ♗c6 17. ♗g2 ♗e4?

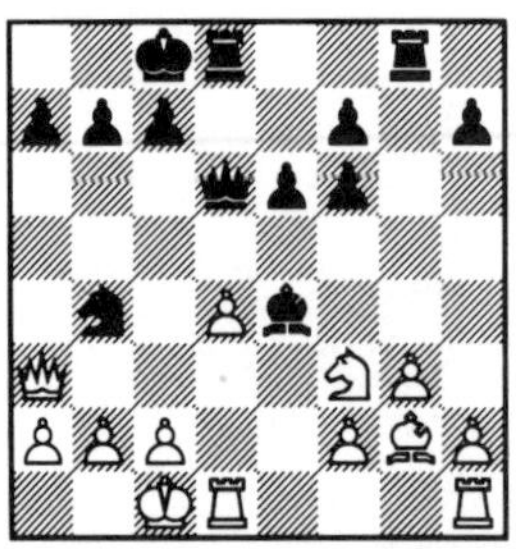

18. ♘e1! ♗:g2 19. ♘:g2 ♘c6 20. ♕:d6 ♖:d6 21. c3 e5? 22. d5! ♘e7 23. ♘e3 c6 24. dc ♖:c6 25. ♖hf1 ♖e8 26. f4 ef 27. ♖:f4 ♘g6 28. ♖f3 ♘e5 29. ♖f2 ♖a6 30. a3 ♖d8 31. ♖:d8+ ♔:d8 32. ♔c2 ♖d6 33. ♖f5 ♘d7 34. ♖h5 ♘f8 35. c4 ♔d7 36. ♔c3 ♔e6 37. ♘d5 a6 38. a4 ♖c6 39. a5 ♖d6 40. g4 ♖c6 41. b3 ♖d6 42. ♔d4 ♔d7 43. ♖f5 ♘e6+ 44. ♔e3 ♘g7 45. ♘:f6+ ♔c6 46. ♖f2 ♖d1 47. ♘d5 ♖b1 48. ♖:f7 ♖:b3+ 49. ♔e4 ♘e8 50. ♖e7 h5 51. ♖:e8 hg 52. ♔e5 ♖h3 53. ♖c8+ ♔d7 54. ♖c7+, und Weiß gewann.

***Stand:* Lasker 4 Marshall 0**

Tschigorin-Verteidigung (13. Partie)

***Weiß:* Marshall *Schwarz:* Lasker**

Lasker spielt psychologisches Schach. Er wählt die damals in amerikanischen Schachkreisen wenig bekannte Tschigorin-Verteidigung und setzt seinem Gegner ein neues Stellungsbild vor, dessen Problematik nun im praktischen Kampf zu lösen ist. Marshall spielt aber gut und erhält durchaus ebenbürtige Chancen. Doch im Mittelspiel ist der Weltmeister einfach der überlegene Spieler. Zug für Zug sammelt er kleine Vorteile und verstärkt seine Stellung. Sicherlich war Weiß nicht zwangsläufig verloren, doch Marshall wollte doch viel lieber angreifen und sich nicht mühsam verteidigen.

1. d4 d5 2. c4 ♘c6 3. cd ♕:d5 4. ♘f3 ♘f6 5. ♘c3 ♕a5 6. e3 e5 7. de ♘:e5 8. ♗b5+ ♘ed7 9. ♕b3 ♗b4 10. ♗d2 0–0 11. ♗:d7 ♗:d7 12. 0–0 ♗e6 13. ♕c2 ♕h5 14. ♘e4 ♗e7 15. ♘g3 ♕c5 16. ♗c3 ♖fe8 17. ♖fc1 ♗d5 18. ♘g5 ♗c6 19. ♘f5 ♗f8 20. b4 ♕d5 21. f3 ♗d7 22. e4 ♗:f5! 23. ef h6 24. ♗:f6 hg 25. ♖d1 ♕b5 26. ♗:g5 ♗:b4 27. ♕:c7 ♕:f5 28. ♗h4 b6 29. ♗f2 ♖e2 30. ♖d8+ ♖:d8 31. ♕:d8+ ♗f8 32. ♕d1 ♕e5 33. ♗d4 ♗c5! 34. ♗:c5 ♕:c5+ 35. ♔h1 ♕f2 36. ♕g1 ♖:a2 37. ♖:a2 ♕:a2 38. ♕d1 ♕c4 39. ♕d8+ ♔h7 40. h4 b5, und Schwarz gewann.

***Stand:* Marshall 0 Lasker 6**

Damengambit (15. Partie)

***Weiß:* Marshall *Schwarz:* Lasker**

Wiederum stellt der Weltmeister seine Erfindung 5. ... ♘e4 zur Debatte. Der Anziehende erhält eine gute Stellung, hätte sich aber mit dem kleinen positionellen Vorteil 14. cd cd 15. ♗e2 oder 14. ... ♘f6 15. ♘d2 begnügen sollen. Nach dem gekünstelten Zug 14. ♘d2? kommt Lasker in Schwung, und bald wird Marshall mit dem Verlust der Qualität bestraft. Das weiße Bauernzentrum sieht zwar optisch recht imponierend aus, doch eine Qualität wiegt eben schwer. Laskers Technik der Verwertung des Vorteils ist sehenswert.

1. d4 d5 2. c4 e6 3. ♘c3 ♘f6 4. ♗g5 ♗e7 5. e3 ♘e4 6. ♗:e7 ♕:e7 7. cd ♘:c3 8. bc ed 9. ♕b3 c6 10. c4 0–0 11. ♘f3 ♕c7 12. ♖c1 ♕a5+ 13. ♖c3 ♘d7 14. ♘d2?

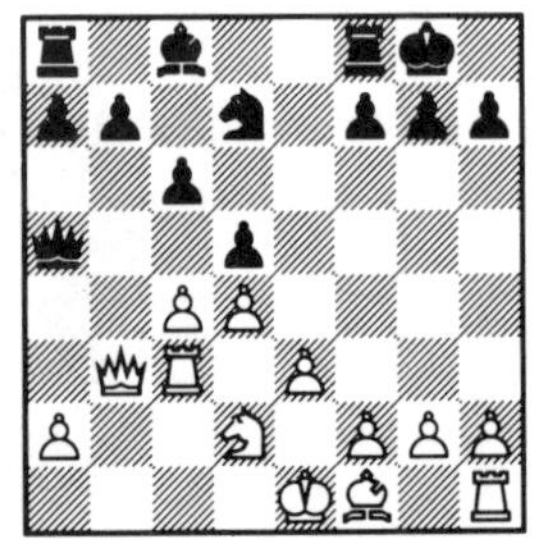

14. ... c5! 15. cd cd 16. ed ♖e8+ 17. ♖e3 ♖:e3+ 18. fe ♘f6 19. ♗e2 ♘e4 20. ♕d3 ♗f5! 21. 0–0 ♘g3 22. ♖:f5 ♘:f5 23. e4 ♘e7 24. a4 ♖c8 25. d6 ♘g6 26. ♘c4 ♕g5 27. ♗f1 b5 28. ♘a5 ♘f4 29. ♕g3 ♕f6 30. ♕e3 ♕:d6 31. ♗:b5 ♕b6 32. ♗c4 ♘e6 33. ♗:e6 fe 34. ♘b3 e5 35. ♔f2 ♖b8 36. ♘c5 ed 37. ♕:d4 ♖c8! Weiß gab auf.

***Endstand:* Marshall 0 Lasker 8**

Spanisch
(1. Partie)

Kommentare: Richard Réti

Weiß: Marshall Schwarz: Lasker

1. e4 e5 2. ♘f3 ♘c6 3. ♗b5 ♘f6 4. d4 (Dieser frühzeitige Aufzug des weißen Damenbauern ist weniger nachhaltig, da er dem Nachziehenden oftmals den befreienden Gegenstoß d7–d5 ermöglicht.) 4. … ed 5. 0–0 ♗e7 6. e5 (Ein solcher Vorstoß muß stets gut überlegt sein.) 6. … ♘e4 7. ♘:d4 0–0 8. ♘f5 d5 (Der weiße Bauer auf e5 kann sich sowohl als eine Stärke als auch eine Schwäche erweisen. Er ist dann stark, wenn Weiß besser entwickelt ist und Angriff besitzt. Aber bei einem gleichen Entwicklungsstand und besonders dann, wenn die Initiative beim Nachziehenden liegt, dient er eher dem Spieler mit den schwarzen Steinen. Daher soll der Zug e4–e5 nur in günstigen Situationen, nach Möglichkeit mit Gewinn eines Tempos, erfolgen.) 9. ♗:c6 (Marshall beseitigt den Springer, da er sich der Schwäche des Bauern e5 bewußt ist.) 9. … bc 10. ♘:e7+ ♕:e7 11. ♖e1 ♕h4 (Die Position verlangt den Zug f7–f6, und am einfachsten und besten wäre es gewesen, diesen Zug sofort auszuführen. Aber in unseren Tagen hat die Schachkunst eine solche Entwicklungsstufe erreicht, daß es schwierig ist, mit den einfachsten und leichtesten Zügen zum Erfolg zu kommen. Tatsächlich würde man heute mit den oft antipositionellen Kombinationen Anderssens nichts mehr erreichen können. Aber Lasker versteht es, Komplikationen herbeizuführen, wobei er diese geschickt mit positionellen Forderungen vereint.) 12. ♗e3 f6 13. f3 (siehe Diagramm) 13. … fe 14. fe d4 (Nun kann der weiße Läufer nicht zurückgehen. Auf 15. ♗c1 folgt 15. … ♕f2+ 16. ♔h1 ♗g4, und falls 15. ♗d2, so 15. … ♗g4 16. ♕c1 ♖f2! 17. ♗g5 ♖:g2+ 18. ♔:g2 ♗h3+ 19. ♔h1 ♕f2 mit undeckbarem Matt. Marshall hat die Tiefe der Kombination Laskers noch nicht erkannt, denn trotz der Vertreibung der schwarzen Dame hat der weiße Läufer immer noch keinen Rückzug. Hätte der Anziehende die Lage richtig eingeschätzt, würde er sicherlich auf seine Mehrfigur mittels 15. ♕e2 sofort verzichtet haben – nach 15. … de 16. ♕:e3 hätte Schwarz das freiere Figurenspiel, doch Weiß die bessere Bauernstellung.) 15. g3 ♕f6 16. ♗:d4 ed 17. ♖f1 ♕:f1+ 18. ♕:f1 ♖:f1+ 19. ♔:f1 ♖b8 (Hier hätten wahrscheinlich viele Spieler 19. … ♗h3+, gefolgt von 20. … ♖f8, gezogen. Doch gerade das wäre falsch gewesen. Dem Läufer auf c8 stehen zwei Wege, nach h3 und nach a6, zur Verfügung. Lasker läßt sich, indem er auf 19. … ♗h3+ verzichtet, beide offen.) 20. b3 ♖b5 (Der Turm ist nun Herr der 5. Reihe.) 21. c4 (Danach erhält Schwarz einen Freibauern. Was aber hätte Weiß tun sollen? Den Zug 21. ♘d2 beantwortet Schwarz mit 21. … ♖h5 22. ♔g2 ♖c5 23. ♖c1 ♗a6 und steht wegen der Drohung 24. … ♗d3 überlegen.) 21. … ♖h5 22. ♔g1 c5 23. ♘d2 ♔f7 24. ♖f1+ ♔e7 25. a3 ♖h6 26. h4 ♖a6 27. ♖a1 ♗g4 28. ♔f2 ♔e6 29. a4 ♔e5 30. ♔g2 ♖f6 31. ♖e1 d3 32. ♖f1 ♔d4 33. ♖:f6 gf 34. ♔f2 (Weiß ist nun in Zugzwang.) 34. … c6 35. a5 a6 36. ♘f1 ♔:e4 37. ♔e1 ♗e2 38. ♘d2+ ♔e3 39. ♘b1 f5 40. ♘d2 h5 41. ♘b1 ♔f3 42. ♘c3 ♔:g3 43. ♘a4 f4 44. ♘:c5 f3 45. ♘e4+ ♔f4 46. ♘d6 c5 47. b4 cb 48. c5 b3 49. ♘c4 ♔g3 50. ♘e3 b2. Weiß gab auf.

Das Geheimnis der 17. Figur

Nun also kam es doch zum Duell Lasker–Tarrasch – nach einer sechzehnjährigen Ouvertüre. Bereits 1892 hatte der junge und ehrgeizige Lasker eine Herausforderung an Tarrasch übermittelt, den er neben Tschigorin als den stärksten Konkurrenten des alternden Weltmeisters Steinitz ansah. Tarrasch, der als praktischer Arzt in Nürnberg tätig war und seine ganze Freizeit dem Schach widmete, antwortete darauf mit einer überheblichen Absage. Zum Abschluß des Dresdner Turniers von 1892, das er gewann, betonte er zwar seine prinzipielle Bereitschaft, auch gegen Lasker anzutreten, gleichzeitig warf er ihm jedoch vor, bei noch keinem großen Turnier gespielt zu haben. »Wenn er seine Spielklasse erproben wollte, hätte er sich nicht vor der Teilnahme am Dresdner Turnier drücken dürfen, wo die Möglichkeit für ihn gewesen wäre, mit vielen bekannten Meistern seine Kräfte zu messen, so auch mit mir«, meinte Tarrasch.

Den Ausschlag dafür, daß das Match dennoch zustande kam, gab Tarraschs Erfolg im Großmeisterturnier von Ostende im Sommer 1907. Mit einem halben Punkt Vorsprung vor Karl Schlechter errang Tarrasch den ersten Preis, eine Goldmedaille und den Titel »Turnierweltmeister«. Bemerkenswert ist, daß fünf der sechs Teilnehmer von Ostende in die Schachgeschichte als WM-Herausforderer eingingen. Während Tschigorin 1889 und 1892 Steinitz unterlag, Marshall gerade die Schlappe gegen Lasker kassierte, folgen nach Tarrasch die Kontrahenten Janowski und Schlechter.

Ein letztes Hindernis, das die Austragung des Wettkampfes noch einmal in Frage stellte, waren Laskers finanzielle Konditionen. Dem Deutschen Schachbund gelang es aber, die Bedingungen des Champions zu erfüllen. So wurde ihm – unabhängig vom Ergebnis – ein Honorarfixum zugestanden, während Tarrasch auf eine derartige Vergünstigung verzichtete. Weil die Bürgermeister von Düsseldorf und München dem Deutschen Schachbund die höchsten Spenden zukommen ließen, kamen diese Städte in den Genuß des Weltmeisterschaftskampfes.

Wegen der langwierigen Verhandlungen, die dem Match vorausgegangen waren, gab es zwischen beiden Kontrahenten eine nicht nur rein sportliche Rivalität. Am Vorabend des Wettkampfes wurden sie deshalb zu einer »Versöhnung« eingeladen. Lasker war dazu durchaus bereit und erwartete Tarrasch in seinem Hotelzimmer. Als dieser dann den Raum betrat, verbeugte er sich und sprach: »Ihnen, Herr Lasker, habe ich nur drei Wörter zu sagen: Schach und matt!« Nun, Tarrasch gelang es nicht oft, diese ominösen Worte auszusprechen.

Er, den man auch ehrfurchtsvoll den Praeceptor Germaniae (Lehrmeister Deutschlands) nannte, lag nach vier Partien mit 1:3 im Hintertreffen. Schuld daran war nach seiner Meinung nicht die Stärke des Gegners, sondern das »Seeklima, dessen Wirkungen sich noch bis Düsseldorf erstreckten, weil es den Seewinden völlig daliegt«, so der eigenwillige Meister in einer Spezialkorrespondenz für eine Tageszeitung.

Seine Hoffnung, »in dem Höhenklima von München« wieder in den Vollbesitz seiner geistigen Kräfte zu kommen und »dort den Wettkampf mit Erfolg fortsetzen zu können«, war jedoch trügerisch. Lasker hatte die Unzulänglichkeiten Tarraschs scharfsinnig analysiert und baute darauf seine Konzeption auf. Nach dem Titelkampf, den er überlegen mit 8:3 gewann, schrieb er: »Im Positionsspiel zielt Dr. Tarrasch eher auf Beweglichkeit und Zeitgewinn, ich eher auf Wirkung gegen Hindernisse. In der Kombination bin ich geneigt, auch schwierige Verteidigungen auf mich zu nehmen, weil mich gerade die Schwierigkeit reizt. Dr. Tarrasch aber liebt die durchaus nicht und versteht wohl auch nicht das Motiv für solche Vorliebe.«

Lasker führte also bewußt mitunter sogar äußerst gewagte kombinatorische Verwicklungen herbei, die jene Mängel im Stil von Tarrasch schonungslos bloßlegten. Lewidow, Autor einer biographischen Abhandlung über Lasker, konstatierte zu Recht: »Es kann der Eindruck entstehen, daß Tarrasch einfach schlecht gespielt hat. Das ist falsch. Er hat gut gespielt, aber mit seinen 16 Figuren gegen 16 Figuren des Gegners. Lasker hingegen hat außerdem noch gegen die siebzehnte ›Figur‹ gespielt – und zwar vor allem gegen sie, nämlich gegen Tarrasch selbst. Darin liegt auch seine gefährlichste Waffe – die psychologische Methode.«

Ein nachhaltiges Beispiel dafür ist die fünfte Partie. Lasker wiederholte die Zugfolge der dritten, die er verloren hatte. Gerade in dem Moment wich er von ihr ab, als Tarrasch es am wenigsten erwartete, worauf dieser schnell in eine Verluststellung geriet.

Tarraschs Selbstbewußtsein war nach dieser schweren Schlappe stark erschüttert. Fortan konnte man ihn bei großen Turnieren nur noch im geschlagenen Feld finden. Als sich ihm im November 1916 in Berlin doch noch eine Revanche gegen Lasker bot, brachte die erneut eine tiefe Enttäuschung. Nachdem er die erste Partie remis halten konnte, gewann sein Rivale die übrigen fünf. Tarrasch war wiederum dem von Lasker meisterhaft demonstrierten psychologischen Kampf nicht gewachsen, der der Schachwelt lange verborgen blieb. In dessen Partien bemerkte man quasi nur den sichtbaren Teil des Eisbergs – die Fehler seiner Kontrahenten.

Das Match Tarrasch-Lasker.

Telegraphischer Bericht unseres Spezialkorrespondenten.

Düsseldorf, 24. August.

Im Wettkampf Lasker-Tarrasch eröffnete Tarrasch heute die 4. Partie spanisch. Aus der Eröffnung, in der fast alle leichten Figuren abgetauscht wurden, ergab sich eine äußerst schwierig zu behandelnde Stellung, die für Weiß etwas günstiger war, zumal da Lasker einen Turm zu früh ins Spiel brachte. Weiß suchte nun diesen Turm einzukreisen und matt zu setzen, erreichte aber dieses Ziel nur auf Kosten seiner Bauernstellung, die durch einige waghalsige Züge gelockert wurde. Eine hübsche Kombination des Weißen erwies sich als ungenügend eingeleitet und führte zum Türmetausch und einem heftigen Angriff von Schwarz auf den weißen König, so daß Tarrasch nach fruchtlosem Versuch, Remis zu erlangen, im 42. Zuge aufgeben mußte. — Der Wettkampf wird am 31. August in München fortgesetzt; der gegenwärtige Stand ist: Lasker 3. Tarrasch 1. — Die heutige Partie hatte folgenden Verlauf:

	Weiß. Dr. Tarrasch.	Schwarz. Lasker.
1.	e2 — e4	e7 — e5
2.	Sp g1 — f3	Sp b8 — c6
3.	L f1 — b5	Sp g8 — f6
4.	0 — 0	d7 — d6
5.	d2 — d4	L c8 — d7
6.	Sp b1 — c3	L f8 — e7
7.	Th f1 — e1	e5 × d4
8.	Sp f3 × d4	Sp c6 × d4
9.	D d1 × d4	L d7 × b5
10.	Sp c3 × b5	0 — 0
11.	L c1 — g5	h7 — h6
12.	L g5 — h4	Th f8 — e8
13.	Th a1 — d1	Sp f6 — d7
14.	L h4 × e7	Th e8 — e7
15.	D d4 — c3	Th e7 — e5
16.	Sp b5 — d4	Th e5 — c5
17.	D c3 — b3	Sp d7 — b6
18.	f2 — f4	D d8 — f6
19.	D b3 — f3	Th a8 — e8
20.	c2 — c3	a7 — a5
21.	b2 — b3	a5 — a4
22.	b3 — b4	Th c5 — c4
23.	g2 — g3	Th e8 — d8
24.	Th e1 — e3	c7 — c5
25.	Sp d4 — b5	c5 × b4
26.	Th d1 × d6	Th d8 × d6
27.	e4 — e5	Th c4 × f4
28.	g3 × f4	D f6 — g6†
29.	K g1 — h1	D g6 — b1†
30.	K h1 — g2	Th d6 — d2†
31.	Th e3 — e2	D a1 × a2
32.	Th e2 × d2	D b2 × d2†
33.	K g2 — g3	a4 — a3
34.	e5 — e6	D d2 — e1†
35.	K g3 — g4	D e1 × e6†
36.	f4 — f5	D e6 — c4†
37.	Sp b5 — d4	a3 — a2
38.	D f3 — d1	Sp b6 — d5
39.	D d1 — a4	Sp d5 × c3
40.	D a4 — e8†	K g8 — h7
41.	K g4 — h5	a2 — a1 (D)
	aufgegeben.	

Dr. Tarrasch.

Mag sein, daß für Siegbert Tarrasch das WM-Duell mit Lasker zu spät kam, denn 1908 hatte er wohl den Zenit seiner Schachlaufbahn überschritten. Die großen Turniererfolge des fanatischen Steinitz-Schülers lagen vor der Jahrhundertwende. So gewann er hintereinander vier große Turniere: Breslau 1889, Manchester 1890, Dresden 1892 und Leipzig 1894. In Nürnberg 1896, wo Weltmeister Lasker einen wohlverdienten Sieg feierte, belegte der Arzt aus Nürnberg einen ehrenvollen 3. bis 4. Platz (sitzend, 2. v. rechts). Über seine Wettkämpfe berichtete Tarrasch auch als Spezialkorrespondent für eine Tageszeitung

Spanisch (3. Partie)

Weiß: Lasker Schwarz: Tarrasch

Das Bauernopfer des Weltmeisters im 13. Zuge wurde berühmt, konnte sich aber auf die Dauer nicht behaupten. Tarrasch, der große Lehrmeister des Schachs vieler Generationen, findet in dieser Partie mit den Zügen 13. ... cd 14. cd ♘:d4 15. ♘:d4 ed 16. ♘g3 ♘d7! 17. ♗b3 ♕b6 18. ♘f5 ♗f6 19. ♗f4 ♘e5 die richtige Antwort, die auch heute noch volle Gültigkeit besitzt. Lasker kommt nicht zu dem von ihm angestrebten Spiel und versucht, am Königsflügel Unruhe zu stiften. Jedoch vergebens.

Ein verdienter Sieg des Herausforderers.

1. e4 e5 2. ♘f3 ♘c6 3. ♗b5 a6 4. ♗a4 ♘f6 5. 0–0 ♗e7 6. ♖e1 b5 7. ♗b3 d6 8. c3 ♘a5 9. ♗c2 c5 10. d4 ♕c7 11. ♘bd2 ♘c6 12. h3 0–0 13. ♘f1

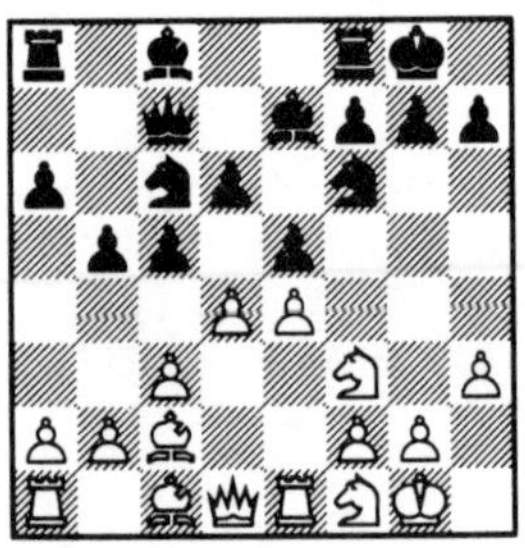

13. ... cd 14. cd ♘:d4 15. ♘:d4 ed 16. ♘g3 ♘d7! 17. ♗b3 ♕b6 18. ♘f5 ♗f6 19. ♗f4 ♘e5 20. ♗d5 ♖a7 21. ♕b3 ♖c7 22. g4 g6 23. ♘h6+ ♔g7 24. g5 ♗d8 25. ♕g3 f6 26. ♘f5+ ♔h8 27. ♘h4 fg 28. ♗:g5 ♗:g5 29. ♕:g5 d3! 30. ♔h1 ♖c2 31. ♖e3 ♖f:f2 32. ♘g2 d2! 33. ♖g1 ♖c1 34. ♕e7 ♖:g1+ 35. ♔:g1 d1♕+ 36. ♔:f2 ♕f3+ 37. ♔e1 ♕a5+ 38. ♖c3 ♗:h3 39. ♕:d6 ♕a:c3+ 40. bc ♕:c3+ 41. ♔e2 ♕c2+ 42. ♔e3 ♕d3+ 43. ♔f4 g5+ 44. ♔:g5 ♘f7+. Weiß gab auf.

Stand: Lasker 2 Tarrasch 1

Spanisch (5. Partie)

Weiß: Lasker Schwarz: Tarrasch

Der Weltmeister ist trotz seiner vorangegangenen Niederlage von der Güte seines Bauernopfers überzeugt. So kommt noch einmal das Thema der 3. Partie aufs Brett, natürlich mit einer vorbereiteten Neuerung des Anziehenden. Diesmal setzt er mit 16. ♗g5 fort, ein Zug, der damals mit einem Rufzeichen geschmückt wurde. Heute weiß man, daß darauf 16. ... ♕c5! die richtige Antwort ist. Tarrasch setzt mit 16. ... h6? fort, worauf der Weltmeister bald einen überwältigenden Angriff erhält, den er eindrucksvoll zum Gewinn führt.

1. e4 e5 2. ♘f3 ♘c6 3. ♗b5 a6 4. ♗a4 ♘f6 5. 0–0 ♗e7 6. ♖e1 b5 7. ♗b3 d6 8. c3 ♘a5 9. ♗c2 c5 10. d4 ♕c7 11. ♘bd2 ♘c6 12. h3 0–0 13. ♘f1 ed 14. cd ♘:d4 15. ♘:d4 cd 16. ♗g5 h6 17. ♗h4 ♕b6 18. ♕d3 g5 19. ♗g3 ♗e6 20. ♖ad1! ♖fc8 21. ♗b1 ♘d7 22. e5! ♘f8 23. ♕f3 d5 24. ♕h5

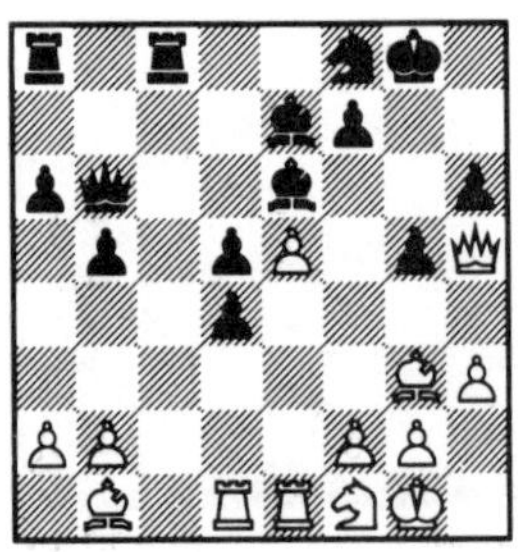

24. ... ♔g7 25. f4 f5 26. ef+ ♗:f6 27. fg hg 28. ♗e5! d3+ 29. ♔h1 ♘g6 30. ♕:g5! ♗f7 31. ♘g3 ♗:e5 32. ♖:e5 ♖h8 33. ♗:d3 ♖a7 34. ♖de1 ♔f8 35. ♗:g6 ♕:g6 36. ♕e3 ♖c7 37. ♘f5 ♕c6 38. ♕g5. Schwarz gab auf.

Stand: Lasker 4 Tarrasch 1

Französisch (11. Partie)

Weiß: Lasker Schwarz: Tarrasch

Der Nachziehende verpaßt 6. ... ♘e4! und hat bereits nach 12. ♕d2 eine schwierig zu lösende Verteidigungsaufgabe. Nach 19. c4! wird die schwarze Position immer »luftiger«, was Lasker mit kräftigen Schlägen ausnutzt. Das ist Weltmeister-Schach!

1. e4 e6 2. d4 d5 3. ♘c3 ♘f6 4. ♗g5 ♗b4 5. ed ♕:d5 6. ♘f3 c5 7. ♗:f6 gf 8. ♕d2! ♗:c3 9. ♕:c3 ♘d7 10. ♖d1 ♖g8 11. dc ♕:c5 12. ♕d2 ♕b6 13. c3 a6 14. ♕c2 f5 15. g3 ♘c5 16. ♗g2 ♕c7 17. ♕e2 b5 18. 0–0 ♗b7 19. c4! b4 20. ♕d2 ♖b8 21. ♕h6 ♗:f3 22. ♗:f3 ♕e5 23. ♖fe1 ♕:b2 24. ♕f4!

24. ... ♖c8 25. ♕d6 f6 26. ♗h5+! ♖g6 27. ♗:g6+ hg 27. ♖:e6+. Schwarz gab auf.

Stand: Lasker 6 Tarrasch 2

Vierspringerspiel (16. Partie)

Weiß: Tarrasch Schwarz: Lasker

Ein toller Kombinationswirbel! Ob das verwegene Spiel des Weltmeisters nun ganz korrekt war oder nicht – für den Schachfreund ist das Nachspielen ein Vergnügen. Der Kollaps des Anziehenden 25. ♖d1? nebst 26. ♘d4?? ist wohl auf die Anstrengungen des Kampfes zurückzuführen.

1. e4 e5 2. ♘f3 ♘c6 3. ♗b5 ♘f6 4. ♘c3 ♗b4 5. 0–0 0–0 6. d3 d6 7. ♗g5 ♗e6 8. d4 ed 9. ♘:d4 h6 10. ♗h4 ♘e5 11. f4 ♗c5 12. ♗:f6 ♕:f6 13. fe ♕:e5 14. ♘ce2 ♗g4!

15. ♖f3?! ♗:f3 16. gf f5 17. ♕d3! c6 18. ♗c4+ ♔h8 19. ♔h1 b5 20. ♗b3 fe 21. ♕:e4 ♕:e4 22. fe ♖ae8 23. ♘:c6 ♖:e4 24. ♘g3 ♖ee8 25. ♖d1? ♖f2 26. ♘d4?? ♗:d4. Weiß gab auf.

Endstand: Tarrasch 3 Lasker 8

Spanisch
(4. Partie)

Kommentare: Emanuel Lasker

Weiß: Tarrasch Schwarz: Lasker
1. e4 e5 2. ♘f3 ♘c6 3. ♗b5 ♘f6 4. 0–0 d6 5. d4 ♗d7 6. ♘c3 ♗e7 7. ♖e1 ed 8. ♘:d4 ♘:d4 9. ♕:d4 ♗:b5 10. ♘:b5 0–0 (Diese Art der Eröffnungsbehandlung ist schwierig für Schwarz. Er hat nur wenig Raum, während Weiß dank seines freien Figurenspiels Chancen auf eine Angriffsstellung erhält. Der Nachziehende hat wiederum bei dieser Spielweise eine Auflockerung seines Damenflügels vermieden.) 11. ♗g5 h6 12. ♗h4 ♖e8 13. ♖ad1 (Weiß ist voll entwickelt und droht bereits 14. e5.) 13. ... ♘d7 14. ♗:e7 ♖:e7 (Die einzige Möglichkeit. Der schwarze Springer kann nun entweder auf das Feld b6 oder über das Feld f8 nach e6 geführt werden. Er ist somit auf beiden Flügeln einsetzbar.) 15. ♕c3 (Ein Zug, der viele Drohungen beinhaltet. Der Bauer auf c7 ist angegriffen, auch liegt der Vorstoß e5 in der Luft, und es kann der weiße Springer über d4 nach f5 gelangen mit starkem Angriff auf die schwarze Königsstellung.) 16. ... ♖e5! (Der rettende Zug! Weiß kann nun nicht mit der Dame den Bauern c7 schlagen, denn nach 17. ♕:c7? ♕:c7 18. ♘:c7 wäre mit 18. ... ♖c8 der Springer gefangen.) 16. ♘d4 ♖c5 (Der Turm muß eine exponierte Stellung beziehen.) 17. ♕b3 ♘b6 (Wiederum der einzige Verteidigungszug. Auf 18. ♖e3 ist 18. ... ♕e8 ausreichend. Falls darauf 19. ♘f5, so 19. ... ♔h7.) 18. f4 (Nimmt dem schwarzen Turm einige Felder, schwächt jedoch den Bauern auf e4 und blockiert die f-Linie für die weißen Türme.) 18. ... ♕f6 19. ♕f3 ♖e8 (Eine sichere Fortsetzung bestand in 19. ... a5. Doch die Turmstellung auf c5 ist noch nicht gefährdet.) 20. c3 a5 21. b3 a4 22. b4 ♖c4 23. g3 (Weiß deckt den Bauern f4 in Erwartung der befreienden Vorstöße ... c5 oder ... d5.) 23. ... ♖d8 24. ♖e3 c5 (Das haut den Turm endgültig heraus.) 25. ♘b5 (siehe Diagramm) 25. ... cb 26. ♖:d6 ♖:d6 27. e5 (Auf diese Kombination hatte Tarrasch seinen Plan gebaut.) 27. ... ♖:f4! (Die Widerlegung!) 28. gf ♕g6+ 29. ♔h1? ♕b1+ 30. ♔g2 ♖d2+ 31. ♖e2 ♕:a2 32. ♖:d2 ♕:d2+ 33.

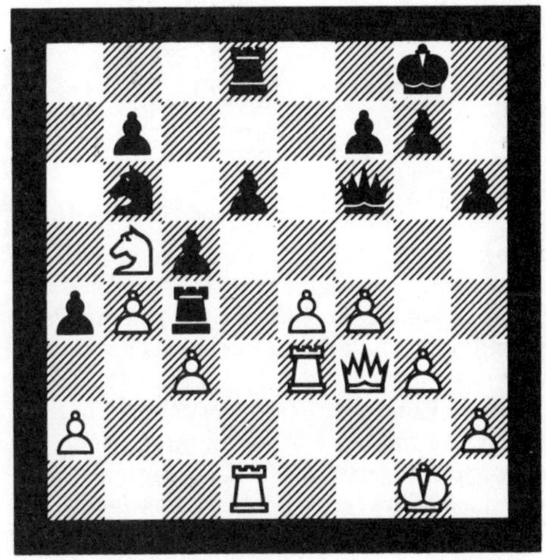

♔g3 a3! 34. e6 ♕e1+ 35. ♔g4 ♕:e6+ 36. f5 ♕c4+ 37. ♘d4 a2 38. ♕d1 ♘d5 39. ♕a4 ♘:c3 40. ♕e8+ ♔h7 41. ♔h5 a1♕. Weiß gab auf.

Über diese Glanzpartie des Weltmeisters schreibt Georg Marco in der Wiener Schachzeitung: »Die Spielführung Laskers in dieser Partie ist ebenso klassisch einfach und schön wie in dem ersten und zweiten Wettspiele. Mit außerordentlicher Gestaltungskraft gibt er einer längst bekannten, überaus langweiligen Variante (8. bis 10. Zug) einen originellen Zuschnitt (13. bis 16. Zug) und einen reichen Inhalt. Das Manöver ♖e7–e5–c5 in Verbindung mit a7–a5 und ♖c5–c4 verdient einen Ehrenplatz in der Geschichte der Schachstrategie. – Laskers Turm ist hier vollständig ausgesperrt, aber der Weltmeister befreit ihn durch ein sinnreiches Vereinbaren (23. ... ♖e8–d8 nebst c7–c5) ... und gerade in dem Moment, wo Dr. Tarrasch zum entscheidenden Schlage ausholt (25. bis 27. Zug), bricht seine Partie zusammen. Laskers Positionsblick bei der Anlage und Durchführung der Partie grenzt an Hellseherei.«

Nur die Probe bestanden

»Die Partien Janowskis zeigen«, bemerkte Lasker über seinen nächsten Herausforderer, »daß er den Sieg zehnmal in seinen Händen halten konnte, doch tat es ihm leid, die Partie zu beenden, und schließlich verdarb er sie noch.« David Janowski, ein in Frankreich lebender Pole, war in den Turniersälen vor allem als Kombinationsspieler geschätzt, den nicht vordergründig das praktische Resultat interessierte, sondern der sich mehr von geistreichen Ideen hinreißen ließ.

Um einen Wettkampf gegen Lasker hatte sich Janowski bereits 1899 bemüht. So konnte er immerhin beim Nürnberger Turnier von 1896, an dem sich alle großen Meister jener Zeit beteiligten – neben dem Weltmeister waren beispielsweise Maróczy, Pillsbury, Tarrasch, Steinitz, Schlechter, Tschigorin und Blackburne am Start –, Lasker eine Niederlage beibringen. In den folgenden Jahren untermauerte er seinen Anspruch auf einen Titelkampf durch erste Preise bei Turnieren in Monte Carlo (1901), Hannover (1902) und Barmen (1905). Nicht zu übersehen waren jedoch auch einige Mißerfolge. So mußte er sich 1905 in Paris in einem Matchkampf Marshall beugen – mit 5:8 bei vier Unentschieden.

Entscheidend für das Zustandekommen des Duells war, daß Janowski ein Schützling des Millionärs Leo Nardus war, des »Weltmeisters der Schachmäzene«. Wie jeder Laie begeisterte sich der Bankier vor allem für die Kombinationskunst. Da Janowski in dieser Hinsicht alles andere als geizig war, im Gegenteil, für eine schöne Attacke jedes beliebige Risiko einging, war Nardus bereit, den Boden für einen WM-Kampf mit Lasker vorzubereiten. Um sich von der Spielstärke seines Schützlings zu überzeugen, sponsorte er erst einmal einen Zweikampf zwischen Janowski und dem gescheiterten WM-Herausforderer Frank Marshall. Janowski, der diesem Gegner 1905 deutlich unterlegen war, konnte nun, drei Jahre später, bei zehn gespielten Partien den Spieß umdrehen. Sein 5:2-Sieg bei drei Remis überzeugte dann auch den Bankier. Als Lasker im Frühjahr 1909 Paris besuchte, wandte sich Nardus an den Weltmeister mit dem Vorschlag, einen Wettkampf gegen Janowski zu organisieren. Dennoch legte er dabei Vorsicht an den Tag. Vor dem eigentlichen WM-Duell wollte er zunächst einen offiziellen Vergleich der beiden Kontrahenten über vier Partien; erst nach dessen Ausgang wollte der Bankier sich endgültig entscheiden. Da er eine ansehnliche Summe für diesen Test aussetzte, willigte Lasker in diesen ungewöhnlichen Vorschlag des Bankiers ein, dessen emsige Bemühungen, bedeutende Schachwettkämpfe nach Paris zu holen, kaum weniger der Werbung für sein Kreditinstitut gedient haben dürften.

Im Mai jenes Jahres wurde der Miniwettkampf ausgetragen. Das Ergebnis war freilich überraschend. Janowski verlor zwar die erste Partie, gewann aber die zweite und dritte. Lasker mußte sich in der letzten Runde mächtig anstrengen, um wenigstens noch den 2:2-Ausgleich zu schaffen. Solch eine Situation war freilich für den Weltmeister nicht gerade neu. Erinnert sei hier nur an das Turnier von Cambridge Springs im Jahre 1904. Vor Beginn der Schlußrunde hatte Marshall 12½ Punkte, Janowski 11 und Lasker 10. Den ersten Platz hatte Marshall bereits sicher. Auf den Weltmeister wartete noch Janowski, dem ein Unentschieden bereits für den zweiten Preis genügt hätte. Lasker legte jedoch an diesem Tag den ungemein gefährlichen Angriffsspieler Janowski völlig lahm. Mag sein, daß solche Erfahrungen in jener komplizierten Situation für Lasker in psychologischer Hinsicht erstrangige Bedeutung erlangten, ihm gewissermaßen Flügel verliehen.

Nach jenem 2:2, das im Grunde für Janowski eine Bestätigung war, entschied Nardus, daß der Wettkampf stattfinden kann. Er übernahm auch die Ausrichtung der Weltmeisterschaft, bei der Lasker allerdings seine Bedingungen gegenüber denen im Duell mit Tarrasch änderte. Waren dort acht Siege notwendig für den Weltmeistertitel, wollte er jetzt nur insgesamt zehn Partien austragen.

Im Wettkampf selbst gelang es Janowski nicht noch einmal, an jenes überraschende Resultat aus dem Probetreffen anzuknüpfen. Zwar stand er in einigen Partien recht aussichtsreich, aber das Ergebnis war zumeist ein Sieg des Weltmeisters. Der provozierte seinerseits geradezu den aggressiven Stil Janowskis, um ihn dann immer wieder kaltblütig und finessenreich in die Schranken zu weisen. »Es liegt in der menschlichen Natur, daß die Qualen des Hungernden wachsen, wenn er gezwungen ist zuzusehen, wie ein anderer ein opulentes Menü sich einverleibt«, so Georg Marco in den Hamburger Nachrichten über die tragische Rolle des Herausforderers. Schließlich konnte sich Lasker mit 8:2 als strahlender Sieger feiern lassen. Lediglich eine Partie gewann Janowski. Die Moskauer Schachrundschau kommentierte seinerzeit: »Lasker unterstrich ein weiteres Mal entscheidend, daß die Zeit für einen ernsthaften Versuch, ihm die Schachkrone zu entreißen, noch nicht gekommen ist.« Aber der nächste, der angetreten war, dieses Denkmal zu stürzen, stand bereit: der Österreicher Karl Schlechter.

In den Turniersälen sorgte der wagemutige Kombinationsspieler David Janowski so manches Mal für Aufsehen. 1896 ließ der in Frankreich lebende Pole erstmals aufhorchen, als er in Nürnberg Weltmeister Lasker schlug und Platz 5 belegte. Zwei Jahre später wurde Janowski beim erstklassigen Kaiser-Jubiläumsturnier in Wien sogar Dritter (Bild oben, 3. v. rechts), was ihm Schlagzeilen in der gerade gegründeten Wiener Schachzeitung brachte, die schnell eine der tonangebenden Schachzeitungen der Welt wurde

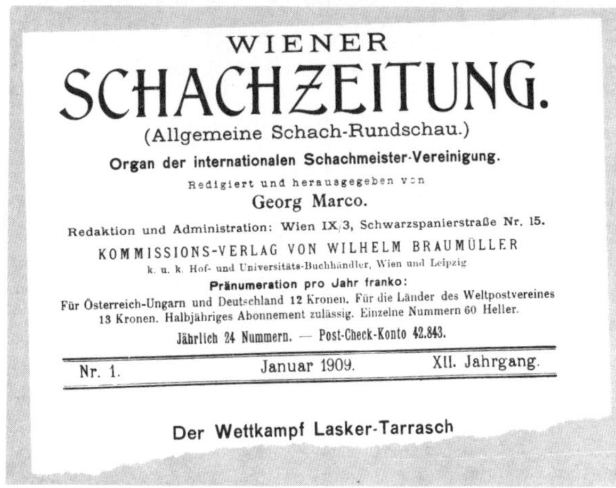

WIENER
SCHACHZEITUNG.
(Allgemeine Schach-Rundschau.)
Organ der internationalen Schachmeister-Vereinigung.
Redigiert und herausgegeben von
Georg Marco.
Redaktion und Administration: Wien IX/3, Schwarzspanierstraße Nr. 15.
KOMMISSIONS-VERLAG VON WILHELM BRAUMÜLLER
k. u. k. Hof- und Universitäts-Buchhändler, Wien und Leipzig
Pränumeration pro Jahr franko:
Für Österreich-Ungarn und Deutschland 12 Kronen. Für die Länder des Weltpostvereines 13 Kronen. Halbjähriges Abonnement zulässig. Einzelne Nummern 60 Heller.
Jährlich 24 Nummern. — Post-Check-Konto 42.843.

Nr. 1. Januar 1909. XII. Jahrgang.

Der Wettkampf Lasker-Tarrasch

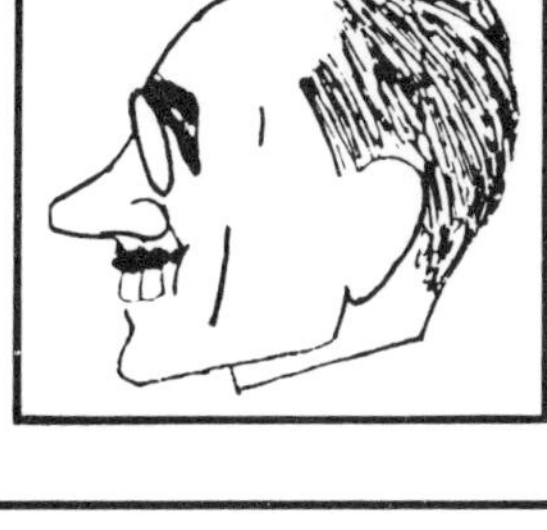

Spanisch (3. Partie)

Weiß: Lasker Schwarz: Janowski

Lasker hatte nie gegen einen frühzeitigen Damentausch etwas einzuwenden, und so greift er in dieser Begegnung zur spanischen Abtauschvariante, in der schon im 7. Zuge die beiden Damen das Brett verlassen. Der Herausforderer, vom Naturell her ein Angriffsspieler, gleicht die Stellung im frühen Mittelspiel zwar aus, doch Lasker zieht am Königsflügel sein Spiel auf, verfügt er doch dort über einen Mehrbauern. Ein paar kleine Ungenauigkeiten in der Verteidigung genügen – im 24. Zug war … fg 25. ♗:g5 ♘e5+ besser –, und schon geht nichts mehr. Im Boxsport würde man sagen: Lasker siegte klar nach Punkten.

1. e4 e5 2. ♘f3 ♘c6 3. ♗b5 a6 4. ♗:c6 dc 5. d4 ed 6. ♕:d4 ♗g4 7. ♘c3 ♕:d4 8. ♘:d4 0–0–0 9. ♗e3 ♗b4 10. ♘de2 ♗:e2 11. ♔:e2 ♗:c3 12. bc ♘f6 13. f3 ♘d7 14. ♖ad1 ♘e5 15. ♖d4 b6 16. f4 ♘d7 17. ♖hd1 c5 18. ♖4d3 ♘b8 19. ♔f3 ♖de8 20. f5 f6 21. g4 ♖e7 22. ♗f4 ♖he8 23. ♖e3 ♘c6 24. g5 ♘a5 25. h4

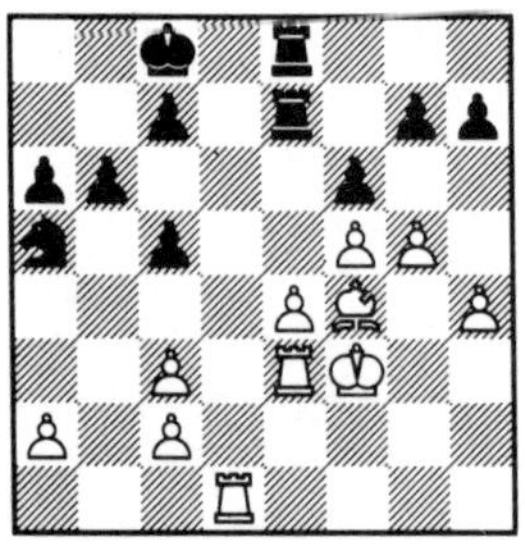

25. … ♘c4 26. ♖e2 ♖f7 27. ♖g1 ♔d7 28. h5 ♘d6 29. h6 fg 30. ♖:g5 g6 31. fg hg 32. ♖:g6 ♖ef8 33. ♖g7 ♖:g7 34. hg ♖g8 35. ♖g2 ♘e8 36. ♗e5 ♔e6 37. ♔f4 ♔f7 38. ♔f5. Schwarz gab auf.

Stand: Lasker 2½ Janowski ½

Spanisch (5. Partie)

Weiß: Lasker Schwarz: Janowski

Das Thema der 3. Partie kommt erneut aufs Brett – von Höhepunkten kann man im Mittelspiel nicht gerade sprechen. Als Lasker in gleicher Stellung im 44. Zug Remis anbietet, lehnt der Herausforderer ab, und prompt folgt der entscheidende Fehler 44. … ♘d6? Nun ergreift Lasker seine Chance in der ihm typischen Art: Jeder Zug sitzt, Fehler werden nicht mehr gemacht.

1. e4 e5 2. ♘f3 ♘c6 3. ♗b5 a6 4. ♗:c6 dc 5. d4 ed 6. ♕:d4 ♗g4 7. ♘c3 ♕:d4 8. ♘:d4 0–0–0 9. ♘de2 ♗c5 10. f3 ♗e6 11. ♗d2 ♘e7 12. 0–0–0 f6 13. ♘f4 ♗c4 14. b3 ♗f7 15. ♘d3 ♗d6 16. ♗f4 ♗a3+ 17. ♔b1 ♘g6 18. ♗c1 ♗d6 19. g3 c5 20. ♘d5 ♖he8 21. ♗b2 ♗:d5 22. ed ♖e2 23. ♖de1 ♖de8 24. ♔c1 ♔d7 25. ♖:e2 ♖:e2 26. ♔d1 ♖e3 27. ♖f1 b5 28. ♔d2 ♖e8 29. c4 c6 30. ♖c1! b4 31. dc+ ♔:c6 32. ♖e1 ♖a8 33. ♖a1 ♖d8 34. ♔e2 a5 35. a3 ♗c7 36. a4 h5 37. ♖d1 h4 38. f4 hg 39. hg ♖h8 40. ♘f2 ♘e7 41. ♔f3 ♘f5 42. ♖d5 ♘e7 43. ♖d1 ♘f5 44. ♖d5 ♘d6?

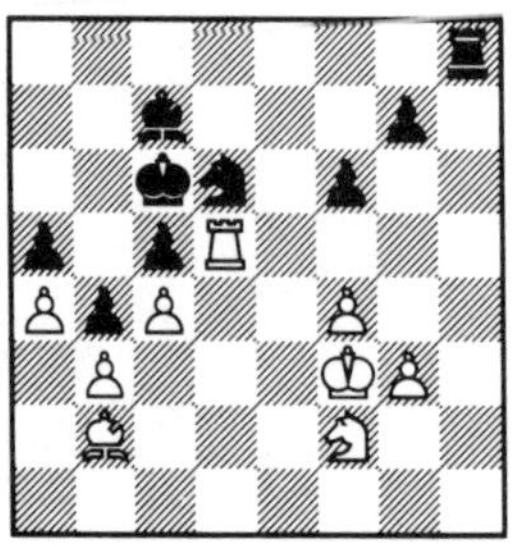

45. ♗c1! ♗b6 46. ♗e3 ♖e8 47. f5 ♘c8 48. ♘e4 ♖h8 49. ♗:c5 ♗c7 50. ♘f2 ♖h2 51. ♗f8 ♗b6 52. ♘e4 ♖h7 53. ♘c5 ♗c7 54. ♘e6 ♗e5 55. ♖c5+ ♔d7 56. ♖:a5 ♖h3 57. ♖d5+ ♔c6 58. ♘f4 ♗:f4 59. ♔:f4 ♘b6 60. ♖d6+ ♔c7 61. ♖d3. Schwarz gab auf.

Stand: Lasker 4½ Janowski ½

Vierspringerspiel (6. Partie)

Weiß: Janowski Schwarz: Lasker

In dieser Partie kommt der Anziehende endlich zu »seiner« Stellung. Hier kann er kombinieren, was er mit einem Springeropfer effektvoll einleitet. Lasker findet keine ausreichende Verteidigung gegen die vielen Drohungen (es gab auch keine) und wäre sicherlich auch dann verloren gewesen, wenn er im 32. Zuge anders fortgesetzt hätte. Das war die einzige Niederlage des Weltmeisters im Duell mit Janowski.

1. e4 e5 2. ♘f3 ♘c6 3. ♘c3 ♘f6 4. ♗b5 d6 5. d4 ♗d7 6. 0–0 ♗e7 7. ♖e1 ed 8. ♘:d4 0–0 9. ♘de2 ♘e5 10. ♘g3 ♗:b5 11. ♘:b5 ♖e8 12. b3 ♗f8 13. ♗b2 g6 14. f4 ♘ed7 15. ♕f3 a6 16. ♘d4 ♗g7 17. ♖ad1 ♕e7 18. ♘gf5!!

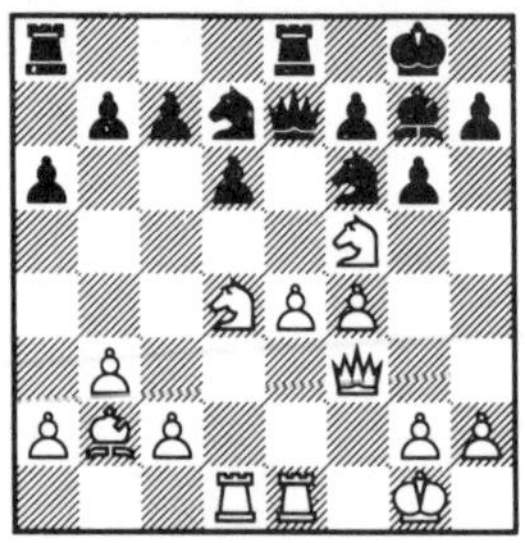

18. … gf 19. ♘:f5 ♕e6 20. ♘:g7 ♔:g7 21. e5! ♔f8 22. ef ♕:e1+ 23. ♖:e1 ♖:e1+ 24. ♔f2 ♖ae8 25. ♕:b7 ♖1e2+ 26. ♔f3 ♖:c2 27. ♗d4 a5 28. ♕b5 ♘c5 29. ♕:a5 ♘d3 30. ♗e3 d5 31. ♗d2 c5 32. ♔g3 ♘c1 33. ♗:c1. Schwarz gab auf.

Stand: Janowski 1½ Lasker 4½

Sizilianisch (10. Partie)

Weiß: Janowski Schwarz: Lasker

Die alten Meister verstießen noch häufig gegen die ehrwürdigen Grundprinzipien des Spiels. Hier will Janowski schon ein Spiel aufziehen, ohne rochiert zu haben. Lasker überholt alsbald seinen Gegner in der Mobilisierung der Figuren und steht nach 15. … e5! klar auf Gewinn. Mit technischen Problemen der Realisierung eines Vorteils hatte er bekanntlich keine Schwierigkeiten.

1. e4 c5 2. ♘c3 ♘c6 3. ♘f3 g6 4. d4 cd 5. ♘:d4 ♗g7 6. ♗e3 ♘f6 7. ♗e2 0–0 8. ♕d2 d5 9. ed ♘:d5 10. ♘:d5 ♕:d5 11. ♗f3 ♕c4 12. b3 ♕a6 13. ♗e2 ♕a3 14. c3 ♖d8 15. ♖d1 e5!

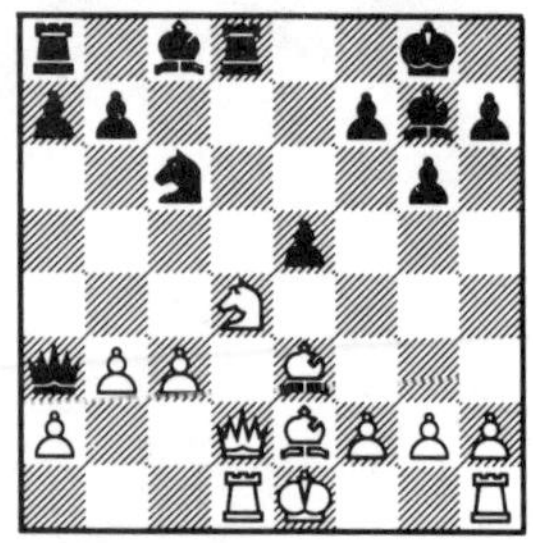

16. ♘b5 ♖:d2 17. ♘:a3 ♖:a2 18. ♘b5 ♗f5 19. ♗c4 ♘a5 20. ♗d5 ♗c2 21. 0–0 ♗:d1 22. ♖:d1 ♖d8! 23. g4 ♘c6 24. c4 ♘d4 25. ♘c3 ♖b2 26. ♘e4 ♖:b3 27. ♗g5 ♘f3+ 28. ♔g2 ♘:g5 29. ♘:g5 ♖d7. Weiß gab auf.

Endstand: Janowski 2 Lasker 8

Vierspringerspiel (2. Partie)

Kommentare: Emanuel Lasker

Weiß: Janowski Schwarz: Lasker
1. e4 e5 2. ♘f3 ♘c6 3. ♘c3 ♘f6 4. ♗b5 ♗b4 5. 0–0 0–0 6. d3 d6 7. ♗g5 ♗:c3 8. bc ♘e7 9. ♗c4 ♘g6 10. ♘h4 ♘f4 (siehe Diagramm) (Weiß hat die Eröffnung nicht energisch genug behandelt. So war 9. ♗c4 ein schwacher Zug, der besser durch 9. ♘h4, den Vorstoß f2–f4 vorbereitend, ersetzt worden wäre.) 11. ♗:f4 (Es verbot sich 11. ♕d2 wegen 11. … ♘:e4. Aufmerksamkeit verdient indes der Zug 11. ♗b3, der die Kraft des Vorrückens d6–d5 gemindert hätte. Auch wäre dann 11. … h6 an 12. ♗:f4 ef 13. ♘g6! gescheitert.) 11. … ef 12. ♘f3 ♗g4 (Unvorteilhaft ist die von Tarrasch gezeigte Fortsetzung 12. … ♗e6 wegen 13. ♗b3 d5 14. ♘d4, nach der Weiß nicht schlecht steht, da er die e-Linie eher besetzen kann. Die Fesselung des Springers durch 12. … ♗g4 ist für Weiß unangenehm.) 13. h3 (Ein fehlerhafter Zug, der den Königsflügel schwächt. Weiß hätte sich mittels 13. ♕d2 verteidigen müssen, um nach 13. … ♗:f3 14. gf den König in die Ecke zu führen und die g-Linie mit dem Turm zu besetzen. Nach dem Textzug ist Schwarz bereits im Vorteil.) 13. … ♗h5 14. ♖b1 b6 15. ♕d2 (Auf 15. g4 wäre gefolgt: 15. … fg e. p. 16. fg d5! 17. ed ♘:d5 18. ♕d2 f6!, und Schwarz hätte nach ♗h5–f7 im Mittel- und Endspiel überlegen gestanden.) 15. … ♗:f3 16. gf ♘h5 17. ♔h2 ♕f6 18. ♖g1 ♖ae8 19. d4 ♔h8 20. ♖b5 ♕h6 21. ♖bg5 f6 22. ♖5g4 g6 (Das ist stärker als 22. … f5, wonach Weiß auf den geöffneten Linien zu einem Gegenspiel gekommen wäre. Der Vorteil der schwarzen Position besteht darin, daß Weiß nicht in der Lage ist, Linien zu öffnen, dem Nachziehenden jedoch dies möglich ist. Er wird einen günstigen Augenblick abwarten.) 23. ♗d3 ♖e7 24. c4 (Dieser Zug bietet Schwarz die Möglichkeit, seinen Springer auf ein zentrales Feld zu bringen. Natürlich hätte der Nachziehende dies früher oder später erreicht – nach Vorbereitung durch g6–g5 wäre der Springer ins Zentrum geführt worden.) 24. … ♘g7 (Wenn Weiß jetzt

mit der Dame den Bauern f4 nimmt, dann verliert er nach dem Damentausch und dem Zug ♘g7–e6 den Bauern d4. Die Lage für ihn wäre dann äußerst traurig, da sich alle schwarzen Felder unter Kontrolle von Schwarz befinden würden.) 25. c3 ♘e6 (Der Springer droht, nach g5 zu gehen und von dort aus gleichzeitig die Punkte f3 und h3 anzugreifen.) 26. ♗f1 f5 27. ♖4g2 ♖f6 28. ♗d3 g5! (Die Pointe. Es droht ♕:h3+!) 29. ♖h1 g4 30. ♗e2 ♘g5 (Der entscheidende Einfall.) 31. fg f3 32. ♖g3 fe. Weiß gab auf.

Auf die letzte Chance gesetzt

Nur zwei Monate nach dem Sieg gegen Janowski trug Emanuel Lasker bereits erneut ein Match um die Krone aus. Nach dem Pariser »Spaziergang« stand ihm mit Karl Schlechter ein Gegner gegenüber, dessen Fähigkeiten er wohl vor allem in der psychologischen Vorbereitung auf diesen Wettkampf unterschätzte. Vier Jahre vor diesem Aufeinandertreffen hatte Lasker selbst eine nicht gerade schmeichelhafte Einschätzung von Schlechter gegeben, der sich als Schachautor große Verdienste erwarb. So redigierte er die Deutsche Schachzeitung und betreute viele Schachspalten in Tages- und Wochenzeitungen. Die Neubearbeitung des großen Bilguers (1916) ist sein Werk. Insbesondere verwies er darauf, daß der Wiener Meister zu sehr ein ruhiges Leben liebe, als daß er imstande wäre, sich in angespannten Augenblicken des Kampfes aufzuraffen und große Schwierigkeiten zu überwinden. Lasker hatte aber ganz offenbar jenen Partien nicht gebührende Aufmerksamkeit geschenkt, in denen sich Schlechter in schwierigen Situationen befand. Die Notwendigkeit zwang ihn hier, alle Kräfte anzuspannen, und er spielte plötzlich energisch und genau. Bei seinen zahlreichen Turniererfolgen, so in München (1900), Ostende (1906), Wien (1908), Prag (1908) oder Hamburg (1910), legte er in vielen Partien ein gerüttelt Maß an Unternehmungsgeist und Risikobereitschaft an den Tag. Der großen Masse der Schachliebhaber imponierte der feine positionelle Stil Schlechters allerdings wenig. Irgendein Zuschauer bezeichnete Schlechter, der von seinen etwa 700 Turnierpartien nahezu die Hälfte remis gestaltete, einmal als die Personifizierung des »unpersönlichen Anfangs« in der Schachkunst.

Die Herausforderung Schlechters hatte Lasker schon nach dem Match gegen Tarrasch akzeptiert. Dabei waren 30 Partien vereinbart worden, die in Wien, Stockholm, Berlin, London und New York gespielt werden sollten. Aus verschiedenen Gründen zerschlug sich jedoch dieses große Projekt. Lasker war schließlich bereit, zumindest zehn Partien auszutragen, je fünf in Wien und Berlin. Für solch eine Sprintstrecke hatte sich der Weltmeister allerdings vorsorglich abgesichert. Ein 5:5-Endresultat war für Lasker ausreichend zur Titelverteidigung. Dennoch trauten selbst die kühnsten Optimisten dem Österreicher ein solch gutes Abschneiden nicht zu. Lasker galt natürlich als Favorit, denn in den bisher zwischen beiden ausgetragenen Partien hatte er ein deutliches Übergewicht. Von sieben Partien hatte er drei gewonnen (Hastings 1895, London 1899 und Paris 1900) und nur einmal verloren (Cambridge Springs 1904). Um so überraschender war es, daß der Weltmeister sehr unsicher begann. In den ersten Partien mußte er sich sogar mächtig anstrengen, um ein Remis zu erreichen. Lasker bekannte danach: »Jeder hat irgendeine Schwäche, meist hervorgerufen durch einen Mangel an Entschlossenheit oder umgekehrt durch ein Zuviel davon oder schließlich durch Inkorrektheiten bei den Berechnungen. In den nächsten acht Partien wird es meine Aufgabe sein, das Problem Schlechter zu lösen.«

Indes, die Situation spitzte sich für den Weltmeister noch dramatisch zu. Nach diesem Match schrieb er: »Ich finde keine schwache Stelle bei Schlechter.« Die fünfte und letzte Partie auf Wiener Boden im Café Zur Marienbrücke endete mit einer echten Sensation. Lasker glaubte, eine klare Gewinnstellung erreicht zu haben. Doch da drang Schlechter mit Dame und Turm in geradezu problemartig überraschender Weise ins feindliche Lager ein, und Laskers König sah sich einem undurchdringlichen Mattnetz gegenüber. »Zugegeben, daß Schlechter anfänglich schwach, Lasker hingegen stark gespielt hat. Aber dann änderte sich das Verhältnis. Lasker spielte schwach, während Schlechter mit höchstem Scharfsinn operierte. Wer zuletzt gut spielt, trägt den Sieg davon – das war immer so«, bemerkte hintersinnig Georg Marco, der Begründer der Wiener Schachzeitung.

Zur Halbzeit mit 2:3 im Rückstand, besserte sich auch in Berlin die kritische Lage für den Weltmeister nicht. Schlechter widerstand allen Angriffen, ja er kam mitunter sogar in Vorteil. So blieb nur noch eine allerletzte Chance, die 10. Partie. Seinem sechs Jahre jüngeren Widersacher genügte bereits ein Remis, was man dem ob seiner Verteidigungskünste berühmten Österreicher durchaus zutraute. Der Plan Laskers, dies zu verhindern, war deshalb tollkühn.

Seine Partienanlage wurde eine wagehalsige Gratwanderung am Rande des Abgrunds. Doch sein meisterhafter psychologischer Bluff gelang. Schlechter fühlte sich der Schachwelt gegenüber verpflichtet, den Gewinn der Weltmeisterschaft nicht auf ein mageres 1:0 bei neun Unentschieden zu gründen. So verschmähte er den sicheren Remisweg, ließ sich statt dessen auf einen zweischneidigen Schlagabtausch ein und war den halsbrecherischen Verwicklungen nicht gewachsen. Lasker blieb mit dem schwer erkämpften 5:5 Weltmeister. Trotzdem hatte sein Nimbus durch das überraschende Ergebnis an Glanz erheblich eingebüßt. Dem bescheidenen Schlechter hingegen hätte man gern einen Revanchekampf gegönnt, der jedoch niemals zustande kam.

Den zweiten großen Zweikampf nach dem Duell gegen Lasker spielte Karl Schlechter (oben links) im Jahre 1911 in Köln gegen Siegbert Tarrasch. Nach 16 Partien gab es ein 8:8-Unentschieden, wobei jeder jeweils drei Siege errang. Vier Jahre zuvor waren viele namhafte Schachmeister einer Einladung nach Karlsbad gefolgt. An dem Großmeisterturnier, das Akiba Rubinstein den ersten bedeutenden Einzelsieg bescherte, nahmen auch Michail Tschigorin und Karl Schlechter (sitzend, 3. und 4. v. links) teil. Für den russischen Altmeister war es zugleich sein letzter öffentlicher Auftritt, denn vier Monate später verstarb er

Spanisch (5. Partie)

Weiß: Schlechter Schwarz: Lasker

Fehler macht jeder Spieler. Hier ist es Lasker, für den aber diese Partie nicht typisch ist. Sie verlief zunächst ganz im Sinne des Nachziehenden – einige Figuren wurden getauscht, und den Psychologen Lasker störte es nicht, daß sein Kontrahent durch gute Positionszüge die etwas bessere Stellung erhielt. Allmählich rang er ihm im Mittelspiel die Vorteile wieder ab, eroberte einen Bauern und legte die Partie völlig berechtigt auf Gewinn an. Da unterläuft dem Weltmeister im 54. Zug ein Lapsus, so daß sein Widerpart dem etwas unsicher stehenden schwarzen König auf den Leib rücken kann. Plötzlich gibt es keine Verteidigung mehr.

1. e4 e5 2. ♘f3 ♘c6 3. ♗b5 ♘f6 4. 0–0 d6 5. d4 ♗d7 6. ♘c3 ♗e7 7. ♗g5 0–0 8. de ♘:e5 9. ♗:d7 ♘f:d7 10. ♗:e7 ♘:f3+ 11. ♕:f3 ♕:e7 12. ♘d5 ♕d8 13. ♖ad1 ♖e8 14. ♖fe1 ♘b6 15. ♕c3 ♘:d5 16. ♖:d5 ♖e6 17. ♖d3 ♕e7 18. ♖g3 ♖g6 19. ♖ee3 ♖e8 20. h3 ♔f8 21. ♖:g6 hg 22. ♕b4 c6 23. ♕a3 a6 24. ♕b3 ♖d8 25. c4 ♖d7 26. ♕d1 ♕e5 27. ♕g4 ♔e8 28. ♕e2 ♔d8 29. ♕d2 ♔c7 30. a3 ♖e7 31. b4 b5! 32. cb ab 33. g3 g5 34. ♔g2 ♖e8 35. ♕d1 f6 36. ♕b3 ♕e6! 37. ♕d1 ♖h8 38. g4 ♕c4 39. a4?! ♕:b4 40. ab ♕:b5 41. ♖b3 ♕a6 42. ♕d4 ♖e8 43. ♖b1 ♖e5 44. ♕b4 ♕b5 45. ♕e1 ♕d3 46. ♖b4 c5 47. ♖a4 c4 48. ♕a1 ♕:e4+ 49. ♔h2 ♖b5 50. ♕a2! ♕e5+ 51. ♔g1 ♕e1+ 52. ♔h2 d5 53. ♖a8 ♕b4 54. ♔g2 ♕c5?? (mit 54. … ♖b8 55. ♕a7+ ♖b7 56. ♕e3 ♕d6 war die schwarze Festung uneinnehmbar) 55. ♕a6! ♖b8 56. ♖a7+ ♔d8 57. ♖:g7 ♕b6 58. ♕a3! Schwarz gab auf.

Stand: Schlechter 3 Lasker 2

Nicht selten war die Forderung Laskers, der aus einer kinderreichen, nicht gerade vermögenden Kantorenfamilie stammte, Schach um Geld zu spielen, Zielscheibe bissiger Kritik in der Presse. Da schloß sich die satirische deutsche Zeitung Simplicissimus nicht aus, wie das Cartoon von Olaf Gulbransson vom August 1908 zeigt. »Wie lange betreiben Sie schon das Spiel?« fragt da ein Journalist Lasker. Der antwortet aufbrausend: »Ein Spiel?!?! Schach ist eine Kunst!!«

Slawisch
(10. Partie)

Kommentare: Siegbert Tarrasch

Weiß: Lasker Schwarz: Schlechter
1. d4 d5 2. c4 c6 3. ♘f3 ♘f6 3. e3 g6 5. ♘c3 ♗g7 6. ♗d3 0–0 7. ♕c2 ♘a6 (Weiß konnte sich frei entfalten – Schwarz leidet an den Folgen seines zweiten Zuges, der seine Figuren auf dem Damenflügel einengt. Besser wäre es gewesen, den Springer über d7 auf das Feld b6 zu führen, um den Zug b3 zu provozieren, wonach der Läufer auf g7 gefährlich werden kann. Spielt jedoch Weiß nicht b3, sondern c4–c5, so bereitet Schwarz den Zug e5 vor und verschafft sich damit eine gute Position. Nach dem Textzug steht der Springer am Rande sehr ungünstig.) 8. a3 dc 9. ♗:c4 b5 (Eine verhängnisvolle Schwächung des Damenflügels, die nicht wieder gutzumachen ist. Von hier an ist die Partie theoretisch für Schwarz verloren, denn im weißen Lager ist keine einzige Schwäche auszumachen, die als Kompensation angesehen werden könnte.) 10. ♗d3 b4 11. ♘a4 ba 12. ba ♗b7 13. ♖b1 ♕c7 14. ♘e5 ♘h5 15. g4? (Ein prinzipieller Fehler, der den Königsflügel schwächt. Anstelle dieses Zuges hätte 15. f4 geschehen sollen.) 15. ... ♗:e5 16. gh ♗g7 17. hg hg 18. ♕c4 (Nun droht es links und rechts. Wie Schwarz diese beiden Möglichkeiten ♖:b7 und ♗:g6 gleichzeitig parieren soll, kann man sich nicht vorstellen.) 18. ... ♗c8! 19. ♖g1 (Es ist stets schwer, ein Spiel fortzusetzen, wenn der ursprüngliche Plan sich als unbrauchbar erweist. Mag sein, daß Lasker seinem Gegner zeigen möchte, daß er noch immer der Angreifende ist und ihm seine Gesetze diktieren kann. Aufmerksamkeit verdiente hier der Zug 19. ♗d2, der die Entwicklung fortsetzt.) 19. ... ♕a5+ 20. ♗d2 ♕d5 21. ♖c1 ♗b7 22. ♕c2 ♕h5 23. ♗:g6 (Nach diesem Zug wird die f-Linie geöffnet, wonach der schwarze Angriff äußerst bedrohlich wird. Aber was soll Weiß tun? Infolge der fehlerhaften Strategie kommt Schlechter zum Angriff auf dem Königsflügel.) 23. ... ♕:h2 24. ♖f1 fg 25. ♕b3+ ♖f7 26. ♕:b7 ♖af8 27. ♕b3 (Weit besser wäre es gewesen, dem Angriff mit 27. f4 zu begegnen.) 27. ... ♔h8

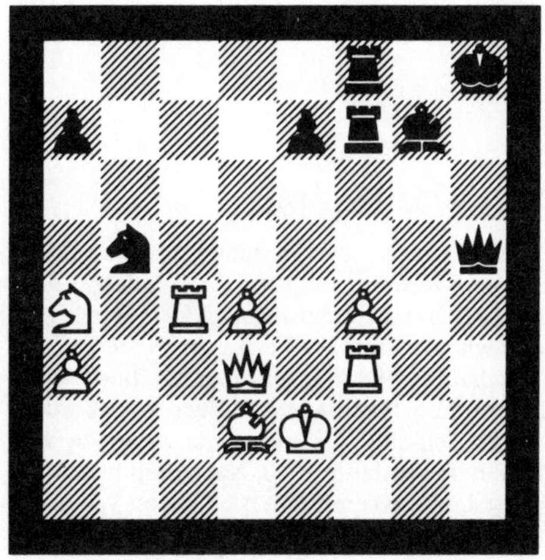

28. f4 g5 29. ♕d3 gf 30. ef (Der Springer auf a6 war wegen 30. ... fe tabu.) 30. ... ♕h4+ 31. ♔e2 (Auf 31. ♔d1 wäre 31. ... ♕g4+ oder 31. ... ♕h5+ 32. ♔c2 ♕f5 gefolgt.) 31. ... ♕h2+ 32. ♖f2 ♕h5+ 33. ♖f3 ♘c7 34. ♖:c6 (Unglaublich! Diese Situation, wo von allen Seiten das Verderben droht, benutzt Lasker dazu, einen Bauern zu verspeisen!) 34. ... ♘b5 35. ♖c4 (siehe Diagramm) 35. ... ♖:f4 36. ♗:f4 ♖:f4 37. ♖c8+ ♗f8 38. ♔f2 ♕h2+ 39. ♔e1 ♕h1+ (Wohl der entscheidende Fehler. Immer noch hätte 39. ... ♕h4+ zum Remis gereicht und damit Schlechter den Weltmeistertitel gesichert.) 40. ♖f1 ♕h4+ 41. ♔d2 ♖:f1 42. ♕:f1 (Danach ist es für Schwarz aus.) 42. ... ♕:d4+ 43. ♕d3 ♕f2+ 44. ♔d1 ♘d6 45. ♖c5 ♗h6 46. ♖d5 ♔g8 47. ♘c5 ♕g1+ 48. ♔c2 ♕f2+ 49. ♔b3 ♗g7 50. ♘e6 ♕b2+ 51. ♔a4 ♔f7 52. ♘:g7 ♕:g7 53. ♕b3 ♔e8 54. ♕b8+ ♔f7 55. ♕:a7 ♕g4+ 56. ♕d4 ♕d7+ 57. ♔b3 ♕b7+ 58. ♔a2 ♕c6 59. ♕d3 ♔e6 60. ♖g5 ♔d7 61. ♖e5 ♕g2+ 62. ♖e2 ♕g4 63. ♖d2 ♕a4 64. ♕f5+ ♔c7 65. ♕c2+ ♕:c2+ 66. ♖:c2+ ♔b6 67. ♖e2 ♘c8 68. ♔b3 ♔c6 69. ♖c2+ ♔b7 70. ♔b4 ♘a7 71. ♔c5. Schwarz gab auf.

Der gekaufte Titelkampf

In der 100jährigen Geschichte der Schachweltmeisterschaften gelang es einigen Meistern, aufgrund ihrer außergewöhnlichen Leistungen das Herausforderungsrecht für einen WM-Titelkampf nicht nur einmal zu erringen. Neben Michail Tschigorin schafften dies Wassili Smyslow, Boris Spasski und Viktor Kortschnoi. Einmalig ist hingegen, daß solch ein Duell um die Schachkrone regelrecht erkauft wurde, wie das von David Janowski im Jahre 1910. Nach dem überraschenden Ausgang des Zweikampfes Lasker gegen Schlechter fühlte sich Janowski zu einem neuen Gang ermutigt.

Um nach seiner fürchterlichen Niederlage, die er ein Jahr zuvor bezogen hatte, noch einmal ein solches Wagnis einzugehen, war er wiederum auf die Hilfe von Leo Nardus angewiesen. Dieser glaubte nach wie vor unerschütterlich an seinen Schützling. Neben dem Pariser Bankier trat urplötzlich mit der Berliner Schachgemeinschaft noch ein zweiter Sponsor auf, so daß einem neuerlichen Wettkampf zwischen Lasker und Janowski nun nichts mehr im Wege stand. Im Ergebnis des so gekauften WM-Titelkampfes wurde vereinbart, daß die ersten zehn Partien in Berlin im Turniersaal des Café Kerkau gespielt werden. Danach war Paris als weiterer Spielort festgeschrieben worden.

Lasker kam dieses kurzfristige Match sicher nicht ungelegen. Er hoffte vor allem seinen Ruf mit einer überzeugenden Leistung aufzuwerten, nachdem er gegen Schlechter gewissermaßen am Rande des Abgrundes gestanden hatte. Trotzdem war das Match noch einmal gefährdet. Janowski lehnte es ab, in den Abendstunden zu spielen. Deshalb hatte er mit Lasker als Spielzeit 14.00 bis 20.00 Uhr vereinbart. Dieser traf seinerseits eine Abmachung mit der Berliner Schachgesellschaft: Spielzeit von 16.30 bis 19.30 Uhr und von 21.00 bis 23.00 Uhr. Schließlich einigte man sich in letzter Stunde auf 16.00 bis 20.00 Uhr.

Die Schachwelt verhielt sich diesem recht zweifelhaften Wettkampf gegenüber recht kühl. Daß Janowski unterliegen würde, stand für die meisten wohl keinen Augenblick in Zweifel. Allgemeines Befremden löste ferner die Tatsache aus, daß Lasker die Autorenrechte an den Partien im Falle der Veröffentlichung für sich beanspruchte. Das bedeutete praktisch, daß ihm für die Veröffentlichung jeder einzelnen Partie Honorar zu zahlen war. Die Reaktion der Presse darauf war unmißverständlich: Sie weigerte sich strikt, auch nur eine Partie zu drucken, bis zu jenem Zeitpunkt, als die Forderung Laskers sich als unanfechtbar erwies. Zwar klärte sich dieses Problem relativ schnell, aber bis dahin waren die Zeitungsberichte über den Wettkampf äußerst fade. »Wie bedeutend auch eine Partie Laskers wäre, man kann über sie ebensowenig sagen wie über den Gesang Carusos. Man muß die Partien sehen, ebenso wie man den Sänger hören muß. Die nüchternen Beschreibungen stellen keinen zufrieden«, bemerkte melancholisch die Wiener Schachzeitung.

Als die Partien endlich veröffentlicht wurden, setzte das flaue Spiel Janowskis viele in Erstaunen. Nur zu Beginn ließ er einen gewissen Widerstand erkennen. Als er dann die gut stehende fünfte Partie verlor, war er völlig entmutigt. Georg Marco, einer der geistvollsten Schachpublizisten jener Zeit, stellte danach in der Wiener Schachzeitung fest: »Es war das abwechslungsreichste Match der Welt, an einem Tag gewann Weiß, am anderen Schwarz.«

Als der Weltmeister sich einen uneinholbaren Vorsprung gesichert hatte, leistete er es sich, in der elften Partie sogar zum Königsgambit zu greifen. Janowski bekam zwar in dieser letzten Begegnung, die noch in Berlin stattfand, einen vielversprechenden Angriff, doch zwei offenkundige Fehler nach einem Qualitätsopfer Laskers führten rasch zum Ende.

Obwohl Janowski mit 0:8 unterlegen war, erkannte er die Überlegenheit des glanzvollen Siegers nicht an. So erklärte er spontan, Lasker erneut herauszufordern. Ja, er war sogar überzeugt davon, daß er diesem in Berlin trotz allem überlegen gewesen sei, daß er ihn in fast allen Partien überspielt habe, daß Lasker gar nicht Schach spielen könne, daß ihn die Art, wie Lasker auf dem Brett herumziehe, anwidere. Ihm genüge daher das Erreichen einer Gewinnstellung.

Wie es um Janowskis Spielstärke tatsächlich bestellt war, offenbarte sein Auftreten beim Turnier in San Sebastian. Zwei Monate nach dem zweifelhaften Weltmeisterschaftskampf hatten sich in dem spanischen Badeort fast alle bekannten Großmeister jener Zeit versammelt, um den »logischen« Herausforderer des Weltmeisters zu ermitteln. Der hatte zwar zunächst seine Teilnahme auch zugesagt, erschien dann aber nicht. Janowski kam nicht einmal auf 50 Prozent der möglichen Punkte und belegte weit abgeschlagen den elften Platz unter 15 Teilnehmern. Gegen die ersten sechs kam er lediglich in der Partie mit dem Jungtalent Akiba Rubinstein zu einem Remis. Erster Preisträger in San Sebastian aber wurde ein gewisser José Raoul Capablanca, das »Wunder aus Havanna«. Es war das erste Auftreten des Kubaners in Europa, der mit diesem Erfolg nachdrücklich seine Kandidatur um die Weltmeisterschaft geltend machte. Bis zu einem Wettkampf gegen Emanuel Lasker, der innerhalb von drei Jahren fünfmal bestätigte, daß er die Nummer 1 in der Welt war, und dabei von insgesamt 62 Partien 32 Siege bei nur fünf Niederlagen verbuchte, verstrich freilich noch ein Jahrzehnt.

Daß David Janowski (Bild oben links) innerhalb von zwölf Monaten eine zweite WM-Chance gegen Lasker bekam, ist weniger seiner Spielstärke zuzuschreiben als einer massiven Initiative seines Gönners Leo Nardus. Der Bankier wartete freilich vergeblich auf die geplante zweite Hälfte des Matches in Paris. Der Champion hatte die Angelegenheit bereits in Berlin auf seine Weise erledigt, denn nach nur elf Partien hatte er die benötigten acht Gewinnpunkte erkämpft

Lasker ließ keine Gelegenheit aus, sein Schachtalent zu demonstrieren – er war darauf angewiesen. Die nebenstehende Annonce kündigt Schachlektionen von ihm in einem New-Yorker Hotel an. Ein Mr. Toepfer nutzte den werbewirksamen Namen des Champions aus, um seine patentierten Aluminiumschachfiguren an den Mann zu bringen

Damengambit (1. Partie)

Weiß: Lasker Schwarz: Janowski

»Dicke Böcke« waren selbst bei den besten Schachmeistern dieser Zeit noch an der Tagesordnung. Hier muß man von einem ungleichen Kampf sprechen. Lasker macht normale, gute Züge, Janowski sündigt zunächst mit 13. ... ♘e4?, dann mit 15. ... ♕:e7 (versucht werden mußte 15. ... ♘:e7), und schließlich folgt der Mißgriff 19. ... ♖d6??, wonach, wie das Deutsche Wochenschach schrieb: ... »aufzugeben würdiger gewesen wäre«.

1. d4 d5 2. c4 e6 3. ♘c3 c5 4. ♘f3 ♘f6 5. cd ed 6. ♗g5 ♗e6 7. e3 ♘c6 8. ♗e2 ♗e7 9. dc ♗:c5 10. 0–0 0–0 11. ♖c1 ♗e7 12. ♘d4 ♖c8 13. ♕d2 ♘e4? 14. ♘:e4 de 15. ♗:e7 ♕:e7 16. ♘:c6 bc 17. ♕a5 ♖fd8 18. ♖fd1 ♗d5 19. b4 ♖d6??

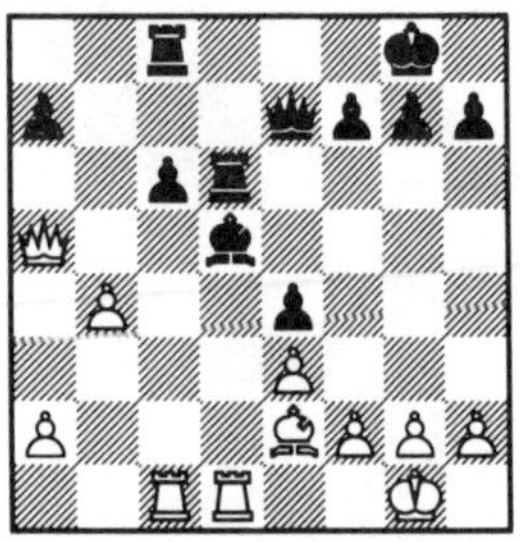

20. ♖:d5 ♖:d5 21. ♕:d5 ♕:b4 22. ♖:c6. Schwarz gab auf.

Stand: Lasker 1 Janowski 0

Damengambit (4. Partie)

Weiß: Janowski Schwarz: Lasker

In dieser Begegnung ist schon ein moderner Schachstil zu beobachten. Weiß fürchtet sich nicht vor einem isolierten Bauern auf d4 und findet für seine Figuren gute Felder. Aber die Genauigkeit in der Angriffsführung läßt noch zu wünschen übrig. Kommen nämlich nicht die stärksten Angriffszüge, dominiert in solchen Stellungen, die in der gegenwärtigen Praxis noch oft anzutreffen sind, die Verteidigung. Und gerade darin war Lasker unübertrefflich.

1. d4 d5 2. ♘f3 ♘f6 3. e3 c5 4. c4 e6 5. ♗d3 ♘c6 6. 0–0 dc 7. ♗:c4 a6 8. a4 ♗e7 9. ♘c3 0–0 10. b3 cd 11. ed ♘b4 12. ♗b2 b6 13. ♕e2 ♗b7 14. ♖ad1 ♘fd5 15. ♘e5 ♘f4! 16. ♕g4 ♘bd5 (16. ... ♘:g2? scheitert an 17. d5!) 17. ♘:d5 ♘:d5 18. ♖fe1 ♗b4 19. ♖e2 ♖c8 20. f4? (richtig ist 20. ♖d3) 20. ... ♖c7 21. f5? h5!

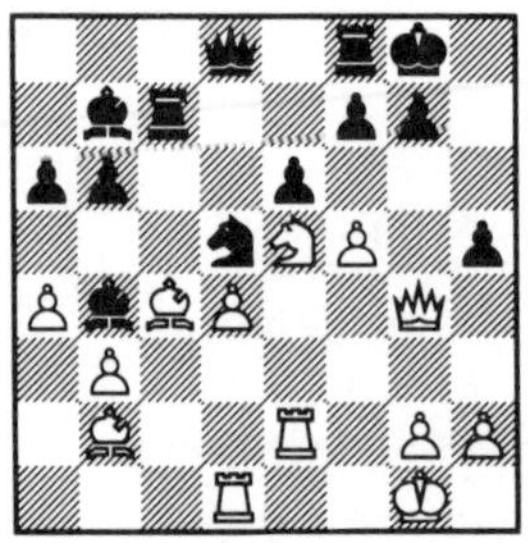

22. ♕:h5 ♘f4 23. ♕g4 ♘:e2+ 24. ♕:e2 ef 25. ♕h5 ♗d5 26. ♖d3 f6 27. ♖h3 fe 28. ♕h7+ ♔f7 29. ♕:f5+ ♔e8 30. ♕h5+ ♗f7 31. ♕:e5+ ♕e7. Weiß gab auf.

Stand: Janowski 0 Lasker 2

Königsgambit (11. Partie)

Weiß: Lasker Schwarz: Janowski

Zum Königsgambit griff Lasker selten. Der Wettkampfstand erlaubte es ihm jedoch, in dieser Begegnung ein Abenteuer zu riskieren. Janowski wußte offenbar in der Bekämpfung des Gambits nicht so genau Bescheid, und so geht die Rechnung des Titelverteidigers auf. Hinter einem starken Bauernzentrum spaziert der weiße König auf der zweiten Reihe hin und her – ihm ist nicht beizukommen. Sicherlich war Laskers Qualitätsopfer 25. ♖:f5! korrekt, auch wenn Schwarz im 26. Zuge besser mit ♖af8 fortgesetzt hätte. Der Weltmeister war seinem Herausforderer einfach überlegen.

1. e4 e5 2. f4 ♗c5 3. ♘f3 d6 4. c3 ♗g4 5. d4 ♗:f3 6. gf ♕h4+ 7. ♔e2 ♗b6 8. ♘a3 f5 9. ♘c4 fe 10. fe5 de 11. ♘:e5 ♘c6 12. ♘:c6 bc 13. ♗g2 ♕h5 14. ♗e3 ♕b5+ 15. ♔f2 ♘e7 16. fe ♕:b2+ 17. ♕d2 0–0+ 18. ♔e2 ♕b5+ 19. ♕d3 ♕h5+ 20. ♔d2 c5 21. ♕c4+ ♔h8 22. dc ♗a5 23. ♖af1 ♕g4 24. ♖hg1 ♘f5 25. ♖:f5!

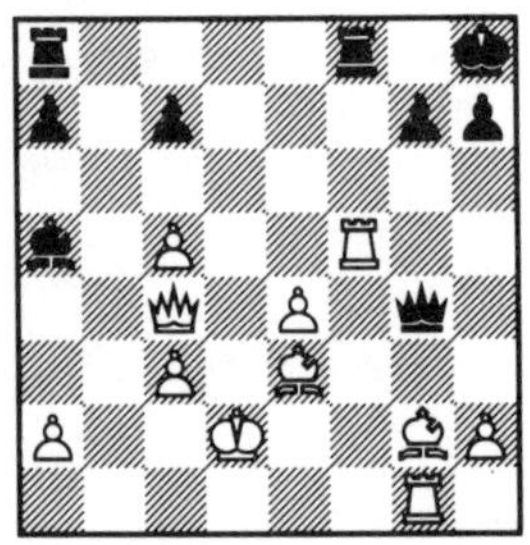

25. ... ♖:f5 26. ♔c2 ♖b8 27. ♗f1 ♕h4?? 28. ef ♕:h2+ 29. ♖g2 ♕e5 30. ♗d4. Schwarz gab auf.

Endstand: Lasker 8 Janowski 0

Tarrasch-Verteidigung (5. Partie)

Kommentare: Siegbert Tarrasch

Weiß: Lasker Schwarz: Janowski
1. d4 d5 2. c4 e6 3. ♘c3 c5! 4. cd ed 5. ♘f3 ♗e6 6. e4 (Dieser Zug ist die Ursache der nachfolgenden Schwierigkeiten des Anziehenden. Vorzuziehen ist 6. ♗f4 oder 6. e3.) 6. ... de 7. ♘:e4 ♘c6! 8. ♗e3 cd 9. ♘:d4 (Das ist bereits der entscheidende Fehler. Weiß hätte nolens volens mit dem Läufer und nach der Antwort 9. ... ♘:d4 mit der Dame schlagen müssen.) 9. ... ♕a5+ 10. ♘c3 (Nun scheiterte 10. ♗d2 an 10. ... ♕e5.) 10. ... 0–0–0! (Eine Gewinnstellung für den Nachziehenden bereits nach 10 Zügen im Damengambit.) 11. a3 ♘h6 12. b4 ♕e5 13. ♘cb5 (Nach 13. ♘ce2 wäre die Verteidigung sehr unerfreulich gewesen. Der Textzug ist viel aggressiver und verlockt Schwarz zu 13. ... a6. Danach könnte sich Weiß mit 14. ♕c1 aus der Schlinge ziehen: Nach 14. ... ab 15. ♘:c6 bc 16. ♕:c6+ ♕c7 17. ♕a6+ hätte er einen starken Angriff.) 13. ... ♘f5! 14. ♖c1 ♘:e3 15. fe ♕:e3+ 16. ♗e2 (Weiß kam noch einigermaßen davon. Er verlor zwar keine Figur, kann aber keine Rochade ausführen. Außerdem hängt sein Springer auf d4 noch in der Luft. Als Trost im Unglück ist sein Spiel gegen den Springer c6 zu sehen, der die Achillesferse des Nachziehenden bildet. Das Zusammenwirken der Figuren verleiht der Partie einen sehr scharfen Charakter, und die Art der Entspannung dieser Position führt zu einem dramatisch-bezaubernden Bild.) 16. ... ♗e7 17. ♖c3 (siehe Diagramm) (Dieser Zug soll die Rochade ermöglichen. Zu prüfen war natürlich auch 17. ♘:a7+, doch danach wäre Schwarz schnell zum Angriff gekommen.) 17. ... ♗h4+ (Hier hätte Schwarz ein glänzendes Damenopfer bringen können. Nach 17. ... ♕:c3+ 18. ♘:c3 ♘:d4! erhielte der Nachziehende für die Dame Turm, Läufer und einen Bauern, demzufolge in materieller Hinsicht eine genügend befriedigende Kompensation. Kaum kann man eine wirkliche Erklärung dafür geben, warum ein solcher Spieler wie Janowski, dessen Hauptkraft in eleganten Angriffen liegt und der bereits hun-

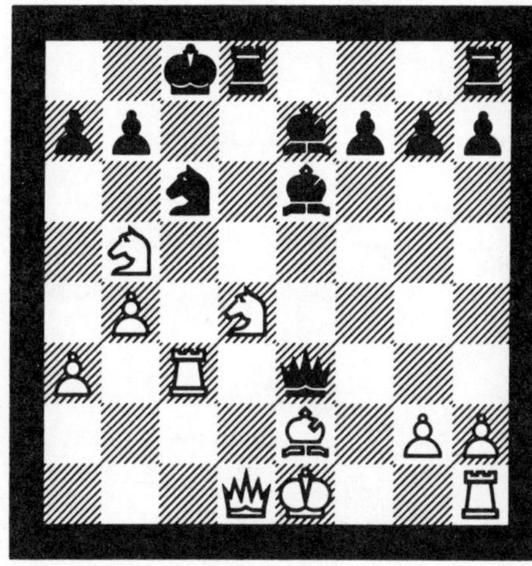

dertfach mit Erfolg die glänzendsten Attacken geführt hat, eine solche Gelegenheit ausläßt. Gern möchte man an Hexerei, Hypnose und ähnliche Dinge glauben. Doch es zeigt sich, daß Lasker tatsächlich einen schwer zu erklärenden Einfluß auf viele seiner Gegner ausübt. Sehr schwer ist die Tatsache zu verstehen, daß erfahrene Meister gegen ihn völlig gewonnene Stellungen noch verlieren.) 18. g3 ♕e4 (Angesichts des angegriffenen Läufers wäre das Damenopfer an dieser Stelle nicht mehr so stark.) 19. 0–0 ♗f6 20. ♖:f6! gf 21. ♗f3 (Jetzt schlägt auch das Spiel gegen den Springer c6 durch. Alle Befestigungen, die den schwarzen König verteidigen, werden in die Luft gesprengt.) 21. ... ♕e5 22. ♘:a7+ ♔c7 (Auf 22. ... ♔b8 folgt natürlich 23. ♘a:c6+, und Weiß gewinnt die Dame, noch dazu mit einem Abzugsschach!) 23. ♘a:c6 bc 24. ♖:c6+ ♔b8 25. ♖b6+ ♔c8 26. ♕c1+ ♔d7 (Nach 26. ... ♕c7 gewinnt Weiß durch den Zug 27. ♖c6 die Dame.) 27. ♘:e6 fe 28. ♖b7+ ♔e8 29. ♗c6+. Schwarz gibt auf, da nach 29. ... ♔f8 30. ♕h6+ mit Matt im nächsten Zug folgt. Eine interessante und sehr lebhafte, schöne Partie.

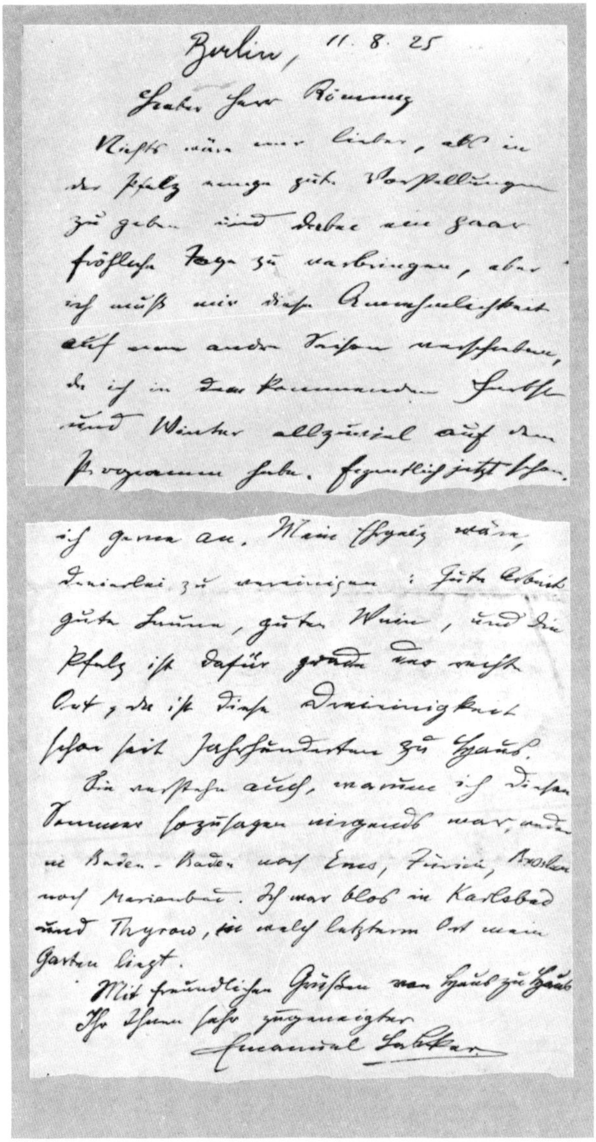
Berlin, 11. 8. 25
Lieber Herr Römmig
Nichts wäre mir lieber, als in der Pfalz einige gute Vorstellungen zu geben und dabei ein paar fröhliche Tage zu verbringen, aber ich muß mir diese Annehmlichkeit auf eine andere Saison aufsparen, da ich in dem kommenden Herbst und Winter allzuviel auf dem Programm habe. Eigentlich jetzt schon ich gerne an. Mein Ideal wäre, dreierlei zu vereinigen: gute Arbeit, gute Laune, guten Wein, und die Pfalz ist dafür gerade der rechte Ort, da ist diese Dreieinigkeit schon seit Jahrhunderten zu Haus.
Sie ersehen auch, warum ich diesen Sommer sozusagen nirgends war, weder in Baden-Baden noch Ems, Zürich, Breslau noch Marienbad. Ich war bloß in Karlsbad und Thyrow, in welch letzterem Ort mein Garten liegt.
Mit freundlichen Grüßen von Haus zu Haus
Ihr Ihnen sehr zugeneigter
Emanuel Lasker

In der persönlichen Korrespondenz Emanuel Laskers spielt Hermann Römmig eine gewichtige Rolle. Dieser Mann organisierte Mitte der 20er Jahre zahlreiche Simultanveranstaltungen für den Exweltmeister. Im vorliegenden Brief vom August 1925 bittet Lasker unter anderem darum, daß Römmig ihn für die nächste Saison möglichst in die Pfalz einlädt, weil dort seit Jahrhunderten die »Dreieinigkeit« – gute Arbeit, gute Laune und guter Wein – zu Hause sei

Lasker, allgemein als ernsthafter Wissenschaftler geschätzt – 1918 erschien sein bemerkenswertes Buch »Die Philosophie des Unvollendeten« –, war stets auch zu Späßen bereit, wie dieses Stilleben im Sand des Scheveniger Strandes (1927) zeigt. Was für eine Spielernatur er war, bewies Lasker noch als fast 68jähriger in England als Golfspieler

1921-1927 José Raoul Capablanca

»Nach der Romantik von Morphy und Anderssen, dem Rationalismus von Steinitz, der Neoromantik von Lasker: Capablancas ›neue Sachlichkeit‹.« (Ludewijk Prins)

Das Handtuch zweimal geworfen

Im Sommer 1920 sorgte eine aufsehenerregende Nachricht für Schlagzeilen: Schachweltmeister Emanuel Lasker erklärt seinen Verzicht auf die Schachkrone. Er lehnt die Herausforderung Capablancas ab und überläßt ihm freiwillig den Titel. Der Kubaner aber, der sich fast ein Jahrzehnt lang um dieses WM-Match bemüht hatte, stimmte diesem verlockenden Angebot nicht zu. Im August kam es in Den Haag zu neuerlichen Verhandlungen, weil sich inzwischen auch herausstellte, daß Laskers unerklärliche Reaktion auf einem kuriosen Mißverständnis beruhte. Beide Rivalen waren sich im Februar unter Mithilfe des niederländischen Schachverbandes über die Bedingungen für den bevorstehenden Weltmeisterschaftskampf einig geworden. Am 17. Juni erhielt Lasker aus Buenos Aires ein Schreiben, datiert vom 15. Mai, dessen Inhalt den Amsterdamer Verhandlungsergebnissen völlig widersprach. Der Weltmeister hatte jedoch übersehen, daß der Brief vom 15. Mai 1919 stammte, also mehr als 13 Monate nach Europa unterwegs war.

In dem Haager Protokoll vom 12. August 1920 ließ Lasker weiterhin fixieren, daß Señor Capablanca bereits Weltmeister ist. Ebenso erklärte er seine Bereitschaft, wenn die Schachfreunde Havannas ihren Antrag nicht zurückziehen, seinen letzten Wettkampf um die Weltmeisterschaft zu spielen.

Der Eklat war somit verhindert, Lasker nahm am 15. März 1921 im Gran Casino de la Playa von Havanna den Kampf mit seinem 20 Jahre jüngeren Rivalen auf.

Daß Capablanca ein würdiger und noch dazu chancenreicher Thronbewerber war, wurde in der Schachwelt nie bezweifelt. Bereits 1909 hatte er durch einen haushohen Sieg gegen Frank Marshall (+8, =14, −1) im Manhattan Chess Club von New York Furore gemacht. In Europa gewann er dann 1911 in San Sebastian jenes Turnier, das über den Herausforderer für Lasker entscheiden sollte. Da war der spätere Diplomat gerade 22 Jahre alt. Sogleich trat er an den Weltmeister heran, der zu einem kurzen Besuch in den USA weilte, und bat ihn um einen Titelkampf. Gegen die Klausel, daß der Herausforderer für einen Sieg zwei Punkte Vorsprung benötige, protestierte Capablanca heftig in der Öffentlichkeit. Als beide keine Brücke mehr zueinander fanden, vermittelte die Sankt-Petersburger Schachvereinigung zwischen beiden. 1914 hatte diese im heutigen Leningrad ein Großmeisterturnier allererster Güte zuwege gebracht. Lasker, der vor Capablanca den ersten Preis gewann, reichte beim Abschlußbankett dem Kubaner freundschaftlich die Hand zur Versöhnung. In den drei Partien, die sie miteinander austrugen, lautete das Ergebnis 2:1 für den Weltmeister (+1, =2, −0).

Sieben Jahre später gab Lasker, der den Warnungen seiner Freunde, nicht im März oder April nach Havanna zu reisen, kein Gehör schenkte, vorzeitig auf. Die ersten vier Partien erbrachten jeweils ein Remis. Danach forderte aber nicht nur die heiße Tropensonne ihren Tribut. Lasker kam ganz einfach nicht mit Capablancas Stil zurecht, den er als gehämmerte Zweckmäßigkeit bezeichnete. So beging er in Runde 5 einen groben Patzer und verlor. Es folgten wieder vier Unentschieden. Als Lasker sich in der zehnten Partie eine gute Stellung mit Gewinnchancen erarbeitet hatte, verdarb er sie. Auch die elfte Runde bescherte dem Champion eine Niederlage. Nach zwei weiteren Punkteteilungen kam die Katastrophe in Runde 14. Vierter Sieg des Kandidaten. Lasker entschloß sich darauf, den auf 24 Partien limitierten Wettkampf aufzugeben, da Capablanca zuvor seine Bitte abgelehnt hatte, das Match in einem milderen Klima fortzusetzen.

Nach dem Rückzug aus der Schacharena widmete er sich vor allem »seinem eigentlichen Sehnen«, der Mathematik und der Philosophie. Doch vom Schach kam er niemals gänzlich los. 1924 heißt der Sieger von New York Dr. Emanuel Lasker. Im geschlagenen Feld: Capablanca, Aljechin, Marshall und Bogoljubow. In Moskau 1925 wird er Zweiter. Danach schien endgültig Schluß zu sein.

Dann das Jahr 1933 – Faschismus in Deutschland. Der Jude Lasker mußte fliehen. Um seinen Lebensunterhalt zu bestreiten, kehrte er in die Turniersäle zurück. Wichtigste Stationen: Bern 1934, Moskau 1935, Nottingham 1936, wo der alte Mann wie in seinen besten Zeiten aufspielte. Daß die Akademie der Wissenschaften der UdSSR ihn zu ihrem Mitglied ernannte, machte ihn stolz. Moskau wurde seine neue Heimatstadt. Als er am Jahresende 1937 mit seiner Frau Martha zu den Kindern in die USA reiste, konnte er nicht ahnen, daß es ein Abschied für immer war. Amerika wurde Laskers letzte Lebensstation. In der Sorge um das tägliche Brot zog er, mittlerweile über 70 Jahre alt, als »Schachprediger« quer durch die Lande, quälte sich bei ermüdenden Simultanshows und mußte letztlich den Strapazen doch Tribut zollen. Als er am 13. Januar 1941 starb, waren seine letzten Worte: »König des Schachs ...«

27 Jahre lang trug er diesen Titel – ein bis heute unerreichter Rekord.

Der 3. Weltmeister

J. R. Capablanca

Das St.-Petersburger Großmeisterturnier von 1914 war wirklich hervorragend besetzt. Zugelassen waren nur jene Schachgrößen, die aus mindestens einem internationalen Turnier als Sieger hervorgegangen waren. Das illustre Teilnehmerfeld bestand aus Gunsberg (1), Marshall (2), Blackburne (3), Aljechin (4), Lasker (5), Tarrasch (6), Rubinstein (7), Capablanca (8), Janowski (9), Nimzowitsch (10) und Bernstein (11). Erstmals trafen Lasker und Capablanca aufeinander, die sich sieben Jahre später beim WM-Match in Havanna gegenübersaßen. Der Weltmeister siegte vor seinem späteren Nachfolger

Damengambit (5. Partie)

***Weiß:* Capablanca *Schwarz:* Lasker**

Lasker stößt auf einen Gegner, der sich stilistisch gar nicht so sehr von ihm unterscheidet. Einfache, starke Positionszüge charakterisieren die Spielweise beider Kontrahenten. Capablancas Stil ist vielleicht noch etwas nüchterner und wurde später als »gehämmerte Zweckmäßigkeit« bezeichnet. In dieser Begegnung erhält der Kubaner aus der Eröffnung heraus einigen Vorteil, doch Lasker zeigt auch hier sein Können als großer Verteidiger. Ob seine Position nach dem besseren Zug 45. … ♔e6 oder 45. … ♔f6 noch zu spielen gewesen wäre, ist eine akademische Frage. Nach dem Fehlzug 45. … ♔f8? erzwingt Weiß den Damentausch, wonach das Endspiel nicht zu halten ist.

1. d4 d5 2. ♘f3 ♘f6 3. c4 e6 4. ♗g5 ♘bd7 5. e3 ♗e7 6. ♘c3 0–0 7. ♖c1 b6 8. cd ed 9. ♕a4 c5 10. ♕c6 ♖b8 11. ♘:d5 ♗b7 12. ♘:e7+ ♕:e7 13. ♕a4 ♖bc8 14. ♕a3! ♕e6 15. ♗:f6 ♕:f6 16. ♗a6! ♗:f3 17. ♗:c8 ♖:c8 18. gf ♕:f3 19. ♖g1 ♖e8 20. ♕d3 g6 21. ♔f1 ♖e4 22. ♕d1 ♕h3+ 23. ♖g2 ♘f6 24. ♔g1 cd 25. ♖c4!

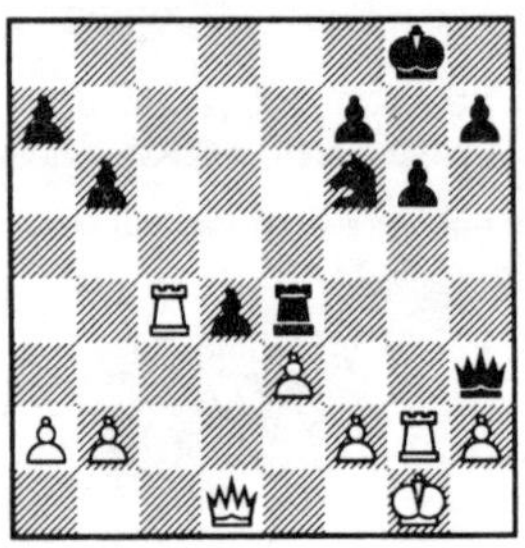

25. … de 26. ♖:e4 ♘:e4 27. ♕d8+ ♔g7 28. ♕d4+ ♘f6 29. fe ♕e6 30. ♖f2 g5 31. h4 gh? 32. ♕:h4 ♘g4 33. ♕g5+ ♔f8 34. ♖f5 h5 35. ♕d8+ ♔g7 36. ♕g5+ ♔f8 37. ♕d8+ ♔g7 38. ♕g5+ ♔f8 39. b3 ♕d6 40. ♕f4 ♕d1+ 41. ♕f1 ♕d7 42. ♖:h5 ♘:e3 43. ♕f3 ♕d4 44. ♕a8+ ♔e7 45. ♕b7+ ♔f8? 46. ♕b8+. Schwarz gab auf.

***Stand:* Capablanca 3 Lasker 2**

Damengambit (10. Partie)

***Weiß:* Lasker *Schwarz:* Capablanca**

In seinen Kommentaren zu dieser Begegnung erkennt der Weltmeister die überlegene Spielführung seines Herausforderers uneingeschränkt an. Zug für Zug verstärkt der Kubaner seine Stellung, und schließlich gestattet der schwache Zug 44. ♔e2? eine »petite combinaison«, wie Capablanca zu sagen pflegte. Nach dem Bauerngewinn ist der Rest eine technische Angelegenheit.

1. d4 d5 2. c4 e6 3. ♘c3 ♘f6 4. ♗g5 ♗e7 5. e3 0–0 6. ♘f3 ♘bd7 7. ♕c2 c5 8. ♖d1 ♕a5 9. ♗d3 h6 10. ♗h4 cd 11. ed dc 12. ♗:c4 ♘b6 13. ♗b3 ♗d7 14. 0–0 ♖ac8 15. ♘e5 ♗b5 16. ♖fe1 ♘bd5 17. ♗:d5 ♘:d5 18. ♗:e7 ♘:e7 19. ♕b3 ♗c6 20. ♘:c6 bc!

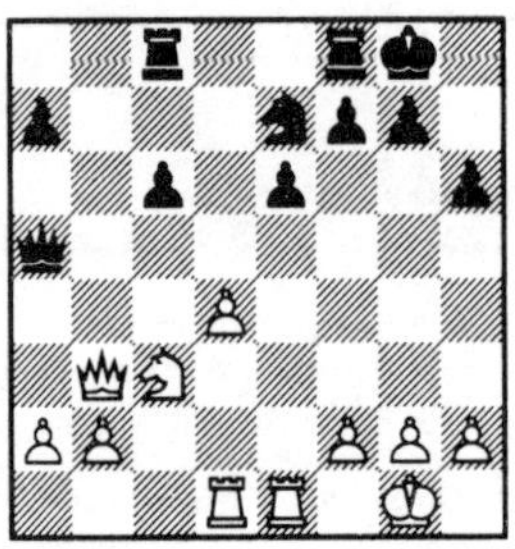

21. ♖e5 ♕b6 2. ♕c2 ♖fd8 23. ♘e2 ♖d5 24. ♖:d5 cd 25. ♕d2 ♘f5 26. b3 h5 27. h3? h4! 28. ♕d3 ♖c6 29. ♔f1 g6 30. ♕b1 ♕b4 31. ♔g1 a5! 32. ♕b2 a4 33. ♕d2 ♕:d2 34. ♖:d2 ab 35. ab ♖b6 36. ♖d3 ♖a6 37. g4 hg 38. fg ♖a2 39. ♘c3 ♖c2 40. ♘d1 ♘e7 41. ♘e3 ♖c1+ 42. ♔f2 ♘c6 43. ♘d1 ♖b1 44. ♔e2? ♖:b3! 45. ♔e3 ♖b4 46. ♘c3 ♘e7 47. ♘e2 ♘f5+ 48. ♔f2 g5 49. g4 ♘d6 50. ♘g1 ♘e4+ 51. ♔f1 ♖b1+ 52. ♔g2 ♖b2+ 53. ♔f1 ♖f2+ 54. ♔e1 ♖a2 55. ♔f1 ♔g7 56. ♖e3 ♔g6 57. ♖d3 f6 58. ♖e3 ♔f7 59. ♖d3 ♔e7 60. ♖e3 ♔d6 61. ♖d3 ♖f2+ 62. ♔e1 ♖g2 63. ♔f1 ♖a2 64. ♖e3 e5 65. ♖d3 ed 66. ♖:d4 ♔c5 67. ♖d1 d4 68. ♖c1+ ♔d5. Weiß gab auf.

***Stand:* Lasker 4 Capablanca 6**

Spanisch (14. Partie)

***Weiß:* Lasker *Schwarz:* Capablanca**

Capablanca spielt tatsächlich wie Lasker. In gleicher Art hat der Titelverteidiger in vorangegangenen Matchen seine Gegner auflaufen lassen. Weiß steht nach der Eröffnung besser – aber wie geht es weiter? Daran sind schon viele Schachfreunde, kleine und große Meister, gescheitert. Lasker übersieht in dieser Begegnung einen Springerzug (zumal mit Schach!), wonach die Qualität verlorengeht. Er kämpft von da ab nur noch mit dem Rücken an der Wand – aber vergeblich. Ein neuer Weltmeister wurde geboren!

1. e4 e5 2. ♘f3 ♘c6 3. ♗b5 ♘f6 4. 0–0 d6 5. d4 ♗d7 6. ♘c3 ♗e7 7. ♗:c6 ♗:c6 8. ♕d3 ed 9. ♘:d4 ♗d7 10. ♗g5 0–0 11. ♖ae1 h6 12. ♗h4 ♘h7 13. ♗:e7 ♕:e7 14. ♘d5 ♕d8 15. c4 ♖e8 16. f4 c6 17. ♘c3 ♕b6 18. b3 ♖ad8 19. ♔h1 ♘f6 20. h3 ♗c8 21. ♖d1 ♖e7 22. ♖fe1 ♖de8 23. ♖e2 ♕a5 24. ♖f1 ♕h5 25. ♔g1 a6 26. ♖1f2 ♕g6 27. ♖f3 ♕h5 28. f5 ♕h4 29. ♔h2? ♘g4+!

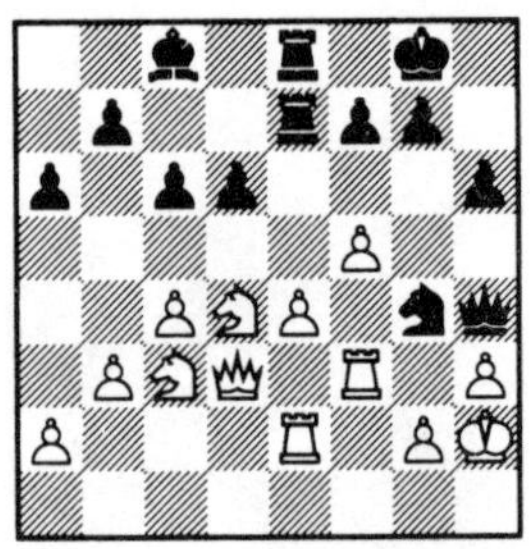

30. ♔h1 ♘e5 31. ♕d2 ♘:f3 32. ♘:f3 ♕f6 33. a4 g6 34. fg fg 35. ♖e3 ♗f5 36. ♕d3 g5 37. ♘d2 ♗g6 38. b4 ♕e6 39. b5 ab 40. ab ♖a8 41. ♕b1 ♕e5 42. ♕e1 ♔h7 43. bc bc 44. ♕g3 ♕:g3 45. ♖:g3 ♖a3 46. ♔h2 ♖b7 47. c5 dc 48. ♘c4 ♖a1 49. ♘e5 ♖c1 50. h4 ♖e7 51. ♘:c6 ♖e6 52. ♘d8 gh 53. ♖d3 ♖f6 54. ♖d7+ ♔h8 55. ♘d5 ♖f1 56. ♔h3 ♗:e4. Weiß gab auf.

***Endstand:* Lasker 5 Capablanca 9**

Damengambit (11. Partie)

Kommentare: José Raoul Capablanca

Weiß: Capablanca Schwarz: Lasker
1. d4 d5 2. ♘f3 e6 3. c4 ♘f6 4. ♗g5 ♘bd7 5. e3 ♗e7 6. ♘c3 0–0 7. ♖c1 ♖e8 (Gegenwärtig gilt 7. ... c6 als stärker.) 8. ♕c2 c6 9. ♗d3 dc 10. ♗:c4 ♘d5 11. ♗:e7 ♖:e7 (Wahrscheinlich spielte Schwarz deshalb 7. ... ♖e8. Die Spielführung des Nachziehenden läßt erkennen, daß er sich um eine Aufstellung bemüht, die an die Positionsbilder von Steinitz erinnert.) 12. 0–0 ♘f8 13. ♖fd1 ♗d7 14. e4 ♘b6 15. ♗f1 ♖c8 16. b4 ♗e8 (Diese Verteidigungsposition im Geiste von Steinitz ist dadurch charakterisiert, daß sich die Figuren auf zwei Reihen beschränken. Schwarz hat keine schwachen Punkte, aber nicht genügend Raum, um mit den Figuren zu manövrieren. Die Taktik von Weiß muß darauf hinauslaufen, die schwarzen Figuren auf deren begrenztem Territorium zu halten. Dann wird Schwarz, um sie zu befreien, früher oder später einen Zug machen müssen, der die Position schwächt.) 17. ♕b3 ♖ec7 18. a4 (Soll den Springer auf b6 verdrängen und die schwarzen Figuren noch mehr einengen.) 18. ... ♘g6 19. a5 ♘d7 20. e5 b6 21. ♘e4 ♖b8 (Es ist eine sehr interessante Position entstanden. Welchen Plan soll Weiß wählen? Vielleicht wäre a5–a6 mit nachfolgendem ♘d6 der beste Zug, aber das hätte auch bedeutet, daß Schwarz beim vorangegangenen Zug den Bauern auf a5 hätte schlagen müssen, ehe er 21. ... ♖b8 spielte. Ein anderer Zug, der es Weiß gestattet, eine Weile zu warten, war ♕a3. Doch Weiß machte ihn nicht, und das ermöglicht Schwarz, sich relativ glücklich aus der Affäre zu ziehen.) 22. ♕c3 ♘f4 (Als Ergebnis des letzten weißen Zuges kommt nun der Springer mit Tempo nach d5.) 23. ♘d6 ♘d5 24. ♕a3 f6 25. ♘:e8 ♕:e8 26. ef gf 27. b5 ♖bc8 (Die nächsten Züge von Schwarz sind erzwungen. So würde zum Beispiel auf 27. ... c5 28. dc bc 29. ♗c4 folgen, und die Stellung von Schwarz wäre katastrophal.) 28. bc ♖:c6 29. ♖:c6 ♖:c6 30. ab ab 31. ♖e1 (Möglicherweise war der sofortige Zug 31. ♗b5, der den Turm nach c7 treibt, noch stärker.) 31. ...

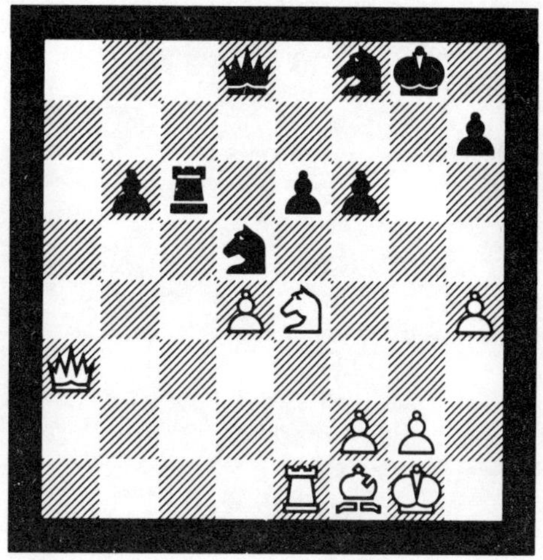

♕c8 32. ♘d2 ♘f8 33. ♘e4 ♕d8 34. h4 (siehe Diagramm) (Diese Stellung enthält mehr Feinheiten, als es auf den ersten Blick aussieht. Der Augenblick des Umschwungs ist gekommen. Sollte Schwarz überhaupt seine Partie retten können, dann nur sofort mit dem Bauernzug 34. ... h6, um den Springer durch f6–f5 zu vertreiben. Nicht ausreichend wäre 34. ... f5, da Schwarz nach 35. ♗b5 ♖c7 36. ♘g5 ♖e7 37. ♗c4 völlig hilflos ist. Das Studium dieser Position ist jedenfalls sehr lehrreich.) 34. ... ♖c7 35. ♕b3 ♖g7 (Weiß droht 36. ♗c4 nebst 37. ♗:d5 und 38. ♕:d5+.) 36. g3 ♖a7 37. ♗c4 ♖a5 38. ♘c3 ♘:c3 39. ♕:c3 ♔f7 40. ♕e3 ♕d6 41. ♕e4 ♖a4 42. ♕b7+ ♔g6 43. ♕c8 ♕b4 44. ♖c1 ♕e7 (Welchen Zug Schwarz auch immer gewählt hätte, das nahe Ende war bereits nicht mehr zu vermeiden. Zum Beispiel 44. ... ♕a3 45. ♗d3+. Nun folgt auf 45. ... ♕:d3 46. ♕e8+ mit Verlust des Turmes und auf 45. ... ♔h6 46. ♖c7 mit der Drohung 47. ♕:f8+! nebst matt. Auch 45. ... f5 wäre wegen 46. ♕e8+ ♔h6 47. ♖e1 ♖a8 48. ♖:e6+ ungenügend.) 45. ♗d3+ ♔h6 46. ♖c7 ♖a1+ 47. ♔g2 ♕d6 48. ♕:f8+. Schwarz gab auf.

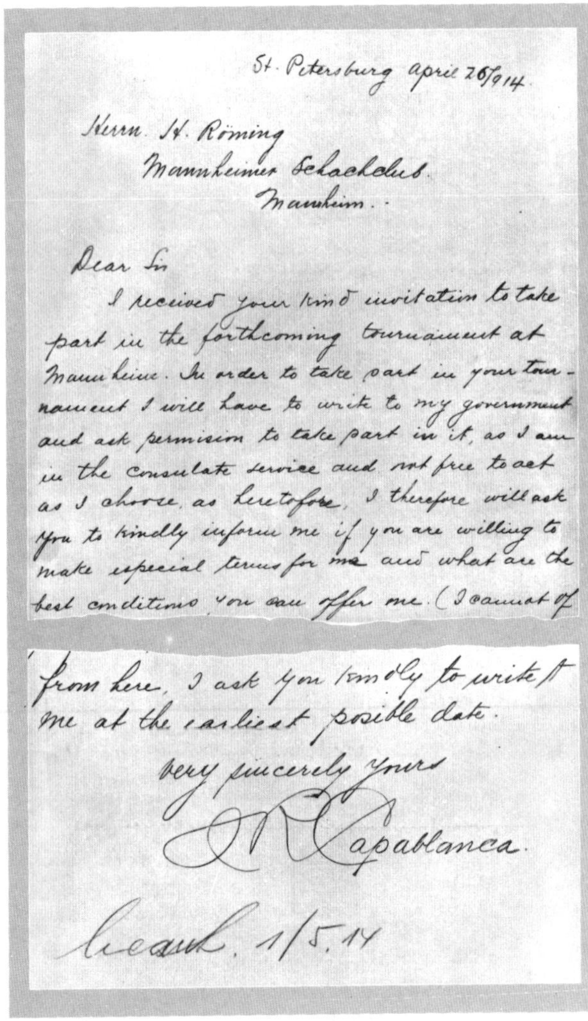

St. Petersburg april 20/914.

Herrn. H. Röming
Mannheimer Schachclub.
Mannheim..

Dear Sir

I received your kind invitation to take part in the forthcoming tournament at Mannheim. In order to take part in your tournament I will have to write to my government and ask permision to take part in it, as I am in the consulate service and not free to act as I choose, as heretofore. I therefore will ask you to kindly inform me if you are willing to make especial terms for me and what are the best conditions you can offer me. (I cannot of

from here. I ask you kindly to write to me at the earliest posible date.

Very sincerely yours

J R Capablanca

beant. 1/5.14

Eine fotografische Kostbarkeit: die Familie Capablanca. Aus Sohn Raoul wurde ein geachteter Rechtsanwalt in Havanna.
Ein Exweltmeister 1929 im Berliner Mokka Efti. Ende der 20er Jahre propagierte der Kubaner leidenschaftlich das neue Meisterschach auf 100 Feldern. Vergebens, es setzte sich nicht durch

Der Schachpromotor Hermann Römmig hielt die Fäden für zahlreiche Großveranstaltungen in der Hand. So war er natürlich interessiert, für das Mannheimer Turnier im Sommer 1914 ein starkes Teilnehmerfeld zu verpflichten. Auch an Capablanca erging eine Einladung. Wie dieser im April schrieb, wollte er die Einwilligung seiner Regierung dazu einholen – er war damals Diplomat des kubanischen Außenministeriums. Unmißverständlich forderte er für sich Sonderbedingungen, da er ja Anwärter auf den WM-Titel sei. Es kam zu keiner Einigung, denn Capablanca fehlte in Mannheim ebenso wie Lasker

1927-1935 Alexander Aljechin

»Aljechin war ein Spieler von Urgewalt, er war mehr als ein Spieler: Er brannte in seinem Schachehrgeiz und in seinem Spiel.« (Milan Vidmar)

Sechs Zähne für den Titel

Kurz vor dem ersten Weltkrieg begann eine der glanzvollsten Schachkarrieren aller Zeiten. Im Petersburger Großmeisterturnier von 1914 wird mit Alexander Aljechin der jüngste Teilnehmer auf Platz 3 registriert. Nur Weltmeister Lasker und seinem späteren Nachfolger Capablanca läßt der Sproß einer reichen Moskauer Adelsfamilie den Vortritt. Ein neuer Star des königlichen Spiels ist im Kommen, unaufhaltsam erklimmt er die Stufenleiter zum Schacholymp. Bereits 1921 hat er, der inzwischen in Paris lebt und dort an der weltberühmten Sorbonne zum Doktor der Rechte mit einer Arbeit über das Gefängniswesen in China promoviert, den amtierenden Weltmeister herausgefordert. Anläßlich des Londoner Turniers von 1922 läßt dieser die Katze aus dem Sack. Capablancas wesentlichste Bedingung: ein Mindestpreis in beträchtlicher Höhe. Versuche von Rubinstein und Nimzowitsch, den »goldenen Wall« zu brechen, wie Altmeister Tarrasch dieses Ultimatum bissig nannte, scheiterten. Das lag nicht zuletzt an der Legende von der Unbesiegbarkeit Capablancas, der die Ansicht vertrat, er könne jederzeit jede Partie zu einem Remis-Ende führen. Gerade deshalb warteten viele in jenen Jahren auf den Mann, der dem Champion beweisen würde, daß dem uralten Figurenspiel kein Remis-Tod droht und es in seinen schöpferischen Potenzen unbegrenzt ist. Zur großen Hoffnung wird Aljechin, der seinen Traum nicht aufgibt, Weltmeister zu werden. Als er mit Hilfe der argentinischen Regierung das Preisgeld garantieren kann, versuchen gewisse Kreise einen letzten Winkelzug. Der Sieger des New-Yorker Turniers im Frühjahr 1927 soll Capablancas Gegner sein. Bei einem Sieg des Weltmeisters gehe dieses Recht auf den zweiten Preisträger über. Aljechin protestierte gegen diese Machenschaften leidenschaftlich, woraufhin diese fragwürdige Klausel gestrichen wurde.

Was die New-Yorker WM-Generalprobe anging, so schaffte Capablanca ziemlich klare Fronten. Die 3½ Punkte vor Aljechin, den er in vier Partien einmal vernichtend besiegte – drei Partien endeten remis –, bestärkten die Zuversicht des Champions, daß schon ein Wunder dazu gehöre, ihn zu bezwingen, wie er in einem Interview selbstgefällig äußerte.

Aljechin, der bis dahin von den zehn Partien gegen Capablanca nicht eine gewinnen konnte (+0, =7, −3), zeigte sich von solchen Aussagen nicht im geringsten beeindruckt. In vierjähriger Kleinarbeit hatte er sich gründlichst auf diese Auseinandersetzung präpariert. So studierte er praktisch alle Partien seines Gegners, angefangen vom Wettkampf Capablanca–Marshall (1909). Dadurch wurde es ihm möglich, grundsätzliche Besonderheiten in Capablancas Schachstil und Charakter zu bestimmen, um so dessen Verhalten während des Wettkampfes ziemlich genau vorherzusehen. Überhaupt zog er auch die Psyche des Weltmeisters ins Kalkül. Einer seiner Mängel, so entdeckte Aljechin, war dessen unerschütterlicher Glaube an die Unfehlbarkeit seiner Intuition. Er gab sich deshalb auch beinahe ausnahmslos mit den »zweitbesten Zügen« zufrieden. Schließlich unterzog Aljechin sich ebenso einer gründlichen Selbstkritik. Einer der entscheidenden »Schachzüge« war, daß er beschloß, wie Capablanca zu spielen, der die Technik des Positionsspiels als seine ureigenste Domäne ansah. Als der Herausforderer während des Duells die technischen Stellungen exakter behandelte, untergrub dies Capablancas Selbstsicherheit.

Gleich nach der ersten Partie lief die Sensationsmeldung von Buenos Aires um die Welt: Aljechin hat gewonnen! Nach der dritten Runde zog Capablanca gleich, und nach der siebenten führte er 2:1. Es hatte den Anschein, als verliefe der Titelkampf nun entsprechend den Prognosen der Mehrheit. Durch seinen Sieg in der elften Partie – Unentschieden wurden nicht gewertet – war Aljechin wieder punktgleich. Zum erstenmal in seiner Laufbahn gab Capablanca einen Zug vor dem Matt auf, und noch dazu unter originellen Umständen: bei vier Damen auf dem Brett. Von da an übernahm Aljechin endgültig die Initiative. Er gewann die 12. Partie und nach einer Serie von acht Remis auch die 21., wonach es 4:2 stand. Wiederum folgten sieben Unentschieden, und als dem Weltmeister in Runde 29 der dritte Sieg glückte, erreichte die Spannung ihren Höhepunkt. In dem Reglement war nämlich fixiert, daß bei einem 5:5-Endstand dem Weltmeister der Titel erhalten bleibt. Für ihr Ziel brauchten beide also noch zwei Punkte.

Die Entscheidung kam ziemlich rasch. Aljechin erhöhte sein Konto in der 32. Partie auf fünf Punkte und setzte in der 34. Runde den Schlußpunkt. Nach insgesamt 74 Tagen übermittelte ihm Capablanca in einem Brief seine Glückwünsche zum Weltmeistertitel.

Aljechin mußte sich während dieses Schachmarathons von Buenos Aires sechs Zähne ziehen lassen, nahm aber keinen einzigen Tag »Auszeit« in Anspruch. Nach dem glücklichen Abschluß des WM-Matches sagte er scherzhaft: »Tut nichts. Für jeden Zahn, den man mir zog, habe ich Capablanca einen Siegpunkt entrissen.«

Der 4. Weltmeister

Die entscheidende 34. Partie gegen Aljechin aufzugeben, fiel Capablanca wahrlich nicht leicht. Nach zwei Sitzungen, beim 82. Zug, war die Stellung für den Kubaner hoffnungslos verloren. Doch der ließ noch einmal vertagen. Am nächsten Morgen überbrachte ein Page Aljechin einen Brief in französischer Sprache: »Lieber Aljechin, ich gebe die Partie auf. Sie sind also Weltmeister. Meine Glückwünsche zu Ihrem Erfolg. Empfehlung an Madame Aljechin. Aufrichtig der Ihre, J. R. Capablanca.« Die verschobene Abschlußfeier konnte also beginnen

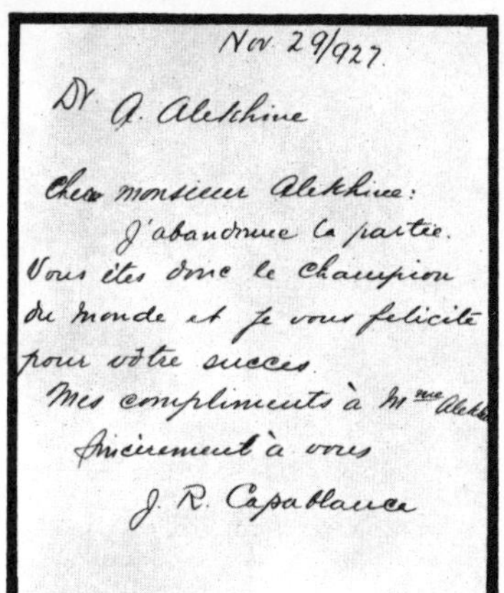

Nov. 29/927.

Dr. A. Alekhine

Cher monsieur Alekhine:

J'abandonne la partie.
Vous êtes donc le Champion
du monde et je vous felicite
pour vôtre succes.
Mes compliments à Mme Alekh
Sincerement à vous

J. R. Capablanca

Französisch (1. Partie)

Weiß: Capablanca
Schwarz: Aljechin

Nur einmal wurde in diesem berühmten Match mit dem Königsbauern eröffnet, in allen anderen Begegnungen kam das Damengambit mit ausgeklügelten Feinheiten aufs Brett. Capablanca spielt die erste Phase ohne sonderlichen Ehrgeiz und verläßt sich offenbar auf das Mittel- und Endspiel. Aber Aljechin war auf die Spielführung seines Gegners gut vorbereitet; er hatte sie adoptiert und wollte den Weltmeister mit seinen eigenen Waffen schlagen. Die anspruchslose Partieanlage ließ eigentlich ein alsbaldiges Unentschieden erwarten. Doch es folgen kleine Ungenauigkeiten des Kubaners, die im 16. Zuge zum Verlust eines Bauern führen. Der Weltmeister verteidigt sich zwar hartnäckig, doch Aljechin ist technisch auf der Höhe und gewinnt verdient diese erste Partie, was psychologisch für einen Herausforderer viel bedeutet.

1. e4 e6 2. d4 d5 3. ♘c3 ♗b4 4. ed ed 5. ♗d3 ♘c6 6. ♘e2 ♘ge7 7. 0–0 ♗f5 8. ♗:f5 ♘:f5 9. ♕d3 ♕d7 10. ♘d1 0–0 11. ♘e3 ♘:e3 12. ♗:e3 ♖fe8 13. ♘f4 ♗d6! 14. ♖fe1 ♘b4 15. ♕b3 ♕f5 16. ♖ac1 ♘:c2! 17. ♖:c2 ♕:f4 18. g3 ♕f5 19. ♖ce2 b6 20. ♕b5 h5 21. h4 ♖e4 22. ♗d2! ♖:d4 23. ♗c3 ♖d3 24. ♗e5 ♖d8 25. ♗:d6 ♖:d6 26. ♖e5 ♕f3 27. ♖:h5 ♕:h5 28. ♖e8+ ♔h7 29. ♕:d3+ ♕g6 30. ♕d1 ♖e6 31. ♖a8 ♖e5 32. ♖:a7 c5 33. ♖d7 ♕e6 34. ♕d3+ g6 35. ♖d8 d4 36. a4 ♖e1+ 37. ♔g2 ♕c6+ 38. f3 ♖e3 39. ♕d1 ♕e6 40. g4 ♖e2+ 41. ♔h3 ♕e3 42. ♕h1 ♕f4 43. h5 ♖f2. Weiß gab auf.

Stand: Capablanca 0 Aljechin 1

Damengambit (7. Partie)

Weiß: Capablanca
Schwarz: Aljechin

Die beste Leistung des Titelverteidigers in diesem Wettkampf. Aljechins Fehler 12. … ♘e4? (besser ist 12. … ♗:c3+ 13. ♕:c3 ♘e4 14. ♕a5 ♕:a5 15. ♘:a5 ♘:c5) führt zum Gewinn eines Bauern für den Weltmeister. Doch dieser orientiert sich nicht materiell (so war auch 19. e4 nebst f3 sehr gut), sondern spielt seinen Positionsvorteil so elegant aus, daß das Nachspielen dieser Partie sogar der heutigen Großmeistergeneration Genuß bereiten dürfte.

1. d4 d5 2. c4 e6 3. ♘f3 ♘d7 4. ♘c3 ♘gf6 5. ♗g5 c6 6. e3 ♕a5 7. ♘d2 ♗b4 8. ♕c2 0–0 9. ♗h4 c5 10. ♘b3 ♕a4 11. ♗:f6 ♘:f6 12. dc ♘e4? 13. cd ♗:c3+ 14. bc ♘:c5 15. ♖d1! ed 16. ♖:d5 ♘:b3 17. ab ♕c6 18. ♖d4! ♖e8 19. ♗d3 ♕:g2

20. ♗:h7+ ♔f8 21. ♗e4 ♕h3 22. ♕d2 ♗e6 23. c4 a5 24. ♖g1 ♕:h2 25. ♖h1 ♕c7 26. ♕b2! ♕c5 27. ♗d5 ♖a6 28. ♖e4 ♖d6 29. ♖h7! ♔e7 30. ♕:g7 ♔d8 31. ♗:e6 fe 32. ♕:b7 ♕b4+ 33. ♕:b4 ab 34. c5 ♖c6 35. ♖:b4 ♖:c5 36. ♖a7. Schwarz gab auf.

Stand: Capablanca 2 Aljechin 1

Damengambit (12. Partie)

Weiß: Aljechin
Schwarz: Capablanca

Eine hochdramatische Begegnung, in der auf beiden Seiten Fehler einfach unvermeidlich sind. Zuerst greift der Nachziehende mit 16. … ♘b6? (richtig ist 16. … b4) fehl, gleich darauf revanchiert sich Weiß mit 17. ♘e5? und vergibt damit eine vortreffliche Gewinnchance, die mittels 17. ♗:f6! eingeleitet werden konnte. Nachdem der Weltmeister die überlegene Stellung erreicht hat, findet er wiederum 21. … ♖:c5! 22. b4 ♘:a3 nicht, womit er entscheidenden Vorteil gehabt hätte. Schließlich folgen noch die Fehler 23. … ♖c7? und 34. … ♕c7?, und nun läßt sich Aljechin den Gewinn nicht mehr entgehen – die dafür notwendigen starken Züge findet er!

1. d4 ♘f6 2. c4 e6 3. ♘c3 d5 4. ♗g5 ♘bd7 5. e3 ♗e7 6. ♘f3 0–0 7. ♖c1 c6 8. ♕c2 a6 9. a3 h6 10. ♗h4 ♖e8 11. ♖d1 b5 12. cd cd 13. ♗d3 ♗b7 14. 0–0 ♖c8 15. ♕b1 ♕a5 16. ♘e2 ♘b6? 17. ♘e5? ♘c4 18. ♗:f6 ♗:f6 19. ♗h7+ ♔f8 20. ♘d7+ ♔e7 21. ♘c5 ♕b6? 22. ♘:b7 ♕:b7 23. ♗d3 ♖c7? 24. ♕a2 ♖ec8 25. b3 ♘d6 26. ♕d2 ♕b6 27. ♖c1 ♔d7 28. ♖:c7+ ♖:c7 29. ♗b1 ♗e7 30. ♘f4 ♔c8 31. ♕e2 g6 32. ♘d3 ♘e4 33. b4 ♖c3 34. ♕b2 ♕c7? 35. ♘c5 ♗:c5 36. dc ♕e5 37. f4!

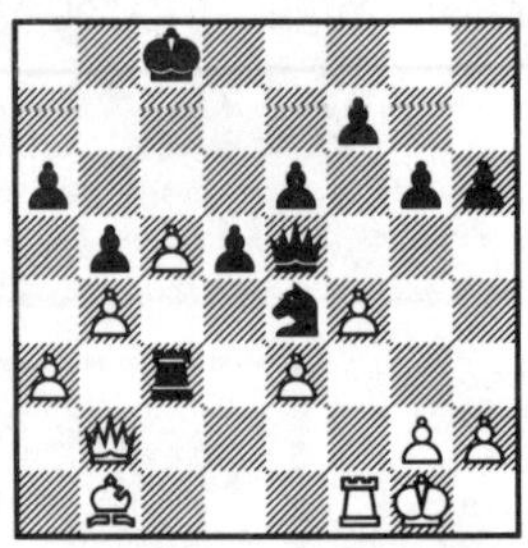

37. … ♕g7 38. ♗:e4 de 39. ♔f2 ♕f6 40. g3 g5 41. ♖c1. Schwarz gab auf.

Stand: Aljechin 3 Capablanca 2

Damengambit (34. Partie)

Weiß: Aljechin
Schwarz: Capablanca

In diesem Match wurden 33 Partien mit dem Damengambit eröffnet, und immer hatte einer der beiden Kontrahenten an irgendeiner Stelle einen neuen Zug in petto. Zur partieentscheidenden Phase wurde das Mittelspiel. Capablanca spielt im 19. und 20. Zuge etwas leichtfertig, was seine Stellung in Gefahr bringt. Schließlich führen starke Züge Aljechins zum Gewinn eines Bauern, doch ist es bis zum Sieg noch ein weiter Weg. Das entstandene Turmendspiel gilt heute als klassisch und sollte gewissermaßen zur »Pflichtliteratur« eines »Schach-Studenten« gehören.

1. d4 d5 2. c4 e6 3. ♘c3 ♘f6 4. ♗g5 ♘bd7 5. e3 c6 6. a3 ♗e7 7. ♘f3 0–0 8. ♗d3 dc 9. ♗:c4 ♘d5 10. ♗:e7 ♕:e7 11. ♘e4 ♘5f6 12. ♘g3 c5 13. 0–0 ♘b6 14. ♗a2 cd 15. ♘:d4 g6 16. ♖c1 ♗d7 17. ♕e2 ♖ac8 18. e4 e5 19. ♘f3 ♔g7 20. h3 h6 21. ♕d2! ♗e6 22. ♗:e6 ♕:e6 23. ♕a5 ♘c4 24. ♕:a7 ♘:b2 25. ♖:c8 ♖:c8 26. ♕:b7 ♘c4 27. ♕b4 ♖a8 28. ♖a1 ♕c6! 29. a4! ♘:e4 30. ♘:e5! ♕d6! 31. ♕:c4 ♕:e5 32. ♖e1 ♘d6 33. ♕c1! ♕f6 34. ♘e4 ♘:e4 35. ♖:e4 ♖b8 36. ♖e2 ♖a8 37. ♖a2 ♖a5 38. ♕c7 ♕a6 39. ♕c3+ ♔h7 40. ♖d2 ♕b6 41. ♖d7 ♕b1+ 42. ♔h2 ♕b8+ 43. g3 ♖f5 44. ♕d4 ♕e8 45. ♖d5 ♖f3 46. h4 ♕h8 47. ♕b6 ♕a1 48. ♔g2 ♖f6 49. ♕d4! ♕:d4 50. ♖:d4 ♔g7 51. a5 ♖a6 52. ♖d5 ♖f6 53. ♖d4 ♖a6 54. ♖a4 ♔f6 55. ♔f3 ♔e5 56. ♔e3 h5 57. ♔d3 ♔d5 58. ♔c3 ♔c5 59. ♖a2 ♔b5 60. ♔b3 ♔c5 61. ♔c3 ♔b5 62. ♔d4! ♖d6+ 63. ♔e5 ♖e6+ 64. ♔f4 ♔a6 65. ♔g5 ♖e5+ 66. ♔h6 ♖f5 67. f4 ♖c5 68. ♖a3 ♖c7 69. ♔g7 ♖d7 70. f5 gf 71. ♔h6 f4 72. gf ♖d5 73. ♔g7 ♖f5 74. ♖a4 ♔b5 75. ♖e4! ♔a6 76. ♔h6 ♖:a5 77. ♖e5 ♖a1 78. ♔:h5 ♖g1 79 ♖g5 ♖h1 80. ♖f5 ♔b6 81. ♖:f7 ♔c6 82. ♖e7. Schwarz gab auf.

Endstand: Aljechin 6 Capablanca 3

Damengambit (21. Partie)

Kommentare: Alexander Aljechin

Weiß: Capablanca Schwarz: Aljechin
1. d4 d5 2. c4 e6 3. ♘c3 ♘f6 4. ♗g5 ♘bd7 5. e3 ♗e7 6. ♘f3 0–0 7. ♖c1 a6 (Auch wenn ich mit diesem wenig gebräuchlichen Zug in dieser Eröffnung erfolgreich war, halte ich ihn dennoch jetzt für unbefriedigend wegen der möglichen Fortsetzung 8. cd, die von Capablanca in der 23., 25. und 27. Partie des Wettkampfes angewendet wurde.) 8. a3? (Im Sinne des Spielens auf Gewinn wird dieser Zug in der vorliegenden Partie überzeugend widerlegt. Seitdem ist er aus der Meisterpraxis vollkommen verschwunden.) 8. … h6 9. ♗h4 dc 10. ♗:c4 b5! (Naheliegend und besser als 10. … c5, was sich ebenfalls als ausreichend in mehreren Partien des Wettkampfes erwies.) 11. ♗e2 ♗b7 12. 0–0 (Im Falle von 12. b4 hätte Schwarz die Initiative durch 12. … a5 erhalten: 13. ♕b3 ab 14. ab g5 15. ♗g3 ♘d5.) 12. … c5 13. dc ♘:c5 14. ♘d4 (Da Weiß nicht den geringsten Vorteil hat, wäre es logisch gewesen, die Stellung mittels 14. ♕:d8 ♖f:d8 15. ♖fd1 zu vereinfachen.) 14. … ♖c8 15. b4 (Weiß schwächt ohne jegliche Notwendigkeit das Feld c4. Einfacher war 15. ♗f3 ♕b6 16. ♕e2.) 15. … ♘cd7! 16. ♗g3 (Auf 16. ♗f3 hatte ich geplant: 16. … ♕b6 17. ♘e4 ♖:c1 18. ♕:c1 ♖c8, wonach die weiße Dame keine guten Felder hat.) 16. … ♘b6 17. ♕b3 ♘fd5 (Ein guter Zug, der mit der positionellen Drohung 18. … ♘:c3 19. ♖:c3 ♗d5 20. ♕b2 ♖:c3 21. ♕:c3 ♕a8, gefolgt von 22. … ♖c8, und Vorteil für Schwarz verbunden ist. Die Antwort von Weiß ist deshalb erzwungen.) 18. ♗f3 ♖c4! 19. ♘e4 ♕c8 20. ♖:c4 (Ich bin geneigt, diesen Abtausch als entscheidenden positionellen Fehler anzusehen, da danach Schwarz, die starke Position des Springers auf c4 nutzend, die Möglichkeit erhält, allmählich alle seine Figuren für wichtige Aktionen im Zentrum zu konzentrieren. Richtig war 20. ♕b1 mit der Drohung 21. ♘d6 oder 21. ♗d6. Dennoch darf der Zug 20. ♖:c4 nicht als grober Fehler angesehen werden. Capablanca verlor diese Partie nur, weil er nicht rechtzeitig die Gefahren

seiner Lage erkannte.) 20. … ♘:c4 21. ♖c1 ♕a8 (Schwarz droht nun 22. … ♘:b4 oder 22. … ♘d:e3.) 22. ♘c3 (Falls 22. ♘c5, dann 22. … ♗:c5 23. bc ♖c8 24. ♗e2 ♖:c5 25. ♗:c4 ♕c8 mit Bauerngewinn.) 22. … ♖c8 (Nun droht 23. … ♘d2.) 23. ♘:d5 ♗:d5 24. ♗:d5 ♕:d5 25. a4 ♗f6 26. ♘f3 (siehe Diagramm) (Natürlich nicht 26. ♖d1 wegen 26. … ba 27. ♕:a4 ♘b2 28. ♕:a6 ♖a8, und Schwarz gewinnt.) 26. … ♗b2! 27. ♖e1 ♖d8 28. ab ab 29. h3 (Ein »Ersatzausgang« ist selbstverständlich notwendig.) 29. … e5 30. ♖b1 e4 (Der Anfang vom Ende.) 31. ♘d4 (Andere Möglichkeiten sind: 31. ♘e1 ♕d2 32. ♕c2 – 32. ♔f1 ♖a8 33. ♖d1 ♖a3 – 32. … ♕:c2 33. ♘:c2 ♖d2 34. ♘e1 ♘a3, und Schwarz gewinnt, oder 31. ♘h2 ♕d3! 32. ♖:b2! ♕:b3 33. ♖:b3 ♖d1+ 34. ♘f1 ♘d2 35. ♖a3 ♘:f1, und Weiß ist ohne Verteidigung.) 31. … ♗:d4 32. ♖d1 ♘:e3! Weiß gab auf. Diese und die 34. Partie sind meiner Meinung nach die wertvollsten des Wettkampfes gewesen.

Der Kandidat fiel durch

Den unerwarteten Verlust des Weltmeistertitels empfand Capablanca, der selbst scheinbar mühelos den höchsten Gipfel erstürmt hatte, als harten Schlag. Seine Äußerungen nach der Niederlage von Buenos Aires waren deshalb alles andere als objektiv und lösten in der Fachwelt einige Verwunderung aus. So erklärte »Capa«, wie ihn seine Anhänger nannten, 1927 in der New York Times unter anderem: »Aljechin spielte die Eröffnung sehr gut, aber nicht besser, sondern vielleicht sogar schwächer als ich. Das Mittelspiel führte er im allgemeinen gut, aber manchmal traten auffallende Schwächen zutage. Am besten behandelte er das Endspiel, in dem er ohne Zweifel besser ist als in den anderen Partiestadien. Im Mittelspiel verriet Aljechin keine besondere kombinatorische Begabung, vielleicht darum, weil ich auf diesem Gebiet immer der Stärkere war. Aljechin gewann den Wettkampf, obwohl er nicht immer gut spielte, durch skrupelloses Nutzen jeder ihm gebotenen Gelegenheit.«

Natürlich strebte der Kubaner sofort einen Revanchekampf an. In der Korrespondenz mit dem Weltmeister war er allerdings der Meinung, daß dieses Match unter anderen Bedingungen ausgetragen werden sollte. So schlug er eine Limitierung der Partienanzahl vor, um die vielen Unentschieden zu vermeiden. Außerdem wollte er den von ihm in seinem Londoner Protokoll festgelegten Preisfonds wesentlich ermäßigen.

Aljechin hatte seinerseits die unsachlichen Bemerkungen Capablancas in der Presse, wie beispielsweise in der New York Times, nicht vergessen. So beharrte er deshalb strikt auf jenen von dem Kubaner einst festgesetzten Konditionen. Als dieser versuchte, die öffentliche Meinung für sich einzunehmen, löste das einen entschiedenen Protest Aljechins aus. Ja, die beiden Großen des Schachs wurden sogar erbitterte Feinde. Trafen sie sich in Turniersälen, wechselten sie weder einen Gruß noch ein Wort. Capablanca ließ während des berühmten AVRO-Turniers 1938 in Amsterdam sein Remisangebot durch den Turnierleiter übermitteln. Der Weltmeister hingegen stürzte bei der Schacholympiade 1939 in Buenos Aires wütend aus dem Saal, weil das begeisterte Publikum Capablancas Erfolge bejubelte. Trotzdem schätzte Aljechin unter allen Schachspielern Capablanca in dessen Glanzzeit am höchsten ein.

Der Kubaner versuchte zwar all die Jahre beharrlich, sich als eigentlicher Herausforderer nochmals ins Gespräch zu bringen. Seine Bemühungen blieben fruchtlos, obwohl er bedeutende Turniere gewann, so 1936 in Moskau und Nottingham. Als Capablanca 1942 im Alter von nur 54 Jahren an den Folgen eines Herzinfarkts verstarb, der ihn im Manhattan Chess Club ereilte, hatte die Schachwelt ihren bis dahin technisch brillantesten Meister verloren. »Wahrscheinlich ist Odysseus sein Ideal«, lautete eine treffliche Charakteristik Laskers.

Etwa zur gleichen Zeit, als Aljechin die Herausforderung der kubanischen »Schachmaschine« erreichte, meldete sich mit Jefim Bogoljubow ein zweiter Kandidat. Ihre Wege hatten sich schon einmal gekreuzt, 1914 beim Mannheimer Turnier, das nach elf Runden durch den Ausbruch des ersten Weltkrieges abgebrochen wurde. Die russischen Teilnehmer wurden danach interniert. Während Aljechin nach Rußland zurückkehren konnte, weil er militäruntauglich war, blieb Bogoljubow in Deutschland und entwickelte sich zu einem vielseitigen Schachspieler. In den 20er Jahren gewann er einige bedeutende Turniere. So 1922 in Pistyan, und das mit 1½ Punkten vor Aljechin, mit dem er 1923 in Karlsbad den ersten Platz teilte. Punktgleich mit den beiden war dort auch Maróczy. 1924 wurde der ehemalige Theologiestudent Landesmeister der UdSSR, und ein Jahr später siegte er beim Moskauer Großmeisterturnier vor Lasker und dem damaligen Weltmeister Capablanca, was sicher der größte Erfolg in seiner Schachlaufbahn war. Ins Gespräch gebracht hatte sich Bogoljubow freilich auch, weil er 1928 durch einen 5½:4½-Sieg in einem Match gegen den aufstrebenden Max Euwe den von der FIDE ausgeschriebenen Titel »Champion des Weltschachbundes« in seinen Besitz brachte und ihn in einem Revanchekampf mit dem gleichen Resultat verteidigte.

Aljechin, der eine kurze Spielpause eingelegt hatte, aber bei seinem ersten Auftritt 1929 in Bradley Beach sofort in Höchstform war, kam Bogoljubow entgegen, indem er seine Honorarforderung stark reduzierte.

Der Wettkampf selbst stand nach sechs Partien 3:3, wobei jeder zwei Gewinne verbuchen konnte. Danach war Bogoljubow dem Weltmeister nicht mehr gewachsen, der die erforderlichen sechs Siege nach nur elf Partien erreichte. Obwohl das Gesamtergebnis von 15½:9½ einen Klassenunterschied offenbarte, schätzte Aljechin dieses Match in der New York Times in schöpferischer Hinsicht höher ein als jenes mit Capablanca. »Die laufenden Angriffe und Fallen meines Gegners erschwerten wahrlich meine Aufgabe. Das war so etwas wie ein Tanz auf dem Vulkan: Der kleinste falsche Schritt konnte das Verderben bringen. Als ich vom Kampf gegen Capablanca zurückgekehrt war, mußte ich eingestehen, daß es für ihn zweifelsohne schwer war, eine Partie zu gewinnen, aber dafür war auch für mich die Gefahr des Verlierens erheblich geringer.«

Während das Gesamtresultat des ersten WM-Vergleichs zwischen Alexander Aljechin und Jefim Bogoljubow letztlich doch nur statistischen Wert hatte, gehörte dem Schiedsrichter der sechs im Berliner Café König gespielten Partien das besondere Interesse. Es war kein geringerer als Exweltmeister Emanuel Lasker (Bild oben, in der Mitte sitzend), der auch diesen für ihn ungewohnten Part mit Bravour meisterte

Slawisch (1. Partie)

Weiß: Aljechin
Schwarz: Bogoljubow

Bogoljubow war für sein ausgesprochen optimistisches Schach berühmt. In der Auftaktpartie des Matches klammert er sich an einen Mehrbauern und macht sich wenig Gedanken darüber, wie er mit den dafür in Kauf genommenen Stellungsnachteilen fertig wird. Der Weltmeister demonstriert jedoch überzeugend seine These, daß in der Eröffnung die schnelle Entwicklung der Figuren dem Gewinn eines Bauern vorzuziehen ist. Nach 21. 0–0 ist die schwarze Stellung vollkommen lahmgelegt und die Partieanlage des Herausforderers ad absurdum geführt.

1. d4 d5 2. c4 c6 3. ♘f3 ♘f6 4. ♘c3 dc 5. a4 e6 6. e4 ♗b4 7. e5 ♘d5 8. ♗d2 ♗:c3 9. bc b5 10. ♘g5! f6 11. ef ♘:f6 12. ♗e2 a6 13. ♗f3 h6 14. ♗h5+ ♘:h5 15. ♕:h5+ ♔d7 16. ♘f7 ♕e8 17. ♕g6 ♖g8 18. ♗f4 ♗b7 19. ♗g3 ♔e7 20. ♗d6+ ♔d7 21. 0–0

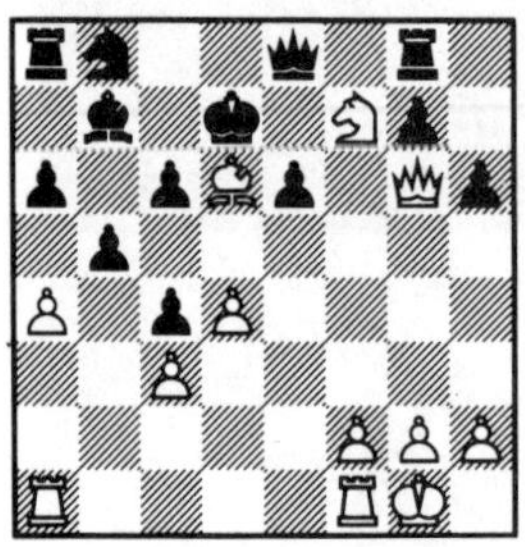

21. ... c5 22. dc ♗d5 23. ab ab 24. ♖:a8 ♗:a8 25. ♖a1 ♘c6 26. ♘e5+. Schwarz gab auf.

Stand: Aljechin 1 Bogoljubow 0

Nimzowitsch-Indisch (6. Partie)

Weiß: Bogoljubow
Schwarz: Aljechin

Mit der Genauigkeit der Züge beim Aufbau der Partie geht es hier auf beiden Seiten etwas oberflächlich zu. Bogoljubow steckt optimistisch einen Zentrumsbauern ins Geschäft – ein Äquivalent dafür ist nicht zu sehen. Aber schon nach dem 14. Zug steht es materiell (unnötigerweise) wieder gleich, und der Herausforderer hat sogar die bessere Stellung erreicht: Ein weißer Springer auf b5 steht stark und ist seinem Kollegen auf a6 klar überlegen. Im Mittelspiel bei reduziertem Material gibt es für den Titelverteidiger keine Haltechancen mehr.

1. d4 ♘f6 2. c4 e6 3. ♘c3 ♗b4 4. ♕b3 ♕e7 5. a3 ♗:c3+ 6. ♕:c3 b6 7. f3 d5 8. cd ♘:d5 9. ♕c2 ♕h4+ 10. g3 ♕:d4 11. e4 ♘e7 (11. ... ♘e3!) 12. ♗f4 ♗d7 13. ♖d1 ♕a4 14. ♕:c7 ♕c6 15. ♘e2 ♕:c7 16. ♗:c7 ♘a6 17. ♗d6 ♗b5 18. ♘c3 ♗:f1 19. ♖:f1 ♘c8 20. ♗f4 ♔e7 21. ♖f2 ♖d8 22. ♖:d8 ♔:d8 23. ♖d2+ ♔e8 24. ♘b5

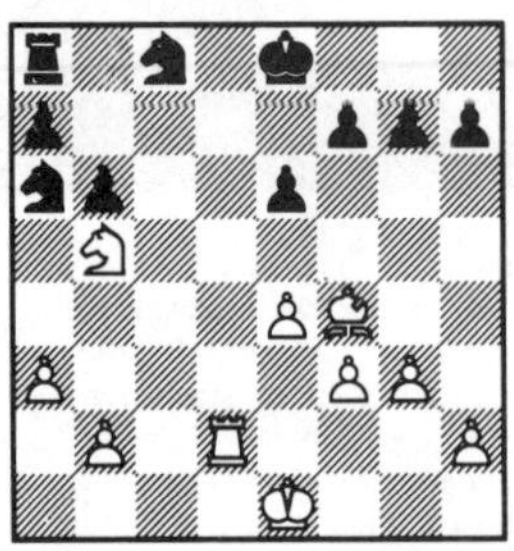

24. ... f6 25. b4 ♘e7 26. ♔d1 ♘g6 27. ♗c7 e5 28. ♔c2 ♘f8 29. ♗d6 ♘e6 30. f4 ef 31. gf ♖c8+ 32. ♔b3 ♖a8 33. h4 ♔f7 34. f5 ♘d8 35. ♗f4 ♔e7 36. ♖g2 g6 37. ♖c2 gf 38. ef ♘f7 39. ♖e2+ ♔d7 40. ♖e6 ♖g8 41. ♖:f6 ♔e7 42. ♖e6+ ♔d7 43. ♗d6 ♘:d6 44. ♖:d6+ ♔e8 45. ♘:a7 ♖g3+ 46. ♔a4 ♖g7 47. ♘c6 ♘c7 48. f6! Schwarz gab auf.

Stand: Bogoljubow 3 Aljechin 3

Grünfeld-Indisch (17. Partie)

Weiß: Aljechin
Schwarz: Bogoljubow

Auch in dieser Begegnung fällt die Entscheidung im höheren Sinne bereits in der Eröffnung. Mit dem Zug 7. ... ♘c6? versucht der Nachziehende zu früh, ein Spiel gegen das weiße Zentrum einzuleiten, und ist alsbald zu dem unschönen Zug 9. ... f6 genötigt. Mit 20. ... ♘d:e5!? führt Schwarz Verwicklungen herbei, doch Aljechin findet mit 24. b4! die richtige Antwort, wonach seine Mehrfigur sich durchsetzt.

1. d4 ♘f6 2. c4 g6 3. f3 d5 4. cd ♘:d5 5. e4 ♘b6 6. ♘c3 ♗g7 7. ♗e3 ♘c6? 8. d5 ♘e5 9. ♗d4 f6 10. f4 ♘f7 11. a4 e5 12. de ♗:e6 13. a5 ♘d7 14. a6 b6 15. ♗b5 ♕e7 16. ♘ge2 c5 17. ♗f2 0–0–0 18. ♕a4 f5 19. e5 g5 20. ♗c4! ♘d:e5!? 21. ♗:e6+ ♕:e6 22. fe ♘:e5 23. 0–0 ♕c4 24. b4!

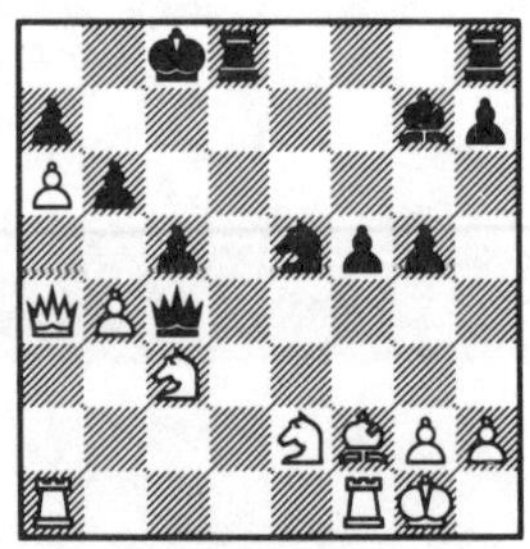

24. ... ♕:b4 (falls 24. ... cb, so 25. ♘b5! ♕:e2 26. ♖fe1 ♕d2 27. ♘:a7+ ♔b8 28. ♘c6+) 25. ♕c2 ♘d3 26. ♖fb1 ♕c4 27. ♖a4 ♕e6 28. ♘b5 ♔b8 29. ♘ed4! ♕e4 (nach 29. ... ♗:d4 30. ♗:d4 ♖:d4 31. ♖:d4 ♕e3+ 32. ♔f1 cd folgt ein Matt in zwei Zügen) 30. ♘c3 ♕e8 31. ♕:d3 cd 32. ♗:d4 ♕e6 33. ♕f3 ♕f7 34. ♗:b6. Schwarz gab auf.

Stand:
Aljechin 10½ Bogoljubow 6½

Spanisch (22. Partie)

Weiß: Bogoljubow
Schwarz: Aljechin

Eine große Partie! Bis zum 17. Zug wird lediglich ein Bauer getauscht und mit den Figuren manövriert. Dann schätzt Bogoljubow seine im Zentrum entstehende Bauernstellung auf d5 und e4, die dem Nachziehenden den Hebel f6–f5 in die Hand gibt, falsch ein. Zwar kann der Anziehende materiellen Nachteil abwehren, doch nur auf Kosten einer schlechteren Stellung. Selbst nach dem Damentausch ist der Mattangriff des Weltmeisters nicht zu parieren.

1. e4 e5 2. ♘f3 ♘c6 3. ♗b5 a6 4. ♗a4 d6 5. c3 ♗d7 6. d4 g6 7. ♗g5 f6 8. ♗e3 ♘h6 9. 0–0 ♗g7 10. h3 ♘f7 11. ♘bd2 0–0 12. de de 13. ♗c5 ♖e8 14. ♗b3 b6 15. ♗e3 ♕e7 16. ♕e2 ♘cd8 17. ♗d5 ♗c6 18. c4? (richtig ist 18. ♗:c6 ♘:c6 19. ♖fd1 mit gleichen Aussichten)

18. ... ♗:d5 19. cd f5 20. ♘c4 ♘b7 21. ♖ac1 ♖ad8! 22. d6 ♘b:d6 23. ♘:d6 ♖:d6 24. ♕:a6 ♕d7 25. ♖c2 c5 26. a4 f4! 27. ♗d2 g5 28. ♕b5 ♕:b5 29. ab ♖d3 30. ♖a1 ♘d6 31. ♖a6 ♖b8 32. ♗c3 ♘:e4 33. ♗:e5 ♗:e5 34. ♘:e5 ♖d1+ 35. ♔h2 ♘d2! 36. h4 ♖e8! 37. ♘f3 ♘:f3+ 38. gf ♖ee1 39. ♔h3 h5. Weiß gab auf.

Stand: Bogoljubow 8 Aljechin 14

Damenindisch (8. Partie)

Kommentare: Alexander Aljechin

Weiß: Bogoljubow Schwarz: Aljechin
1. d4 ♘f6 2. c4 b6 (Obwohl dieses System der Entwicklung nicht leicht zu widerlegen ist, kann man es kaum für richtig halten, da es bereits in einem sehr frühen Stadium Weiß gestattet, die zentralen Felder unter seine Kontrolle zu nehmen. Die Möglichkeit, daß Schwarz das weiße Bauernzentrum später mit c7–c6 angreifen kann, wiegt den Raummangel in den nächsten 10 bis 15 Zügen nicht auf. Eine solidere Fortsetzung ist zweifellos 2. ... e6.) 3. ♘c3 ♗b7 4. f3 d5 5. cd ♘:d5 6. e4 ♘:c3 7. bc (Die Stellung von Weiß sieht jetzt durchaus perspektivreich aus. Sie wird allerdings alsbald durch Züge verdorben, die einem falschen Plan entspringen.) 7. ... e6 8. ♗b5+ (Das ist nicht besser und nicht schlechter als das ruhigere 8. ♗d3, da der Zug a7–a6 sich auf der Strecke der ganzen Partie nicht als Schwächung der Position von Schwarz erweist.) 8. ... ♘d7 9. ♘e2 ♗e7 10. 0–0 a6 11. ♗d3 c5 12. ♗b2? (Ein schlechter Zug, der der Position in keiner Weise gerecht wird. Weiß hatte die Wahl zwischen zwei guten Zügen des Läufers: 12. ♗e3 oder auch 12. ♗f4. Beachtung verdiente ebenso 12. a4, um die Schwäche b6 zu fixieren. Nun geht die Initiative bereits auf Schwarz über.) 12. ... ♕c7 13. f4 (Schwarz, der sich auf die ungenügend geschützten weißen Mittelbauern stürzt, gewinnt jetzt einige Tempi. Das kleinere Übel bestand in 13. e5, was zeitweilig die Wirksamkeit des Springers auf d7 eingeschränkt hätte.) 13. ... ♘f6 14. ♘g3 h5! (Mit seinem letzten Zug provozierte Weiß direkt einen Angriff auf seinen König.) 15. ♕e2 h4 16. ♘h1 ♘h5 17. ♕g4 (Ungeachtet des mäßigen weißen Spiels hätte der Anziehende seine Position immer noch ausgleichen können, wenn er seinen Fehler im 12. Zug durch 17. ♗c1 korrigieren würde. Der Textzug erscheint aggressiver, doch in Wirklichkeit befreit er Schwarz von der Sorge um den Bauern a6 und ermöglicht die lange Rochade, wonach Weiß eine niederdrückende Stellung erhält.) 17. ... 0–0–0 18. ♖ae1 (Auf 18. f5

wäre 18. ... ♘f6, gefolgt von 19. ... e5, geschehen, da 19. ♕:g7? an 19. ... ♖h7! scheitert.) 18. ... ♔b8 19. f5 (Dieser Versuch, das Zentrum zu blockieren, erweist sich als erfolglos, da Schwarz für seine Läufer die wichtigen Diagonalen sichern kann. Deshalb ist die Partie für Weiß strategisch bereits verloren.) 19. ... e5 20. d5 c4! (Die Zukunft des Läufers auf den schwarzen Feldern ist gesichert.) 21. ♗c2 ♗c5+ 22. ♘f2 g6! (Nun kommt auch noch kraftvoll der schwarze Läufer über c8 ins Spiel.) 23. fg ♖dg8 24. ♗c1 ♗c8 25. ♕f3 ♖:g6 (siehe Diagramm) 26. ♔h1 (Im Bemühen, die Dame zu retten, die durch 26. ... ♗g4 verlorenzugehen drohte, übersieht Weiß in hoffnungsloser Lage die Mattkombination. Auf beispielsweise 26. ♗e3 wäre 26. ... ♗:e3 27. ♖:e3 ♘f4 28. g3 hg 29. hg f5 nebst ♕h7 und Matt gefolgt.) 26. ... ♘g3+! 27. hg hg+ 28. ♘h3 ♗:h3 29. gh ♖:h3+ 30. ♔g2 ♖h2+. Weiß gab auf.

Eine überflüssige Prüfung

Daß sich Alexander Aljechin nach seiner erfolgreichen Titelverteidigung gegen Jefim Bogoljubow erst 1934 wieder zu einem WM-Match bereitfand, hatte mehrere Gründe. Der wichtigste war ganz sicher die Allmacht des Champions, der seinen Titel stets im mühevollen Alleingang eroberte und ihn dann als Privateigentum verwaltete. So erklärte Aljechin noch 1938: »Der Weltmeister behält sich das Recht vor, Ort und Zeit der Begegnung mit einem Herausforderer, der die Finanzierung des Wettkampfes sicherstellt, zu bestimmen.«

Alle Versuche der auf Initiative der französischen Schachföderation gegründeten FIDE, die Alleinherrschaft des Weltchampions durch demokratische Verhältnisse zu ersetzen, scheiterten vorerst. Die Autorität des Weltschachbundes blieb schon deshalb sehr gering, weil seine finanziellen Mittel recht bescheiden waren. Die Einführung der Schacholympiaden – die erste fand 1924 in Paris statt – war so einer der nachhaltigsten Erfolge der FIDE. Bei dem Treffen der Schachnationen anläßlich der Olympischen Spiele in der französischen Hauptstadt gab es auch ein Einzelturnier. Den ersten Platz und den Titel »Amateurweltmeister« errang der Lette Herman Mattison. Von den Fachleuten damals noch nicht beachtet, rangierte der 23jährige Max Euwe auf dem vierten Platz. Vier Jahre später wird der inzwischen zum Doktor der Mathematik avancierte Niederländer im heimischen Den Haag Nachfolger Mattisons als Amateurweltmeister. Aus welchem Holz dieser Magchielis Euwe schon damals geschnitzt war, bewies er zum Jahreswechsel 1926/27 nachdrücklich. Ein Übungsmatch mit Aljechin verlief sehr ehrenvoll für ihn. Erst in der 10. und letzten Partie stellte der künftige Weltmeister mit einer Gewinnpartie seinen Gesamtsieg ($5\frac{1}{2}:4\frac{1}{2}$) sicher. Keiner von beiden konnte damals schon ahnen, daß sie acht Jahre später um die Weltmeisterschaft streiten würden.

Ein weiterer Grund dafür, daß ein WM-Duell auf sich warten ließ: Bis auf Capablanca gab es in jenen Jahren wohl keinen ebenbürtigen Gegner für Aljechin, der in vielen Turnieren damals Schachkunst in höchster Vollendung demonstrierte. Wohin er auch kam, der Sieger hieß zumeist Alexander Aljechin: 1930 San Remo, 1931 Bled, 1932 London, Bern, Mexiko und Pasadena, 1933 Paris. Einzige Schönheitsflecken in dieser makellosen Bilanz: Bei der Schacholympiade 1933 im englischen Folkestone verlor Aljechin am 1. Brett Frankreichs gegen Tartakower (Polen), und beim traditionellen Neujahrsturnier von Hastings 1933/34 hieß der Sieger Salo Flohr, der später zum Team Michail Botwinniks gehörte. Hinter dem tschechischen Meister teilte sich Aljechin zusammen mit Andrej Lilienthal, einem der aufrückenden Jungtalente, Platz zwei.

Warum der Weltmeister schließlich Bogoljubows wiederholter Aufforderung für ein erneutes WM-Duell zu den gleichen Bedingungen wie 1929 zustimmte, läßt sich am ehesten damit begründen, daß Aljechin nicht glaubte, auf Dauer eine ablehnende Haltung einnehmen zu können. Selbst wenn die Spielstärke des mittlerweile 45jährigen Bogoljubow, der sich in seiner Laufbahn an zahlreichen großen Turnieren beteiligte, merklich stagnierte. So verlor er 1932 ein Match gegen den Wiener Großmeister Rudolf Spielmann $4\frac{1}{2}:5\frac{1}{2}$. Beim Turnier im jugoslawischen Sliac im gleichen Jahr gab es mit Platz 8 sogar einen regelrechten Einbruch, zumal er gegen die ersten sechs – Flohr, Vidmar, Pirc, Canal, Maróczy, Spielmann – verlor.

Nur Erfahrung und Kampfgeist in die Waagschale zu werfen, war ganz einfach zu wenig, um die Prüfung mit Aljechin zu bestehen. Dieser hatte bereits 1929 eine Achillesferse bei seinem Gegner erkannt. In einer Berliner Zeitung schrieb er damals: »Wie bekannt, ist es mir sowohl im Wettkampf gegen Capablanca als auch gegen Bogoljubow geglückt, gleich die erste Partie zu gewinnen. Wie unterschiedlich haben sie diese Niederlagen aufgenommen! Während Capablanca nur einfach böse war und damals noch keineswegs an einem für ihn günstigen Ausgang des Matches zweifelte, konnte man im Antlitz Bogoljubows, als wir uns am nächsten Tage trafen, jenen ihm sonst nicht eigenen unruhig-freundlichen Blick nicht verkennen, der ihn bis zum Schluß des Kampfes nicht verließ. Ein Mensch mit einer durch Zufall zeitweise gebrochenen Psyche – das war Bogoljubow während unseres Matches. Und dann noch etwas, wahrscheinlich das Hauptsächliche: Bogoljubow übersah (oder unterschätzte) das Grundprinzip eines jeden Kampfes, das lautet: ›Erkenne dich selbst‹, aber auch ›erkenne deinen Gegner‹. In dem Nichterfassen dieses zweiten Postulats sehe ich auch den Hauptgrund für meinen überzeugenden Sieg über ihn.«

Ungeachtet des Gesamtresultats von $15\frac{1}{2}:10\frac{1}{2}$ verlief der zweite Wettkampf zwischen beiden noch einseitiger. Nach 21 Partien stand es nach Siegen 7:1 für Aljechin, der sich angesichts seiner großen Überlegenheit einige abenteuerliche Experimente erlaubte.

Als charakteristisch mag die vierte Partie gelten, in der der Weltmeister nach 20 Zügen eine strategisch verlorene Stellung hatte, die er dann aber doch noch für sich entschied. In seinen Anmerkungen schrieb Aljechin: »Diese Partie beweist die ganze Überflüssigkeit dieses Wettkampfes.«

12 deutsche Städte kamen 1934 in den Genuß der Zweitauflage Aljechin–Bogoljubow, dessen Finale in Berlin stattfand. Nach dem Wettkampf wurde allgemein bedauert, daß die Partien enttäuscht hätten. Zutreffender ist wohl, daß Aljechin alles wagte, sein Gegner aber völlig verunsichert spielte, wohl selbst nicht glaubend, das Schicksal zwingen zu können

Slawisch (4. Partie)

Weiß: Aljechin
Schwarz: Bogoljubow

Alles sah nach einem Sieg des Herausforderers aus. Die Eröffnung verlief klar zu seinen Gunsten – im Mittelspiel wurde der Weltmeister ständig beschäftigt, irgendwelche Drohungen zu parieren. Bogoljubow findet jedoch in seiner guten Stellung nichts Zwingendes (was zweifellos in ihr steckte) und manövriert hin und her. Schließlich folgen die unglücklichen Züge 47. … g5? (besser ist 47. … ♔f7) und 48. … ♘:f4?, wonach Aljechin das Heft in die Hand bekommt. Nach 51. ♖e1! und 52. ♖:e7+! bricht die schwarze Stellung schnell zusammen. Ein Sieg, den der Anziehende seiner hartnäckigen Verteidigung verdankt.

1. d4 d5 2. c4 c6 3. ♘c3 ♘f6 4. e3 e6 5. ♗d3 ♘bd7 6. f4? dc 7. ♗:c4 b5 8. ♗d3 ♗b7 9. ♘f3 a6 10. a4 b4 11. ♘e2 c5 12. 0–0 ♗e7 13. a5 0–0 14. ♘g3 g6! 15. ♕e2 cd 16. ed ♘b8 17. ♘e5 ♘c6! 18. ♘:c6 ♗:c6 19. ♗c4 ♗b7 20. ♗e3 ♕d6 21. ♖ad1 ♖fe8 22. b3 ♗f8 23. ♖d3 ♕c7 24. ♕a2 ♗d6 25. ♗d2 ♕c6 26. ♗e1 ♖ad8 27. ♖d2 ♗e7 28. ♕b2 ♖d7 29. ♖c2 ♕d6? (hier gewinnt 29. … ♘g4! einen Bauern) 30. ♘e2 ♘d5 31. ♕c1 ♗d8 32. ♗g3 ♕e7 33. ♖a2 ♕f6 34. ♕d2 ♕f5 35. ♗d3 ♕f6 36. ♗c4 ♗e7 37. ♕d3 ♖f8 38. ♗e1 ♕f5 39. ♕d2 ♕e4 40. ♗d3 ♕e3+ 41. ♗f2 ♕:d2 42. ♖:d2 ♖c8 43. ♗c4 ♔g7 44. g3 ♖cd8 45. ♖c1 h6 46. ♗d3 f5 47. ♖dc2 g5? 48. g4! ♘:f4? 49. ♘:f4 gf 50. gf e5 51. ♖e1! ed 52. ♖:e7+! ♖:e7 53. ♗h4 ♔f7 54. ♗:e7 ♔:e7 55. ♖c7+ ♖d7 56. f6+ ♔e8 57. ♗g6+ ♔d8 58. f7 ♔:c7 59. f8♕ f3 60. ♕:b4 ♖d6 61. ♗d3. Schwarz gab auf.

Stand: Aljechin 3 Bogoljubow 1

Spanisch (16. Partie)

Weiß: Aljechin
Schwarz: Bogoljubow

Bogoljubow leitet verfrüht eine Aktion ein (10. … c4?), noch bevor die Eröffnung abgeschlossen ist. Der Titelverteidiger bestraft ihn drastisch dafür. Zunächst erobert er durch 16. ♗c5 und 19. ♘b7 das Idealfeld d6 für seinen Springer, der über f5 auf g7 einschlägt. Zwar kann Schwarz den Eindringling später dort unschädlich machen, doch da hatte der Weltmeister schon eine Riposte vorbereitet. Es war eine Partie der Springer.

1. e4 e5 2. ♘f3 ♘c6 3. ♗b5 a6 4. ♗a4 ♘f6 5. ♗:c6 dc 6. ♘c3 ♗d6 7. d3 c5 8. h3 ♗e6 9. ♗e3 h6 10. a4 c4? 11. d4 ed 12. ♗:d4 ♗b4 13. 0–0 c6 14. e5 ♘d5 15. ♘e4 ♘f4 16. ♗c5 ♗:c5 17. ♕:d8+ ♖:d8 18. ♘:c5 b6 19. ♘b7 ♖d7 20. ♘d6+ ♔e7 21. ♘d4 ♗d5 22. g3! ♘:h3+ 23. ♔h2 ♘g5 24. f4 ♘e4 25. ♘6f5+ ♔d8 26. ♘:g7 f6 27. ♖ad1! ♔c8 28. ♘df5 fe 29. fe ♖g8 30. e6! ♖d:g7 31. ♘:g7 ♖:g7 32. ♖:d5! cd 33. ♖f8+ ♔c7 34. ♖f7+ ♔d6 35. ♖:g7 ♔:e6 36. ♖g6+ ♔e5 37. ♔g2 b5 38. a5 d4 39. ♖:a6 b4 40. ♔f3 c3 41. bc bc 42. ♖e6+ ♔:e6 43. ♔:e4. Schwarz gab auf.

Stand: Aljechin 10 Bogoljubow 6

Damengambit (17. Partie)

Weiß: Bogoljubow
Schwarz: Aljechin

Aljechin greift zum angenommenen Damengambit – eine Waffe, die viele berühmte Großmeister in ihr Repertoire aufnahmen. Bogoljubow baut sich nach heutigen Erkenntnissen modern auf, doch war die Theorie dieser messerscharfen Variante damals noch wenig erforscht. Weiß läßt sich die aussichtsvollere Fortsetzung 8. ♕h5 ♕d7 9. ♗e2 entgehen, so daß der Weltmeister Halt in seine Stellung bekommt und den Mehrbauern sicher behauptet. Das ist das Risiko solcher wagemutigen Experimente: Entweder man kennt sich ausgezeichnet Zug für Zug aus, oder man greift einmal daneben und spielt dann mühsam mit einem Bauern weniger.

1. d4 d5 2. c4 dc 3. ♘f3 ♘f6 4. ♘c3 a6 5. e4 b5 6. e5 ♘d5 7. ♘g5 e6 8. ♕f3 ♕d7 9. ♘:d5 ed 10. a3 ♘c6 11. ♗e3 ♘d8 12. ♗e2 ♕f5! 13. ♕g3 h6 14. ♘h3 c6 15. f4 ♕c2! 16. ♕f2 ♗:a3!! 17. 0–0 (im Falle von 17. ♖:a3 folgt 17. … ♕:b2 18. ♖a5 ♕b4+ 19. ♗d2 c3!) 17. … ♗:b2 18. ♖ae1 ♗f5 19. g4 ♗e4 20. f5 ♘b7 21. ♘f4 0–0–0! 22. ♕g3 g5! 23. fg fg 24. ♗d1 ♕c3 25. ♘e6 ♖de8 26. ♖f6 ♖e7 27. ♖ef1 ♖he8 28. ♘f4 ♘d8 29. ♕f2 ♕a3 30. ♗f3 ♗:f3 31. ♕:f3 g5 32. ♘e2 ♖e6 33. ♖f5 ♕d3 34. h4 ♖g6 35. h5 ♖ge6 36. ♕f2 c5! 37. ♖f3 ♕c2 38. ♕e1 ♘c6 39. ♖1f2 ♕e4 40. ♘g3 ♕:g4 41. ♔g2 ♗:d4. Weiß gab auf.

Stand: Bogoljubow 6 Aljechin 11

Slawisch (24. Partie)

Weiß: Aljechin
Schwarz: Bogoljubow

Bei der Bekämpfung der Slawischen Verteidigung hat Aljechin viel experimentiert. In dieser Begegnung war das richtige Rezept noch nicht gefunden worden – von der hier angewandten Entwicklung seines Damenspringers 6. ♘bd2 ist er später abgekommen. Der Praktiker Bogoljubow führt sein spielerisches Können anschaulich vor: Nach 11. … a4!, gefolgt von 12. … c4, ist seine Stellung schon so deutlich besser, daß die Verteidigungszüge des Weltmeisters nicht mehr helfen können.

1. d4 d5 2. c4 c6 3. ♘f3 ♘f6 4. e3 e6 5. ♗d3 ♘bd7 6. ♘bd2 ♗e7 7. 0–0 0–0 8. b3 a5 9. a3 c5 10. cd ed 11. ♗b2 a4! 12. ba c4 13. ♗c2 ♕a5 14. ♘b1 ♘e4 15. ♗:e4 de 16. ♘fd2 ♘b6 17. ♘c3 f5 18. f3 ef 19. ♕:f3 ♗d7 20. ♕e2 ♖ac8 21. ♖ac1 ♗f6 22. d5 ♖fe8 23. ♔h1 ♕c5 24. e4 ♘:d5! 25. ♖fe1 ♘f4 26. ♕e3 ♘d3! 27. ♕:c5 ♖:c5 28. ♗a1 ♗g5! 29. ♘cb1 fe 30. ♗c3 ♘:c1 31. ♖:c1 ♗:a4 32. ♔g1 ♗c6 33. ♖e1 b5 34. ♘f1 ♖d5 35. ♘g3 ♖d3 36. ♘e2 ♗e3+ 37. ♔h1 ♖ed8 38. ♘g1 ♗f2 39. ♖f1 e3. Weiß gab auf.

Stand: Aljechin 14 Bogoljubow 10

Slawisch (25. Partie)

Weiß: Bogoljubow
Schwarz: Aljechin

Der Herausforderer kommt gut aus der Eröffnung heraus (wenn auch heute kein Meister mehr den Zug 8. a3 spielen würde), weiß aber mit seiner Überlegenheit im Zentrum nichts anzufangen. Im Mittelspiel kommen vom Weltmeister die besseren Züge, doch bleibt die Position in ungefährem Gleichgewicht. Da greift der Taktiker Bogoljubow zu dem positionell antiästhetischen Zug 28. gh?, der den Königsflügel arg schwächt. Danach geht es mit der weißen Stellung bergab, doch wie das Aljechin macht, das ist schon beeindruckend.

1. d4 d5 2. c4 c6 3. ♘f3 dc 4. e3 ♗g4 5. ♗:c4 e6 6. ♘c3 ♘d7 7. h3 ♗h5 8. a3 ♘gf6 9. e4 ♗e7 10. 0–0 0–0 11. ♗f4 a5 12. ♗a2 ♕b6 13. g4 ♗g6 14. ♕e2 ♕a6! 15. ♕e3 b5 16. ♘e5 ♘:e5 17. ♗:e5 b4 18. ♗:f6 ♗:f6 19. ♘e2 ba 20. ba c5 21. ♖ac1 cd 22. ♘:d4 ♗:d4 23. ♕:d4 ♖fd8 24. ♕c4 ♕b7 25. f3 h5 26. ♕e2 ♖d4 27. ♕e3 ♖d7 28. gh?

28. … ♗:h5 29. ♖c5 ♗g6 30. ♖fc1 ♖ad8 31. ♗c4 ♖d1+ 32. ♗f1 ♖:c1 33. ♖:c1 a4 34. ♖c4 ♖d1 35. ♖b4 ♕c7 36. f4 ♕d8! 37. ♕f2 f5! 38. e5 ♗e8 39. ♖b6 ♕c8 40. ♖d6 ♖c1 41. ♕d4 ♔h7 42. ♔f2 ♕c2+ 43. ♕d2 ♕c5+ 44. ♕e3? ♖:f1+. Weiß gab auf.

Stand: Bogoljubow 10 Aljechin 15

Damengambit
(2. Partie)

Kommentare: Alexander Aljechin

Weiß: Aljechin Schwarz: Bogoljubow
1. d4 ♘f6 2. c4 c6 3. ♘c3 d5 4. e3 e6 5. ♗d3 ♘bd7 6. ♘f3 dc 7. ♗:c4 b5 8. ♗d3 a6 9. 0–0 (Die Fortsetzung 9. e4 c5 10. e5 cd 11. ♘:b5 ♘:e5 12. ♘:e5 ab 13. ♕f3! läuft zweifelsohne zugunsten von Weiß aus. Aber im Jahre 1934 war der 13. Zug des Anziehenden noch nicht genügend erforscht.) 9. … c5 10. a4 b4 11. ♘e4 ♗b7 12. ♘ed2 (Nach dem farblosen neunten Zug von Weiß gibt es kaum ein anderes Mittel als diesen Versuch, Komplikationen hervorzurufen, um den Damenflügel von Schwarz zu blokkieren.) 12. … ♗e7 13. a5 0–0 14. ♘c4 ♕c7 15. ♕e2 ♘g4 (Schwarz hat eine ausgezeichnete Stellung erreicht, doch überschätzt er jetzt seine Chancen. Besser wäre es gewesen, die Position mittels 15. … ♗e4 zu vereinfachen. Der Textzug gewinnt zwar einen Bauern, doch Weiß erhält für seinen Springer das gute Feld b6.) 16. e4! (Eine Überraschung für Schwarz, der tatsächlich nur mit dem schwachen Zug 16. g3 gerechnet hatte.) 16. … cd 17. h3 ♘ge5 (Auf 17. … ♘gf6 hatte Weiß 18. ♗g5 ♘c5 19. ♘b6 ♖ad8 20. ♖ac1 ♕b8 21. ♗:f6! gf 22. ♖c4 e5 23. ♘h4 mit genügend Kompensation für den geopferten Bauern vorgesehen.) 18. ♘f:e5 ♘:e5 19. ♗f4 ♗d6 20. ♗:e5 ♗:e5 21. ♘b6 (Das ist die Pointe. Der Springer neutralisiert nun den gesamten Damenflügel des Nachziehenden.) 21. … ♖a7 (Im Falle von 21. … ♖ad8 hätte Weiß natürlich nicht den Bauern auf a6 geschlagen, sondern seine positionelle Überlegenheit mittels 22. ♖fd1 gesichert.) 22. ♖ac1 ♕d6 (Oder 22. … ♕d8 23. ♕d2! ♗d6 24. f4 mit Vorteil für Weiß.) 23. ♖c4 f5? (Nach der Öffnung der e-Linie gewinnt Weiß schnell. Doch auch 23. … ♗f4 ist unbefriedigend, da Weiß nach 24. ♖d1 e5 25. ♕e1 den Bauern zurückgewinnt und einen starken Druck ausübt.) 24. ef ef 25. ♖e1! (Die Drohung des Anziehenden, nach dem Damentausch auf e6 in ein leicht gewonnenes Endspiel einzulenken, veranlaßt Schwarz, alles auf eine Karte zu setzen. Er will mit Angriffsaktionen die Stellung komplizieren,

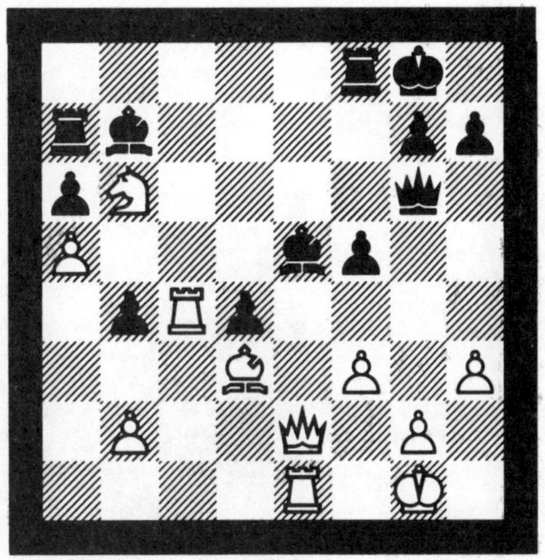

doch ist das Unternehmen wegen der Untätigkeit des Turmes auf a7 zum Scheitern verurteilt.) 25. … ♕g6 26. f3 (siehe Diagramm) 26. … ♖e8 (Zieht der Läufer, sind folgende Varianten möglich: 26. … ♗g3 27. ♕e6+ ♔h8 28. ♕:g6 hg 29. ♖e6 ♖d8 30. ♖:g6 f4 31. ♖e6; 26. … ♗f4 27. ♖:d4 ♕g3 28. ♗c4+ ♔h8 29. ♕e7; in beiden Fällen mit einem Sieg von Weiß.) 27. f4 ♕g3 28. fe ♖:e5 29. ♖c8+! (Die Widerlegung.) 29. … ♔f7 30. ♕h5+ (Nicht so elegant war zwar die Fortsetzung 30. ♖c7+, doch hätte diese eher zum Ziel geführt. Zum Beispiel 30. … ♔g6 31. ♖:g7+! oder 30. … ♔g8 31. ♗c4+ ♔h8 32. ♖c8+ nebst nachfolgendem 33. ♕:e5.) 30. … g6 31. ♕:h7+ ♔f6 32. ♖f8+ ♔g5 33. h4+ ♔f4 34. ♕h6+ g5 35. ♖:f5+! ♖:f5 36. ♕d6+ ♔g4 37. ♗:f5+ und Matt in wenigen Zügen. Schwarz gab deshalb auf.

In Deutschland spielte Aljechin in den 20er Jahren häufig. So war für ihn das Dresdner Turnier von 1926, wo er Zweiter wurde, ein Meilenstein in der Vorbereitung auf das Treffen mit Capablanca

Als der Weltmeister beabsichtigte, in der Osterwoche 1930 ein paar Simultanveranstaltungen zu geben, schrieb er an den Organisator: »Mehr Zeit als eine Woche steht mir allerdings nicht zur Verfügung, da ich gegenwärtig mit einer Diplomarbeit für das hiesige ›Institut de Criminologie‹ beschäftigt bin.«

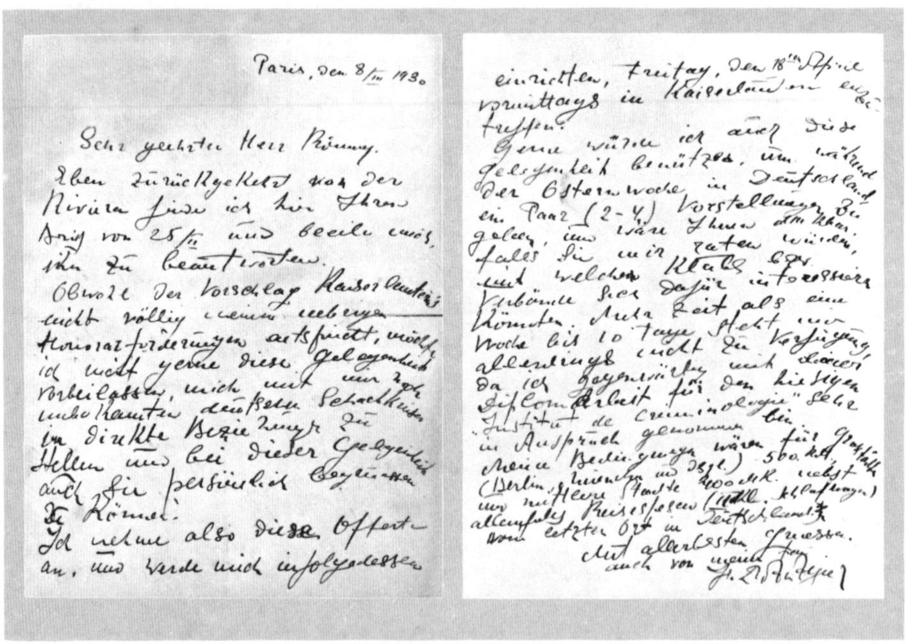

Paris, den 8/III 1930

Sehr geehrter Herr Römmig.
Eben zurückgekehrt von der
Riviera finde ich hier Ihren
Brief vom 25/II und beeile mich,
ihn zu beantworten.
Obwohl der Vorschlag Kaiserslauterns
nicht völlig meinen übrigen
Honorarforderungen entspricht, möchte
ich nicht gerne diese Gelegenheit
vorbeilassen, mich mit den mir sehr
unbekannten deutschen Schachkreisen
in direkte Beziehungen zu
stellen und bei dieser Gelegenheit
auch Sie persönlich begrüssen
zu können.
Ich nehme also diese Offerte
an, und werde mich infolgedessen
einrichten, Freitag, den 18ten April
vormittags in Kaiserslautern einzutreffen.
Gerne würde ich auch diese
Gelegenheit benützen, um während
der Osterwoche in Deutschland
ein Paar (2-4) Vorstellungen zu
geben, und wäre Ihnen dankbar,
falls Sie mir raten würden,
mit welchen Klubs bzw.
Verbänden sich dafür interessieren
könnten. Mehr Zeit als eine
Woche bis 10 Tage steht mir
allerdings nicht zur Verfügung,
da ich gegenwärtig mit einer
Diplomarbeit für das hiesige
„Institut de Criminologie" sehr
in Anspruch genommen bin.
Meine Bedingungen wären für Großstädte
(Berlin, München und dgl.) 500 Mk.
und mittlere Städte 400 Mk. nebst
(Hotel, Verpflegungen)
allenfalls Reisespesen ([illegible] Deutschland
vom letzten Ort in [illegible].
Mit allerbesten Grüssen,
auch von meiner Frau
A. Aljechin

1935 - 1937 Max Euwe

»Holland ist berühmt wegen seiner prächtigen Blumen. Für uns ist Euwe die schönste Blume, die der Schachwelt viel ewig Grünes geschenkt hat.« (Salo Flohr)

Ein Freudenfest für den Holländer

Eigentlich wäre es niemals zu diesem Wettkampf gekommen, der für die Niederländer ohne Zweifel der bisher bedeutendste des Jahrhunderts war. Im Jahre 1933 nämlich beschloß Max Euwe, Mathematiklehrer an einem Amsterdamer Gymnasium, das Schachspielen aufzugeben, um sich in die wissenschaftliche Forschung zu stürzen. Seine Entscheidung galt als unumstößlich. Er stand zwar in dem Ruf, einer der stärksten Großmeister der Welt zu sein, doch mehr schien nicht möglich. Da flatterte ihm, der vor allem dank seiner theoretischen Stärke das Eröffnungsrepertoire durch originelle Ideen bereicherte, ein Brief ins Haus. Absender: Alexander Aljechin. Er schlug darin einen Vergleich über zehn Partien vor, zu spielen an Bord eines Ozeandampfers, der zwischen Holland und Indonesien kreuzen sollte. In diesem sonderbaren Angebot ging der Weltmeister sogar so weit, bei dem Match seinen Titel aufs Spiel zu setzen.

Max Euwe erklärte sich einverstanden, gegen Aljechin ein solches WM-Duell zu wagen, allerdings nur zu jenen Bedingungen, wie der Weltmeister sie Bogoljubow gewährt hatte. Auch müßte er sich entsprechend vorbereiten können. Wider Erwarten einigten sich die beiden in allen Punkten; vereinbart wurde das Treffen für den Herbst 1935 in den Niederlanden. Dem promovierten Hochschullehrer blieben also gut eineinhalb Jahre, sich auf diese für ihn wichtige Prüfung intensiv vorzubereiten.

Das Training Euwes war sehr vielfältig und für die damalige Zeit geradezu ungewöhnlich. So nahm einen nicht geringen Zeitfonds die physische Vorbereitung auf das Match ein. Diesem Aspekt wurde im allgemeinen keinerlei Beachtung geschenkt, obwohl die Anspannungen eines so hochrangigen Kampfes nur bei bester körperlicher Verfassung zu verkraften sind. Mit der ihm eigenen wissenschaftlichen Gründlichkeit vervollkommnete der Holländer sein eröffnungstheoretisches Wissen, organisierte er sich Bewährungsproben in der Praxis. Um beispielsweise mit der Zweikampfatmosphäre vertraut zu werden, spielte er 1934 gegen seinen Landsmann van den Bosch (+6, =0, −0) und den Polen Salo Landau (+4, =1, −0). Der entscheidende Test für Euwe fand im Juli 1934 in Zürich statt. Im erstklassigen Teilnehmerfeld – unter anderen Aljechin, Flohr, Bogoljubow, Nimzowitsch – tauchte nach neunjähriger Turnierabstinenz der 65jährige Emanuel Lasker auf. Der Holländer mußte gegen den deutschen Exweltmeister, der Fünfter wurde, sogar seine einzige »0« quittieren. Ebenso bemerkenswert war aber, daß er Aljechin besiegte, was vielerorts als gutes Omen aufgefaßt wurde. Damit hatte er in den letzten 14 Partien zwischen beiden Konkurrenten auch das Punktverhältnis (7:7) ausgeglichen, was ihm sicher zusätzliches Selbstvertrauen gab.

Das war auch nötig, hatte doch der neun Jahre ältere Champion zu Beginn das Sagen: 3:1, 5:2 nach Siegen. Es schien nur noch die Frage zu sein, wie hoch Aljechin gewinnen würde. Nach Runde 14 aber hatte auch Euwe fünf Siege. Wiederum verschaffte sich sein Gegner einen Vorsprung. Nach 19 Runden führte er 10½:8½. Euwe mußte damit, wollte er den WM-Titel nach Holland holen, aus den restlichen elf Partien 7 Zähler erreichen. Jene, die ihn da verloren gaben, belehrte er zwei Runden weiter eines Besseren: 10½:10½. Aljechins Schock ausnutzend, landete er in Runde 25 und 26 noch eine weitere Dublette. Bei einem Rückstand von 12:14 versuchte der Weltmeister nun alles. So schaffte er in der 27. Partie den Anschluß. Noch verblieben ihm drei Chancen. Er fightete erbittert, doch vergeblich. In die Statistik gehen drei Unentschieden ein, und der Holländer ist damit Weltmeister.

Nach der letzten Partie brach ein wahres Freudenfest für Euwe aus. In einer holländischen Zeitung las sich das so: »Kurz nach elf Uhr, als Aljechin mit einer plötzlichen Bewegung aufgestanden war, um mit nervöser Hand auf die weißen und schwarzen Steine zu weisen, erhoben sich die vielen hundert Zuschauer von ihren Sitzen, und donnernd brauste der Applaus durch den Saal. Minutenlang dauerte der Beifall; inzwischen leuchteten die hellen Lampen der Kameraleute auf, flammten die Blitzlichter der Fotografen, Kränze wurden herbeigebracht, alles stürmte auf das Podium, und man hörte nicht auf, dem neuen wie dem entthronten Weltmeister zuzujubeln.«

Nach dem sensationellen Ausgang der Weltmeisterschaft, die in nicht weniger als 13 niederländischen Städten ausgetragen wurde, bewegte die Schachwelt vor allem eine Frage: Ist Aljechins Laufbahn damit für immer zu Ende?

Bei gründlicher Analyse der Partien zeigte sich, daß die Ursache der bitteren Niederlage keineswegs in mangelnder Schöpferkraft, sondern in menschlichem Versagen lag. Aljechin selbst hat übrigens als Gründe mangelnde Vorbereitung, Unterschätzung des Gegners sowie ungesunde Lebensweise – er rauchte stark und konsumierte übermäßig Alkohol – genannt. »In diesem Match war der Verlierer der stärkere Spieler.« So – wirklich bescheiden – der Sieger: Max Euwe.

Der 5. Weltmeister

Die sicher reizvollste Austragungsstätte des WM-Kampfes 1935 war das Amsterdamer Reichsmuseum, zumal die beiden Spieler vor Rembrandts Gemälde »Die Nachtwache« agieren konnten (Bild oben). Vielleicht war die 24. Partie so etwas wie ein Kulminationspunkt, denn Aljechin zeigt hier Euwe (in der Mitte folgt Salo Flohr aufmerksam der Analyse), daß er auf Gewinn stand. Nun, es gab ein Remis, und es stand 12:12. Dann folgten zwei Siege des Holländers, und »das byzantinische Feuer von Aljechins Stolz erlosch, der steinerne Wall von Euwes Selbstvertrauen blieb stehen«, so der geistreiche Kommentator Hans Kmoch zum Titelwechsel.

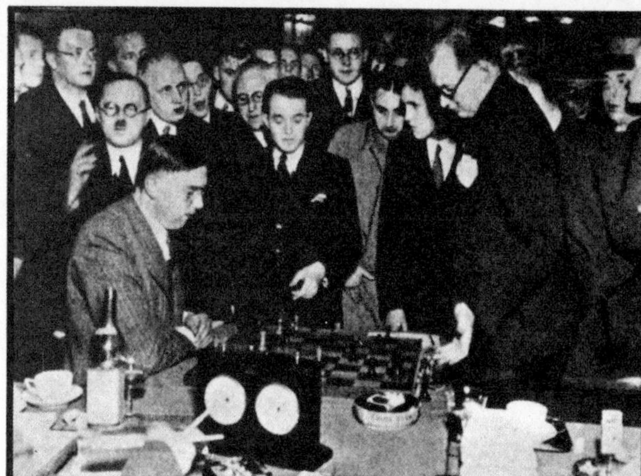

Slawisch
(1. Partie)

Weiß: Aljechin Schwarz: Euwe

Nach dieser glanzvollen Eröffnungspartie des Matches rechnete sicherlich kaum einer damit, daß Aljechin seinen Titel verlieren wird. Die Partie zeigt die moderne Entwicklung des Schachstils an: Kampf um Initiative auf positioneller Grundlage und taktische Fertigkeiten, wenn es die Stellung ermöglicht. Der Zug 19. b4! ist überraschend, stark und schön – er verdient ein Diagramm. Aljechin spielte »Sonnen-Schach«, wie es die Zeitgenossen nannten.

1. d4 d5 2. c4 c6 3. ♘f3 ♘f6 4. ♘c3 dc 5. a4 ♗f5 6. ♘e5 ♘bd7 7. ♘:c4 ♕c7 8. g3 e5 9. de ♘:e5 10. ♗f4 ♘fd7 11. ♗g2 ♗e6 12. ♘:e5 ♘:e5 13. 0–0 ♗e7 14. ♕c2 ♖d8 15. ♖fd1 0–0 16. ♘b5 ♖:d1+ 17. ♖:d1 ♕a5 18. ♘d4 ♗c8 19. b4!

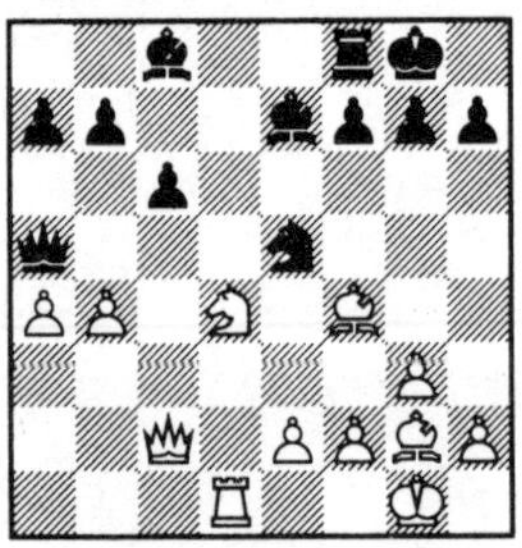

19. ... ♕c7 (auf 19. ... ♗:b4 folgt 20. ♘b3 ♕c7 21. ♕e4 ♗c3 22. ♖c1!) 20. b5 c5 21. ♘f5 f6 22. ♘e3! ♗e6 23. ♗d5! ♗:d5 24. ♖:d5 ♕a5 25. ♘f5 ♕e1+ 26. ♔g2 ♗d8 27. ♗:e5 fe 28. ♖d7! ♗f6 29. ♘h6+ ♔h8 30. ♕:c5. Schwarz gab auf.

Stand: Aljechin 1 Euwe 0

Grünfeld-Indisch
(2. Partie)

Weiß: Euwe Schwarz: Aljechin

Euwe zeigt in dieser Auseinandersetzung dem Weltmeister, daß er ihm gewachsen ist. Die Eröffnung verläuft etwas günstiger für Weiß, im Mittelspiel scheint Aljechin jedoch eine verteidigungsfähige Stellung herausgearbeitet zu haben. Doch im 39. Zug tauscht Schwarz seinen Turm auf c6 und verschafft somit dem Anziehenden einen Freibauern, der den berühmten Marschallstab im Tornister trägt. Die Züge 42. ♕h1! und 45. ♕b7! sind eine Augenweide.

1. d4 ♘f6 2. c4 g6 3. ♘c3 d5 4. ♕b3 dc 5. ♕:c4 ♗e6 6. ♕b5+ ♘c6 7. ♘f3 ♖b8 8. ♘e5 ♗d7 9. ♘:d7 ♕:d7 10. d5 ♘d4 11. ♕d3 e5 12. e3 ♘f5 13. e4 ♘d6 14. f4 ♕e7 15. ♗e3 ♘g4 16. ♗:a7 ♖a8 17. h3 ♖:a7 18. hg ♗g7 19. ♕e3 ♖a5 20. f5 ♗f6 21. a4! ♗h4+ 22. g3 ♗g5 23. ♕f3 0–0 24. b4 ♖aa8 25. ♖a2 ♘e8 26. ♖b2 ♘f6 27. ♗e2 c6 28. dc bc 29. 0–0 ♖ad8 30. ♔g2 ♖d4 31. b5 cb 32. ab ♖b8 33. fg fg 34. b6 ♕b7 35. ♔h3! ♖d6 36. ♘d5! ♔g7 37. ♖c2 ♘:d5 38. ed ♖:b6 39. ♖c6! ♖:c6? 40. dc ♕e7 41. ♗c4 ♔h6 42. ♕h1!

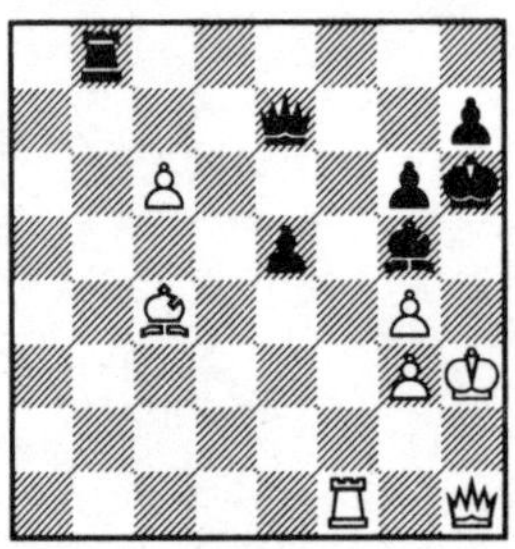

42. ... ♖b2 43. ♖f7 ♕e8 44. c7 ♖c2 45. ♕b7! Schwarz gab auf, denn 45. ... ♖:c4 wird mit 46. ♖:h7+! beantwortet.

Stand: Euwe 1 Aljechin 1

Französisch
(9. Partie)

Weiß: Aljechin Schwarz: Euwe

In dieser Begegnung kommen romantische Stellungsbilder aufs Brett. Hier gibt es nur Taktik und keine Strategie. Der Weltmeister greift mit 4. ♕g4 zu einer überscharfen Bekämpfungsart dieser Verteidigung, eine Variante, mit der Euwe vielleicht nicht gerechnet hatte. Der auf der Hand liegende Zug 7. ... ♘:e4? erweist sich als Fehler – richtig ist 7. ... c5! Nach 8. ♗d3! geht das riskante weiße Eröffnungsspiel auf. Merkwürdigerweise zeigt Aljechin im Endspiel einige technische Mängel, doch den Vorteil gibt er nicht wieder aus der Hand.

1. e4 e6 2. d4 d5 3. ♘c3 ♗b4 4. ♕g4 ♘f6 5. ♕:g7 ♖g8 6. ♕h6 ♖g6 7. ♕e3 ♘:e4? 8. ♗d3!

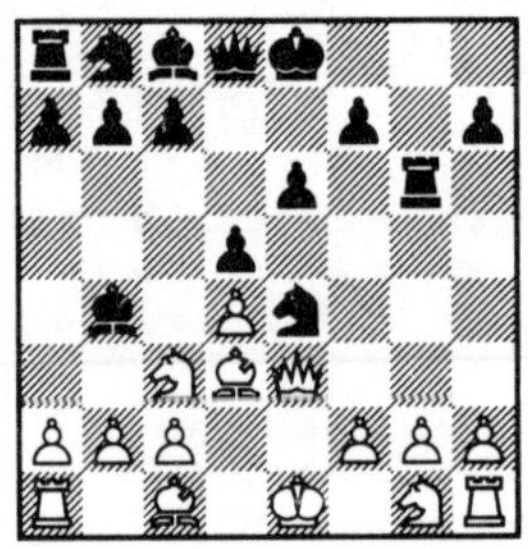

8. ... f5 9. ♘e2 c5 10. ♗:e4 fe 11. ♕h3! ♘c6 12. ♕:h7 ♕f6 13. ♘f4 cd 14. ♘:g6 dc 15. b3 ♘e7 16. ♘:e7 ♗:e7 17. h4 ♕f7 18. ♕h8+ ♕f8 19. ♕:f8+ ♔:f8 20. ♗g5 e5 21. f3! ef 22. gf ♗a3! 23. f4! ♗f5 24. fe ♗:c2 25. 0–0+ ♔g8 26. ♖ac1! ♗:c1 27. ♖:c1 ♗f5 28. ♖:c3 ♖c8 29. ♖f3 ♖f8 30. ♗f6 ♗e4 31. ♖g3+ ♔f7 32. h5 ♖c8 33. ♖g7+ ♔e6 34. h6! d4 35. h7 ♖c1+ 36. ♔f2 ♖c2+ 37. ♔g3 ♗:h7 38. ♖:h7 ♖:a2 39. ♔f4 b5 40. ♔e4 ♖e2+ 41. ♔:d4. Schwarz gab auf.

Stand: Aljechin 6 Euwe 3

Holländisch
(26. Partie)

Weiß: Euwe Schwarz: Aljechin

Wohl zu Ehren des gastgebenden Landes verteidigt sich Aljechin holländisch, doch der Niederländer Euwe wartet gerade dagegen mit einer Glanzleistung auf, wie sie auch in einer großen Schachkarriere nur selten gelingt. Der Held des Tages ist der weiße Königsspringer, der allein 19 Züge bewältigt! Was so ein tüchtiges Rössel im feindlichen Lager leisten kann (wenn für ihn Stützpunkte da sind), zeigt diese Partie im besten Licht. Euwe war hier offenbar in der »Form seines Lebens«.

1. d4 e6 2. c4 f5 3. g3 ♗b4+ 4. ♗d2 ♗e7 5. ♗g2 ♘f6 6. ♘c3 0–0 7. ♘f3 ♘e4 8. 0–0 b6 9. ♕c2 ♗b7 10. ♘e5 ♘:c3 11. ♗:c3 ♗:g2 12. ♔:g2 ♕c8 13. d5 d6 14. ♘d3 e5 15. ♔h1 c6 16. ♕b3 ♔h8 17. f4 e4 18. ♘b4 c5 19. ♘c2 ♘d7 20. ♘e3 ♗f6 21. ♘:f5!

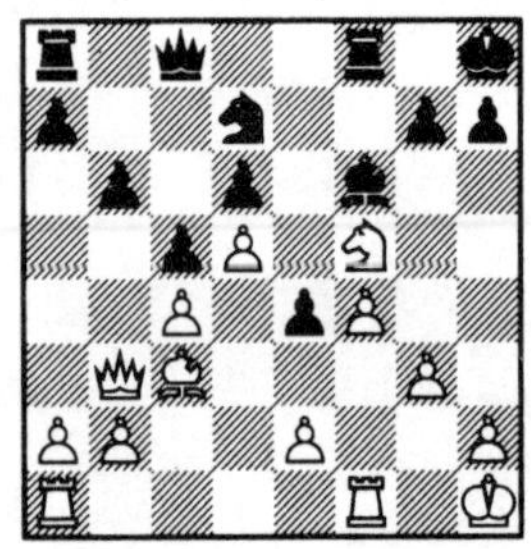

21. ... ♗:c3 22. ♘:d6 ♕b8 23. ♘:e4 ♗f6 24. ♘d2! g5! 25. e4 gf 26. gf ♗d4 27. e5 ♕e8 28. e6! ♖g8 29. ♘f3 ♕g6 30. ♖g1 ♗:g1 31. ♖:g1 ♕f6 32. ♘g5 ♖g7 33. ed ♖:d7 34. ♕e3 ♖e7 35. ♘e6 ♖f8 36. ♕e5! ♕:e5 37. fe ♖f5 38. ♖e1 h6 39. ♘d8! ♖f2 40. e6 ♖d2 41. ♘c6 ♖e8 42. e7 b5 43. ♘d8 ♔g7 44. ♘b7 ♔f6 45. ♖e6+ ♔g5 46. ♘d6 ♖:e7 47. ♘e4+. Schwarz gab auf.

Stand: Euwe 14 Aljechin 12

Slawisch
(20. Partie)

Kommentare: Max Euwe

Weiß: Euwe Schwarz: Aljechin
1. d4 d5 2. c4 c6 3. ♘f3 ♘f6 4. ♘c3 (Wie zwei vorangegangene Partien zeigen, erhält Schwarz nach 4. e3 durch 4. ... ♗f5! eine überlegene Stellung.) 4. ... dc 5. a4 ♗f5 6. ♘e5 (Häufiger als den Textzug wendet man gegenwärtig 6. e3 an, was in der Turnierpraxis zufriedenstellende Ergebnisse zeitigt. Doch in unseren 30 Wettkampfpartien wurde dieser Zug nicht gespielt. Anstelle des anspruchsvollen Partiezuges wählte Aljechin einmal 6. ♘h4, doch kann es nach 6. ... ♗c8 schnell zum Remis kommen.) 6. ... ♘bd7 7. ♘:c4 ♕c7 8. g3 e5 9. de ♘:e5 10. ♗f4 ♘fd7 11. ♗g2 f6 12. 0–0 ♖d8 13. ♕c1 (Jetzt wird der Sinn der schwarzen Aufstellung klar; da sich der Läufer immer noch auf dem Feld f5 befindet, kann Weiß seine Dame nicht nach c2 bringen und muß sich mit dem für ihn weniger günstigen Feld c1 begnügen.) 13. ... ♕b8 14. ♘e4 ♗e7 15. ♕c3 0–0 16. ♖ad1 ♗e6 (Etwas spät. Weiß erreicht jetzt mit Hilfe einer kleinen Kombination die überlegene Stellung.) 17. ♘:e5 ♘:e5 18. ♘g5! (siehe Diagramm) (So erhält Weiß das Läuferpaar, da der wichtige Damenläufer die Diagonale a2–g8 nicht verlassen darf.) 18. ... fg 19. ♗:e5 ♗f6 20. ♗:b8 ♗:c3 21. ♗d6 ♖f7! 22. bc ♖fd7 (So gewinnt zwar Schwarz die Figur zurück, doch geht unvermeidlich ein Bauer verloren.) 23. ♖b1! ♖:d6 24. ♖:b7 ♖8d7 25. ♖:d7 ♗:d7 26. ♗e4 (Jetzt folgt auf 26. ... ♖d2 27. ♗d3, und 27. ... ♖a2 scheitert an 28. ♗c4+.) 26. ... c5 27. c4 ♗:a4? (Das ist ein Fehler. Schwarz hat nicht weit genug gerechnet. Er hätte besser mit 27. ... ♖a6 oder auch 27. ... ♖d2 fortsetzen sollen.) 28. ♗d5+ ♔f8 29. ♖a1

♖a6 30. ♖a2! (Das hatte der Nachziehende nicht erkannt. Er glaubte, mit 30. ... ♗b5 ein gleichstehendes Endspiel erreichen zu können.) 30. ... ♔e7 31. f4 gf 32. gf ♔f6 33. e4 g5 34. f5 h5 35. h4! gh 36. ♔h2 ♔g5 37. ♔h3 ♖a5 (Verzweiflung!) 38. ♗b7 (Noch stärker war 38. ♗c6.) 38. ... ♔f6 39. ♗d5 ♔g5 40. ♗b7 ♔f6 41. ♗c8. Der Abgabezug. Schwarz gab auf, ohne die Partie wieder aufzunehmen.

Dem Schachmeister Euwe stand seine große Liebe, die Mathematik, sicher im Wege, doch wollte er seinen Beruf als Hochschullehrer um keinen Preis missen

Kraft für seine schachlichen Aktivitäten schöpfte Euwe, der stolzer Vater von drei Töchtern war, im Kreise der Familie. Das »Genie der Ordnung und des Fleißes«, wie ihn sein Freund Hans Kmoch charakterisierte, blieb bis ins hohe Alter dem Schach verbunden. Von 1970 bis 1978 war Max Euwe FIDE-Präsident. Eine sicher diffizile Aufgabe war dabei die Vergabe der WM-Austragungsorte, geht es doch dabei, wie die Angebote für 1978 auf der Tafel beweisen, nicht zuletzt um beträchtliche Summen

Freundschaftliches Händeschütteln zwischen dem 5. und 12. Weltmeister der Schachgeschichte. Max Euwe und der ein halbes Jahrhundert jüngere Anatoli Karpow haben übrigens niemals eine ernste Partie miteinander ausgetragen

1937-1946 Alexander Aljechin

»Ein wirklich guter Schachspieler kann man nur werden, wenn man sich seiner Fehler und Mängel bewußt wird. Ebenso ist es auch im Leben.« (Alexander Aljechin)

Zu alten Tugenden zurückgefunden

Mit Max Euwes Sieg 1935 schien die Zeit gekommen, die Regelung der Titelvergabe endlich der FIDE zu überantworten. Der Holländer lehnte es ab, Schach um Geld zu spielen, und erklärte, er werde, falls es ihm gelingen würde, die vertraglich fixierte Revanche mit Aljechin zu seinen Gunsten zu entscheiden, dem Weltschachbund die weitere Titelvergabe überlassen. Auf dem FIDE-Kongreß 1937 in Stockholm hatte man vorsorglich schon alle näheren Modalitäten beraten, darunter beispielsweise die Ermittlung eines künftigen Herausforderers.

Der Weltmeister seinerseits löste sein Versprechen ein, und so wurde am 3. Oktober 1937 das neue Ringen um die Schachkrone aufgenommen. Euwe hatte deshalb auf ein so frühzeitiges Treffen gedrängt, weil er zu dieser Zeit von seinem Sieg über Aljechin absolut überzeugt war. So sah er keine Notwendigkeit, sein Eröffnungsrepertoire gründlich zu überprüfen, vertraute statt dessen auf seine altbekannten Varianten. Bestärkt wurde er in diesem für ihn untypischen oberflächlichen Herangehen auch durch die Weltpresse, die verkündete: Aljechin kann nicht mehr schachspielen, die Revanche wird zu einer Tragikomödie für ihn.

Tatsächlich war der Exweltmeister in mehreren Turnieren äußerst unsicher aufgetreten. 1936 in Amsterdam wurde er nur Dritter und unterlag dort Euwe. Geradezu deprimierend muß auf ihn der 6. Rang 1936 in Nottingham gewirkt haben.

Mit Lasker, Capablanca, Aljechin, Euwe, Bogoljubow, Botwinnik und Reschewski konnten die rührigen Veranstalter vier Weltmeister sowie einen ehemaligen und zwei künftige WM-Herausforderer verpflichten. In einem doppelrundigen Viererturnier im Juli 1937 in Deutschland quittierte Aljechin erneut eine Niederlage gegen den Champion.

Daß sein Gegner in häuslicher Klausur an einem gründlichen Schlachtplan hart gearbeitet hatte, davon wußte Euwe freilich nichts. So nahm Aljechin in sein Vorbereitungsprogramm besonders folgenden wichtigen Punkt auf: »... die sorgfältige Analyse aller Partien, die von Euwe in der Periode zwischen unseren beiden Wettkämpfen gespielt wurden«. Radikal änderte er seine Lebensweise, gewöhnte sich beispielsweise das Rauchen ab. Es tauchte sogar eine Meldung auf, daß Aljechin eine Kuh gekauft habe, um seinen Durst jederzeit mit frischer Milch stillen zu können. Mit der ihm eigenen Willenskraft war er also wiederum in die Niederlande ausgezogen, um das Wunder zu vollbringen, das ihm kaum jemand zutraute.

Aljechin wurde beim Start sogleich auf eine harte Probe gestellt. Ausgerechnet die psychologisch wichtige erste Partie mußte er abgeben. In der englischen Zeitschrift Chess äußerte er sich dazu aber ungebrochen: »Ich glaube nicht, daß Euwe besser spielt als ich. Auf die folgenden beiden Entschlüsse baue ich meine Hoffnungen für diesen Kampf: 1. Ich unterschätze meinen Gegner nicht. 2. Ich werde meine Gesundheit und meine Moral ungeschwächt berechnen. Es sind noch 29 Partien zu spielen ... und morgen ist ein neuer Tag!«

Und siehe da: In der zweiten Runde konterte er und überließ Euwe nur noch einmal, beim Stand von 2:3, die Führung. In den Runden 6, 7, 8 und 10 hieß der Sieger Aljechin, so daß aus dem Rückstand urplötzlich ein 6½:3½-Vorsprung für ihn geworden war. Der Herausforderer war ganz der »alte«. Seinen Tugenden Phantasie und Angriffslust hatte der Wissenschaftler Euwe nichts entgegenzusetzen. Schon nach 25 Runden war alles vorbei. Mit dem deutlichen Ergebnis von 15½:9½ hatte sich Aljechin den für zwei Jahre verliehenen Titel, wie er scherzhaft sagte, eindrucksvoll zurückgeholt.

Euwe, der später – 1970 – Präsident der FIDE wurde (1970 bis 1978) und viele Verdienste bei der Förderung des Schachs besonders in den Entwicklungsländern erwarb, bekam sofort die Möglichkeit, sich ein wenig zu rehabilitieren. In den anschließenden fünf »Exhibitionspartien«, die für die Wertung ohne Belang waren, lag er mit 3:2 vorn. Er erklärte danach jedoch unmißverständlich, daß ein neuer WM-Versuch für ihn nicht in Betracht komme, »denn mein Gegner ist mir unzweifelhaft überlegen«. Eine Haltung, die von Fairneß zeugt und Anerkennung verdient.

Mit seinem Comeback hätte Aljechin zufrieden sein können, allein er war es nicht. In der selbstgewählten Emigration lebend, wurde er »fern vom weißen Schnee Rußlands« nirgends heimisch. Sein Wunsch, nur als Weltmeister wieder in seine Heimat zurückzukehren – mit dieser Begründung hatte er 1935 und 1937 Einladungen zu Großmeisterturnieren nach Moskau abgelehnt –, ging nicht in Erfüllung. Einsam starb er 53jährig in dem kleinen portugiesischen Städtchen Estorial.

Die Schachwelt hält Aljechins Erbe hoch. Sein Platz, so Max Euwe, ist »irgendwo oben in der langen Reihe illustrer Namen, die jeder Schachspieler kennt, vielleicht sogar ganz oben an der Spitze. Es ist nicht wahrscheinlich, daß selbst eine Zukunft voller Genies daran etwas ändern wird.«

Zum zweitenmal Weltmeister

»Ist seine Laufbahn für immer zu Ende? Wird er, bis ins Innerste getroffen, noch einmal zur alten Form zurückfinden können?« fragte der Berichterstatter der Deutschen Schachblätter nach der Niederlage Alexander Aljechins gegen Max Euwe 1935. Als der gestürzte König im Oktober 1937 in Amsterdam zur Revanche eintraf (Bild oben), brachte er nach eigenen Worten »die Moral eines Spielers mit, der darauf vorbereitet ist, mit dem letzten Atemzug für seine Sache zu kämpfen«. Es war das erstemal in der Schachgeschichte, daß ein entthronter Weltmeister ein »Comeback« schaffte

Ein solches Meisterturnier wie das von Nottingham 1936 hat es bis heute nie wieder gegeben: Ein Weltmeister und vier Exweltmeister bzw. WM-Kandidaten unter 15 Startern! Auf dem Gruppenfoto mit Dame: Sir George Thomas, Lasker, Capablanca, Herr und Frau Derbyshire, Euwe, Aljechin und Winter (sitzend, v. links); Fine, Tartakower, Bogoljubow, Tylor, Alexander, Flohr, Reschewski, Botwinnik und Mackenzie (stehend, v. links). Mit Michail Botwinnik kam der zweitjüngste Teilnehmer gemeinsam mit Ex-Champion Capablanca auf Platz 1, der damit seinem »Erzfeind« Aljechin eine bittere Lektion erteilte

Slawisch
(1. Partie)

Weiß: Euwe Schwarz: Aljechin

Beide Kontrahenten hatten sich theoretisch gut auf das neuerliche Match eingestellt, und Aljechin wollte wohl zeigen, daß Slawisch – richtig gespielt – eine gute Verteidigung gegen das gefürchtete Damengambit ist. Er hatte einige Verbesserungen in petto, wurde aber von Euwes Zug 14. ♘e4! überrascht. Im Mittelspiel kommt Weiß zu einem mächtigen Spiel in der a-Linie, wobei sein Läufer dem feindlichen Springer haushoch überlegen ist. Die Realisierung des herausgespielten Übergewichts bereitet dem Anziehenden keine Probleme.

1. d4 d5 2. c4 c6 3. ♘f3 ♘f6 4. ♘c3 dc 5. a4 ♗f5 6. ♘e5 ♘bd7 7. ♘:c4 ♕c7 8. g3 e5 9. de ♘:e5 10. ♗f4 ♘fd7 11. ♗g2 f6 12. 0–0 ♖d8 13. ♕c1 ♗e6 14. ♘e4! ♗b4 15. a5 0–0 16. a6! ba 17. ♘:e5 ♘:e5 18. ♘c5 ♗:c5 19. ♕:c5 g5 20. ♗e3 ♗d5 21. ♖:a6 ♗:g2 22. ♔:g2 ♖f7 23. ♖fa1 ♕d6 24. ♕:d6 ♖:d6 25. ♖:a7 ♖:a7 26. ♖:a7 ♘c4 27. ♗c5 ♖e6 28. ♗d4

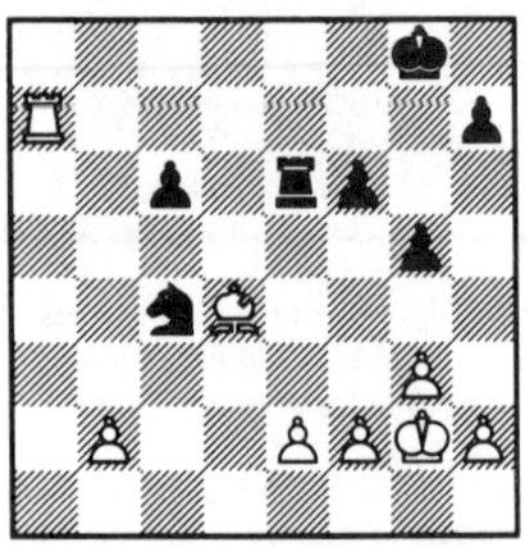

28. ... ♖:e2 29. ♗:f6 g4 30. ♔f1 ♖c2 31. ♖g7+ ♔f8 32. ♖:g4 ♘:b2 33. ♗:b2 ♖:b2 34. ♖c4 ♖b6 35. ♔e2 ♔f7 36. ♖h4 ♔g6 37. ♖f4 ♖b3 38. ♖c4 ♖b6 39. ♔e3 ♔f5 40. g4+ ♔e6 41. f4 ♔d5 42. ♖d4+ ♔e6 43. f5+ ♔e7 44. ♖e4+ ♔f7 45. h4 ♖b1 46. ♔f4 ♖c1 47. ♖a4 h6 48. ♖a7+ ♔g8 49. g5 ♖c4+ 50. ♔e5. Schwarz gab auf.

Stand: Euwe 1 Aljechin 0

Slawisch
(6. Partie)

Weiß: Aljechin Schwarz: Euwe

Hin und wieder gelang es Aljechin, selbst mit seinen schärfsten Rivalen Katz und Maus zu spielen. In dieser Begegnung setzt er alles auf eine Karte, ist doch sein Opferspiel nachgewiesenermaßen (wie man später fand) inkorrekt. Doch was heißt das schon in einer praktischen Partie! Euwe fand nicht die Widerlegung 6. ... dc 7. ♗:f7+ ♔e7 8. ♕b3 cb! 9. ♗:b2 ♕b6!, wofür man ihn nicht tadeln sollte. Schach ist ein schweres Spiel!

1. d4 d5 2. c4 c6 3. ♘c3 dc 4. e4 e5 5. ♗:c4 ed 6. ♘f3 b5?

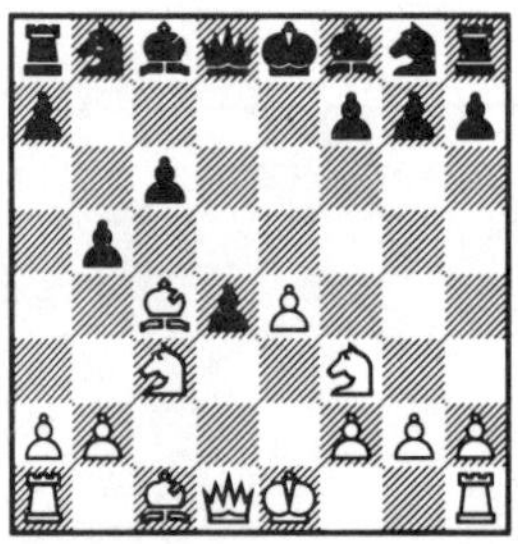

7. ♘:b5! ♗a6 8. ♕b3 ♕e7 9. 0–0 ♗:b5 10. ♗:b5 ♘f6 11. ♗c4 ♘bd7 12. ♘:d4 ♖b8 13. ♕c2 ♕c5 14. ♘f5 ♘e5 15. ♗f4! ♘h5 16. ♗:f7+! ♔:f7 17. ♕:c5 ♗:c5 18. ♗:e5 ♖b5 19. ♗d6 ♗b6 20. b4 ♖d8 21. ♖ad1 c5 22. bc ♗:c5 23. ♖d5. Schwarz gab auf.

Stand: Aljechin 3 Euwe 3

Damenindisch
(21. Partie)

Weiß: Euwe Schwarz: Aljechin

Euwe, der große Theoretiker, behandelt die Eröffnung mustergültig und erhält die bessere Stellung. Im Mittelspiel heißt es nun, den richtigen Plan zum Ausbau des Vorteils zu finden. Doch das gelingt nicht. Nach 18. f4? (besser ist 18. ♖f4) bringt Aljechin allmählich eine mächtige Batterie in der halboffenen f-Linie in Stellung. Zwar erobert der Anziehende den von ihm belagerten Punkt e6, doch da ist es schon zu spät. Aljechin spielte hier wie Lasker: Eine etwas schlechtere Stellung wird in Kauf genommen und auf Ungenauigkeiten des Gegners scharf gekontert. In der Gegenwart geben sich die großen Spieler lieber mit einer gleichen Stellung zufrieden, und dann spielen sie ihr größeres Können aus.

1. d4 ♘f6 2. c4 e6 3. ♘f3 b6 4. g3 ♗b7 5. ♗g2 ♗b4+ 6. ♗d2 ♗e7 7. ♘c3 ♘e4 8. 0–0 0–0 9. d5! ♘:d2 10. ♕:d2 ♗f6 11. ♖ad1 d6 12. de fe 13. ♘d4 ♗:g2 14. ♔:g2 ♕c8 15. ♕e3 ♗:d4 16. ♖:d4 ♘c6 17. ♖e4 ♖f6 18. f4? ♕d7 19. g4 ♖af8 20. g5 ♖f5 21. h4 ♕f7 22. ♖f3 ♔h8! 23. ♕d3 d5! 24. ♖:e6 ♘b4!

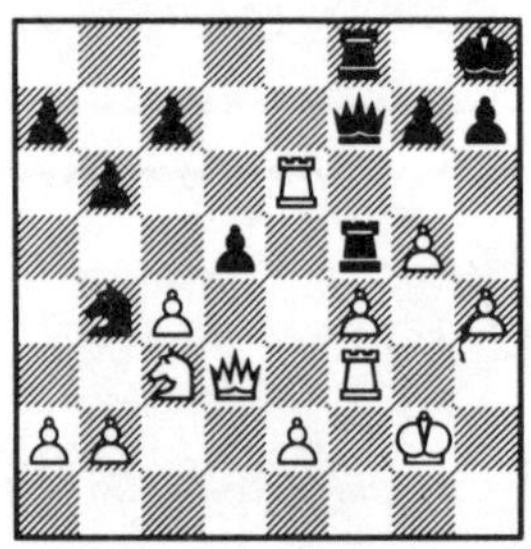

25. ♕e3 ♘c2 26. ♕d2 ♕:e6 27. cd ♕f7 28. ♕:c2 ♖:f4 29. ♕d3 ♕h5 30. ♖:f4 ♖:f4 31. ♕h3 ♖g4+ 32. ♔f2 h6. Weiß gab auf.

Stand: Euwe 9 Aljechin 12

Nimzowitsch-Indisch
(25. Partie)

Weiß: Euwe Schwarz: Aljechin

So etwas passierte dem Holländer selten. Bereits im 10. Zug begeht er einen groben Aufbaufehler, der ihn die Partie kostet. Aljechin beherrscht jetzt seinen Gegner und gewinnt den Weltmeistertitel wieder zurück. Das aus dem Boxsport bekannte Wort »They never come back« gilt im Schach nicht.

1. d4 ♘f6 2. c4 e6 3. ♘c3 ♗b4 4. e3 0–0 5. ♘e2 d5 6. a3 ♗e7 7. cd ed 8. ♘g3 c5 9. dc ♗:c5 10. b4? d4! 11. bc dc 12. ♕c2 ♕a5 13. ♖b1 ♗d7 14. ♖b3 ♗a4 15. ♕:c3 ♕d8!

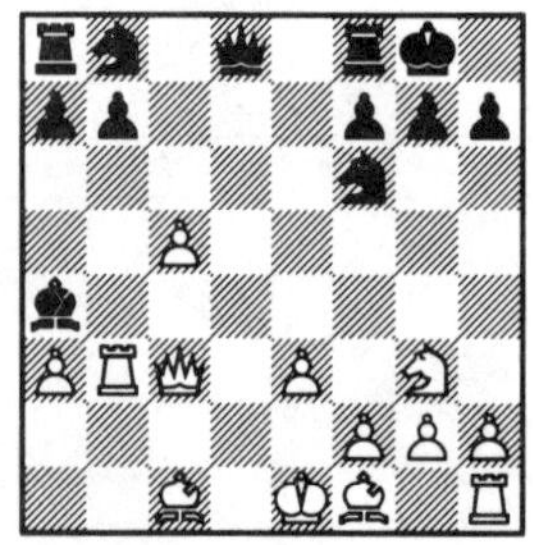

16. ♗c4 ♘a6! 17. ♗:a6 ba 18. 0–0 ♗:b3 19. ♕:b3 ♖b8 20. ♕c2 ♕d5 21. e4 ♕b3 22. ♕e2 ♕b5 23. ♕f3 ♕:c5 24. ♘f5 ♖b1 25. ♕f4 ♘:e4 26. h4 ♖e8 27. ♖e1 ♕c3 28. ♖d1 ♘d2 29. ♖:d2 ♖:c1+ 30. ♔h2 ♕c7 31. ♖d6 ♖c5 32. g3 ♖f8 33. g4 f6 34. ♔h3 h5! 35. ♕d2 hg+ 36. ♔:g4 ♕f7 37. h5 ♖:f5! 38. ♔:f5 ♕:h5+ 39. ♔f4 ♕h4+ 40. ♔f3 ♕h3+ 41. ♔e4 ♖e8+ 42. ♔d5 ♕b3+ 43. ♔d4 ♕:a3. Weiß gab auf.

Endstand: Euwe 9½ Aljechin 15½

Nimzowitsch-Indisch (8. Partie)

Kommentare: Alexander Aljechin

Weiß: Aljechin Schwarz: Euwe
1. d4 ♘f6 2. c4 e6 3. ♘c3 ♗b4 4. ♕c2 (Ich bin der Ansicht, daß dieser Zug der logischste von den hier möglichen Fortsetzungen 4. ♕b3, 4. a3, 4. ♗d2, 4. e3, 4. ♘f3, 4. g3 oder sogar 4. ♗f4 ist, da mit diesem zwei wichtige Ziele erreicht werden: Weiß nimmt das Feld e4 unter Kontrolle und geht der Verdoppelung der Bauern auf der c-Linie aus dem Wege.) 4. … d5 5. cd (Im Falle von 5. a3 ♗:c3+ 6. ♕:c3 ♘e4 7. ♕c2 c5 8. dc ♘c6 9. e3 erhält Schwarz ein gleiches Spiel und fährt mit 9. … ♕a5+ 10. ♗d2 ♘:d2 11. ♕:d2 dc! fort. Auf 12. ♕:a5 ♘:a5 13. ♖c1 folgt 13. … b5! 14. cb ♗b7!) 5. … ♕:d5 6. e3 (Wenn 6. ♘f3, dann 6. … c5 7. ♗d2 ♗:c3 8. ♗:c3 cd 9. ♘:d4 e5! wie in der 7. Partie des Wettkampfes Löwenfisch–Botwinnik im Jahre 1937.) 6. … c5 7. a3 ♗:c3+ 8. bc ♘bd7 (Die Entwicklung dieses Springers ist nicht eilig. Geeigneter für den Ausgleich des Spiels erscheint 8. … 0–0 9. ♘f3 b6!, und auf 10. ♗e2 folgt 10. … cd 11. cd ♗a6!, wie ich beispielsweise mit Schwarz gegen Grau in Montevideo 1938 gespielt habe.) 9. f3 (Die richtige Strategie: Weiß beabsichtigt, durch das Vorrücken e3–e4 die mögliche Reaktion e6–e5 abzuwehren. Exakter ist aber trotzdem 9. ♘e2, da dann 9. … cd 10. cd ♘b6 wegen 11. ♘c3 unbefriedigend gewesen wäre.) 9. … cd 10. cd ♘b6 11. ♘e2 ♗d7 12. ♘f4 (Weiß will nach der Antwort 12. … ♕c6 mit 13. ♕:c6 ein etwas besseres Endspiel erreichen. Nach 12. ♘c3 hätte Schwarz mit 12. … ♕c6 ein völlig befriedigendes Spiel.) 12. … ♕d6 13. ♗d2 ♖c8 14. ♕b2 ♘fd5 15. ♘:d5 ed 16. ♗b4 ♕e6 17. ♔f2 ♘a4 (Die erste Abweichung vom logischen Weg. Bei weitem bessere Remischancen bot die Fortsetzung 17. … ♘c4. Nicht angebracht war 17. … f5, da 18. ♗c5! zu weißem Vorteil führt. Nach 18. ♗:c4 ♖:c4 hätten sich ungleichfarbige Läufer ergeben. Wenn zum Beispiel 19. ♖ac1, dann 19. … ♖:c1 20. ♖:c1 ♗c6 21. ♕c3 f6 22. ♕c5 a6 23. ♕b6 ♕d7 mit genügender Verteidigung für Schwarz. Botwinnik ist der Ansicht, daß

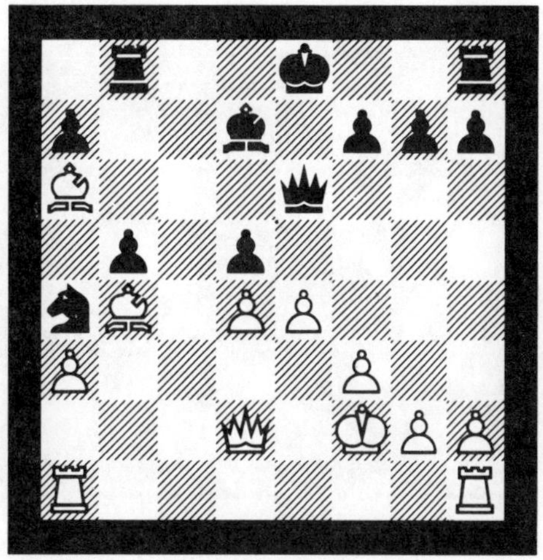

Weiß mit 21. e4 eine gefährliche Initiative erhalten konnte. Daher empfahl er statt 17. … ♘c4, besser 17. … f5 18. ♗c5 ♔f7 zu spielen.) 18. ♕d2 b6? (Der entscheidende Fehler. Weiß kann nun forciert auf Gewinn spielen. Unabdingbar war 18. … f5, ungeachtet dessen, daß nach 19. ♗d3, 20. ♖e1 und danach im Falle von e3–e4 der Vorteil von Weiß sehr offensichtlich ist.) 19. ♗a6! ♖b8 (Wie der Verlauf der Partie zeigt, ist die Drohung, mittels b6–b5 den Läufer zu umzingeln, nicht real. Auf 19. … ♖c7 wäre aber 20. ♖ac1 gefolgt.) 20. e4 b5 (siehe Diagramm) (Wenn 20. … f6, dann 21. ed ♕:d5 22. ♕e2+! ♕e6 23. ♖he1 ♕:e2+ 24. ♖:e2+ ♔d8 25. ♗e7+ ♔c7 26. ♖c1+, und Weiß gewinnt.) 21. ♕f4! (Dieser starke Zwischenzug nimmt Schwarz die letzte Hoffnung auf den Gewinn des Läufers a6. Wenn jetzt 21. … ♖d8, dann 22. ed ♕:d5 23. ♖he1+ ♗e6 24. ♖e5 ♕:d4+ 25. ♕:d4 ♖:d4 26. ♗:b5+.) 21. … ♖b6 22. ed (Genauer als 22. ♖he1, was die Antwort 22. … ♘b2 zuläßt.) 22. … ♕:d5 23. ♖he1+ ♗e6 24. ♖ac1 (Mit der furchtbaren Drohung 25. ♖c8+.) 24. … f6 25. ♖c7! (Das ist überzeugender als der Gewinn einer Qualität mittels 25. ♖c8+.) 25. … ♔d8 26. ♖:a7. Ein Matt in wenigen Zügen ist unvermeidlich. Schwarz gab auf.

Sprichwörtlich war Aljechins Katzenliebe – hier die Frauen Kmoch, Flohr und Aljechin (v. links) mit zwei Prachtexemplaren. Als Talisman galt Siamkater »Check«. Während der 6. Partie des Revanchekampfes 1937 soll Aljechin einen Pullover mit einem eigens für diesen Tag aufgenähten Ebenbild seines Lieblings getragen haben, was Euwe so irritierte, daß er verlor.
Am 25. März 1946 starb Alexander Aljechin, »Génie des échecs de Russie et de France«, wie es auf dem Denkmal heißt, das ihm die FIDE 1956 auf dem Pariser Friedhof Montparnasse errichten ließ

1948 - 1957 Michail Botwinnik

»Dieser junge Mann ist klug; er hat als Mensch und Spieler das Zeug, Weltmeister zu werden.« (Emanuel Lasker)

Der lange Weg des Michail B.

Als Weltmeister Capablanca sich 1925 am ersten internationalen Meisterturnier der UdSSR in Moskau beteiligte – Platz 1 belegte Jefim Bogoljubow vor Exweltmeister Lasker und eben dem Kubaner –, machte er auch einen Tagesausflug nach Leningrad. Dort gab er im Saal der Philharmonie eine Simultanvorstellung an 30 Brettern. Einer seiner Gegner war der Schüler Michail Botwinnik, damals bereits Spieler der ersten Leistungsklasse. Zum großen Erstaunen nicht nur des Champions gewann er seine Partie, was den Kubaner veranlaßte, seinem jugendlichen Bezwinger eine große Zukunft vorauszusagen. Daß zehn Jahre später beide erneut aufeinandertreffen, diesmal jedoch als gleichwertige Rivalen in bedeutenden Turnieren jener Zeit, hätte weder Capablanca noch irgendein Augenzeuge jener denkwürdigen Simultanpartie im November 1925 vorauszusagen gewagt. Mitte der 30er Jahre jedenfalls hatte sich Michail Botwinnik in der Weltspitze etabliert, und es schien nur noch eine Frage der Zeit zu sein, wann der Leningrader den Schachgipfel erklommen haben würde. Er selbst schilderte diesen beschwerlichen Weg, der alles andere als leicht war.

»Auf dem Schacholymp herrschten damals wirre Zeiten. Capablanca und Aljechin hatten den Höhepunkt ihres Ruhms bereits überschritten, zum amtierenden Weltmeister Euwe verhielt sich so mancher skeptisch, während die Aktien der jungen Generation (Flohr, Reschewski, Fine und Keres) im Steigen begriffen waren. Aljechin erkämpfte sich jedoch den Weltmeistertitel zurück und schloß mit Flohr einen Vertrag über ein Match, das der seinerzeit bekannte tschechoslowakische Schuhfabrikant Bata ausrichten sollte. Die Tschechoslowakei wurde jedoch bald darauf von Hitlerdeutschland okkupiert, und die Vereinbarung war damit hinfällig.

Im Herbst 1938 fand in den Niederlanden ein Turnier der acht stärksten Schachspieler der Welt statt. Bei der Auswahl ging man sehr streng vor, selbst Lasker erhielt nach seinem Mißerfolg 1936 in Nottingham keine Einladung. Ich wurde beauftragt, als Vertreter der UdSSR an dem von der AVRO, einer bekannten niederländischen Rundfunkgesellschaft, veranstalteten Turnier teilzunehmen, auf dem Aljechin, Capablanca, Euwe, Keres, Reschewski, Fine und Flohr spielten.

Am 7. November verlor ich in der ersten Runde gegen Fine, der einfach großartig spielte. Dann gewann ich gegen Reschewski, Aljechin und Capablanca und schloß zur Spitze auf. Am Ende jedoch belegte ich den dritten Platz.

Obwohl Fine und Keres die gleiche Punktzahl erkämpft hatten, erklärten die Veranstalter des Turniers anhand des Spielerkoeffizienten Keres zum Sieger. Die AVRO brauchte einen Sieger, da bereits zu Beginn der Wettkämpfe entschieden worden war, daß der Gewinner das Recht erhalten würde, gegen Aljechin zu spielen. Allerdings wurde daraus nichts. Bei der Eröffnung des Turniers verlas der Weltmeister auf deutsch in einem betont feldwebelhaft groben Ton eine Erklärung, in der er die Absicht der Veranstalter, die Wahl des Herausforderers zu beeinflussen, zurückwies. Er werde gegen jeden beliebigen bekannten Großmeister spielen, der den erforderlichen Preisfonds bereitzustellen vermag.

Damals mußte entschieden werden, ob ich den Weltmeister herausfordern würde oder nicht. Beim Abschluß des Turniers vereinbarte ich mit Aljechin ein Treffen. Er war gleich Feuer und Flamme, da er begriff, daß ein Match um den Weltmeistertitel gegen einen sowjetischen Schachspieler der einfachste und möglicherweise einzige Weg war, sich mit seinem Heimatland zu versöhnen. ›Morgen um 16 Uhr in meinem Hotel‹, sagte er.

Zu Aljechin ging ich mit Flohr, denn ich brauchte einen Zeugen, der allgemeines Ansehen genoß. Der Weltmeister empfing mich herzlich, und bei einer Tasse Tee wurden die Bedingungen ausgehandelt: Aljechin war bereit, in jedem beliebigen Land zu spielen. Sollte das Match in Moskau stattfinden, so wollte der Weltmeister drei Monate vor Beginn an irgendeinem Moskauer Turnier teilnehmen. Der Preisfonds entsprach der Londoner Vereinbarung.

Wir kamen überein, daß ich an eine von Aljechin genannte Adresse in Südamerika (irgendwo auf Trinidad beabsichtigte er ein Grundstück zu kaufen) eine offizielle Einladung schicken würde und daß man – sobald alles feststünde – in Moskau das Match offiziell ankündigen werde. Bis dahin wollten wir die Ergebnisse unseres Gesprächs streng vertraulich behandeln. Mit einem kräftigen Händedruck verabschiedeten wir uns – und begegneten uns nie wieder.

In Moskau empfing mich Nikolai Bulganin, damals Präsident der Staatsbank. Ich informierte ihn über mein Gespräch mit dem Weltmeister, und Bulganin versprach mir, Molotow, der in jenen Jahren Vorsitzender des Ministerrats der UdSSR war, von dem beabsichtigten Match in Kenntnis zu setzen. Ich kehrte nach Leningrad zurück, und schon sehr bald erhielt ich ein Regierungstelegramm: Sollten Sie sich entschließen, Aljechin herauszufordern, so wünschen

Der 6. Weltmeister

Im März 1948 begann in Den Haag das Matchturnier um den zwei Jahre lang verwaisten Thron des Schachweltmeisters. Sechs Meister hatte die FIDE nominiert: Botwinnik, Euwe, Keres, Reschewski, Smyslow und Fine, der jedoch aus beruflichen Gründen absagte. Bereits nach den ersten beiden Durchgängen in den Niederlanden war eine Vorentscheidung zugunsten des Favoriten Michail Botwinnik gefallen, der 6 von 8 möglichen Punkten auf sein Konto brachte. Nach dem Umzug in die sowjetische Metropole war eigentlich nur noch interessant, mit welchem Vorsprung er sein Ziel erreichen würde

Für Exweltmeister Max Euwe, der ursprünglich nur mit Botwinnik allein um die Weltmeisterschaft kämpfen sollte, blieb selbst die Familienunterstützung in Moskau ohne Erfolg. Weit abgeschlagen wurde er Letzter (Bild oben rechts). Vor Beginn der entscheidenden Etappe ein freundliches Erinnerungsfoto mit den fünf Titelaspiranten Keres, Smyslow, Reschewski, Euwe und Botwinnik, von denen allerdings schon vier abgeschlagen waren. Dem Esten Paul Keres gelang es – in der letzten Runde –, dem bereits feststehenden Weltmeister Botwinnik eine Niederlage – dessen erste als Champion – beizubringen

Beim Empfang durch Max Euwe in Amsterdam war der ehemalige »Schachwunderknabe« Samuel Reschewski, der 1922 als Elfjähriger in New York sein erstes Schachturnier spielte, noch voller Hoffnung auf ein gutes Abschneiden. Der geteilte dritte bis vierte Rang mit Keres entsprach gewiß nicht den Vorstellungen des Amerikaners, der jedoch neben seinem Tabellennachbarn als einziger Botwinnik einmal »auspunktete«. Ob für Hollands Ex-Champion (mit Hut) der belgische Meister O'Kelly de Galway vielleicht doch nicht der geeignetste Trainingspartner für das Fünfer-Schach-Gipfeltreffen war? Gegen Wassili Smyslow kam Paul Keres (rechts) im Minimatch zu einem 3:2. Die Bürde des Weltmeisters: Botwinnik liest mit seiner Frau Glückwunschtelegramme und muß Autogramme geben

wir Ihnen viel Erfolg. Alles übrige wird einfach zu machen sein. Molotow.

Erst vor einigen Jahren, als mir diese Episode wieder einfiel, kam mir der Gedanke, daß dieses Telegramm höchstwahrscheinlich von Stalin diktiert worden war. Das war so ganz sein Stil: ›Wir wünschen‹ statt ›ich wünsche‹ und ›wird einfach zu machen sein‹.

Nach dem Krieg wurde das Match gegen Aljechin abermals aktuell. Im Herbst 1945 erschien in der englischen Zeitschrift Chess ein sensationelles Interview, in dem Aljechin von unseren Verhandlungen sprach und erklärte, daß er bereit sei, gegen Botwinnik zu den vereinbarten Bedingungen zu spielen. Der Weltmeister hatte damit öffentlich sein Einverständnis bekräftigt. Bald darauf folgte eine positive Entscheidung der sowjetischen Regierung (die Sowjetunion würde für den Preisfonds aufkommen); nun konnten konkrete Vorkehrungen getroffen werden. Doch es kam nicht zu dem Match: Am 25. März 1946 starb Aljechin völlig unerwartet.

Erstmals seit 1886 war somit die Schachwelt ohne König, und deshalb beschloß die FIDE, ein Turnier der stärksten Schachspieler durchzuführen, dessen Sieger zum Weltmeister erklärt werden sollte. Die erste Hälfte des Wettkampfes sollte in Den Haag, die zweite in Moskau stattfinden. Als der Zeitplan für die Partien in den Niederlanden eintraf, war ich verblüfft: An Feiertagen (am Geburtstag der Königin beispielsweise) würde nicht gespielt werden. Beim näheren Hinsehen entdeckte ich, daß einer der fünf Teilnehmer vor der letzten Runde sechs Tage lang frei sein würde! Damit konnte ich mich natürlich nicht einverstanden erklären. Außerdem hatte ich erfahren, daß alle Schachspieler in einem Hotel untergebracht werden sollten, das viel zu weit vom unmittelbaren Wettkampfort entfernt war. Vor einer Partie gehe ich gewöhnlich 15 bis 20 Minuten lang spazieren, um mich zu konzentrieren, hier jedoch würde ich im Auto fahren und mir das Reden anderer anhören müssen.

In Den Haag teilte uns der sowjetische Botschafter Walkow den Beschluß des Turnierveranstalters mit, alle Teilnehmer in einem Hotel direkt am Meer unterzubringen. Ich sagte: ›Ich fahre nicht mit dorthin. Ich werde in einem Hotel im Stadtzentrum wohnen.‹ Mit Hilfe von Konsul Tschikirissow fand man für mich, meine Frau und meine Tochter sowie für Ragosin und Flohr ein Hotel, von wo aus es bis zum Wettkampfort genau 20 Minuten zu Fuß waren.

Die Auslosung zeigte, daß ich recht gehabt hatte: Keres würde sechs Tage hintereinander spielfrei sein, am siebenten Tag würde er gegen mich spielen müssen, und das mit den schwarzen Figuren.

In der ersten Partie war Euwe mein Gegner. Würde ich mich auch diesmal seinem Stil nicht anpassen können? Doch mein Partner spielte ungenau, und zur Zeitkontrolle war bereits alles vorbei. Aber zum Frohlocken war es noch zu früh, diese Partie war nur ein kleiner Teil eines harten Kampfes. Dann folgte eine schwere Partie gegen Smyslow, in der ich nur mit Mühe ein Remis erreichte; darauf gewann ich gegen Reschewski und hatte schließlich gegen Keres anzutreten. Nach den sechs Ruhetagen fiel diesem freilich das Spielen schwer, und nach meinem 23. Zug gab er auf.

Von 8 möglichen Punkten hatte ich in Den Haag 6 geschafft. Nun ging es nach Moskau.

Wie in Den Haag spielte ich meine erste Partie gegen Euwe. Der Niederländer gestaltete die Partie nicht besonders kompliziert. Die zweite Partie gewann ich gegen Smyslow, hatte nun schon 8 Punkte von 10 möglichen, doch in der folgenden Runde erwartete mich in der Partie gegen Reschewski ein schrecklicher Schlag. Reschewskis Siegeschancen wurden als ziemlich hoch eingeschätzt, ich jedoch wollte beweisen, daß er ungefährlich sei – und verlor. In den folgenden Partien gegen Keres, Euwe und Smyslow konnte ich jedoch meine Spitzenposition festigen. In der 22. Runde genügte mir bereits ein Remis für den Turniersieg.

Es war am 9. Mai 1948 im Haus der Gewerkschaften, wo das Turnier stattfand. Ich spielte mit Weiß gegen Euwe. Nach der Eröffnung vereinfachte sich die Stellung sehr, und ich bot meinem Gegner Remis an. Dieser lehnte aber ab. ›Schön, dann werden wir weiterspielen.‹ Doch Euwes Nerven hielten nicht stand, und schließlich erklärte er sich mit dem Remis einverstanden. Im Saal brandeten Ovationen auf.

Blieb noch die letzte Partie gegen Keres. Ich hatte die schwarzen Steine und geriet in eine verzwickte Lage. Keres beging dann einige Ungenauigkeiten, meine Lage besserte sich ein wenig. Ich bot Remis, doch letztlich verlor ich. Nach dem Turnier machten mir lauter Treffen und Gespräche das Leben schwer. Am bedrückendsten war zweifellos das Bewußtsein, Weltmeister geworden zu sein. Dieser Umstand hinderte mich, normal zu leben. Ich ließ mich jedoch nicht unterkriegen. Was ist denn schon ein Weltmeister? fragte ich mich. Das ist doch nur einer, der die Weltmeisterschaft gewonnen hat, weiter nichts.«

Mit Michail Botwinnik, der sich in allen Miniwettkämpfen (jeder spielte mit jedem fünf Partien) seinen Rivalen überlegen zeigte, hatte die Schachwelt nicht nur einen neuen Weltmeister. Sein Sieg begründete gleichzeitig eine neue Ära in dieser Sportart: die Hegemonie der sowjetischen Schachschule.

Nimzowitsch-Indisch (4. Runde)

Weiß: Botwinnik
Schwarz: Reschewski

Diese Partie besteht aus zwei Teilen: Im ersten Teil überspielt der amerikanische Großmeister im besten Positionsstil den Anziehenden, im zweiten geht Reschewski an seiner „unheilbaren Krankheit“, der Zeitnot, zugrunde. Geschickt wartet Botwinnik in schlechter Lage mit originellen Zügen auf, die seinen Gegner verwirren und ihn ein paar Sekunden Bedenkzeit kosten. Gewiß wurde nach der Partie auf 28. g4!? der Gewinnzug 28. ... ♘g5! gefunden, und selbst nach 29. gf wäre nach der richtigen Antwort 29. ... ♗:d4! 30. fe ♗:f2+ 31. ♖:f2 ♘:f2 32. ♔:f2 ♖:e6 die Partie noch zu halten gewesen. Aber Zeitnot-Dramen haben eben ihre eigenen Gesetze.

1. d4 ♘f6 2. c4 e6 3. ♘c3 ♗b4 4. e3 d5 5. a3 ♗e7 6. ♘f3 0–0 7. b4 ♘bd7 8. ♗b2 c6 9. ♗d3 dc 10. ♗:c4 ♗d6 11. ♘e2? a5! 12. b5 ♘b6 13. ♗d3 cb 14. ♗:b5 ♗d7 15. ♕b3 a4 16. ♕d3 ♖a5 17. ♘c3 ♕e8 18. ♗:d7 ♕:d7 19. 0–0 ♖c8 20. e4 ♘c4 21. ♗c1 e5! 22. ♖d1 ed 23. ♕:d4 ♕e6 24. ♖a2 h6 25. h3 ♖a6 26. ♘d5 ♘:e4 27. ♖e2 f5 28. g4!? ♗c5?

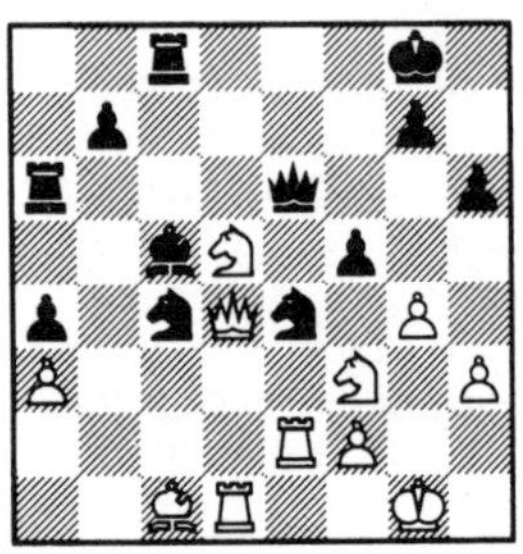

29. gf ♕:f5? 30. ♕:e4! ♕:h3 31. ♘h2 ♖cc6 32. ♘f4. In dieser verlorenen Stellung überschritt Schwarz die Bedenkzeit.

Stand:
Botwinnik 2½ Reschewski 1½

Nimzowitsch-Indisch (10. Runde)

Weiß: Botwinnik Schwarz: Keres

Eine hervorragende Leistung des Anwärters auf den verwaisten Weltmeister-Thron, die seine künftige Rolle als erster Mann des Weltschachs erkennen läßt. Nach der Ungenauigkeit 16. ... ♕c7? (versucht werden mußte 16. ... ♘a4, obwohl Weiß auch danach besser steht) kommt nach 17. c5! dc der weiße Turm mit zwei Riesensätzen über c5 nach g5, um sich dort bildschön zu opfern, was der kürzeste Weg zum Sieg ist.

1. d4 ♘f6 2. c4 e6 3. ♘c3 ♗b4 4. e3 0–0 5. a3 ♗:c3+ 6. bc ♖e8 7. ♘e2 e5 8. ♘g3 d6 9. ♗e2 ♘bd7 10. 0–0 c5 11. f3 cd 12. cd ♘b6 13. ♗b2 ed 14. e4! ♗e6 15. ♖c1 ♖e7 16. ♕:d4 ♕c7? 17. c5! dc 18. ♖:c5 ♕f4 19. ♗c1! ♕b8 20. ♖g5 ♘bd7 21. ♖:g7+!

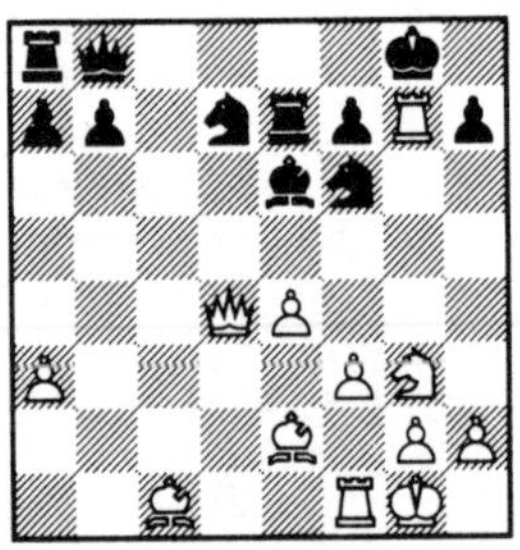

21. ... ♔:g7 22. ♘h5+ ♔g6 23. ♕e3. Schwarz gab auf.

Stand: Botwinnik 6 Keres 4

Sizilianisch (13. Runde)

Weiß: Smyslow Schwarz: Botwinnik

Botwinnik hat Eröffnungen beziehungsweise Verteidigungen häufig gewechselt. Sizilianisch war eine Zeitlang seine bevorzugte Antwort auf den Doppelschritt des weißen Königsbauern. So, wie er hier gegen seinen Landsmann spielt, sah man ihn noch viele Partien gewinnen – plötzlich war sein Läuferpaar im Spiel, nachdem es sich lange Zeit hinter einem Bauernwall versteckt hatte. Theoretisch ist dieses Beispiel kaum von Interesse. Smyslow spielte gern einen „Eigenbau“, was aber auch Botwinnik recht war. Die Wirkung des schwarzen Läuferpaars im Mittelspiel ist brettumfassend.

1. e4 c5 2. ♘f3 ♘c6 3. d4 cd 4. ♘:d4 ♘f6 5. ♘c3 d6 6. ♗g5 e6 7. ♗e2 ♗e7 8. 0–0 0–0 9. ♘db5 a6 10. ♗:f6 gf 11. ♘d4 ♔h8 12. ♔h1 ♖g8 13. f4 ♗d7 14. ♗f3 ♖c8 15. ♘:c6? bc 16. ♘e2 d5! 17. f5 ♕c7 18. c4 dc 19. ♕d4 c5 20. ♕:c4 ♗d6 21. g3 ♗b5 22. ♕c2 ef 23. ef ♖ce8 24. ♖f2 ♖e3 25. ♗g2 ♕e7 26. ♘g1 ♗d3! 27. ♕d2 c4 28. ♖f3 ♖e8 29. ♖d1 ♗c5 30. b3 ♖e1 31. bc ♗:c4 32. ♗f1 ♖:d1 33. ♕:d1 ♖d8 34. ♕c2 ♗d5 35. ♕c3 ♗d4 36. ♕d3 ♕e3! 37. ♕:e3 ♗:e3 38. ♗g2 ♗:f3 39. ♗:f3 ♖d2 40. ♘e2 ♖:a2. Weiß gab auf.

Stand: Smyslow 5½ Botwinnik 8

Nimzowitsch-Indisch (14. Runde)

Weiß: Botwinnik
Schwarz: Reschewski

Die scharfe Sämisch-Variante 4. a3 war damals hoch im Kurs. Botwinnik wandte sie oftmals mit Zugumstellung an – so auch in dieser Partie. Reschewski verstand aber sehr viel von den indischen Systemen und läßt seinen Gegner zu keiner Angriffshandlung kommen. Elastisch fängt er den Aufmarsch des vierten Bauern im Zentrum 14. f4? mit 14. ... f5! ab und erweist sich in dieser Begegnung als der bessere Positionsspieler.

1. d4 ♘f6 2. c4 e6 3. ♘c3 ♗b4 4. e3 c5 5. a3 ♗:c3+ 6. bc ♘c6 7. ♗d3 0–0 8. ♘e2 b6 9. e4 ♘e8! 10. ♗e3 d6 11. 0–0 ♘a5 12. ♘g3 ♗a6 13. ♕e2 ♕d7 14. f4? f5! 15. ♖ae1 g6 16. ♖d1 ♕f7 17. e5 ♖c8 18. ♖fe1 de 19. de ♘g7 20. ♘f1 ♖fd8 21. ♗f2 ♘h5 22. ♗g3 ♕e8 23. ♘e3 ♕a4 24. ♕a2 ♘:g3 25. hg h5 26. ♗e2 ♔f7 27. ♔f2 ♕b3! 28. ♕:b3 ♘:b3 29. ♗d3 ♔e7 30. ♔e2 ♘a5! 31. ♖d2 ♖c7 32. g4 ♖cd7 33. gf gf 34. ♖ed1? ♘b3! 35. ♘d5+ ed 36. ♗:f5 ♘:d2 37. ♖:d2 dc 38. ♗:d7 ♖:d7 39. ♖c2 ♔e6 40. ♔f3 ♖d3+. Weiß gab auf.

Stand:
Botwinnik 8 Reschewski 5½

Französisch (25. Runde)

Weiß: Keres Schwarz: Botwinnik

Natürlich wollte Botwinnik diese Partie nicht verlieren, doch Einfluß auf den Endstand hatte sie nicht mehr. Keres wählt im Stile Aljechins eine scharfe Gangart, die dem Weltmeister taktische Probleme stellen soll. Tatsächlich gelingt es dem Nachziehenden nicht, die Partie in positionelle Bahnen zu lenken. Sein König bleibt in der Mitte, die schwarzen Figuren kommen zu keinem richtigen Zusammenspiel. Auch wenn der schwächere Zug 21. ... ♕:f4? durch einen besseren ersetzt worden wäre, sollte der weiße Stellungsvorteil gewinnversprechend bleiben. Das war Botwinniks erste Niederlage als Weltmeister.

1. e4 e6 2. d4 d5 3. ♘c3 ♗b4 4. ♗d2 de 5. ♕g4 ♘f6 6. ♕:g7 ♖g8 7. ♕h6 ♘c6 8. 0–0–0 ♖g6 9. ♕h4 ♗:c3 10. ♗:c3 ♕d5 11. b3 ♘e7 12. f3! ♗d7 13. ♗b2 ♗c6 14. c4 ♕f5 15. d5

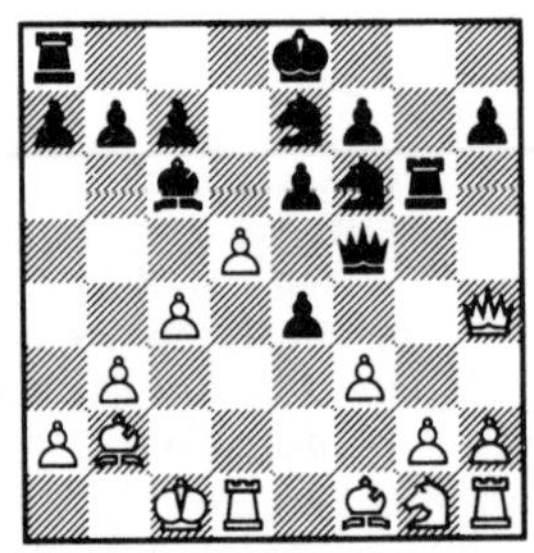

15. ... ed 16. fe de 17. ♘h3 ♘g4 18. ♕g3 ♕c5 19. ♕:c7 ♖c8 20. ♕f4 ♕e3+ 21. ♖d2 ♕:f4? 22. ♘:f4 e3 23. ♖c2 ♖g5 24. ♗e2 ♘f2 25. ♖e1 ♖d8 26. g3 ♖f5 27. ♗f1 ♖:f4 28. gf ♘d3+ 29. ♗:d3 ♖:d3 30. ♖c3! ♖:c3+ 31. ♗:c3 ♘f5 32. ♗d2! ♔d7 33. ♗:e3 b6 34. ♗f2 f6 35. ♔d2 h5 36. ♔d3 ♘h6 37. ♗h4 f5 38. ♖e7+ ♔d6 39. h3. Schwarz gab auf.

Endstand: Keres 10½ Botwinnik 14

Slawisch (12. Runde)

Kommentare: Michail Botwinnik

Weiß: Botwinnik Schwarz: Euwe

1. d4 d5 2. ♘f3 ♘f6 3. c4 e6 4. ♘c3 c6 (Euwe wendet mir gegenüber meine eigene Waffe an.) 5. e3 ♘bd7 6. ♗d3 dc (Der Exweltmeister, der in der ersten Partie des Wettkampfes mit dem Zug 6. … ♗b4 einen Verlust erlitten hat, vertraut sich hiermit der gut bekannten Meraner Variante an, die von der Theorie als für den Ausgleich genügend eingeschätzt wird.) 7. ♗:c4 b5 8. ♗d3 a6 9. e4 c5 10. e5 (Diese Fortsetzung ist von mir gründlich studiert worden. Der Zug 10. d5 war bereits in den 20er Jahren bekannt, aber erfuhr damals nicht die entsprechende Würdigung. Euwe wußte natürlich, daß ich ihn nicht anwende.) 10. … cd 11. ♘:b5 ab (Als ich in jenen Jahren die Meraner Variante mit Schwarz spielte, bevorzugte ich 11. … ♘:e5.) 12. ef ♕b6 (Bei der 19. UdSSR-Meisterschaft 1951 spielte Simagin gegen mich 12. … ♗b7, was keine wesentliche Änderung in der Bewertung dieses Systems bringt.) 13. fg ♗:g7 14. 0–0 (Alles das war von mir bereits vor dem Krieg vorbereitet und im April 1939 bei einer Trainingspartie überprüft worden. Ragosin spielte damals mit Schwarz. Er setzte nun fort mit 14. … ♗a6, da er stets bevorzugte, »nichttheoretische« Züge zu machen, aber nach 15. b4 bekam er eine Reihe von Schwierigkeiten. Euwe hält sich an die Theorie. Konnte er wissen, daß sie fehlerhaft ist?) 14. … ♘c5 15. ♗f4 (Weiß realisiert seinen Plan, mit den Figuren das Zentrum zu erobern. Der Abtausch des schwarzen Springers gegen den Läufer auf d3 würde nur dem Anziehenden gute Perspektiven öffnen. Darin bestand das eigentlich Subtile des neuausgearbeiteten Systems.) 15. … ♗b7 16. ♖e1 ♖d8 (Euwe verstand natürlich hier, worin mein Plan bestand, und entschied sich für eine abwartende Taktik.) 17. ♖c1 ♖d5 18. ♗e5 (siehe Diagramm) (So erreichte Weiß alles, was er geplant hatte. In der entstandenen Position kann Schwarz keine Rochade ausführen, und das ist wohl das Wichtigste. Auf 18. … 0–0 wäre 19. ♗:g7 ♔:g7 20. ♘e5 mit der Drohung 21. ♖:c5,

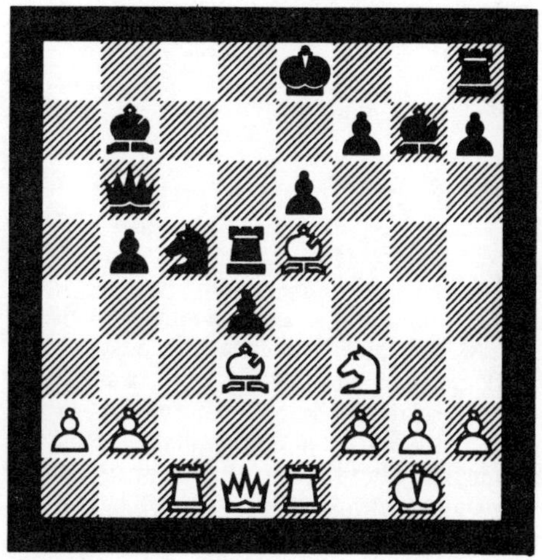

22. ♕g4+ und 23. ♕h5 gefolgt. Wir wollen bemerken, daß zahlreiche Analysen mit dem Zug 19. ♗:h7+ zu einem unklaren Spiel führen. Weiß kämpft um die entscheidende Überlegenheit, wobei er seinen Plan zur Eroberung des Zentrums weiter verfolgt.) 18. … ♗:e5 19. ♖:e5 ♖:e5 20. ♘:e5 ♘:d3 21. ♕:d3 f6 (Als Schwarz 18. … ♗:e5 zog, hatte er gewiß diese Stellung im Auge, aber konnte er denn erwarten, daß der Rückzug des weißen Springers obligatorisch ist? Auf 21. … ♖g8 wäre dennoch 22. ♕:h7 gefolgt, das Schach 22. … ♖:g2+ nicht fürchtend.) 22. ♕g3! (Nun dringt die Dame ein, wonach es keine Verteidigung mehr gibt.) 22. … fe 23. ♕g7 ♖f8 24. ♖c7 (Da 24. … ♕d6 an 25. ♖:b7 d3 26. ♖a7 ♕d8 27. ♕:h7 scheitert, ist Schwarz gezwungen, die Dame zu opfern.) 24. … ♕:c7 25. ♕:c7 ♗d5 26. ♕:e5 d3 27. ♕e3 ♗c4 28. b3 ♖f7 29. f3 (Weiß braucht sich nicht zu beeilen mit dem Schlagen des Läufers.) 29. … ♖d7 30. ♕d2 e5 31. bc bc 32. ♔f2 ♔f7 (Da die Fortsetzung 32. … c3 33. ♕:c3 d2 in Verbindung mit 34. ♕c8+ ♔e7 35. ♕:d7+ und 36. ♔e2 verliert, konnte Schwarz mit reinem Gewissen den Widerstand einstellen.) 33. ♔e3 ♔e6 34. ♕b4 ♖c7 35. ♔d2 ♖c6 36. a4. Schwarz gab auf.

Ein Ersatzmann spielte groß auf

Daß ausgerechnet ein Ersatzmann zum Herausforderer des Weltmeisters aufsteigen sollte, hätte vor dem ersten WM-Zweikampf unter FIDE-Patronat kaum jemand vorauszusagen gewagt. Dieses Meisterstück gelang David Bronstein.

Als die Qualifikationskommission der Weltschachföderation die Freiplätze für das erste Interzonenturnier 1948 vergab, hatte sein Name zunächst nur einen Platz auf der Reserveliste gefunden. Da aber O'Kelly de Galway (Belgien), Erich Eliskases (Argentinien) sowie die beiden USA-Vertreter Isaac Kashdan und Arnold Denker absagten, wurde er doch noch in das illustre Teilnehmerfeld aufgenommen. Wie Bronstein dann im kleinen schwedischen Städtchen Saltsjöbaden seine Chance nutzte, mit Platz 1 unter 20 Aktiven, war schon sensationell.

Auch das Budapester Kandidatenturnier 1950 sah den gebürtigen Ukrainer an der Spitze. Mit seinem punktgleichen Landsmann Isaak Boleslawski mußte er allerdings einen Stichkampf über 12 Partien um den ersten Platz austragen. Beim Stand von 6:6 wurde verlängert. Erst die 14. Runde brachte dem mit Schwarz äußerst risikoreich zur Sache gehenden Bronstein den für den Gesamterfolg notwendigen vollen Punktgewinn. Damit war er der erste offizielle Herausforderer von Weltmeister Botwinnik.

Vor dem Aufeinandertreffen mit dem Champion billigten die Experten dem 27jährigen Aufsteiger bestenfalls Außenseiterchancen zu. In den zurückliegenden Jahren hatte Botwinnik die Konkurrenz einfach zu überlegen beherrscht. So siegte er von 1941 bis 1948 nacheinander in acht Wettkämpfen. Von 137 möglichen Punkten errang er dabei unglaubliche 104½.

Der Praktiker Bronstein – damals einer der jüngsten Großmeister der Welt – ließ sich davon jedoch nicht beeindrucken. Für das Match baute er auf eine kluge psychologische Taktik: Er zwang Botwinnik nämlich, sich mit seinem eigenen Eröffnungsrepertoire auseinanderzusetzen. Oftmals stand der so vor der Aufgabe, gewissermaßen gegen sich selbst zu spielen. Im Moskauer Tschaikowski-Konzertsaal entflammte jedenfalls ein äußerst spannender Zweikampf. Nach vier Remis zum Auftakt ging Bronstein mit einem Sieg in der 5. Runde in Führung. Botwinnik glich darauf postwendend aus und lag zur Halbzeit schon mit 6½:5½ Punkten in Front. Den Kennern blieb trotzdem nicht verborgen, daß der Weltmeister eine dreijährige Schachpause eingelegt hatte. Der Grund für seine Schachabstinenz war, daß Botwinnik sich ausnahmslos auf die wissenschaftliche Arbeit stürzte. Seine Dissertation auf dem Gebiet der Elektrotechnik verteidigte er bereits einen Monat nach diesem WM-Duell erfolgreich.

Ein besonderer Trumpf Bronsteins war in der zweiten Hälfte des Wettkampfes sein aggressiver Stil, verbunden mit einer glänzenden Behandlung des Mittelspiels. In der 22. Partie gelang ihm schließlich jener notwendige Ein-Punkt-Vorsprung, den der Herausforderer nach dem Reglement benötigte, um den WM-Titel in seinen Besitz zu bringen. Beim Stand von 11½:10½ gegen den Weltmeister war man jetzt natürlich gespannt, wie dieser die für ihn besorgniserregende Situation meistern würde. Immerhin mußte er aus den beiden ausstehenden Partien unbedingt 1½ Punkte erreichen. Bronstein hingegen wäre bereits mit zwei halben Zählern am Ziel seiner Wünsche gewesen. Die Antwort auf diese Frage brachte schon die 23. Partie. Nach 32 Zügen entstand auf dem Brett ein Remis-Endspiel. Da entschloß sich Botwinnik, der Weiß hatte, zu einem verblüffenden Manöver. Trotz geringer Figurenanzahl riskierte er ein Bauernopfer, das Bronstein nicht durchschaute. Anstatt mit dem Spatz in der Hand zufrieden zu sein, wollte er die Taube auf dem Dach, also mit Materialgewinn einen Punktgewinn erzwingen. Diese Partie, die Botwinnik später als die schwierigste und gewichtigste seiner Laufbahn bezeichnete, brachte dem Herausforderer eine Niederlage. In der Schlußrunde konnte der Weltmeister sich leisten, in besserer Stellung ein Remis anzubieten.

Mit dem 12:12-Endstand hatte Bronstein zwar nicht verloren, doch nach der FIDE-Satzung blieb bei einem Unentschieden eben Botwinnik Weltmeister.

Auch in seinen folgenden Zweikämpfen gelang es ihm niemals, den ersten Vergleich siegreich zu gestalten. Daß er den Angriff des groß aufspielenden Ersatzmannes auf den WM-Thron abwehrte, ist in erster Linie seiner wahrhaft weltmeisterlichen Stärke im Endspiel zu danken. In dieser Phase war ihm sein Kontrahent, der sich eröffnungstheoretisch bestens präpariert zeigte, eindeutig unterlegen.

Auf David Bronsteins schöpferische Leistungen blieb jedoch dieses für ihn tragische Finale ohne Folgen. Es gelang ihm zwar nicht noch einmal, das Herausforderungsrecht zu erkämpfen, obwohl er mehr als zwei Jahrzehnte immer wieder Anlauf nahm; beim Kandidatenturnier 1953 war er mit einem 2. Platz am dichtesten dran. Dennoch gehört er in die erste Reihe der besten Schachspieler aller Zeiten. Und das nicht nur wegen seiner Wettkampferfolge, sondern wohl ebenso aufgrund seiner herausragenden publizistischen Tätigkeit. So erschien beispielsweise sein erstes Buch über das Kandidatenturnier 1953 in der Schweiz allein in der Sowjetunion bisher in einer Auflage von 300 000 Exemplaren.

Der erste Herausforderer von Weltmeister Botwinnik im Dreijahresmodus der FIDE war 1951 David Bronstein. Als »totes Rennen« hätten die Kampfrichter einer anderen Sportart den packenden 12:12-Einlauf gewertet und folglich beide auf Platz 1 gesetzt. Das FIDE-Reglement indes lautet anders: Bei einem Unentschieden ist der WM-Titel verteidigt. So dornenreich ist wohl nur beim Schach der Weg zum Olymp

Nimzowitsch-Indisch (5. Partie)

Weiß: Botwinnik
Schwarz: Bronstein

Die Fehler werden immer unscheinbarer. Welch ein Unterschied gegenüber dem Weltmeister-Schach vor 50 Jahren! Botwinnik geht mit einigen positionellen Vorteilen in das Mittelspiel hinein, doch der listige Bronstein ist ein hervorragender Taktiker. Immer wieder serviert er seinem Gegner neue Probleme und galoppiert mit seinen Springern an den weißen König heran, die diesem dann auch den Garaus machen.

1. d4 ♘f6 2. c4 e6 3. ♘c3 ♗b4 4. e3 0–0 5. ♗d3 c5 6. ♘f3 b6 7. 0–0 ♗b7 8. ♘a4 cd 9. a3 ♗e7 10. ed ♕c7 11. b4 ♘g4 12. g3 f5 13. ♘c3! a6 14. ♖e1 ♘c6 15. ♗f1 ♘d8 16. ♗f4 ♗d6 17. ♗:d6 ♕:d6 18. ♗g2 ♘f7 19. c5 ♕c7 20. ♖c1 ♖ae8 21. ♘a4 b5 22. ♘c3 f4 23. d5 fg 24. fg ed 25. ♕d4 ♘f6 26. ♘h4 ♖e5! 27. ♖:e5 ♕:e5 28. ♕:e5 ♘:e5 29. ♘f5 ♘c4 30. ♖d1 ♔h8!

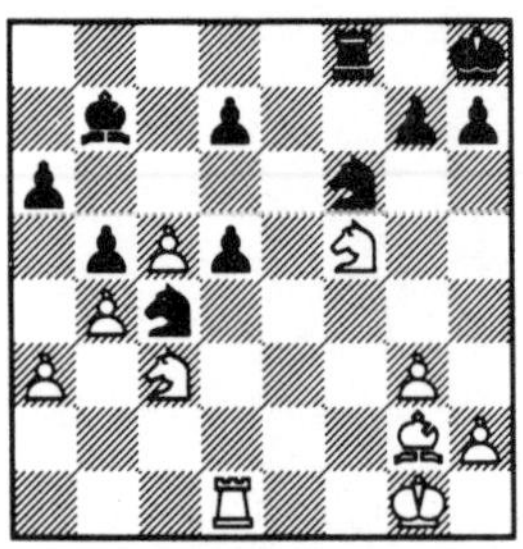

31. ♖e1 ♘:a3 32. ♘d6 ♗c6 33. ♖a1 ♘c2 34. ♖:a6 d4 35. ♘c:b5 ♗:g2 36. ♔:g2 ♘g4 37. ♘f5 d3 38. ♖d6 ♖:f5 39. ♖:d3 ♘ce3+. Weiß gab auf.

Stand: Botwinnik 2 Bronstein 3

Damenindisch (11. Partie)

Weiß: Botwinnik
Schwarz: Bronstein

Auch ein Weltmeister hat natürlich irgendwo einen schwachen Punkt. Bei Botwinnik war es die Taktik. Bronstein ist zweifellos ein »unangenehmer« Gegenspieler des Titelverteidigers. Auf den ersten Blick sieht es so aus, als ob nach dem Aufreißen des schwarzen Königsflügels durch 15. ♗:f6 gf der Anziehende bald dominieren wird. Aber mit dem schwarzen Läuferpaar läßt sich gar trefflich taktieren, und von der so schön aussehenden weißen Stellung ist bald nichts mehr übriggeblieben.

1. d4 e6 2. ♘f3 ♘f6 3. c4 b6 4. g3 ♗b7 5. ♗g2 ♗e7 6. 0–0 0–0 7. b3 d5 8. cd ed 9. ♗b2 ♘bd7 10. ♘c3 ♖e8 11. ♘e5 ♗f8 12. ♖c1 ♘:e5 13. de ♖:e5 14. ♘b5

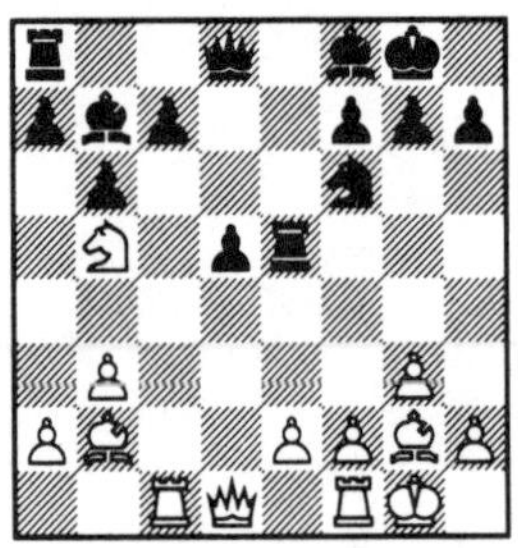

14. … ♖e7 15. ♗:f6 gf 16. e4 de 17. ♕g4+ ♗g7! 18. ♖fd1 ♕f8 19. ♘d4 ♗c8! 20. ♕h4 f5 21. ♘c6 ♖e8 22. ♗h3 ♗h6 23. ♖c2 e3 24. fe ♗:e3+ 25. ♔h1 ♗e6 26. ♗g2 a5 27. ♗f3 ♔h8 28. ♘d4 ♖ad8 29. ♖:c7 ♗d5! 30. ♖de1 ♕d6 31. ♖c2 ♖e4 32. ♗:e4 ♗:e4+ 33. ♕:e4 fe 34. ♘f5 ♕b4 35. ♖:e3 ♖d1+ 36. ♔g2 ♖d2+ 37. ♖:d2 ♕:d2+ 38. ♔h3 ♕f2 39. ♔g4 f6. Weiß gab auf.

Stand: Botwinnik 5½ Bronstein 5½

Holländisch (12. Partie)

Weiß: Bronstein
Schwarz: Botwinnik

Manchmal ging dem Herausforderer auch die Phantasie über. In dieser Begegnung wollte Bronstein einen neuen Aufbau gegen die Holländische Verteidigung erfinden, doch dies gelang nicht. Schon nach 11. … b5! verfügt Botwinnik über einen gesunden Mehrbauern und erhält obendrein noch Angriff gegen die lange Rochade. Eine Niederlage des Herausforderers, die auf seine Schwäche, eine Neigung zu einer übersteigerten Originalität, zurückzuführen ist.

1. d4 e6 2. c4 f5 3. e3 ♘f6 4. ♘c3 d5 5. ♘h3 c6 6. ♗d2 ♗d6 7. ♕c2 0–0 8. 0–0–0 ♕e7 9. f3 dc 10. e4 fe 11. ♘:e4 b5!

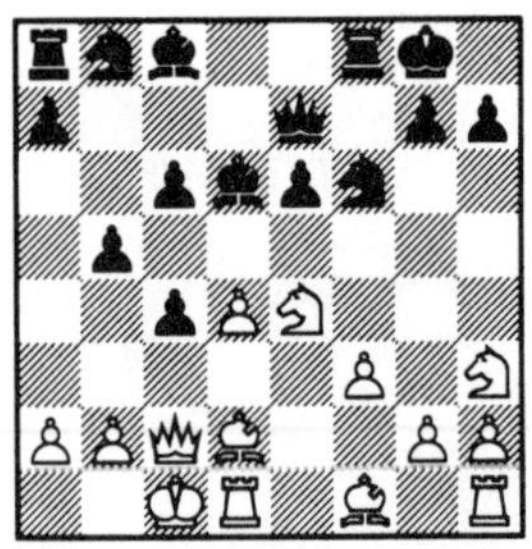

12. ♘:d6 ♕:d6 13. f4 ♘a6 14. ♗e2 c5 15. ♗f3 ♖b8 16. ♗c3 ♘b4 17. dc ♘:a2+ 18. ♔b1 ♘:c3+ 19. ♕:c3 ♕:c5 20. ♖he1 h6 21. ♖e5 ♕c7 22. g4 ♗b7 23. ♗:b7 ♖:b7 24. g5 ♘d5 25. ♖d:d5 ed 26. ♕d4 c3 27. b3 ♕d7 28. ♘f2 c2+ 29. ♔c1 hg 30. ♖:g5 ♕e6 31. ♖e5 ♕d6 32. ♔:c2 ♖c7+ 33. ♔d2 ♕c5 34. ♕:c5 ♖:c5 35. ♘d3 ♖c6 36. ♖:d5 a6 37. h4 ♖h6 38. h5 ♖hf6 39. b4 ♖f5 40. ♖d6 ♖8f6. Weiß gab auf.

Stand: Bronstein 5½ Botwinnik 6½

Grünfeld-Indisch (19. Partie)

Weiß: Botwinnik
Schwarz: Bronstein

In dieser Begegnung gelang es Botwinnik, dem Kontrahenten seinen Stil aufzuzwingen. Hier gab es einfach nichts zu zaubern, feine positionelle Manöver prägten das Bild. Sicherlich gab es für den Nachziehenden einige bessere Verteidigungszüge, doch wie soll man bei einer solchen Spielführung der feinen Nadelstiche immer das Richtige finden?

1. d4 ♘f6 2. c4 g6 3. g3 ♗g7 4. ♗g2 d5 5. cd ♘:d5 6. ♘f3 0–0 7. 0–0 c5 8. e4 ♘f6 9. e5 ♘d5 10. dc ♘b4 11. ♘c3 ♘c6 12. a3 ♘d3 13. ♗e3 ♗g4 14. h3 ♗:f3 15. ♕:f3 ♘d:e5 16. ♕e4 ♕d3 17. ♕a4 ♕c4 18. ♖ad1 ♖ad8 19. ♗d5 ♕:a4 20. ♘:a4 e6 21. ♗a2 ♘f3+ 22. ♔g2 ♘fd4 23. g4 h6 24. ♖d2 ♔h7 25. f4 f5 26. ♘c3 e5 27. fe ♗:e5 28. ♘d5 fg 29. hg ♖:f1 30. ♔:f1 ♖f8+ 31. ♖f2 ♖:f2+ 32. ♗:f2 a6 33. ♔g2 ♔g7 34. ♗c4 ♘e6 35. b4 ♗b2 36. a4 ♘e5 37. ♗e2 ♗d4 38. ♗g3 a5 39. ba ♘:c5 40. ♘c7 ♘c6 41. a6

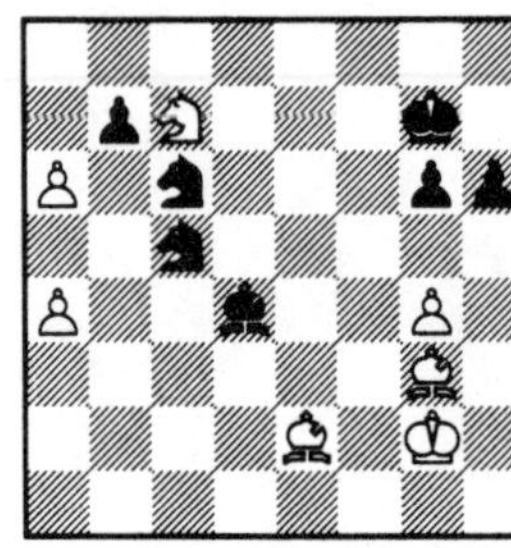

41. … ba 42. ♘:a6 ♘e4 43. ♗c7 ♘c3 44. ♗f3 ♘e5 45. a5 h5 46. g5 ♘c4 47. ♘b4 ♘b5 48. ♗d8 ♔f8 49. ♘c6 ♗c5 50. ♗e2 ♘e3+ 51. ♔f3 ♘d4+ 52. ♘:d4 ♗:d4 53. ♗d3 ♘g4 54. ♗:g6 ♘e5+ 55. ♔e4 ♘c6 56. ♗b6 ♗:b6 57. ab h4 58. ♗f5 ♔e7 59. ♔f4 ♔d6 60. ♗e4. Schwarz gab auf.

Stand: Botwinnik 10 Bronstein 9

Grünfeld-Indisch
(23. Partie)

Kommentare: Michail Botwinnik

Weiß: Botwinnik Schwarz: Bronstein
1. d4 ♘f6 2. c4 g6 3. g3 c6 (Gewöhnlich wählt Bronstein komplizierte Systeme, aber er hatte ja einen Punkt Vorsprung, und so war ihm ein Remis recht.) 4. ♗g2 d5 5. cd cd 6. ♘c3 ♗g7 7. ♘h3 (Stärker ist der übliche Zug 7. ♘f3, aber ich wollte vorbereiteten Abspielen aus dem Weg gehen.) 7. … ♗:h3 8. ♗:h3 ♘c6 9. ♗g2 e6 10. e3 0–0 11. ♗d2 ♖c8 12. 0–0 ♘d7 13. ♘e2 ♕b6 14. ♗c3 (Eigentlich wollte ich mit 14. ♕b3 fortsetzen, fürchtete mich jedoch vor dem Damentausch, da ich diese Partie um jeden Preis gewinnen mußte. Nur ein Sieg bot mir ja die Chance, das Match insgesamt Unentschieden zu gestalten und damit den Weltmeistertitel zu behaupten. Doch nach dem Auslassen dieses Zuges kann Schwarz erst recht aufatmen.) 14. … ♖fd8 15. ♘f4 ♘f6 16. ♕b3 ♘e4 17. ♕:b6 ab 18. ♗e1 ♘a5 19. ♘d3 ♗f8 20. f3 ♘d6 21. ♗f2 ♗h6 22. ♖ac1 ♘ac4 23. ♖fe1 ♘a5 24. ♔f1 ♗g7 25. g4 ♘c6 26. b3 (Besser war sicherlich 26. ♗h4.) 26. … ♘b5 27. ♔e2 (Hier war 27. a4 der gegebene Zug. Bronstein läßt sich nun 27. … ♘a3 entgehen.) 27. … ♗f8 28. a4 ♘c7 29. ♗g3 ♘a6 30. ♗f1 f6 31. ♖ed1 ♘a5 32. ♖:c8 ♖:c8 33. ♖c1 ♖:c1 34. ♘:c1 ♗a3 35. ♔d1 (Jetzt war im Sinne des Ausgleichs 35. … ♔f7 geboten, da Weiß nach 36. ♗:a6 ba 37. ♗c7 ♗:c1 38. ♔:c1 ♘:b3+ 39. ♔b1 ♘a5 kein Übergewicht erreichen kann. Hatte sich Bronstein vielleicht noch mehr versprochen?) 35. … ♗:c1 36. ♔:c1 ♘:b3+ 37. ♔c2 ♘a5 38. ♔c3 ♔f7 39. e4 f5 40. gf gf 41. ♗d3 ♔g6 (Nun mußte ich den Abgabezug machen. 20 Minuten überlegte ich, was stärker ist: 42. ♗d6 oder 42. ♗b1.) 42. ♗d6 (Die nächtliche Analyse zeigte jedoch, daß 42. ♗b1 vorzuziehen gewesen wäre. Nach beispielsweise 42. … fe 43. fe de 44. ♗:e4+ ♔g7 könnten die weißen Läufer auf dem Brett dominieren. Eine elegante Variante zeigte Flohr: 45. ♗:b7 ♘:b7 mit nachfolgender Königswanderung ♔c3–c4–b5 und Bildung eines Freibauern auf der a-Linie.) 42. … ♘c6 43. ♗b1 ♔f6 (siehe

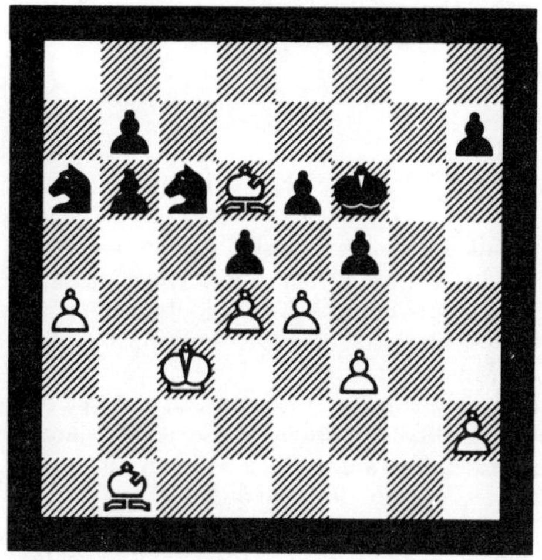

Diagramm) (Die Züge 42. … ♘c6 43. ♗b1 ♔f6 waren offensichtlich forciert und wurden von beiden Spielern nach der Wiederaufnahme schnell ausgeführt. Bronstein hatte jedoch den Zug 43. … ♘a7! nicht entdeckt, der wohl nach 44. ed ed 45. ♗a2 b5 46. a5 b4+! 47. ♔d3 ♘b5 48. ♗e5 ♘ac7 49. ♔c2 ♔f7 50. ♔b3 ♘a6 zu einem Remis gereicht hätte. Somit hätte er durchaus Weltmeister werden können. Nach dem scheinbar selbstverständlichen Zug 43. … ♔f6 folgt für ihn eine große Überraschung.) 44. ♗g3!! (Jetzt haben wir eine Zugzwangstellung auf dem Brett. Im Fall von 44. … ♘ab4 folgt 45. ♗e5+!, und der schwarze König muß nach g6. Auch andere Varianten sind für den Anziehenden sämtlich günstig.) 44. … fe 45. fe h6 46. ♗f4 h5 47. ed ed 48. h4 ♘ab8 49. ♗g5+ ♔f7 50. ♗f5 ♘a7 51. ♗f4 ♘bc6 52. ♗d3 ♘c8 53. ♗e2 ♔g6 54. ♗d3+ ♔f6 55. ♗e2 ♔g6 56. ♗f3 ♘6e7 57. ♗g5 (Auch wenn Schwarz noch über einen Mehrbauern verfügt, geht dieser infolge des Zugzwangs verloren, beispielsweise 57. … ♘c6 58. ♗:d5 ♘d6 59. ♗f3 ♔f5 60. ♗c1 b5 61. ♗:c6 bc 62. a5, und Weiß gewinnt.) Nach 40minütigem Nachdenken gab Bronstein auf.

Und wieder 12:12 für Botwinnik

Michail Botwinnik war in seiner Laufbahn stets sein strengster Kritiker. So hatte er nach jenem 12:12 gegen David Bronstein die wichtigste Ursache für dieses ihn keineswegs befriedigende Gesamtresultat erkannt: die mangelnde spielerische Praxis. Mit der ihm eigenen Hartnäckigkeit beteiligte er sich deshalb wieder an Turnieren und ließ sich nicht davon beeindrucken, daß die Erfolge für seine Verhältnisse zunächst eher bescheiden waren. So erlitt er im Finale der XIX. UdSSR-Meisterschaft 1951, bei der er lange führte, zum Schluß noch ein Fiasko. Er wurde Fünfter, mit zwei Punkten Abstand zum Sieger Paul Keres. Im Frühjahr 1952 stieg die Leistungskurve beim Maróczy-Gedenkturnier in Budapest zwar schon etwas an – geteilter 3. bis 5. Platz mit Stahlberg und Smyslow –, doch der alte Botwinnik war das noch lange nicht. Den erlebten die Schachfreunde bei den 20. Titelkämpfen der UdSSR. Nach siebenjähriger Unterbrechung hieß der Landesmeister erneut Michail Botwinnik, nachdem er sich in einem Stichkampf gegen den bis zur letzten Runde allein führenden Mark Taimanow mit 3½:2½ behauptet hatte.

Der Weltmeister war also gut gerüstet, und das tat auch Not, kündigte sich doch mit seinem zehn Jahre jüngeren Landsmann Wassili Smyslow ein überaus gefährlicher Rivale an. Dieser hatte schon frühzeitig in der Schachwelt für Aufsehen gesorgt: Mit 18 Jahren war der hochgewachsene, hagere, kurzsichtige, jungenhaft wirkende Mann, der den Dingen stets auf den Grund ging, Moskauer Meister geworden. Zwölf Monate später ist er als Debütant bereits Dritter der UdSSR-Meisterschaft.

»Sein Talent war universell und einmalig. Er vermochte es, geistreich die Eröffnung zu behandeln, eine verwickelte Verteidigung aufzubauen, stürmisch anzugreifen oder kaltblütig zu manövrieren. Über das Endspiel zu sprechen lohnt gar nicht – das war sein Element. Manche seiner Entscheidungen waren verblüffend tiefgründig. Sportgeist, Charakterstärke, eine eiserne Gesundheit, die bei schweren Schachwettkämpfen so wichtig ist, über alles das verfügte er. Besonders offenbarten sich die Kräfte Smyslows, wenn er in eine vorbereitete Variante geriet; dann saß er ein Stündchen am Brett, stützte die Wangen auf die Fäuste, seine Ohren wurden von dieser Anspannung rot – und er fand eine Widerlegung!« So Botwinnik über seinen Herausforderer.

Das Match selbst läßt sich in vier Abschnitte teilen. Der Start verlief für Smyslow mit drei Niederlagen und einem Remis recht unglücklich. Er zerbrach daran jedoch nicht. Mit seinem Sieg in der 7. Partie trat eine kaum erwartete Wende ein. Nachdem Botwinnik in Partie 8 einen elementaren Gewinn ausließ, erlitt er in der 9. Runde eine schwere Niederlage nach ungenauem Spiel in der Eröffnung. Dadurch verunsichert, gab er noch zwei weitere ganze Punkte ab. Zum erstenmal in seiner mehr als 25jährigen Praxis hatte Botwinnik damit dreimal hintereinander verloren. Das Match stand nunmehr 5:6 gegen ihn, und es gab nicht wenige, die in Smyslow schon den neuen Weltmeister sahen.

Doch alles kam dann ganz anders. Hatte der Herausforderer bislang zumeist große Vorsicht walten lassen, so änderte er nun seine Taktik. Dieser unverzeihliche psychologische Fehler kam Botwinnik sehr entgegen. Er fand seinen Kampfgeist wieder. Der dritte Abschnitt zwischen Partie 12 und 16 stand ganz in seinem Zeichen. Mit 4:1 – die beiden ließen kein einziges Unentschieden zu – hatte der Champion sich wieder in die Vorhand gebracht. Nun stand es 9:7 zu seinen Gunsten.

Als dann jedoch der Ausgang des Wettkampfes eigentlich schon feststand, demonstrierte Smyslow kaum erwartetes Stehvermögen. Er kehrte zu seiner alten Taktik zurück, und nach Siegen in der 20. und 23. Partie war zum viertenmal Gleichstand erreicht. Um Weltmeister zu werden, mußte der Herausforderer jetzt die letzte Partie um jeden Preis gewinnen, noch dazu mit den schwarzen Steinen. Smyslow operierte dabei in der Eröffnung nicht eben glücklich und gab sich letztlich mit einem Remis zufrieden. Das Match endete somit 12:12, und entsprechend den FIDE-Regeln hatte der Champion seinen Titel verteidigt.

Natürlich hat dieses Unentschieden in der 24. Partie die Gemüter damals mächtig bewegt, war es doch allein für Botwinnik von Nutzen. Der Weltmeister hat sich selbst darüber freimütig geäußert: »Man darf nicht vergessen, daß jeder schachliche Wettstreit zwei Momente verkörpert: ein ideelles und ein sportliches. Da die ersten dreiundzwanzig Partien mit dem Ergebnis 11½:11½ geendet hatten und es mir nicht gelungen war, meinen Partner zu überholen, wir also beide gezeigt hatten, daß wir ungefähr gleich stark waren, hatte die vierundzwanzigste Partie eine ganz eindeutig sportliche Bedeutung, und als Smyslow, der über seinen 22. Zug nachdachte, sich zu meinem großen Erstaunen dafür entschied, Remis anzubieten, und so auf die letzte Hoffnung verzichtete, Weltmeister zu werden, was blieb mir da übrig? ›Ihr Vorschlag ist so verlockend‹, antwortete ich, ›daß ich ihn nicht ablehnen kann.‹«

Smyslow ließ sich durch das für ihn unglückliche Ergebnis seines ersten WM-Matches nicht entmutigen. Im Gegenteil, 1957 konnte er erneut mit Botwinnik die Klingen kreuzen.

Michail Botwinnik blieb sich beim WM-Match 1954 selbst treu: Wiederum 12:12. Wassili Smyslow hätte dabei mit einem Schwarz-Sieg in der letzten Runde noch alles gewinnen können. Doch wie drei Jahre zuvor David Bronstein diese Chance nicht nutzen konnte, versagen auch ihm die Nerven. Remis und »Aus«. Den Siegerkranz erhält Weltmeister Botwinnik. Für seinen Sekundanten Kan, der hier mit den Schiedsrichtern Laszlo Szabó und Harry Golombek (v. rechts) einträchtig eine Partie studiert, ist das natürlich Grund zur Freude. Schwerstarbeit mußten während der 24 »Sitzungen« die Mitarbeiter des Pressezentrums leisten. Ein Smyslow-Fan erkundigt sich gerade über einen Zug in der 18. Partie

Nimzowitsch-Indisch (2. Partie)

***Weiß:* Botwinnik *Schwarz:* Smyslow**

Botwinnik greift aus der Eröffnung heraus an – natürlich positionell fundiert, ein Wild-West-Schach spielt man nicht mehr! Der Säbelhieb 10. g4! wäre kraftlos gewesen, hätte Schwarz im 9. Zug auf d5 mit dem Springer geschlagen. Nachdem Smyslow die relativ beste Antwort 10. ... g5!? versäumte, wird er förmlich an die Wand gespielt. Eine Partie aus einem Guß!

1. d4 ♘f6 2. c4 e6 3. ♘c3 ♗b4 4. e3 b6 5. ♘e2 ♗a6 6. a3 ♗e7 7. ♘f4 d5 8. cd ♗:f1 9. ♔:f1 ed? 10. g4!

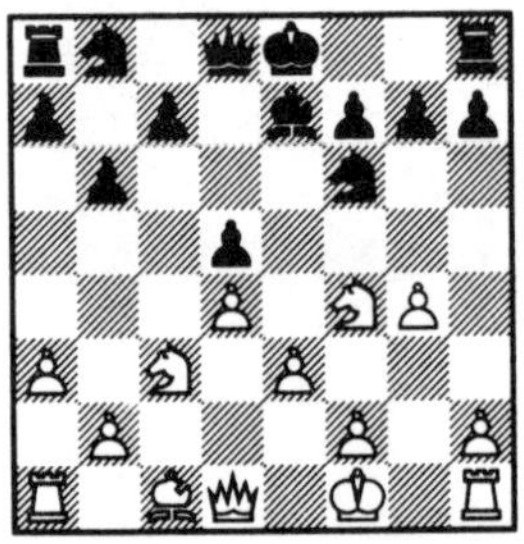

10. ... c6? 11. g5 ♘fd7 12. h4 ♗d6 13. e4! de 14. ♘:e4 ♗:f4 15. ♗:f4 0–0 16. h5! ♖e8 17. ♘d6 ♖e6 18. d5 ♖:d6 19. ♗:d6 ♕:g5 20. ♕f3! ♕:d5 21. ♕:d5 cd 22. ♖c1 ♘a6 23. b4 h6 24. ♖h3 ♔h7 25. ♖d3 ♘f6 26. b5 ♘c5 27. ♗:c5 dc 28. ♖:c5 ♖b8 29. a4 ♖b7 30. ♖dc3. Schwarz gab auf.

***Stand:* Botwinnik 2 Smyslow 0**

Französisch (9. Partie)

***Weiß:* Smyslow *Schwarz:* Botwinnik**

Eine interessante theoretische Auseinandersetzung. Smyslow war einmal der Meinung, daß die Französische Verteidigung im Sinne des Ausgleichs der Stellung inkorrekt sei, Botwinnik jedoch war ihr lange Zeit sehr zugetan. Der Anziehende gewinnt diese Partie im besten Stil, doch Französisch ist heute anerkanntermaßen eine zuverlässige Verteidigung gegen den Doppelschritt des weißen Königsbauern.

1. e4 e6 2. d4 d5 3. ♘c3 ♗b4 4. e5 c5 5. a3 ♗a5 6. b4 cd 7. ♕g4 ♘e7 8. ba dc 9. ♕:g7 ♖g8 10. ♕:h7 ♘d7 11. ♘f3 ♘f8? 12. ♕d3 ♕:a5 13. h4 ♗d7 14. ♗g5 ♖c8 15. ♘d4! ♘f5 16. ♖b1 ♖c4 17. ♘:f5 ef 18. ♖:b7 ♖e4+ 19. ♕:e4

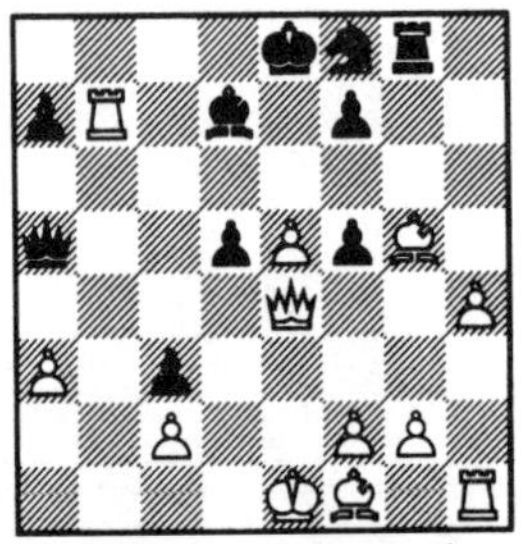

19. ... de 20. ♖b8+ ♗c8 21. ♗b5+ ♕:b5 22. ♖:b5 ♘e6 23. ♗f6 ♖:g2 24. h5 ♗a6 25. h6. Schwarz gab auf.

***Stand:* Smyslow 4 Botwinnik 5**

Königsindisch (14. Partie)

***Weiß:* Botwinnik *Schwarz:* Smyslow**

Die Großmeister der 50er Jahre mußten schon in verschiedenen Stilarten Könner sein. So zeigt in dieser Begegnung der Herausforderer, der gewöhnlich in komplizierten Situationen zunächst einmal nach einer positionellen und nicht nach einer taktischen Lösung sucht, daß er auch glänzend einen Angriff zu führen versteht. Im Mittelspiel findet Botwinnik nicht die Folge 21. ♗:b7 ♕:b7 22. ♖c3, die ihm Aussichten auf ein Unentschieden gab. Smyslow erweist sich in diesem Match als ein ebenbürtiger Gegner.

1. d4 ♘f6 2. c4 g6 3. g3 ♗g7 4. ♗g2 0–0 5. ♘c3 d6 6. ♘f3 ♘bd7 7. 0–0 e5 8. e4 c6 9. ♗e3 ♘g4 10. ♗g5 ♕b6 11. h3 ed 12. ♘a4 ♕a6 13. hg b5 14. ♘:d4 ba 15. ♘:c6 ♕:c6 16. e5 ♕:c4 17. ♗:a8 ♘:e5 18. ♖c1 ♕b4 19. a3 ♕:b2 20. ♕:a4 ♗b7! 21. ♖b1? ♘f3+ 22. ♔h1 ♗:a8!

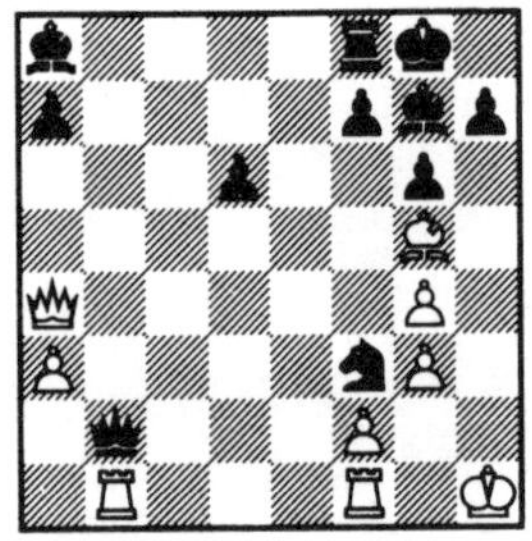

23. ♖:b2 ♘:g5+! 24. ♔h2 ♘f3+ 25. ♔h3 ♗:b2 26. ♕:a7 ♗e4 27. a4 ♔g7 28. ♖d1 ♗e5 29. ♕e7 ♖c8! 30. a5 ♖c2 31. ♔g2 ♘d4+ 32. ♔f1 ♗f3 33. ♖b1 ♘c6. Weiß gab auf.

***Stand:* Botwinnik 7 Smyslow 7**

Sizilianisch (15. Partie)

***Weiß:* Smyslow *Schwarz:* Botwinnik**

Smyslow hat eine Vorliebe für die geschlossene Behandlung dieser Verteidigung. Man braucht dafür nicht so viel zu wissen (und zu lernen!), signalisiert damit auch, daß man seinen Gegner nicht im Sturmangriff überrennen will, daß man die Sache eher langsam, mehr positionell angehen möchte. Aber der Anziehende kommt damit auch seinem Gegner entgegen, dessen große Stärke das strategische Schach ist. Tatsächlich hat Botwinnik nach 18. ... ♕f6! schon entscheidenden Vorteil, der ihm einen Mehrbauern einbringt. Getadelt wird der »Normalzug« 16. ♖ae1. Smyslow hätte sich nolens volens zu 16. g4 hg 17. hg ♘h6 18. g5 entschließen sollen mit zweischneidigem Kampf. Nach dem Bauerngewinn spielt der Weltmeister Bilderbuch-Schach.

1. e4 c5 2. ♘c3 ♘c6 3. g3 g6 4. ♗g2 ♗g7 5. d3 d6 6. ♘ge2 e5! 7. ♘d5 ♘ge7 8. c3 ♘:d5 9. ed ♘e7 10. 0–0 0–0 11. f4 ♗d7 12. h3 ♕c7 13. ♗e3 ♖ae8 14. ♕d2 ♘f5 15. ♗f2 h5 16. ♖ae1 ♕d8! 17. ♔h2 ♗h6 18. h4 ♕f6! 19. ♗e4 ef 20. ♘:f4 ♘:h4 21. ♗e3 ♘f5 22. ♗:f5 ♕:f5 23. ♕g2 ♕g4 24. ♕e2 ♕:e2 25. ♖:e2 ♖e5 26. ♖ee1 ♖fe8 27. ♗f2 h4 28. ♖:e5 ♖:e5 29. d4 hg+ 30. ♔:g3 ♖g5+ 31. ♔h2 ♖f5 32. ♗e3 cd 33. cd ♔h7 34. ♖f2 g5 35. ♘e2 ♖:f2+ 36. ♗:f2 f5. Weiß gab auf.

***Stand:* Smyslow 7 Botwinnik 8**

Königsindisch im Anzuge (23. Partie)

***Weiß:* Smyslow *Schwarz:* Botwinnik**

Wer ist der bessere Stratege? In dieser Begegnung war es in der ersten Phase Botwinnik, in der zweiten aber Smyslow, der die ungenauen Züge seines Kontrahenten geschickt für sich nutzt. Im 18. Zug läßt Botwinnik ... c4! mit der möglichen Folge 19. ♕b5 a6 20. ♕c5 b6 21. ♕a3 ♗:d2 22. ♘:d2 ♘f5 23. ♖:c6 ♕g5+ 24. ♔h1 ♕:d2 aus, und im 23. Zug gab es die bessere Verteidigung ... ♕d5 24. ♘d6 ♕:g2+ 25. ♔:g2 ♖ab8. Erstaunlich, wie aus einer sehr guten Stellung ganz schnell eine schlechte werden kann.

1. e4 e6 2. d3 c5 3. ♘d2 ♘c6 4. g3 g6 5. ♗g2 ♗g7 6. ♘gf3 ♘ge7 7. 0–0 0–0 8. c3 d6! 9. a4 f5 10. ♕b3 d5 11. ed ed 12. ♖e1 f4! 13. ♘f1 ♗g4! 14. gf ♗:f3 15. ♗:f3 ♔h8 16. ♗d2 ♗h6

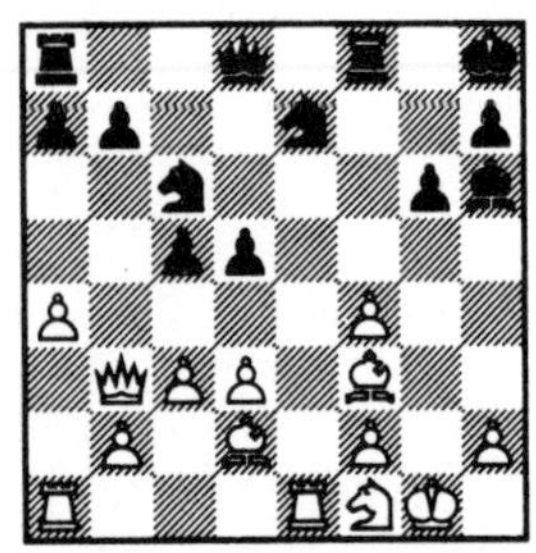

17. ♖e6! ♗:f4 18. ♖ae1 ♗:d2 19. ♘:d2 ♘f5 20. ♗g2 ♘h4 21. ♕:d5 ♘:g2 22. ♕:g2 ♕:d3 23. ♘e4 ♖f5? 24. ♘d6 ♖f3 25. ♘:b7 ♖af8 26. ♘:c5 ♕f5 27. ♖e8 ♔g8 28. ♖:f8+. Schwarz gab auf.

***Stand:* Smyslow 11½ Botwinnik 11½**

Slawisch
(12. Partie)

Kommentare: Michail Botwinnik

Weiß: Botwinnik Schwarz: Smyslow

1. d4 d5 2. c4 c6 (Smyslow versucht in diesem Kampf eines seiner bevorzugten Eröffnungssysteme.) 3. ♘f3 ♘f6 4. ♘c3 (Diese Variante spielte ich selten. Ihre Anwendung liegt bis in das Jahr 1944 zurück. In vorangegangenen Partien habe ich gegen Smyslow stets mit 4. cd fortgesetzt.) 4. … dc 5. a4 ♗f5 6. e3 e6 7. ♗:c4 ♗b4 8. 0–0 ♘bd7 (Beim Kandidatenturnier 1953 hat Smyslow nicht ein einziges Mal dieses System mit 8. … ♘bd7 gewählt. Vielleicht fürchtete er sich vor einer Neuerung oder wollte eine gute Fortsetzung in Reserve halten.) 9. ♘h4 (Diese Idee ist nicht neu. Ich hatte sie in einer Partie Spielmann–van Stenis, gespielt 1936, gesehen, wo 8. … 0–0 anstelle von 8. … ♘bd7 geschah. Dort folgte 9. ♘h4 ♗g4 10. f3 ♗h5 11. g4 ♘d5. Auch war sie schon in einer Partie Asztalos–Tarrasch, gespielt 1920, vorgekommen, wo es mit 9. … ♗g6 10. ♘:g6 weiterging. In Trainingspartien gegen Kan zog ich 10. f3 und 11. e4.) 9. … 0–0 10. f3! ♗g6 11. e4 e5 (Kühn, denn der Läufer c4 wird auf den ersten Blick sehr gefährlich.) 12. ♘:g6 (Natürlich ist es stets verlockend, das Läuferpaar zu erhalten, dennoch wählt Weiß einen fehlerhaften Weg! Löwenfisch empfahl 12. de! ♘:e5 13. ♗e2, und die Chancen von Weiß sind besser.) 12. … hg 13. ♗e3 (Ein schablonenhafter Zug. Hier war es unbedingt nötig, mit 13. de ♘:e5 14. ♗e2 fortzufahren.) 13. … ♕e7 (Unwirksam. Mit 13. … ♕b6! könnte Schwarz den Bauern d4 fesseln und Weiß vor keine leichte Aufgabe stellen.) 14. ♕e2 ed 15. ♗:d4 ♗c5 16. ♗:c5 ♕:c5+ 17. ♔h1 g5 18. g3 ♖ad8 19. ♗a2 ♖fe8 20. ♖ad1 ♘f8 21. ♖:d8 ♖:d8 22. e5 ♘d5 23. ♘:d5 (Danach schließt sich die d-Linie, was für Weiß gut ist. Der Bauer d5 wird schwach sein, und das ist am Ende von entscheidender Bedeutung.) 23. … cd 24. ♕d2 (Sehr wichtig ist es, mit Tempo die Felder b4 und d4 für die feindliche Dame unzugänglich zu machen.) 24. … ♘e6 25. f4 gf 26. gf ♕c6 (Mag sein, daß dies der entscheidende Fehler ist. Schwarz unterschätzt die Gefahr seiner Lage. Unbedingt notwendig war es, den Damentausch auf folgende Weise vorzunehmen: 26. … ♕d4 27. ♕:d4 ♘:d4, und nach 28. ♖d1 ♘e6 29. f5 ♘c5 30. ♖d4 ♔f8 31. ♔g2 ♔e7 32. a5 g6 bleiben Schwarz reale Chancen auf ein Remis erhalten.) 27. f5 ♘c5 28. ♕g5 ♖d7 (Keine Rettung versprach 28. … f6 29. ♕g2 fe in Verbindung mit 30. b4 ♘d3 31. f6 ♕d7 32. ♕e4!) 29. ♖g1 f6 30. ef ♘e4 (siehe Diagramm) (Auf diesen Zwischenzug setzte Schwarz wohl seine Hoffnung. Im Falle von 31. ♕g2 ♘:f6 hätte er tatsächlich eine Gewinnposition, denn der Bauer d5 wäre vom Springer zuverlässig verteidigt. Die weißen Bauern sind dagegen alle schwach.) 31. f7+! (Etwas völlig Unerwartetes! Der Bauer kann nur vom Turm genommen werden, doch dabei verliert er die Kontrolle des Feldes d8, und der zentrale Bauer d5 geht verloren. Die Eröffnungsidee von Weiß erhält ihren Abschluß – der weißfeldrige Läufer greift mit entscheidender Wirkung in den Kampf ein.) 31. … ♖:f7 32. ♕d8+ ♔h7 33. ♗:d5 ♘f2+ 34. ♔g2 ♕f6 35. ♕:f6 ♖:f6 36. ♔:f2 ♖:f5+ 37. ♗f3 ♖f4 38. ♖g4. Schwarz gab auf.

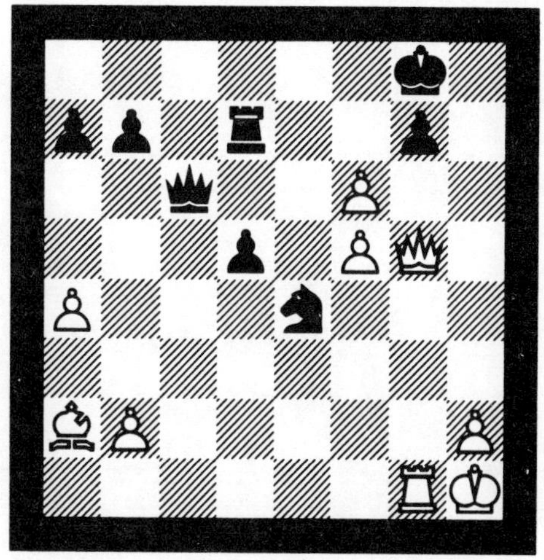

Das befreiende Lächeln des Michail Botwinnik. »Zum Teil bestand das Geheimnis seines Genies darin, ungeheuer hart und viel arbeiten zu können. Jede seiner Partien unterwarf er intensiven Analysen, und er zeigte sich stets als sein eigener strengster Kritiker. Er regte als erster an, daß Turniervorbereitungen nicht nur geistig-seelisches, sondern auch körperliches Training enthalten sollten«, so Großmeister Raymond Keene

Von Kiebitzen dicht umlagert sind stets die Demonstrationsbretter. Hier steht die 21. Partie Botwinnik–Bronstein zur Diskussion, die dem mit Schwarz spielenden Herausforderer einen vollen Punkt und damit den 10½:10½-Gleichstand brachte

1957-1958 Wassili Smyslow

»Smyslows Spiel erinnert in seiner Klarheit und Logik an Capablanca. Er versteht es, mit einfachen Mitteln scheinbar schwierige Probleme zu lösen.« (Gideon Stahlberg)

Im zweiten Anlauf am Ziel

Botwinnik hatte vor diesem zweiten WM-Match mit Smyslow allen Grund, optimistisch zu sein. Da konnte er durchaus wiedergewonnene spielerische Sicherheit in die Waagschale werfen. So kam er bei den Schacholympiaden 1954 in Amsterdam und 1956 in Moskau am Spitzenbrett der UdSSR-Auswahl jeweils auf das beste Ergebnis gegen die Konkurrenz aus den anderen Ländern. Er blieb sogar ungeschlagen, und das Niveau seiner Partien war wirklich beeindruckend. Bei der XXII. Landesmeisterschaft der UdSSR 1955 brachte ihn nur ein vermeidbarer Punktverlust gegen Keres ausgerechnet in der letzten Runde um das Meisterschaftsgold. Das teilten sich dadurch mit einem halben Zähler Vorsprung Jefim Geller und eben Smyslow, denen er allerdings beiden unterlag. Das stark besetzte Aljechin-Gedenkturnier, unmittelbar nach der Moskauer Schacholympiade ausgetragen, beendete er dafür mit einem ewigen Rivalen wieder ganz vorn. Aber auch hier war es die ominöse letzte Runde, die Botwinnik den alleinigen Sieg kostete. Er unterlag abermals Paul Keres, während Smyslow den schwedischen Großmeister Gideon Stahlberg niederhielt und so noch gleichziehen konnte.

Andererseits war da so etwas wie das Gesetz der Serie. Noch niemals zuvor war ein Herausforderer im zweiten Anlauf ans Ziel seiner Wünsche gelangt. Weder Janowski noch Bogoljubow war das scheinbar Unmögliche gelungen, die Krone zu erobern.

Wesentlichen Einfluß auf den Ausgang des neuerlichen Zweikampfes der zu diesem Zeitpunkt unbestritten besten Schachspieler der Welt hatte bereits die Startphase. Während Botwinnik im Jahre 1954 seinen Kontrahenten nahezu überrumpelt hatte, kam es diesmal ganz anders. Smyslow entschied bereits die erste Partie für sich, was er als gutes Omen wertete. Als der Weltmeister ihm dann in Runde 4 und 5 einen zweifachen Verlust beibrachte, schien das den Herausforderer nicht zu beeindrucken. Seinerseits konterte er vielmehr in der 6. Partie, wodurch ihm mit 3:3 der Ausgleich gelang.

Für Botwinnik war das wohl der erste neuralgische Punkt, denn er ging fortan niemals mehr in Führung. Die Initiative auf dem Brett übernahm Smyslow, dessen Spiel von schöpferischem Erfindungsreichtum und geistreichen kombinatorischen Wendungen geprägt war, aber auch von weiten Vorausberechnungen und exaktem Positionsspiel. In der 8. und 12. Runde kam er zu zwei weiteren Siegen, so daß eine beruhigende 7:5-Führung zur Halbzeit zu bilanzieren war.

Seine zahllosen Anhänger rieten dem ausgebildeten Konzertsänger daraufhin im Überschwang, so wird berichtet, schon mal Visitenkarten mit dem Vermerk Weltmeister drucken zu lassen.

Wer jedoch nun dachte, Botwinnik würde resignieren und kampflos das Feld räumen, wurde zunächst eines anderen belehrt. In der 13. Partie schaffte der Champion den Anschluß, und als die 15. Partie abgebrochen wurde, da wäre kaum jemand bereit gewesen, auch nur einen Pfifferling auf die hoffnungslose Stellung Smyslows zu geben. Allgemein wurde erwartet, daß er die am 9. April vertagte Begegnung nicht mehr aufnehmen würde. Aber es kam anders. Botwinnik, der in einem Endspiel, in dem beide Seiten jeweils noch über Dame und Turm verfügten, zwei Mehrbauern hatte, machte im 47. Zug einen unglaublichen Fehler. Damit war für seinen Gegner das Remis gerettet. Das Pech des einen wurde so zum Glück des anderen.

Von diesem Schock erholte sich der Weltmeister nicht mehr, ja, die psychologische Wirkung ging so tief, daß er ein sicheres Endspiel in der 17. Partie verdarb. Damit verfügte sein Widerpart im Gesamtresultat erneut über einen Zwei-Punkte-Vorsprung, den er sich dann auch nicht mehr abnehmen ließ. In der 20. Partie siegte er abermals. Als das Duell nach der 21. Runde 12:9 für Smyslow stand, resignierte Botwinnik und gab die 22. Partie nach nur 11 Zügen remis. Die Schachwelt hatte ihren siebenten Weltmeister: Wassili Smyslow.

Später schätzte der mittlerweile fast 46jährige Michail Botwinnik, der mehr als neun Jahre die Nummer 1 in der Welt war, recht selbstkritisch das von ihm verlorene Match ein, auf das er nach eigenen Worten nicht ausreichend vorbereitet war. »Ich vermochte in der Eröffnung kein klares System vorzuweisen. Außerdem verstand ich es nicht besonders gut, Hängepartien zu analysieren, auch mangelte es mir an sportlicher Beharrlichkeit. Mein Mißgeschick rührte daher, daß ich die Taktik meines Rivalen nicht sogleich durchschaute. Er war stets darauf bedacht, das Spiel ruhig zu gestalten, und der Partner dachte dabei an ein Remis, das einfach zu erreichen ist: Man braucht nur Figuren abzutauschen. Und Smyslow schlug den Figurenabtausch vor, jedoch so, daß jeder Abtausch ihm ein geringes Übergewicht brachte. Im Endspiel war dieses Übergewicht dann schon beträchtlich angewachsen, und nun offenbarte sich das ganze virtuose Können Smyslows.«

Der 7. Weltmeister

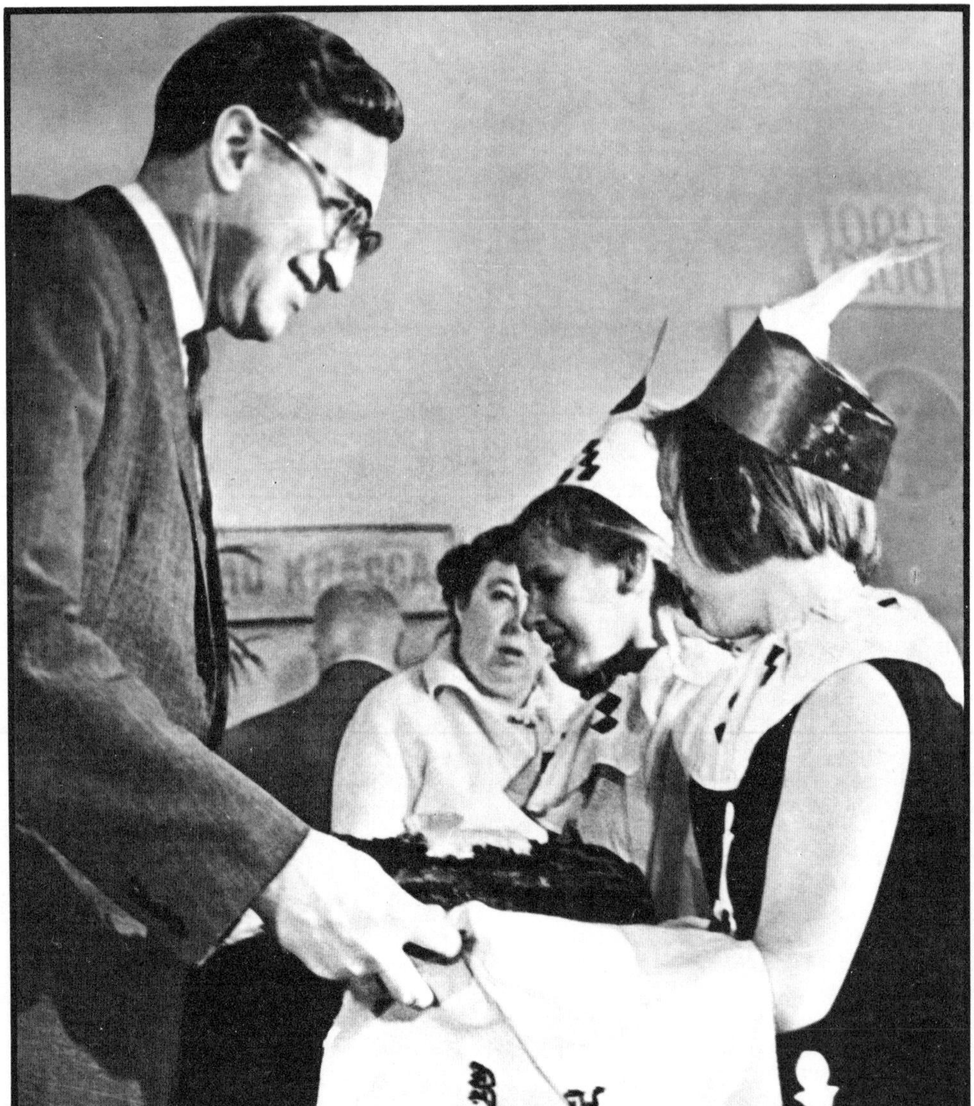

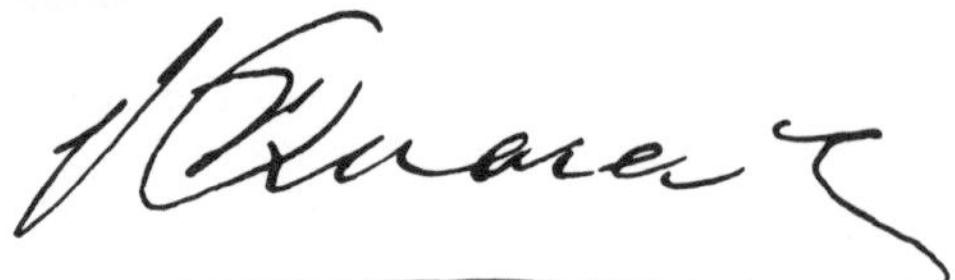

Daß er nur einen Sommer Weltmeister sein wird, ahnte der überglückliche Wassili Smyslow nicht. Hier bei der Siegerehrung, dem Ansturm der Autogrammjäger ausgesetzt und mit seiner Gattin im Ehrenspalier. Sein außergewöhnliches Talent hatte er schon 1940 offenbart, als jenes jungenhafte Porträt von ihm entstand. Damals spielte der gerade 19jährige erstmals in der UdSSR-Meisterschaft; mit einem halben Zähler Rückstand hinter den punktgleichen Bondarewski und Lilienthal wurde er glänzender Dritter. Es brauchte halt seine Zeit, vielleicht auch, weil er lange Jahre das Ziel verfolgte, Opernsänger zu werden

Englisch (1. Partie)

Weiß: Botwinnik Schwarz: Smyslow

Etwas schwerblütig ist schon diese englische Partieanlage. Weiß schwächt dabei freiwillig den Punkt d4, hält sich aber gelegentlich den Hebelzug f2–f4 offen. Das andere Merkmal dieser Eröffnung ist das Spiel am Damenflügel. Schwarz muß hier aufpassen, denn die Ausbreitung mittels b2–b4 kann unangenehm werden. Wann das eine und wann das andere gespielt werden muß, ergibt sich aus der konkreten Situation. Botwinnik greift zu 20. f4 in einem Moment, wo offenbar 20. b4 cb 21. ♖:b4 ♘b3 22. ♘d5 mehr versprach. Ein ernster Fehler war 27. ♖d2? (besser ist 27. c4), wonach Smyslow seine Bauern auf die entgegengesetzte Farbe seines Läufers stellt (so, wie die Regel lautet), was schließlich zu einem verdienten Sieg führt.

1. c4 ♘f6 2. ♘c3 g6 3. g3 ♗g7 4. ♗g2 0–0 5. e4 c5 6. ♘ge2 ♘c6 7. 0–0 d6 8. a3 ♗d7 9. h3 ♘e8 10. d3 ♘c7 11. ♖b1 ♖b8 12. ♗e3 b5 13. cb ♘:b5 14. ♘:b5 ♖:b5 15. d4 ♕c8! 16. dc dc 17. ♔h2 ♖d8 18. ♕c1 ♘d4 19. ♘c3 ♖b7 20. f4

20. ... ♗c6 21. ♖f2 a5! 22. ♕f1 ♘b5! 23. e5 ♘:c3 24. bc ♗:g2 25. ♖:g2 ♖:b1 26. ♕:b1 ♕c6 27. ♖d2? ♖:d2+ 28. ♗:d2 c4! 29. ♗e3 f6 30. ♗d4 ♔f7 31. ♕d1 a4! 32. ♕e2 ♕d5 33. ♔g1 ♗f8! 34. f5 fe 35. fg+ hg 36. ♗:e5 e6! 37. ♕f2+ ♔e8 38. ♕f6 ♗:a3 39. ♕:g6+ ♔d7 40. ♕h7+ ♗e7. Weiß gab auf.

Stand: Botwinnik 0 Smyslow 1

Grünfeld-Indisch (6. Partie)

Weiß: Smyslow Schwarz: Botwinnik

Zwei Spezialisten dieser Verteidigung stehen oder, richtiger gesagt, sitzen sich gegenüber. Das schwierige Abspiel 5. ♕b3 war damals sehr in Mode und speziell durch neue Ideen Smyslows bereichert. Bereits im 14. Zug begeht Botwinnik einen für seine Klasse schwerwiegenden Fehler, wonach nichts mehr zu reparieren ist. Er hätte mit 14. ... ♕d5 15. ♘c3 ♕:c5 16. dc f4! 17. cb fe 18. bc ♗:e5 19. fe ♗:c7 seine Probleme lösen können.

1. d4 ♘f6 2. c4 g6 3. ♘c3 d5 4. ♘f3 ♗g7 5. ♕b3 dc 6. ♕:c4 0–0 7. e4 ♗g4 8. ♗e3 ♘fd7 9. 0–0–0 ♘c6 10. h3 ♗:f3 11. gf ♘b6 12. ♕c5 f5 13. ♘e2 ♕d6 14. e5! ♕:c5! 15. dc ♘c4 16. f4

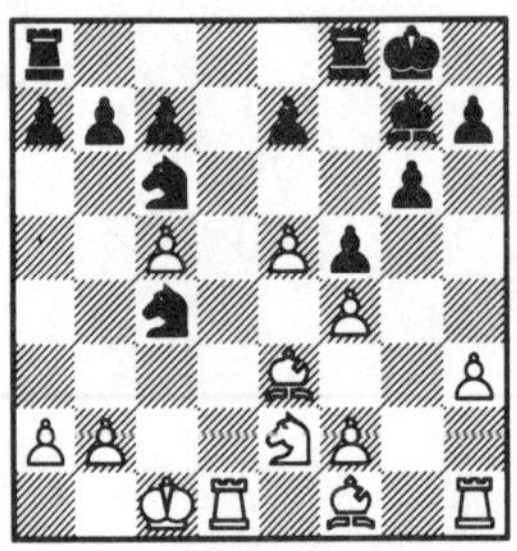

16. ... ♖fd8 17. ♗g2 ♘:e3 18. fe ♘b4 19. ♗:b7 ♖ab8 20. c6 ♔f7 21. ♘d4 e6 22. ♘b5 ♘d5 23. ♖:d5 ed 24. ♘:c7 ♖dc8 25. ♗:c8 ♖:c8 26. ♘:d5 ♖:c6+ 27. ♔d2 ♔e6 28. ♘c3. Schwarz gab auf.

Stand: Smyslow 3 Botwinnik 3

Nimzowitsch-Indisch (13. Partie)

Weiß: Botwinnik Schwarz: Smyslow

Smyslow erhält Gelegenheit, die im besten Ruf stehende Nimzowitsch-Indische Verteidigung anzuwenden, gegen die wiederum sein Kontrahent gern ankämpft. Die Theorie hat inzwischen Fortschritte zu verzeichnen, doch immer noch ist das Mittelspiel die partieentscheidende Phase. Fast sieht es so aus, als ob Schwarz dank seiner Springerstellung auf e5 und seiner zwei Freibauern am Damenflügel etwas vorzuweisen hat. Doch der weiße Läufer auf b2 ist ein »Riese« – er beherrscht in Zusammenarbeit mit der Dame die schwarzen Felder absolut. Ein richtiges Gegengewicht hatte der Nachziehende also nicht, Weiß hatte nach 21. e4 das Spiel fest in der Hand.

1. c4 ♘f6 2. ♘c3 e6 3. d4 ♗b4 4. e3 b6 5. ♘e2 ♗a6 6. a3 ♗:c3+ 7. ♘:c3 d5 8. b3 0–0 9. a4! c5 10. ♗a3 dc 11. bc ♘c6! 12. ♘b5 ♗b7 13. ♗e2 ♘e4 14. ♗f3 ♘g5 15. ♗:c6! ♗:c6 16. f3 a6 17. ♘c3 f5 18. 0–0 ♕f6 19. ♕d3 ♖fd8 20. d5 ♘f7 21. e4

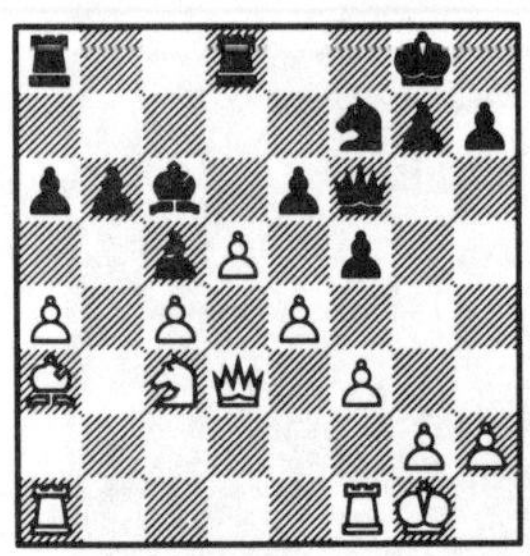

21. ... ed 22. cd ♗d7 23. ♗b2 ♘e5 24. ♕e2 f4 25. ♘d1 b5 26. ♘f2 c4 27. ab ab 28. ♕d2 ♖ac8 29. ♖fc1 ♖e8 30. ♗c3 ♖c7 31. ♔h1 ♖b7 32. ♖a2 h5 33. ♖ca1 b4 34. ♗:b4 ♕b6 35. ♗c3 ♕e3 36. ♘d1! ♕:d2 37. ♖:d2 ♘d3 38. ♗d4 ♖eb8 39. ♘c3 ♖b3 40. h4 ♖8b7 41. ♖a8+. Schwarz gab auf.

Stand: Botwinnik 6 Smyslow 7

Königsindisch (17. Partie)

Weiß: Botwinnik Schwarz: Smyslow

Von Smyslow sagt man, daß er desto stärker spielt, je weniger Steine auf dem Brett sind. Botwinnik hat sein Experiment 10. ♗:f6? wohl niemals wiederholt. Tatsächlich hat der Nachziehende nach 23. ... ♖fc8 die überlegene Stellung. Sie mündet schließlich in einem Endspiel ein, bei dem Weiß nur Zwangszüge ausführen kann. Wer Muße zum Nachspielen hat – es lohnt sich!

1. ♘f3 ♘f6 2. g3 g6 3. c4 c6 4. ♗g2 ♗g7 5. ♘c3 0–0 6. d4 d5 7. cd cd 8. ♘e5 b6 9. ♗g5 ♗b7 10. ♗:f6? ♗:f6 11. 0–0 e6 12. f4 ♗g7! 13. ♖c1 f6 14. ♘f3 ♘c6 15. e3 ♕d7 16. ♕e2 ♘a5 17. h4 ♘c4 18. ♗h3 ♘d6 19. ♔h2 a5 20. ♖fe1 b5! 21. ♘d1 b4 22. ♘f2 ♗a6

23. ♕d1 ♖fc8 24. ♖:c8+ ♖:c8 25. ♗f1 ♗:f1 26. ♖:f1 ♕c6! 27. ♘d3 ♕c2 28. ♕:c2 ♖:c2 29. ♖f2 ♖:f2 30. ♘:f2 ♘c4 31. ♘d1 ♔f7 32. b3 ♘d6 33. ♔g2 h5! 34. ♔h3 ♘e4 35. g4 hg+ 36. ♔:g4 f5+ 37. ♔h3 ♗f6 38. ♘e1 ♔g7 39. ♘d3 ♘c3! 40. ♘:c3 bc 41. ♘e1 ♔h6 42. ♘c2 ♗e7 43. ♔g3 ♔h5 44. ♔f3 ♔:h4 45. ♘e1 g5 46. fg ♔:g5 47. ♘c2 ♗d6 48. ♘e1 ♔h4! 49. ♘c2 ♔h3 50. ♘a1 ♔h2 51. ♔f2 ♗g3+ 52. ♔f3 ♗h4! 53. ♘c2 ♔g1 54. ♔e2 ♔g2 55. ♘a1 ♗e7 56. ♘c2 ♔g3 57. ♘e1 ♗d8 58. ♘c2 ♗f6 59. a3 ♗e7 60. b4 a4 61. ♘e1 ♗g5 62. ♘c2 ♗f6 63. ♔d3 ♔f2 64. ♘a1 ♗d8 65. ♘c2 ♗g5 66. b5 ♗d8 67. ♘b4 ♗b6 68. ♘c2 ♗a5 69. ♘b4 ♔e1. Weiß gab auf.

Stand: Botwinnik 7½ Smyslow 9½

Sizilianisch (12. Partie)

Kommentare: Wassili Smyslow

Weiß: Smyslow Schwarz: Botwinnik
1. e4 c5 2. ♘f3 g6 (Eine unerwartete Fortsetzung. In vorangegangenen Partien des Wettkampfes zog Botwinnik 2. … ♘c6. In diesem Augenblick spürte ich, daß mich irgendeine Neuerung des Nachziehenden erwartet.) 3. c4 ♗g7 4. d4 d6 5. ♘c3 ♘c6 6. ♗e3 (Im Falle von 6. dc dc 7. ♕:d8+ ♔:d8 8. ♗e3 ♘d4 9. 0–0–0 e5 verliert Schwarz zwar die Rochade, erhält jedoch dafür einen starken Springer.) 6. … ♗g4 (Meine Vermutung bestätigt sich also. Schwarz hat keine Scheu vor einem Bauernopfer, um seine Eröffnungsidee zu realisieren. Die ganze Variante war tatsächlich so vorbereitet, doch entschied ich mich trotzdem, die Herausforderung anzunehmen.) 7. dc dc 8. ♕:d8+ ♖:d8 9. ♗:c5 (Diese Fortsetzung ist völlig logisch, nicht nur deshalb, weil damit ein Bauer gewonnen wird. Weiß strebt die Liquidierung der Kontrolle des Feldes d4 durch den Nachziehenden an.) 9. … ♗:c3+ 10. bc ♘f6 (siehe Diagramm) (Auf den ersten Blick scheint Schwarz ein gutes Spiel zu bekommen. Nun darf der Bauer e4 nicht verteidigt werden. Man sehe: 11. ♘d2 ♖:d2 12. ♔:d2 ♘:e4+ nebst 13. … ♘:c5. Nichts verspricht auch 11. ♗d4 wegen 11. … ♘:d4 12. ♘:d4 ♘:e4 13. f3 ♘:c3. Doch Schwarz hat eine Feinheit übersehen.) 11. ♘d4! (Diese starke Erwiderung sichert dem Anziehenden ein Übergewicht. Die folgende Phase trägt einen forcierten Charakter.) 11. … ♘:e4 12. ♘:c6 bc 13. ♗:a7 ♗f5 14. f3 ♘d6 15. a4 ♖a8 16. ♗b6 0–0 17. c5 ♘c8 18. g4 ♗e6 19. a5 ♘:b6 20. cb ♖fb8 21. ♗d3 (Diese Position hatte Weiß angestrebt, als er seine Bauern am Damenflügel in Bewegung setzte. Schneller wäre der Kampf nach 21. ♔f2 ♖:b6 22. ab ♖:a1 23. b7 ♖b1 24. ♗a6 ♖b2+ 25. ♔e3 ♔f8 26. ♖d1 ♔e8 27. ♖d4 c5 28. ♖b4 beendet worden, aber auch der Zug in der Partie reicht für den Sieg.) 21. … ♖:b6 22. ab ♖:a1+ 23. ♔d2 ♖a2+ (Natürlich nicht 23. … ♖:h1 24. b7 ♖:h2+ 25. ♗e2, und der b-Bauer verwandelt sich in eine Dame.) 24. ♔e3 ♗c8 25. ♖d1 ♖b2

26. ♗c4! ♔g7 27. ♖d8 ♗e6 28. ♗:e6 fe 29. ♖b8 e5 30. c4 ♔f7 31. c5 ♔e6 32. ♖d8 (Der Turm wird befreit und schneidet dem schwarzen König den Weg zu den weißen Freibauern ab. Das Ziel der folgenden Manöver besteht in der Verbesserung der Position des weißen Königs, den Aktionsradius des schwarzen Turms einzuschränken und einen Übergang in ein Bauernendspiel oder den Vormarsch des b-Bauern zu erreichen.) 32. … g5 33. h3 ♖b1 34. ♔d2 ♖b5 35. ♔d3 ♖b1 36. ♔c4 ♖c1+ 37. ♔b4 ♖b1+ 38. ♔a4 ♖a1+ 39. ♔b4 ♖b1+ 40. ♔a3 ♖a1+ 41. ♔b2 ♖a5 42. ♖d3 (Das Ziel ist erreicht. Jetzt muß der schwarze Turm seine aktive Stellung verlassen, und Weiß gewinnt leicht.) 42. … ♖a8 43. ♔b3 ♖a5. Schwarz gab gleichzeitig auf.

Das Schachspiel wie auch erfolgreiche Schachspieler erfreuen sich in der UdSSR höchster Wertschätzung. Wassili Smyslow beispielsweise, der zweite Weltmeister aus der UdSSR, wurde mit der höchsten staatlichen Auszeichnung der UdSSR, dem Lenin-Orden, geehrt, hier überreicht durch den Vorsitzenden des Obersten Sowjets, Kliment Woroschilow

1958 - 1960 Michail Botwinnik

»Für Botwinnik kennzeichnend ist von seinem ersten Auftreten an die durchgehend wissenschaftliche Behandlung des Schachspiels.« (Juri Awerbach)

Die geglückte Revanche

Als Botwinnik seinen Titel 1957 an Smyslow verlor, wurden mehrfach Stimmen laut, die da meinten, er solle sich doch mit dem Verlust der Schachkrone abfinden. Hätte der Moskauer Elektronik-Ingenieur nun seine Chance über das Kandidatenturnier suchen müssen, so wäre er wohl fraglos ehrenvoll von der Schachbühne abgetreten. Durch Beschluß des 27. FIDE-Kongresses vom August 1956 hatte jedoch der unterlegene Exweltmeister innerhalb eines Jahres Anspruch auf ein Revanchematch. Botwinnik, den sein einstiger Herausforderer David Bronstein vor allem wegen seiner Fähigkeit schätzte, bluffen zu können, packte die Gelegenheit beim Schopfe. Er sandte dem FIDE-Präsidenten Folke Rogard ein Telegramm, in dem er eine Zusage gab. Nun gab es also kein Zurück mehr. Unter seinen vorzüglichen Eigenschaften kam nunmehr vor allem eine entscheidend zur Geltung: die Kunst der häuslichen Vorbereitung. Das begann mit der Wahl des Trainers – in Botwinniks besten Jahren war es Großmeister Ragosin. Dessen kombinatorisches Denken zog ihn sicher an und bereicherte seine äußerst rationellen Ideen wesentlich. Sorgfältig feilte er an seinem Eröffnungsrepertoire. So verzichtete er als Schwarzer auf die ihm heilige Französische Verteidigung. Statt dessen bereitete er für seinen Gegner auf dessen Doppelschritt des Königsbauern eine Überraschung vor: die Caro-Kann-Verteidigung, die Lieblingswaffe Capablancas. Dazu muß man wissen, daß in den vierziger Jahren die Ansicht vorherrschte, Botwinnik und die Caro-Kann-Verteidigung seien unvereinbare Begriffe.

Mag sein, daß diese Entscheidung Botwinniks größter Trumpf war. Jedenfalls kam der Weltmeister damit überhaupt nicht zurecht. Nach drei Partien sah sich Smyslow mit 0:3 nahezu aussichtslos im Rückstand, wobei er sogar zweimal mit Weiß aufgeben mußte. Viel war damit entschieden, wenn auch nicht alles. Botwinniks Taktik bestand von nun an darin, den einmal eroberten Vorsprung zu halten. So arbeitete er Partie für Partie vorsichtig und zäh auf ein Remis hin. Dadurch war sein Kontrahent zur Initiative gezwungen. Solch eine Spielweise lag Smyslow, dessen Credo das Streben nach Harmonie war, überhaupt nicht. Er begann sich selbst untreu zu werden, suchte hitzige Verwicklungen und ließ zudem ausgerechnet in seiner Domäne, dem Endspiel, unverzeihliche Unsicherheiten erkennen.

Nach der Hälfte der Distanz war dann alles so gut wie entschieden. Botwinniks 7½ Punkten hatte Smyslow lediglich 4½ entgegenzusetzen. Nach der 14. Partie baute der Herausforderer diesen Vorsprung auf vier Zähler aus und hatte in der darauffolgenden Begegnung sogar die Möglichkeit, den Abstand auf fünf zu erhöhen. In gewonnener Stellung geschah jedoch Außergewöhnliches. Botwinnik glaubte, er habe die bis zur Zeitkontrolle nach zweieinhalb Stunden erforderlichen 40 Züge bereits ausgeführt. Also überdachte er in aller Ruhe seinen Plan für das Endspiel, derweil das Signalfähnchen der Schachuhr sich gefährlich dem Fallpunkt näherte. In Wirklichkeit mußte er noch zwei Züge machen, wobei die Wahl gleichwertiger Fortsetzungen überhaupt kein Problem darstellte. Der Sekundant Botwinniks, Meister Goldberg, und Hauptschiedsrichter Gideon Stahlberg schauten beunruhigt auf die Uhr, doch sie durften sich in das laufende Drama nicht einschalten. So kam es, daß Botwinnik wegen Zeitüberschreitung verlor.

Dieses ungewöhnliche Mißgeschick bremste den inzwischen Sechsundvierzigjährigen aber nicht in seinem Tatendrang. Smyslow, der fest an eine Wiederholung seines Erfolges geglaubt hatte, vermochte im Finish den Gesamtstand etwas freundlicher zu gestalten. Dem Herausforderer war jedoch mit 12½:10½ die Revanche geglückt gegen einen Gegner, der in den Jahren zwischen 1953 und 1958 nahezu unbesiegbar war.

Bemerkenswert sind die Äußerungen von Exweltmeister Max Euwe, der auf einen der entscheidenden Gründe für Smyslows Titelverlust hinwies: Jeder Weltmeister, der, nachdem er die Krone erkämpft hat, binnen eines Jahres Revanche gibt, befindet sich in einer nachteiligen Lage, weil er nicht nur seinen Gegner, sondern hauptsächlich sich selbst bezwingen muß. Botwinnik hat diesen psychologischen Vorteil ausgenutzt und sich richtig vorbereitet.

Offensichtlich ist diese Einschätzung zutreffend. Beim Nachspielen der Partien von Smyslow ist unschwer erkennbar, daß er schlecht vorbereitet war. Der Weltmeister für einen Sommer ist vor allem ein »Improvisator des Schachschaffens, in großem Maße ein Philosoph des Schachs und in weitaus geringerem ein emsiger Forscher und kein Anhänger häuslicher Filigranarbeit«, wie Großmeister Aleksei Suetin schreibt, der zu den Sekundanten von Tigran Petrosjan gehörte.

Dessenungeachtet stellt die lange währende Schachlaufbahn Smyslows eine bewundernswerte Ausnahme dar. So trat er 1984 – als 63jähriger! – zum WM-Kandidaten-Finale an und stellte damit einen gewiß einmaligen Rekord in der Chronik der Schachweltmeisterschaft auf.

Erneut Weltmeister

Wer hätte schon gedacht, daß Michail Botwinnik im Revanchematch mit Wassili Smyslow zu einem ungefährdeten Start-Ziel-Sieg kommen würde? Im Tempo und Stil seiner Glanzzeit gelang es damit dem Moskauer Ingenieur für Elektrotechnik nach Alexander Aljechin als zweitem entthronten Schachkönig, das Zepter erneut zu übernehmen

Königsindisch (6. Partie)

Weiß: Botwinnik Schwarz: Smyslow

Sicherlich ist die Stellung im Mittelspiel als etwa gleichwertig einzuschätzen. Aber ausgeglichene Positionen bieten in der Hand von Könnern durchaus genügend Spielmöglichkeiten. Botwinniks Königsspringer hüpft bis auf das Feld b7 und zurück via c5 nach e4, wo er endlich durch Smyslows Läufer zur Strecke gebracht werden kann. Aber es ist schon zu spät: Das Endspiel ist jetzt auf eine andere Weise für Weiß gewonnen.

1. c4 g6 2. e4 ♗g7 3. d4 d6 4. ♘c3 a6 5. ♗e3 ♘f6 6. f3 c6 7. ♗d3 b5 8. ♕d2 bc 9. ♗:c4 d5 10. ♗b3 de 11. ♘:e4 0–0 12. ♘e2 a5 13. 0–0 a4 14. ♗c4 ♘bd7 15. ♖ac1 ♖b8 16. ♘:f6+ ♗:f6 17. ♘c3 ♘b6 18. ♗e2 ♗e6 19. ♖fd1 ♗g7 20. ♗h6 ♗:h6 21. ♕:h6 f6 22. ♖d2 ♗f7 23. h4 ♕d7 24. a3! ♖fd8 25. ♘e4 ♕e8 26. ♗f1 ♗d5 27. ♘c5 ♕f8 28. ♕:f8+ ♔:f8 29. ♘a6 ♖bc8 30. ♘b4 ♗b3 31. ♖:c6 ♖:c6 32. ♘:c6 ♖d6 33. ♘a5 ♗a2 34. ♘b7!

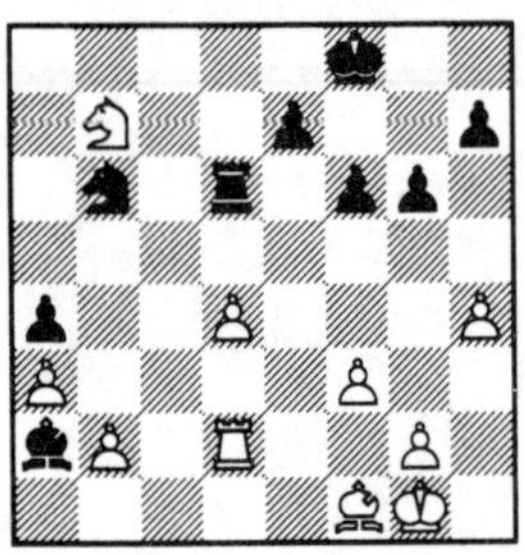

34. ... ♖d5 35. ♘c5 e5 36. ♘e4 ♖:d4 37. ♖:d4 ed 38. ♘:f6 ♔e7 39. ♘:h7 ♗b1 40. ♗a6 ♘d5 41. ♔f2 ♘e3 42. ♗e2 ♔e6 43. ♘g5+ ♔d5 44. ♘e4 ♗:e4 45. fe+ ♔:e4 46. g4! ♔f4 47. h5 gh 48. gh ♔g5 49. ♔f3. Schwarz gab auf.

Stand: Botwinnik 4½ Smyslow 1½

Grünfeld-Indisch (11. Partie)

Weiß: Smyslow Schwarz: Botwinnik

Beim theoretischen Streit um diese Verteidigung hat in dieser Begegnung der Titelverteidiger recht behalten. Nach 17. ♗d4 kam Botwinniks Fehler 17. ... ♘d6? (richtig ist 17. ... ♗:d4 18. ♘:d4 ♘b6), der dem amtierenden Weltmeister zu einem schnellen Sieg verhalf. Nun ist Botwinnik an der Reihe, will er auf diese Verteidigung nicht verzichten, das nächste Mal mit einer Neuerung (14. ... ♕c8 bietet sich an) aufzuwarten.

1. d4 ♘f6 2. c4 g6 3. ♘c3 d5 4. ♘f3 ♗g7 5. ♕b3 dc 6. ♕:c4 0–0 7. e4 ♗g4 8. ♗e3 ♘fd7 9. ♖d1 ♘b6 10. ♕b3 ♘c6 11. d5 ♘e5 12. ♗e2 ♘:f3+ 13. gf ♗h5 14. h4! ♕d7 15. a4 a5 16. ♘b5 ♘c8 17. ♗d4!

17. ... ♘d6? 18. ♗:g7 ♔:g7 19. ♘d4! ♔g8 20. ♖g1 ♕h3 21. ♕e3! c5 22. dc bc 23. ♕g5! c5 24. ♘c6. Schwarz gab auf.

Stand: Smyslow 4½ Botwinnik 6½

Englisch (18. Partie)

Weiß: Botwinnik Schwarz: Smyslow

Eine farbige Auseinandersetzung, in der sich beide Seiten wohl etwas vorzuwerfen haben. Wieder einmal zeigte es sich, daß man mit einer Dame allein nicht matt setzen kann, der Abtausch 17. ... ♗:h6! 18. ♕:h6 somit gerechtfertigt ist. Doch Schwarz unterschätzte offenbar die Gefahr, spielte seelenruhig 22. ... ♖cd8? und sah nicht die »Granate« 23. ♘d4!! cd 24. ♗d5+ ♖:d5 25. ♖e8! Aber Botwinnik ging an seinem Glück vorbei und spielte seinem Gegner nach 26. ♕g5? die Möglichkeit 26. ... ♖d2! in die Hand. Smyslow revanchierte sich und ließ nun seine Chance aus. Natürlich war das Endspiel nach 45. ♔e5 ♖:a2 nicht zu verlieren, doch mit 46. ... ♗e8?? schaufelte sich der Nachziehende das eigene Grab.

1. c4 ♘f6 2. ♘c3 d5 3. cd ♘:d5 4. g3 g6 5. ♗g2 ♘:c3 6. bc ♗g7 7. ♕b3 ♘c6 8. ♘f3 0–0 9. 0–0 ♘a5 10. ♕c2 c5 11. d3 ♗f5 12. e4 ♗d7 13. ♗g5 ♖c8 14. ♕d2 ♗b5 15. ♖fd1 ♗a4 16. ♖e1 f6! 17. ♗h6 ♗:h6! 18. ♕:h6 ♕:d3 19. e5 ♘c6 20. ♖e3 ♕c2 21. ef ef 22. ♖ae1 ♖cd8?

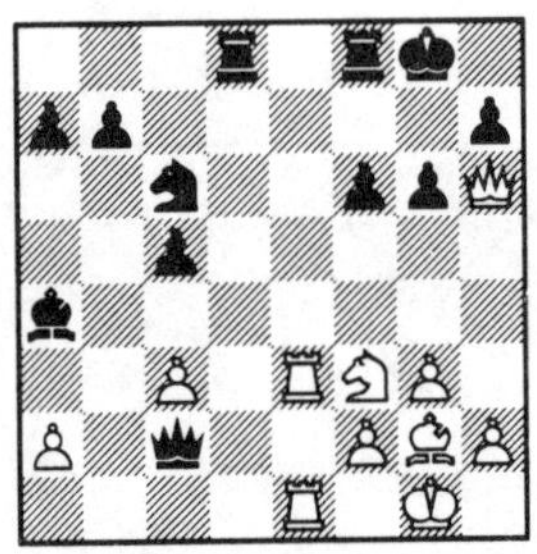

23. ♗h3? ♘e5 24. ♘:e5 fe 25. f4 ♗c6! 26. ♕g5? ♖de8? 27. ♖:e5 ♕:c3 28. ♖:e8 ♗:e8 29. ♕e5 ♕:e5 30. ♖:e5 b6 31. ♖e7 a5 32. ♖b7 ♖f6 33. ♖b8 ♔f7 34. ♔f2 ♖d6 35. ♔e3 ♗a4 36. ♖b7+ ♔g8 37. ♖b8+ ♔g7 38. ♖b7+ ♔g8 39. ♖b8+ ♔f7 40. ♖b7+ ♔f8 41. ♖:h7 c4 42. ♖c7 b5 43. ♔e4 b4 44. ♖:c4 ♖d2 45. ♔e5 ♖:a2 46. ♖c8+! ♗e8?? 47. ♗d7! ♖e2+ 48. ♔f6 g5 49. fg ♖f2+ 50. ♔e5 ♖e2+ 51. ♔f4 b3 52. ♖b8 b2 53. ♗:e8 ♖:e8 54. ♖:b2 a4 55. ♖a2 ♖a8 56. ♖a3 ♔f7 57. h4 ♔g6 58. ♔e4 ♔h5 59. ♔d4 ♖d8+ 60. ♔c4 ♖e8 61. ♔d5 ♖d8+ 62. ♔e5 ♖a8 63. ♔d5 ♖d8+ 64. ♔c5 ♖b8 65. ♖:a4 ♖b3 66. ♔d6! ♖:g3 67. ♔e7 ♖b3 68. ♖a6 ♖b7+ 69. ♔f6 ♖b4 70. ♖d6 ♖a4 71. ♖e6 ♖b4 72. ♔f7 ♖b7+ 73. ♖e7 ♖b4 74. ♔g7. Schwarz gab auf.

Stand: Botwinnik 11 Smyslow 7

Caro-Kann (19. Partie)

Weiß: Smyslow Schwarz: Botwinnik

Botwinnik greift zur Caro-Kann-Verteidigung – eine Waffe, die er auch in späteren WM-Matchen einsetzte. Die Ungenauigkeit 9. ... ♘f8? (ausreichend ist 9. ... ♕b6) genügte dem Anziehenden zum Aufbau einer starken Stellung. Auch die durch den 9. Zug von Schwarz eingeleitete Eroberung des Feldes h4 reichte nicht mehr zum Ausgleich des Spiels. Nur höchst selten sieht man im Eröffnungsstadium eine weiße Dame auf dem Felde h2 – hier paßt sie genau in den Plan. Die erzielte Überlegenheit spielt Smyslow elegant aus.

1. e4 c6 2. ♘c3 d5 3. ♘f3 ♗g4 4. h3 ♗:f3 5. ♕:f3 ♘f6 6. d3 e6 7. a3 ♗e7 8. g4 ♘fd7 9. d4 ♘f8? 10. ♗e3 ♘g6 11. ♕g3! ♗h4 12. ♕h2

12. ... ♘d7 13. 0–0–0 ♕b8 14. f4 de 15. ♘:e4 ♘f6 16. ♘:f6+ ♗:f6 17. ♕f2 ♗h4 18. ♕f3 ♘e7 19. ♗d3 g6 20. f5! ef 21. ♗f4! ♕d8 22. gf ♕d5 23. ♕g4 ♗f6 24. ♖he1 h5 25. ♕g3 h4 26. ♕g4 gf 27. ♗:f5 ♔f8 28. ♗e4 ♕a2 29. c3 ♖d8 30. ♖f1! ♘d5 31. ♗d2 ♖d6 32. ♕c8+ ♔e7 33. ♕:b7+ ♖d7 34. ♖de1! ♕a1+ 35. ♗b1+. Schwarz gab auf.

Stand: Smyslow 8 Botwinnik 11

Königsindisch (2. Partie)

Kommentare: Michail Botwinnik

Weiß: Botwinnik Schwarz: Smyslow
1. d4 ♘f6 2. c4 g6 3. ♘c3 ♗g7 4. e4 d6 5. f3 0–0 6. ♗e3 a6 7. ♗d3 ♘c6 (Üblich ist hier das System 7. … c6 mit nachfolgendem 8. … b5. Der Textzug führt zu einem recht komplizierten Kampf.) 8. ♘ge2 ♖b8 9. a3 (Das ist in der Tat ein überflüssiger Zug. Viel klüger war 9. 0–0 oder 9. ♕d2.) 9. … ♘d7 10. ♗b1 ♘a5 11. ♗a2 b5 (Der obligatorische Zug, da nach einer beliebigen anderen Fortsetzung 12. b4 gefolgt wäre mit Vertreibung des Springers a5.) 12. cb ab 13. b4 ♘c4 14. ♗:c4 bc 15. 0–0 (Eine Nachlässigkeit. Ich war sicher, daß Smyslow 15. … e5 spielen wird, worauf ich 16. b5 erwidern wollte. Nach 16. … ed 17. ♘:d4 ♘e5 18. ♕d2 hätte das den Zug 18. … c5 verhindert. Doch mein Partner findet eine stärkere Antwort. Daher hätte ich doch gleich 15. b5 spielen müssen, denn meine Chance besteht im Bauernübergewicht auf dem Damenflügel.) 15. … c6 16. ♕d2 ♘b6 (Und jetzt versäumt Schwarz die stärkste Verteidigung, da sich seine Stellung nach dem Abtausch des schwarzfeldrigen Läufers sehr verschlechtert. Unbedingt notwendig war 16. … ♖e8.) 17. ♗h6 ♗:h6 18. ♕:h6 f6 19. a4 ♘a8 20. ♖fb1 f5 21. ♕e3 fe 22. fe ♘c7 23. d5 cd 24. ed ♗b7 25. ♖f1 (Jetzt, da der Bauer d5 indirekt verteidigt ist – 25. … ♘:d5 26. ♕e6+ oder 25. … ♗:d5 26. ♘:d5 ♘:d5 27. ♕e6+ –, verhindert Weiß die Aktivierung des schwarzen Turms.) 25. … ♕d7 26. ♕d4 (Verlockend sah der Angriff 26. ♕a7 mit der Drohung 27. ♖:f8+ aus, aber Weiß bevorzugt einen einfacheren Weg.) 26. … e6 27. de ♘:e6 (siehe Diagramm) 28. ♕g4! (Das ist natürlich stärker als 28. ♕:c4 d5, worauf Schwarz eine gewisse Kompensation für den geopferten Bauern hätte.) 28. … ♖fe8 29. ♘d4 ♕g7 30. ♖ad1 ♘c7 31. ♕f4 ♖e5 (In schwieriger Lage übersieht Smyslow den Verlust des Bauern.) 32. ♘c6 ♗:c6 33. ♕:c4+ d5 34. ♕:c6 ♖d8 (Die achte Reihe durfte Schwarz nicht aufgeben. Auf 34. … ♖:b4 wäre 35. ♘:d5 gefolgt.) 35. ♕b6 ♕e7 36. ♕d4 ♕d6 37. ♖fe1 ♖de8 38. ♖:e5

♖:e5 39. b5 ♘e6 40. ♕a7! (Aber nicht 40. ♘e4? ♖:e4 41. ♕:e4 ♕c5+.) 40. … d4 41. ♘e4. Der Abgabezug. Schwarz gab auf, da nach 41. … ♕f8 42. b6 ♘f4 – oder 42. … ♘d8 43. b7 ♘c6 44. ♕b6 – 43. b7 ♖e8 44. b8♕ ♖:b8 45. ♘g5 entscheidet.

Sobljudaitje Tischini! – Bitte Ruhe halten! –, diese unmißverständliche Aufforderung wurde vom Schiedsrichter stets dann per Leuchtschrift ausgelöst, wenn die Zuschauer im Turniersaal mal wieder den für die Aktiven zumutbaren Geräuschpegel überschritten. Die Anhänger Smyslows applaudierten bei allen seinen Zügen, bei den guten wie auch bei den weniger guten. Die Botwinnik-Fans jedoch standen da nicht nach. Ein Kommentator dazu hintersinnig: »Applaus ist gut, wenn die Ergebnisse addiert werden.« Applausgewohnt ist die sowjetische Auswahl seit ihrem ersten Auftreten bei einer Schacholympiade, das war 1952 in Helsinki. Das Olympiadegold erkämpften 1956 in Moskau Smyslow, Botwinnik, Keres, Geller, Taimanow und Bronstein (v. links). Aber schon standen mit Tal, Petrosjan und Spasski drei künftige Weltmeister auf der »Warteliste« der UdSSR-Auswahl

1960 - 1961 Michail Tal

»Tals Spiel hat etwas Bewunderungswürdiges, einen Phantasiereichtum, den man mit Bachs Fugen vergleichen könnte.«
(Joszef Hajtun)

Eine folgenschwere Prognose

Diese Episode trug sich im Jahre 1959 zu. Als der Präsident der Züricher Schachgemeinschaft den Weltmeister zum Jubiläumsturnier anläßlich der 150-Jahr-Feier des Vereins einlud, antwortete ihm Botwinnik abschlägig. Lächelnd fügte er hinzu: »Laden Sie doch den künftigen Weltmeister ein«, und dabei klopfte er dem neben ihm stehenden Michail Tal auf die Schulter.

Inwiefern der Champion diese Prognose ernst meinte, sei dahingestellt. Auf jeden Fall war der damals 22jährige Rigaer geradezu kometenhaft in der Weltspitze aufgetaucht. Im Sommer 1954 hatte er die Meister-Qualifikation erreicht. Fünf Jahre später erwarb er durch seinen Erfolg im Kandidatenturnier das Recht, um den WM-Titel zu spielen. Inzwischen ist er auch zweifacher Champion der UdSSR (1957/58), Gewinner des Interzonenturniers 1958 im jugoslawischen Portorož. Sein Gesellenstück vollbrachte Tal beim Kandidatenturnier. Gegen Gligorić, Olafsson, Benkö und den gerade 16jährigen Robert Fischer erkämpfte er unglaubliche 14½ von 16 möglichen Punkten. Nur Paul Keres setzte mit einem 3:1 dem »Neuling« ein Stoppzeichen.

In der Fachwelt war man sich trotzdem einig, daß diesem Jüngling die Zukunft gehört, der zu einem günstigen Zeitpunkt auf sich aufmerksam machte, als sich in der Eröffnungstheorie die entscheidende Wende von rein positionellen, zurückhaltenden Systemen zu taktisch-scharfem, improvisiertem Kampf zu vollziehen begann.

Was neben den zahlreichen Turniersiegen auf den ersten Blick ebenso überraschte, war der Stil, mit dem Tal seine Siege regelrecht erfocht. Seine Devise war der bedingungslose Angriff, nach Möglichkeit unter spektakulären Figurenopfern. Nicht die minutiöse Berechnung, sondern jene unerklärbare Inspiration am Brett war für den »Zauberer aus Riga« – den »Mozart am Schachbrett«, wie man Tal in der Presse euphorisch feierte – das Wesensmerkmal modernen Spiels. Anstelle der Logik der Position setzte er die Logik des Kampfes.

David Bronstein bemerkte einmal dazu: »In der Kunst, Verwicklungen zu schaffen, ist er unübertroffen.« Tal selbst sagte: »Möge die Analyse nach der Partie beweisen, daß es möglich war, den Angriff abzuwehren. Doch das muß nicht morgen, sondern heute, sofort, in dieser Minute geschehen. Wer gesiegt hat, ist im Recht.«

Natürlich gingen über Tal schnell Legenden um. Es wurden sogar Vermutungen angestellt, daß er seine Gegner hypnotisiere, weil er diese mit einem dämonischen Gesichtsausdruck fixierte.

Selbst an Botwinnik ist dieser Rummel um Tal nicht spurlos vorübergegangen. »Zu jener Zeit hatten mich alle ziemlich satt, vor allem meine Großmeisterkollegen. Wie lange konnte man denn noch den Schachthron besetzt halten!« beschrieb er seine damalige Gemütsverfassung.

Im »Match des Jahrhunderts«, wie Max Euwe das Treffen im Frühjahr 1960 im Moskauer Puschkin-Theater apostrophierte, hatte dann auch Michail Tal wirklich die meisten Trümpfe in der Hand. So entschied er die psychologisch wichtige erste Partie für sich. In den folgenden vier Runden hatte der Weltmeister die besseren Stellungen. Der Ausgleich lag mehrmals in der Luft, doch letztlich wurden die Punkte immer geteilt. Auffallend war, daß Tal sein Temperament bis zu diesem Zeitpunkt merklich zügelte. Doch in der 6. Partie war es endlich soweit. Im 21. Zug opferte er einen Springer für einen Bauern. Hätte nun Botwinnik jeweils immer die stärksten Züge parat gehabt, so wäre ein Remis zustande gekommen. Dazu aber war er am Brett nicht in der Lage. Die Begeisterung der Zuschauer schlug solche Wellen, daß diese Partie in einem Nebenraum unter Ausschluß des Publikums zu Ende gespielt werden mußte.

Auch die 7. Partie ging an Tal, was Großmeister Löwenfisch mit den Worten kommentierte: »Ich erkenne Botwinnik nicht wieder.« Zwei Runden weiter hatte dieser aber auf 4:5 verkürzt, und es schien alles wieder offen zu sein. Aufmerksame Beobachter registrierten freilich, daß dem Weltmeister zunehmend ein Problem zu schaffen machte: Die Zeitnot war sein ständiger Begleiter. Von schicksalhafter Bedeutung war sie dann in der 17. Partie. Botwinnik stand auf Gewinn, doch da leuchtete an seiner Uhr die rote Lampe auf. Er hatte seinen 39. Zug auszuführen. Jeder sah, daß er mit dem König zurückgehen mußte. Der Weltmeister aber griff zur Dame und verlor. Salo Flohr sprach später vom gröbsten Fehler in der gesamten Schachlaufbahn Botwinniks, der nun 7:10 zurücklag. Die Entscheidung war damit gefallen, Tal gewann noch die 19. Partie, die er selbst als beste dieses siebenwöchigen Duells bezeichnete, und war am 7. Mai am Ziel seiner Wünsche. Die Schachwelt hatte ihren jüngsten Weltmeister.

Botwinnik meinte zu diesem Wettkampf: »Das muß man Tal schon zugestehen: Wenn sein Partner einen Fehler beging, so fand er elegante und unerwartete Lösungen. Tal siegte verdient, in diesem Match war er einfach wesentlich stärker als ich.«

Der 8. Weltmeister

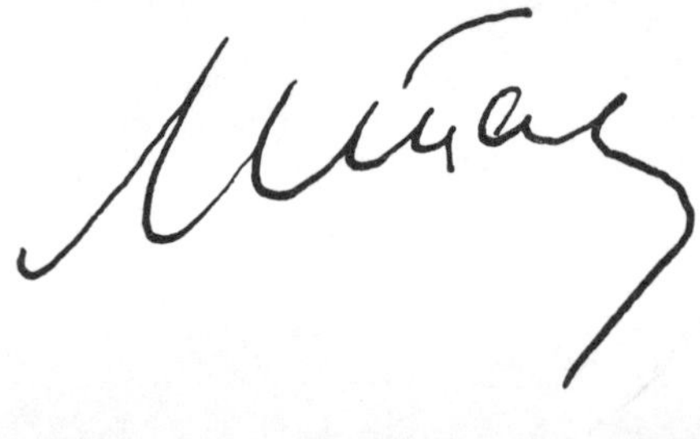

Botwinnik schläft! Mit diesem Einwand bremst die Gattin des Weltmeisters im Sommer 1948 in Riga recht energisch einen aufgeregten Jungen. Der Ruhestörer war Michail Tal. Zwölf Jahre später kann der Champion ihn nicht mehr abweisen. Im Moskauer Puschkin-Theater erlebt Mischa seine Sternstunde: Er wird Weltmeister

Nach dem 2:5-Rückstand erwachte das Kämpferherz Botwinniks, und siehe da, der Blick verrät es, die 8. Partie verlief nach seinen Wünschen. Mit Fortuna im Bunde wurde die hochgradige Zeitnot gemeistert und das Rigaer Angriffsgenie zum erstenmal gestoppt. Tal später über seine unnachahmliche Art zu spielen: »Sehr viele beherrschen heutzutage das große Einmaleins des Schachspiels und kennen sogar dessen Logarithmentafeln auswendig. Deshalb sollte man hin und wieder zu beweisen trachten, daß zwei mal zwei auch fünf sein kann.«
Auch der »reifere« Tal, den hier Lew Abramow zu fragen scheint, ob er schon wieder etwas Überraschendes vorbereite, war zu solcherart abwegigem Abenteuer stets bereit

Nicht weniger interessiert als die 1 100 Glücklichen im Puschkin-Theater verfolgten viele Schachanhänger allabendlich davor den Kampf der beiden Michails. Der Twerskoi-Boulevard, auf dem Demonstrationsbretter standen, wurde zu einer riesigen Schacharena

Französisch (1. Partie)

Weiß: Tal Schwarz: Botwinnik

Tal, der »Zauberer« des Schachs, spielt diese Partie ohne irgendwelche Tricks. Es ist ein modernes Schach mit ungewöhnlichen Stellungsbildern – weder Weiß noch Schwarz führen eine Rochade aus. Der Herausforderer zeigt nach der schwächeren Fortsetzung seines Gegners 15. … ♕:e5? (besser ist 15. … ♘d7) seine außerordentliche Begabung und ist nach 18. h4 Herr der schwarzen Felder. Ganz unerwartet kehrt im 25. Zug die weiße Dame auf ihr Ausgangsfeld d1 zurück, wonach die schwarze Stellung schnell zusammenbricht.

1. e4 e6 2. d4 d5 3. ♘c3 ♗b4 4. e5 c5 5. a3 ♗:c3+ 6. bc ♕c7 7. ♕g4 f5 8. ♕g3 ♘e7 9. ♕:g7 ♖g8 10. ♕:h7 cd 11. ♔d1 ♗d7 12. ♕h5+ ♘g6 13. ♘e2 d3 14. cd ♗a4+ 15. ♔e1 ♕:e5? 16. ♗g5 ♘c6 17. d4 ♕c7 18. h4 e5 19. ♖h3 ♕f7 20. de ♘c:e5 21. ♖e3 ♔d7 22. ♖b1 b6 23. ♘f4 ♖ae8 24. ♖b4

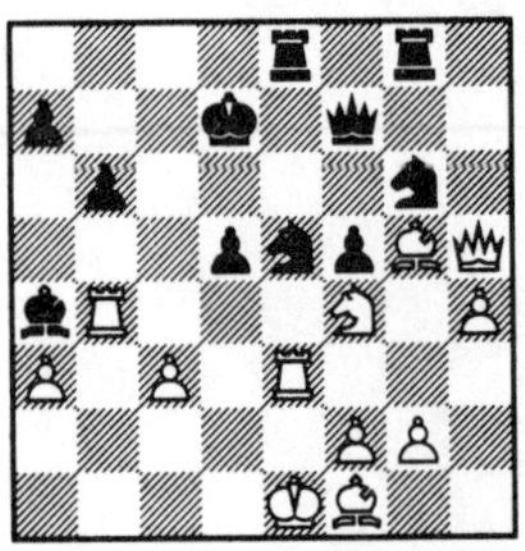

24. … ♗c6 25. ♕d1! ♘:f4 26. ♖:f4 ♘g6 27. ♖d4 ♖:e3+ 28. fe ♔c7 29. c4 dc 30. ♗:c4 ♕g7 31. ♗:g8 ♕:g8 32. h5. Schwarz gab auf.

Stand: Tal 1 Botwinnik 0

Modernes Benoni (8. Partie)

Weiß: Botwinnik Schwarz: Tal

Der Herausforderer muß nach der Eröffnung einige Nachteile in Kauf nehmen, doch sieht das Mittelspiel auf den ersten Blick wieder ganz freundlich für ihn aus. Doch da springt plötzlich ein weißer Springer über das ganze Brett und sammelt fleißig schwarze Bauern ein. Der Abgabezug, ein Springerschach, beendet den Kampf, denn einer der weißen Freibauern macht das Rennen vor dem schwarzen a-Bauern. Wieder einmal sind viele Hunde des Hasen Tod.

1. d4 ♘f6 2. c4 e6 3. ♘f3 c5 4. d5 ed 5. cd g6 6. ♘c3 ♗g7 7. ♗g5 0–0 8. e3 ♖e8 9. ♘d2 d6 10. ♗e2 a6 11. a4 ♘bd7 12. 0–0 ♕c7 13. ♕c2 ♘b6 14. ♗f3 c4 15. ♗:f6 ♗:f6 16. a5 ♘d7 17. ♘ce4 ♗e5 18. ♕:c4 ♕d8 19. ♕a2 f5 20. ♘c3 g5 21. ♘c4 g4 22. ♗e2 ♕f6 23. ♘a4 ♔h8 24. g3 h5 25. f4 ♗d4 26. ♕a3 ♖b8 27. ♘ab6 h4 28. ♖ad1 ♗:b6 29. ab ♘c5 30. gh ♗d7 31. ♕c3 ♕:c3 32. bc ♗b5 33. ♖fe1 ♘e4 34. ♖c1 ♖bc8 35. ♘a5 ♗:e2 36. ♖:e2 ♘:c3 37. ♖:c3 ♖:c3 38. ♘:b7 ♖e:e3 39. ♖:e3 ♖:e3 40. ♘:d6 ♖d3 41. ♘f7+! Schwarz gab auf.

Stand: Botwinnik 3 Tal 5

Caro-Kann (9. Partie)

Weiß: Tal Schwarz: Botwinnik

So spielte der junge Tal und eroberte sich mit diesem Stil die Herzen der Schachfreunde in aller Welt. Ob das Opfer des Springers auf e6 gerechtfertigt ist oder nicht – das weiß man hinterher. Inzwischen fand man, daß 12. … ♘d7! dem Textzug vorzuziehen war und daß Tal den starken Zug 13. ♘h5! ausließ. So, wie das Geschehen ablief, hat der Titelverteidiger zum Schluß einen Springer mehr. Tal versucht noch im trüben zu fischen, doch Botwinnik läßt sich nicht »beschwindeln«.

1. e4 c6 2. d4 d5 3. ♘c3 de 4. ♘:e4 ♗f5 5. ♘g3 ♗g6 6. ♘1e2 ♘f6 7. h4 h6 8. ♘f4 ♗h7 9. ♗c4 e6 10. 0–0 ♗d6 11. ♘:e6 fe 12. ♗:e6 ♕c7 13. ♖e1 ♘bd7 14. ♗g8+ ♔f8 15. ♗:h7 ♖:h7 16. ♘f5 g6 17. ♗:h6+ ♔g8 18. ♘:d6 ♕:d6 19. ♗g5 ♖e7 20. ♕d3 ♔g7 21. ♕g3 ♖:e1+ 22. ♖:e1 ♕:g3 23. fg ♖f8 24. c4 ♘g4 25. d5 cd 26. cd ♘df6 27. d6 ♖f7 28. ♖c1 ♖d7 29. ♖c7 ♔f7 30. ♗:f6 ♘:f6 31. ♔f2 ♔e6 32. ♖:d7 ♔:d7 33. ♔f3 ♔:d6 34. ♔f4 ♔e6 35. g4 ♘d5+ 36. ♔e4 ♘f6+ 37. ♔f4 ♘d5+ 38. ♔e4 ♘b4 39. a3 ♘c6 40. h5 g5 41. h6 ♔f6 42. ♔d5 ♔g6 43. ♔e6 ♘a5 44. a4 ♘b3 45. ♔d6 a5 46. ♔d5 ♔:h6 47. ♔c4 ♘c1 48. ♔b5 ♘d3 49. b3 ♘c1 50. ♔:a5 ♘:b3+ 51. ♔b4 ♘c1 52. ♔c3 ♔g6 53. ♔c2 ♘e2 54. ♔d3 ♘c1+ 55. ♔c2 ♘e2 56. ♔d3 ♘f4+ 57. ♔c4 ♔f6 58. g3 ♘e2. Weiß gab auf.

Stand: Tal 5 Botwinnik 4

Caro-Kann (17. Partie)

Weiß: Tal Schwarz: Botwinnik

Ein glücklicher Sieg des Anziehenden! Noch hat Tal kein probates Mittel gegen die sichere Caro-Kann-Verteidigung gefunden und versucht hier etwas »hemdsärmlig«, zum Angriff zu kommen. Doch Botwinnik weist seinem jungen Herausforderer die Schwachpunkte einer solchen Spielweise nach: Die vorgepreschten weißen Bauern auf a5 und f4 werden vom Nachziehenden ohne Nachteile in die Scheune gefahren. Der Sieg Botwinniks scheint sicher. Da strauchelt der Weltmeister buchstäblich in letzter Minute (39. … ♕d5??), und Tal setzt matt. Nach 39. … ♔a8! hätte das Ergebnis in wenigen Zügen anders ausgesehen.

1. e4 c6 2. d4 d5 3. ♘c3 de 4. ♘:e4 ♗f5 5. ♘g3 ♗g6 6. ♗c4 e6 7. ♘1e2 ♘f6 8. ♘f4 ♗d6 9. ♘:g6 hg 10. ♗g5 ♘bd7 11. 0–0 ♕a5 12. f4 0–0–0 13. a3 ♕c7 14. b4 ♘b6 15. ♗e2 ♗e7 16. ♕d3 ♘fd5 17. ♗:e7 ♕:e7 18. c4 ♘f6 19. ♖ab1 ♕d7 20. ♖bd1 ♔b8 21. ♕b3 ♕c7 22. a4 ♖h4 23. a5 ♘c8 24. ♕e3 ♘e7 25. ♕e5 ♖hh8 26. b5 cb 27. ♕:b5 a6 28. ♕b2 ♖d7 29. c5 ♔a8 30. ♗f3 ♘c6 31. ♗:c6 ♕:c6 32. ♖f3 ♕a4 33. ♖fd3 ♖c8 34. ♖b1 ♕:a5 35. ♖b3 ♕c7 36. ♕a3 ♔a7 37. ♖b6 ♕:f4 38. ♘e2 ♕e4 39. ♕b3 ♕d5?? 40. ♖:a6+ ♔b8 41. ♕a4. Schwarz gab auf.

Stand: Tal 10 Botwinnik 7

Holländisch (19. Partie)

Weiß: Tal Schwarz: Botwinnik

Manch einer der Herausforderer hat den amtierenden Weltmeister bezwungen, wenn er den Stil seines Rivalen adoptierte. Hier wandelt Tal auf Botwinniks Spuren. Der Anziehende gibt zunächst einen Bauern, erhält aber dafür die bessere Stellung. Der Nachziehende sieht seine Chance nur darin, den Mehrbauern, koste es, was es wolle, zu behaupten. Aber es kommt der Punkt, wo es nicht mehr geht, und bald verfügt Tal über einen Plusbauern. Wie er die Gegenchancen seines Widersachers mit 35. ♗c7! zunichte macht, positionelles Spiel mit taktischem verbindet, ist äußerst lehrreich.

1. c4 f5 2. ♘f3 ♘f6 3. g3 g6 4. ♗g2 ♗g7 5. d4 d6 6. ♘c3 e6 7. 0–0 0–0 8. ♕c2 ♘c6 9. ♖d1 ♕e7 10. ♖b1 a5 11. a3 ♘d8 12. e4 fe 13. ♘:e4 ♘:e4 14. ♕:e4 ♘f7 15. ♗h3! ♕f6 16. ♗d2 d5 17. ♕e2 dc 18. ♗f4 ♘d6 19. ♘g5 ♖e8 20. ♗g2 ♖a6 21. ♘e4 ♘:e4 22. ♗:e4 b5 23. b3!

23. … cb 24. ♕:b5 ♖f8 25. ♕:b3 ♖b6 26. ♕e3 ♖:b1 27. ♗:b1 ♗b7 28. ♗a2 ♗d5 29. ♗:d5 ed 30. ♗:c7 a4 31. ♖d3 ♕f5 32. ♗e5 ♗h6 33. ♕e2 ♖c8 34. ♖f3 ♕h3? 35. ♗c7! ♖f8 36. ♕b5! ♕e6 37. ♗e5 ♕c6 38. ♕a5 ♖a8 39. ♕d2 ♖c8 40. ♔g2 ♕d7 41. h4. Schwarz gab auf.

Stand: Tal 11½ Botwinnik 7½

Königsindisch
(6. Partie)

Kommentare: Michail Tal

Weiß: Botwinnik Schwarz: Tal
1. c4 ♘f6 2. ♘f3 g6 3. g3 ♗g7 4. ♗g2 0–0 5. d4 (Man kann hier in die Grünfeld-Indische Verteidigung mittels 5. … d5 einlenken, doch habe ich diese nur sehr selten angewandt. Außerdem halte ich die Stellung für ungenügend. Der Versuch, zu einer symmetrischen Aufstellung durch 5. … c6 und nachfolgendem 6. … d5 zu gelangen, führt zu einem faden Spiel mit einer gewissen Überlegenheit für Weiß.) 5. … d6 6. ♘c3 ♘bd7 7. 0–0 e5 8. e4 c6 9. h3 ♕b6 10. d5 cd 11. cd ♘c5 (Es ist der erste Vorzug des von mir gewählten Planes zu sehen: Der Springer hat eine aktive Position besetzt und greift den e-Bauern an.) 12. ♘e1 ♗d7 13. ♘d3 ♘:d3 14. ♕:d3 ♖fc8 (Schwarz überlegte hier lange, an welchen Plan er sich im Mittelspiel halten soll. Man muß wissen, daß mich die Idee eines Springeropfers auf f4 bereits zu diesem Zeitpunkt ergriff, die, und das ist wahr, noch in Nebel gehüllt war. Schwarz ging mit dem Königsturm nach c8, um zunächst den Bauern a7 geschützt zu halten und Weiß zudem zu suggerieren, daß er gar nicht an dessen Königsflügel denkt.) 15. ♖b1 (Weiß glaubt dem Gegner aufs Wort und konzentriert sein Spiel also auf dem Damenflügel.) 15. … ♘h5 16. ♗e3 ♕b4 17. ♕e2 ♖c4 18. ♖fc1 ♖ac8 19. ♔h2 f5! 20. ef ♗:f5 21. ♖a1 ♘f4 (Die Polemik, die dieser Zug auslöste, ist meines Erachtens gegenstandslos. Er ist schon deshalb gut, weil alle anderen Fortsetzungen schlecht sind. Wie dem auch sei, nach dem Springeropfer entfaltet Schwarz eine große Aktivität auf dem ganzen Brett, besonders wird dies spürbar durch den lange Zeit »arbeitslosen« Läufer auf g7. Die Annahme des Opfers ist erzwungen.) 22. gf ef 23. ♗d2 (Im WM-Bulletin schreibt Meister Goldberg, Botwinniks Sekundant, daß »23. a3 die Partie gewonnen hätte«.) 23. … ♕:b2 24. ♖ab1 f3 (siehe Diagramm) (Darauf hatte Schwarz all seine Hoffnungen gesetzt. Ich sah, daß Weiß nicht mit 25. ♖:b2 fortsetzen kann, und hielt 25. ♗:f3 ♗:b1 26. ♖:b1 ♕c2 27. ♖c1 ♕b2 28.

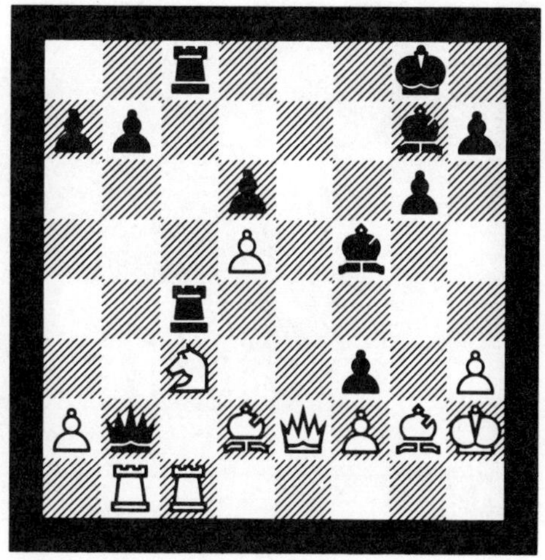

♖b1 für die einzig mögliche Variante. Botwinnik zog jedoch den Damentausch vor, was psychologisch völlig verständlich ist, verfügte er doch über eine Mehrfigur und mußte sich eines Angriffs erwehren. Aber er hatte wohl die Kraft meines 26. Zuges unterschätzt.) 25. ♖:b2? fe 26. ♖b3 ♖d4 27. ♗e1 ♗e5+ 28. ♔g1 ♗f4 (Leider läßt Schwarz die Möglichkeit aus, schnell und schön die Partie zu beenden: 28. … ♖:c3! 29. ♖b:c3 ♖d1 30. ♖c4 ♗b2. Lärm im Zuschauersaal bestärkte die Schiedsrichter in diesem Augenblick, ihre Drohung wahr zu machen und die Fortsetzung der Partie in einen geschlossenen Raum zu verlegen …) 29. ♘:e2 ♖:c1 30. ♘:d4 ♖:e1+ 31. ♗f1 ♗e4 32. ♘e2 ♗e5 33. f4 ♗f6 34. ♖:b7 ♗:d5 35. ♖c7 ♗:a2 36. ♖:a7 ♗c4 37. ♖a8+ ♔f7 38. ♖a7+ ♔e6 39. ♖a3 d5 40. ♔f2 ♗h4+ 41. ♔g2 ♔d6 42. ♘g3 ♗:g3 43. ♗:c4 dc 44. ♔:g3 ♔d5 45. ♖a7 c3 46. ♖c7 ♔d4. Hier wurde die Partie vertagt, jedoch von Weiß ohne Wiederaufnahme aufgegeben. Der Abgabezug war 47. ♖d7+.

Bei der Schacholympiade 1960 in Leipzig war der Tal-Tisch ständig dicht umlagert. Verständlich, daß diese Atmosphäre den Tatengeist des Weltmeisters, der am 1. Brett der UdSSR spielte, ungemein beflügelte. Während Robert Fischer in einer stürmischen Partie zu einem Remis nach 21 Zügen kam, hatte der philippinische Meister Florencio Campomanes, der 22 Jahre später FIDE-Präsident wurde, nichts zu bestellen. Wegen des dämonischen Gesichtsausdrucks, der sich mit zunehmendem Alter noch weiter ausprägte, gingen über Tal schon damals Legenden um. So glaubte der Amerikaner Paul Benkö, daß der Rigaer Schach-»Hexenmeister« ihn zu hypnotisieren trachtete. Die dunkle Brille, die er deshalb trug, sollte ihn davor bewahren. Dennoch verlor Benkö beim Kandidatenturnier 1959 drei von vier Partien

1961 - 1963 Michail Botwinnik

»In der Schachgeschichte gibt es nur ganz wenige, die durch ihren Stil, ihren Kampfgeist, durch Energie und Liebe zur Schachkunst so viel Lehrreiches geboten haben wie Botwinnik.« (Salo Flohr)

Ein zweites Comeback gab es noch nie

Die Abschlußfeier der Weltmeisterschaft 1960 glich einem schachlichen Abschied für Michail Botwinnik. In vielen schönen Reden gedachte man seiner Verdienste: Er *war* ein großer Spieler; er *war* lange Jahre Weltmeister; er *war* der Pionier der sowjetischen Schachschule. Niemand glaubte ernsthaft daran, daß er die Vorsilbe Ex vor dem Weltmeister noch einmal loswerden könnte. Er selbst hatte Tals Sieg als verdient bezeichnet, und die rein punktemäßige Überlegenheit war mit 12½:8½ so groß, daß es undenkbar schien, er könne innerhalb von zehn Monaten den Spieß wieder umdrehen. So weckte es auch eher Skepsis, daß Botwinnik wiederum das Revancherecht nutzen wollte. Es sollte allerdings auch das letztemal sein, denn die FIDE hatte 1959 auf ihrem Kongreß in Luxemburg beschlossen, dieses traditionelle Privileg des Weltmeisters abzuschaffen.

Ein zweites Comeback hatte es noch nie gegeben. Wie würde Botwinnik nun darangehen, sich auf diesen Wettkampf vorzubereiten? Und auf welchen Plan gründeten sich überhaupt seine Hoffnungen, tatsächlich das scheinbar Unmögliche zu schaffen und wieder bester Schachspieler der Welt zu werden?

Nach der Analyse aller 21 Partien des verlorenen Matches kam Botwinnik zu einem überraschenden Urteil: »Viele meinen, daß Tal ein äußerst vielseitiger Schachspieler ist, aber in Wahrheit ist er in seinem Streben nach Verwicklungen ein geradezu einseitiger Spieler.« Der erste Schwerpunkt in der Vorbereitung bestand für Botwinnik nun darin, bei Tal in die Schule zu gehen und ein schlauer Taktiker zu werden. Zum anderen galt es Pläne für ein Mittelspiel zu entwerfen, bei dem die Bewegungsmöglichkeiten der Figuren den Weltmeister daran hindern, sein rasches Schaltvermögen und sein gutes Gedächtnis uneingeschränkt auszuspielen.

Mit dieser Metamorphose, die sich bei Botwinnik in aller Stille vollzog, hatte Tal ganz sicher am wenigsten gerechnet. Von Anfang an sah er sich einem Gegner gegenüber, der ein anderer Mensch zu sein schien. Daß der Weltmeister gesundheitlich nicht in bester Verfassung den Wettkampf aufnahm, muß natürlich erwähnt werden. So hatte ihm eine Ärztekommission untersagt, zum festgelegten Termin den Kampf zu beginnen, und das Präsidium des sowjetischen Sportkomitees bestätigte einen Beschluß, wonach das Match frühestens Ende April 1961 stattfinden könne. Doch selbst die Beschwörungen seines Trainers und väterlichen Freundes Alexander Koblenz stimmten den Champion nicht um. »Versteh mich doch, ich brenne so darauf, mit Botwinnik die Klingen zu kreuzen, daß ich es nicht aushalten könnte, noch zwei Monate warten zu müssen«, erklärte Tal sein Drängen.

Schon nach dem Verlauf des ersten Drittels konnte Michail Botwinnik beruhigt sein, denn seine schachliche wie auch seine physische Vorbereitung hatte sich ausgezahlt. Nach Gewinnpartien kam er auf ein 3:2. Besonders mit den weißen Steinen bot er Tal keine Gelegenheit zu »zaubern«. Als er dann die Partien 9 bis 11 für sich entschied, stand der Weltmeister gewissermaßen vor dem K. o. Besonders die 11., in der sich Tal slawisch verteidigte, hielt für ihn eine herbe Lektion bereit. Botwinnik hatte in der gewählten Variante schon vor 15 Jahren eine Verstärkung ausgetüftelt, in der Hoffnung, daß schon einmal jemand anbeißen würde.

Für den Champion sprach, daß danach sein Kampfeswille ungebrochen war. An jenem 12. April 1961, als mit Juri Gagarin der erste Mensch ins All flog, hatte auch Tal seinen großen Tag. Er gewann die 12. Partie im besten Stil, und seine Fans jubelten ihm zu. »Gedenken Sie der Worte Kawerins: Kämpfen und suchen, finden und nicht kapitulieren«, telegrafierte eine Studentin aus Rjasan.

Bald jedoch erlosch der Optimismus. Nach 18 Partien hatte Botwinnik einen 5-Punkte-Vorsprung. Als er die 20. Partie wie ein Löwe verteidigte und nach 15 Stunden Spielzeit und zwei Analysenächten rettete, war Tal endgültig zermürbt. Beim Stand von 12:8 zweifelte niemand mehr daran, daß Botwinnik jenes noch fehlende halbe Pünktchen schaffen würde. In der 21. Partie versuchte der »Husar aus Riga« das Spiel zu komplizieren, doch sein Gegner ging forsch zum Angriff über und errang um 20.36 Uhr den Sieg und den Weltmeistertitel.

Botwinnik, der im 50. Lebensjahr stand und eine für den Hochleistungssport denkwürdige Leistung vollbrachte, fand für seinen fast noch jugendlichen Kontrahenten ehrliche Worte der Anerkennung: »Wir leben im Zeitalter der kosmischen Geschwindigkeiten. Juri Gagarin hat den Kosmos erreicht – nach langwieriger gediegener Vorbereitung. Wenn Michail Tal in dieser Hinsicht dem Beispiel Gagarins folgt, so bin ich überzeugt, daß auch er den Kosmos erreichen wird!«

Nun, Michail Tal eroberte sich die Schachkrone nicht mehr zurück. Nach wie vor aber ist er einer der weltbesten Schachspieler, und sein unnachahmlicher Stil hat nichts von seiner einstigen Faszination eingebüßt.

Zum drittenmal Weltmeister

Botwinnik, der Mann der Revanche. Zwei seiner Trümpfe stachen 1961 gegen Tal besonders: die »Theatervariante« in der Caro-Kann-Verteidigung (1.e4 c6 2.d4 d5 3. e5 c5 oder ... ♗f5) und die Thermosflasche Bohnenkaffee für die gefährliche fünfte Stunde

Nimzowitsch-Indisch (7. Partie)

Weiß: Botwinnik Schwarz: Tal

Wüßte man nicht, wer in dieser Partie die weißen Steine und wer die schwarzen gehabt hat, würden viele auf Tal als Anziehenden tippen. Botwinnik wählt mit 4. a3!? die schärfste Bekämpfungsform dieser Verteidigung und hat seinen Gegner schon zwischen dem 10. und 12. Zug überspielt. Weiß läßt nicht mehr locker, vermeidet die Falle 21. ♘:f6? ♖:e1+ 22. ♔:e1 ♕a1+ 23. ♕d1 ♕:c3+ 24. ♔f1 ♘e5! und komponiert ein schönes Mattbild, das auch durch Damentausch nicht verhindert werden kann.

1. c4 ♘f6 2. ♘c3 e6 3. d4 ♗b4 4. a3 ♗:c3+ 5. bc b6 6. f3 ♗a6 7. e4 d5 8. cd ♗:f1 9. ♔:f1 ed 10. ♗g5! h6 11. ♕a4+! c6 12. ♗h4! de 13. ♖e1 g5 14. ♗f2 ♕e7 15. ♘e2 b5 16. ♕c2! ♕:a3 17. h4! gh 18. ♗:h4 ♘bd7 19. ♘g3 0–0–0 20. ♘:e4 ♖he8 21. ♔f2 ♘:e4+ 22. fe f6 23. ♖a1 ♕e7 24. ♖:a7 ♕:e4 25. ♕:e4!

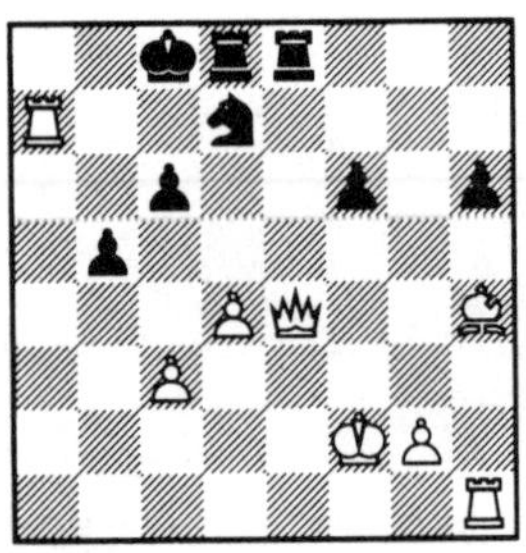

25. ... ♖:e4 26. ♖a8+ ♘b8 27. ♗g3 ♔b7 28. ♖ha1 ♖c8 29. ♖8a7+! ♔b6 30. ♗:b8 b4 31. ♗d6 bc 32. ♗c5+ ♔b5 33. ♖1a4. Schwarz gab auf.

Stand: Botwinnik 4½ Tal 2½

Caro-Kann (8. Partie)

Weiß: Tal Schwarz: Botwinnik

Ist dies nun kombinatorisches oder positionelles Schach? Tal wählt die umstrittene Spielweise 3. e5 und findet nach 3. ... c5? den richtigen Weg, einen Stellungsvorteil herauszuspielen. Den Druckbauern auf e5 behauptet der Anziehende bis zum 27. Zug, dann erscheint dort ein Springer, der das entscheidende Schach gibt.

1. e4 c6 2. d4 d5 3. e5 c5 4. dc e6 5. ♕g4 ♘c6 6. ♘f3 ♕c7 7. ♗b5 ♗d7 8. ♗:c6 ♕:c6 9. ♗e3! ♘h6?! 10. ♗:h6 gh 11. ♘bd2 ♕:c5 12. c4! 0–0–0 13. 0–0 ♔b8 14. ♖fd1 ♕b6 15. ♕h4 a5 16. ♖ac1 ♖g8 17. ♘b3! a4 18. c5

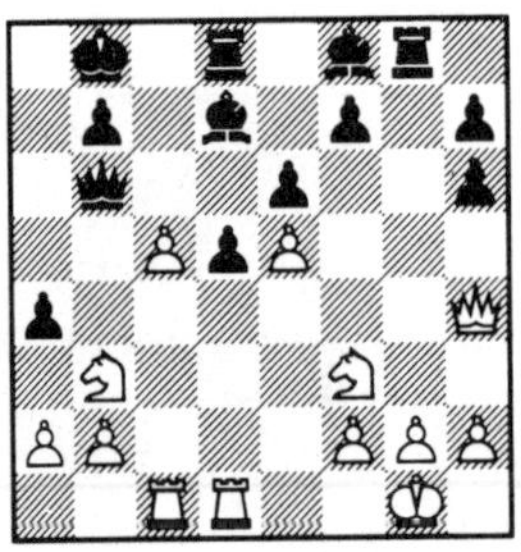

18. ... ♕c7 19. ♘bd4! ♖c8 20. b4 ab 21. ab ♕d8 22. ♕:d8 ♖:d8 23. b4 ♖g4 24. b5 ♖c8 25. c6 ♗e8 26. ♖c2 ♗g7 27. ♖a1 ♗:e5 28. ♘:e5 ♖:d4 29. ♘d7+. Schwarz gab auf.

Stand: Tal 3½ Botwinnik 4½

Caro-Kann (18. Partie)

Weiß: Tal Schwarz: Botwinnik

Botwinnik wendet diesmal den bewährten Zug 3. ... ♗f5 an, und bald ist zu erkennen, daß Schwarz nicht zu überrennen, seine Position sogar vorzuziehen ist. Nach einem Großtausch von Figuren, eingeleitet durch 18. ... ♕a6!, verfügt der Anziehende über das Läuferpaar, dem der Nachziehende zwei Springer entgegenzusetzen hat. In dieser Begegnung ist der seltene Fall zu verzeichnen, daß die Läufer gegen die schwarze Kavallerie völlig hilflos sind. Sehenswert, wie der Nachziehende die Position immer mehr zu seinen Gunsten ausbaut.

1. e4 c6 2. d4 d5 3. e5 ♗f5 4. h4 h6 5. g4 ♗d7 6. c3 c5 7. ♗g2 e6 8. ♘e2 ♗b5 9. ♘a3 ♗:e2 10. ♕:e2 cd 11. cd ♗:a3 12. ba ♘c6 13. ♗e3 ♕a5+ 14. ♔f1 ♘ge7 15. ♖b1 ♖b8 16. ♗h3 ♕a4 17. ♖d1 ♕:a3 18. ♔g2 ♕a6! 19. ♕:a6 ba 20. h5 ♔d7 21. ♖b1 ♖b6 22. ♔g3 ♘a5 23. ♖:b6 ab 24. f4 ♘c4

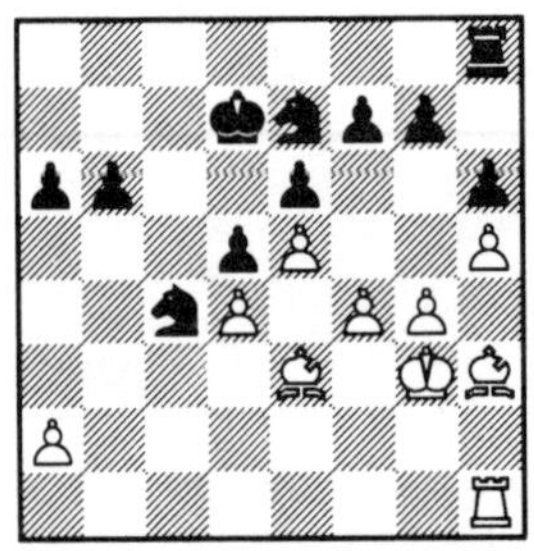

25. ♗c1 ♘c6 26. ♖d1 ♘b4 27. a3 ♘a2 28. f5 ♘:c1 29. ♖:c1 b5 30. ♖a1 ♔e7 31. ♔f4 ♖c8 32. g5 hg 33. ♔:g5 ef 34. ♗:f5 ♖c6 35. ♔f4 ♖h6 36. ♗g4 ♖c6 37. ♖c1 f6 38. ♗f5 fe+ 39. de ♘:e5 40. ♖d1 ♔d6 41. ♗e4 ♖c5. Weiß gab auf.

Stand: Tal 6½ Botwinnik 11½

Königsindisch (21. Partie)

Weiß: Botwinnik Schwarz: Tal

Eine tadellose Angriffspartie, mit der sich Botwinnik den im vorangegangenen Match verlorenen Titel eines Schachweltmeisters zurückerobert. Fast sieht es so aus, als ob nach 20. ... h6, gefolgt von 21. ... ♕g5, die größte Gefahr gebannt ist. Aber der Angriff auf der h-Linie hat trotz Damentauschs nichts von seiner Kraft eingebüßt. Botwinniks Spielführung ist ästhetisch und triumphiert über das phantasievolle, doch oftmals etwas verwegene Spiel seines Rivalen.

1. d4 ♘f6 2. c4 g6 3. ♘c3 ♗g7 4. e4 d6 5. f3 ♘bd7 6. ♗e3 e5 7. ♘ge2 0–0 8. d5 ♘h5 9. ♕d2 f5 10. 0–0–0 a6 11. ♔b1 ♘df6 12. ef gf 13. ♘g3 ♕e8 14. ♗d3! ♘:g3 15. hg c5 16. ♗h6 ♕g6 17. g4 b5 18. ♗:g7 ♔:g7 19. ♖h4 bc 20. ♗c2 h6 21. ♖dh1 ♕g5 22. ♕:g5+

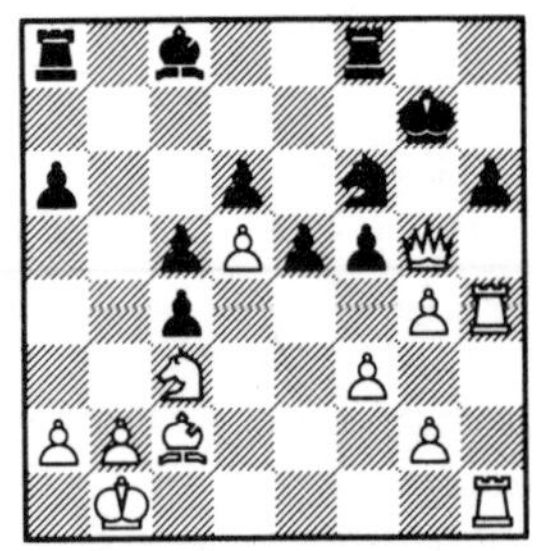

22. ... hg 23. ♖h6 fg 24. fg ♗:g4 25. ♖g6+ ♔f7 26. ♖f1 ♔e7 27. ♖g7+ ♔e8 28. ♘e4 ♘d7 29. ♘:d6+ ♔d8 30. ♖:f8+ ♘:f8 31. ♘:c4 ♗d7 32. ♖f7 ♔c7 33. d6+. Schwarz gab auf.

Endstand: Botwinnik 13 Tal 8

Nimzowitsch-Indisch (3. Partie)

Kommentare: Michail Botwinnik

Weiß: Botwinnik Schwarz: Tal
1. c4 ♘f6 2. ♘c3 e6 3. d4 ♗b4 4. e3 0–0 5. ♗d3 d5 6. a3 dc 7. ♗:c4 ♗d6 8. ♘f3 (Später probierte ich an dieser Stelle den Zug 8. f4 aus, doch nach 8. ... c5 9. dc ♗:c5 erreichte ich nichts Reales.) 8. ... ♘c6 9. b4 (Die einfachste Methode der Entwicklung des Damenläufers. Weiß erzielt weder mit 9. ♘b5, wie ich in diesem Wettkampf gegen Tal später spielte, noch durch 9. ♗b5 ein Übergewicht.) 9. ... e5 10. ♗b2 ♗g4 (Nach 10. ... a6 11. ♗e2 erhält Weiß einen gewissen Vorteil.) 11. d5 (In der 5. Partie wählte ich die scheinbar logischere Fortsetzung 11. de.) 11. ... ♘e7 12. h3 ♗d7 (Komplizierter gestaltet sich das Spiel nach 12. ... ♗h5, doch Tal geht einen anderen Weg, da er vermutete, daß ich darauf vorbereitet war. Außerdem bemüht sich Schwarz nun, den Springer nach g6 zu bringen. Angesichts der Drohung g2–g4 wäre die Stellung des Läufers auf h5 natürlich unbrauchbar.) 13. ♘g5 ♘g6 (siehe Diagramm) (Als dieser Springer das Feld e7 einnahm, war es möglich, den prophylaktischen Zug 13. ... h6 zu machen. Nun erhält Weiß die Chance für eine taktische Operation, die ihm erheblichen Positionsvorteil bringen wird.) 14. ♘e6 fe 15. de ♔h8 16. ed ♕:d7 17. 0–0 ♕f5 18. ♘d5 (Weiß strebt einen Springertausch an, bemüht sich aber, die wichtigen Felder d5, e4 und g4 zu beherrschen, um die Aktivität der schwarzen Figuren einzuschränken.) 18. ... ♘g8 19. ♕g4 ♕c2 20. ♕e2 ♕f5 21. ♕g4 ♕c2 22. ♕e2 ♕f5 23. e4 (Ein wichtiger Zug, der den Aktionsradius der schwarzen Figuren weiter einschränkt.) 23. ... ♕d7 24. ♖ad1 ♖ad8 25. ♕g4 ♕e8 26. g3 ♘h6 (Daß Schwarz auf keine Weise zu einem aktiven Spiel kommen kann, zeigt zum Beispiel 26. ... c6 27. ♘e3 ♘f6 und nun 28. ♕f3.) 27. ♕h5 ♘g8 28. ♕e2 ♘6e7 29. ♘e3! (Weiß verzichtet jetzt auf den Springertausch vom Feld d5 aus, da ein Tausch auf dem Feld g4 günstiger ist.) 29. ... ♘h6 30. ♘g4! ♘:g4 31. hg ♘c6 32. ♔g2 ♗e7 33. ♗d5! ♘d4 34. ♗:d4 ed 35. ♗c4! (Das Allereinfachste. Der

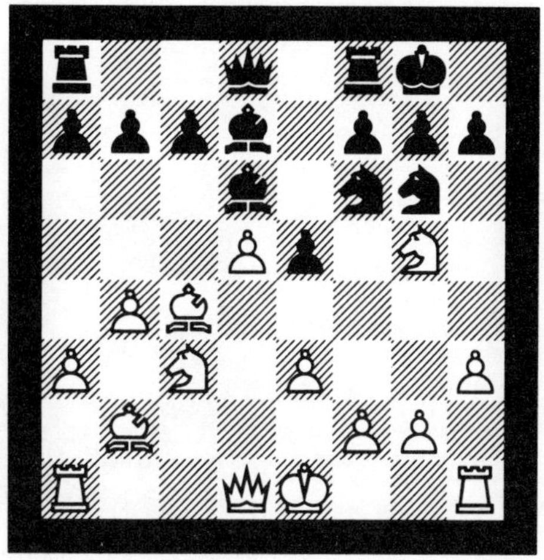

Plan ist ♗d3, f4, ♖h1 und e5) 35. ... c5 (Danach hat Schwarz einen schwachen Trost: zwei verbundene Freibauern, die aber blockiert sind.) 36. b5 ♗f6 37. f4 d3 (Um einen Turm zu tauschen, opfert Schwarz einen Bauern.) 38. ♖:d3 ♖:d3 39. ♗:d3 ♗d4 40. e5 g6 41. ♖h1 (Der von mir angedeutete Plan wird ungehindert durchgeführt. Mit jedem Zug verstärken sich die weißen Drohungen.) 41. ... ♔g7 42. ♕e4 b6 43. ♗c4. Der Abgabezug. (Auf 43. ... ♕d7 entscheidet 44. ♕c6 ♕:c6 45. bc ♖c8 46. e6, und nach 43. ... ♕e7 folgt 44. g5 ♖c8 45. f5 gf 46. ♖:h7+ ♔:h7 47. ♕h4+ ♔g7 48. ♕h6 matt.) Schwarz gab die Partie ohne Wiederaufnahme auf.

Stationen einer erfüllten Sportlerkarriere. Als 16jähriger erstmals Teilnahme an der Landesmeisterschaft: Platz 5 bis 6. 1933 erster Zweikampf gegen Salo Flohr (links Mitte). 1948 erkämpft er die Weltmeisterschaftskrone (unten links); insgesamt 13 Jahre erweist er sich ihrer würdig. Erfolgreichste Absolventen seiner berühmten Talentschule: die Weltmeister Anatoli Karpow und Garri Kasparow. Wahrlich eine unvergleichliche Schachpersönlichkeit: Michail Botwinnik

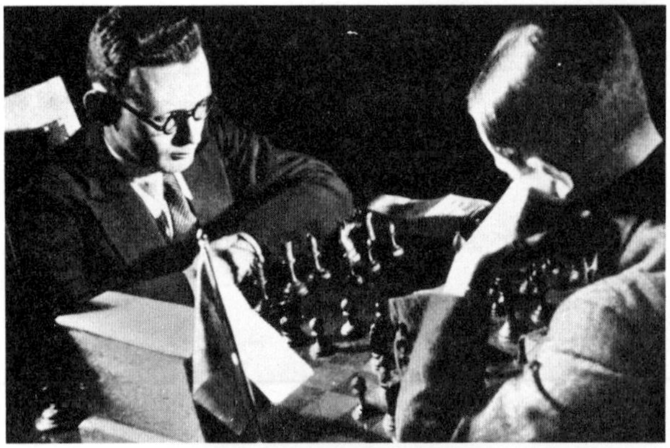

1963 - 1969 Tigran Petrosjan

»Obwohl ich vom Stil her kaum zu den Priestern der Schachkunst gezählt werde, halte ich Schach doch für eine Kunst.« (Tigran Petrosjan)

K. o. durch Taktiker aus Jerewan

Das erstemal so richtig im Blickpunkt stand Tigran Petrosjan, der neue Kandidat für den Weltmeistertitel, 1952 beim Stockholmer Interzonenturnier. Als Debütant im WM-Karussell kam er ungerupft über die 20 schweren Runden. Sein zweiter Platz bescherte ihm die Teilnahme am Kandidatenturnier. Auch hier enttäuschte der 24jährige nicht und wurde in der Schweiz ehrenvoller Fünfter. Auffallend an seinem Stil war dabei ein extrem ausgeprägtes Sicherheitsbedürfnis. 31 der insgesamt 48 Partien beider Wettkämpfe gab er remis. Sein beneidenswerter Spürsinn für Gefahr ließ ihn scheinbar ohne jegliches Risiko spielen. So gab es für ihn mit dieser Taktik fast keine Einbrüche auf dem internationalen Parkett. Schnell hatte er auch seinen Spitznamen weg – der »Eiserne«.

Auf die Chance eines WM-Kampfes mußte er dennoch lange warten. Erst beim Kandidatenturnier 1962 in Willemstad auf der Insel Curaçao schlug seine große Stunde. In der Schlußrunde hatte er sich von Filip (ČSSR) schnell remis getrennt. Paul Keres, der gegen Robert Fischer besser stand, hätte durch einen Sieg mit ihm noch gleichziehen können. Doch im entscheidenden Augenblick versagten dem sympathischen Esten die Nerven – Unentschieden und aus, vorbei, der Traum von der Weltmeisterschaft.

»Hätte Petrosjan einen etwas aktiveren Stil, wäre er der beste Spieler der Welt«, beurteilte seinerzeit Robert Fischer die Aussichten des Herausforderers im Kampf um die Schachkrone.

Natürlich erlebten die Zuschauer im stets ausverkauften Moskauer Estradentheater keinen neuen Petrosjan. Zwar hatte er sich gründlich mit den Stärken und Schwächen seines Gegners vertraut gemacht, hatte er – das war nicht weniger wichtig – sich psychologisch richtig eingestimmt, doch als »Achillesferse« Petrosjans erwies sich – selbst in seinen besten Schaffensjahren – paradoxerweise eine gewisse Unsicherheit. Zu Beginn des Jahres 1963 nahm daher das gezielte Angehen gegen Zweifel, die Herausbildung der Überzeugung, erfolgreich sein zu können, einen wichtigen Platz in seiner Vorbereitung ein. Dabei konnte er dem Treffen mit Botwinnik durchaus optimistisch entgegensehen. In den 50 Partien des Interzonen- und Kandidatenturniers hatte er nicht einmal verloren. Hinzu kam, daß er zwar keine Erfahrung mit Matchkämpfen hatte, aber 18 Jahre jünger war als der Weltmeister, was vor allem mit zunehmender Distanz an Bedeutung gewann.

In der ersten Partie allerdings wurde Petrosjan mit der psychischen Belastung nicht fertig. Er erlitt eine vernichtende Niederlage und kam in der nächsten mit knapper Not um die zweite herum. Von nun an ging er konsequent zur Remis-Taktik über, darauf wartend, daß sein Gegner sich kleinste positionelle Schwächen oder taktische Fehltritte leisten würde. Offenkundig wurde, daß Botwinnik sich eine Blöße bei der Verteidigung einfacher, aber etwas schlechterer Endspielstellungen gab. Und hier setzte Petrosjan zielstrebig an. Ausgleich in der 5. Partie. Nach 7 Partien erstmalige Führung, die er nicht mehr abgab. Ihm war es gelungen, dem Weltmeister seinen Stil aufzuzwingen. Trotzdem wurde in dem Duell weiterhin überaus hartnäckig gekämpft. Botwinnik glich mit dem Gewinn der 14. Partie aus, wurde jedoch in der darauffolgenden Runde durch die völlig ungewohnte Taktik des Herausforderers in die Irre geführt. Es schien, als strebe Petrosjan Vereinfachungen an. Als der Champion dann einen minimalen Fehler beging, schaltete Tigran den Höchstgang ein und ging damit wieder in Führung.

Der endgültige K. o. kam für Botwinnik in Runde 18, als er wiederum an der zähen Verteidigungskunst Petrosjans zerbrach. Nach einer weiteren Niederlage in der 19. Partie war sein Widerstand gebrochen. Petrosjan erreichte nach 22 Runden die 12½ Punkte, die für den Titelgewinn erforderlich waren.

Botwinnik, der genau ein Vierteljahrhundert um den höchsten Schachtitel gekämpft hatte, unternahm keinen weiteren Versuch, die Krone zurückzuerobern. Als Ursache seiner Niederlage gegen »Tiger« Petrosjan sah er dessen ihm »unverständlichen« Stil an, dem er sich nicht anpassen konnte. Als Stärke des neuen Weltmeisters hob er seine hohe Technik bei der Realisierung eines positionellen Vorteils hervor.

In die Geschichte des Schachs ist Botwinnik als eine der bedeutendsten Persönlichkeiten eingegangen. Als er 1970 seine aktive Laufbahn beendete und sich fortan nur noch seiner stillen Leidenschaft widmete, der Konstruktion und Programmierung von Schachcomputern, konnte er auf eine wahrhaft einzigartige Bilanz verweisen. In 59 Turnieren hatte er 33mal Platz 1 belegt. Von 1 202 gespielten Partien gewann er 610, gestaltete 462 remis und verlor nur 130. Ein einziger Weltmeister, Alexander Aljechin, mit dem ein geplantes WM-Duell nicht zustande kam, war bis dahin etwas besser: +735, =402, −127 lautet die Bilanz seiner 1 264 Wettkampfpartien.

Der 9. Weltmeister

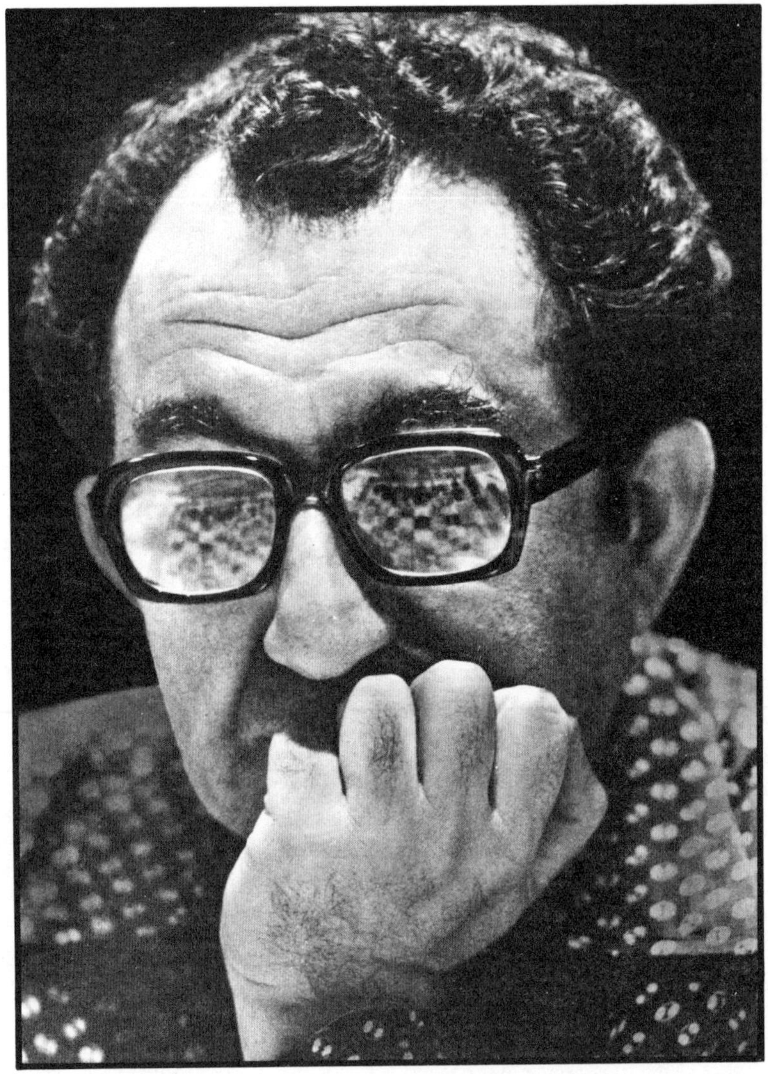

»Ich halte den geistreichen Vergleich Michail Tals für sehr treffend, daß Petrosjan wohl keine Schlägerei anfängt, aber immer bereit ist, zurückzuschlagen«, so der Mann, der 1963 einen Schlußpunkt in der Ära Botwinnik setzte

Nimzowitsch-Indisch (1. Partie)

Weiß: Petrosjan
Schwarz: Botwinnik

Mit grundsoliden, sicheren »Normalzügen« kann man wohl nicht Weltmeister werden. Und so leitet der Herausforderer einen anspruchsvollen Aufbau mit 11. ♘e2 und 13. f3 ein, bei dem er jedoch Zeit verliert, so daß Botwinnik seinen Gegner in der Eröffnung überholt. Die Beherrschung der halboffenen e-Linie in Verbindung mit dem störenden Vormarsch des schwarzen h-Bauern läßt für Weiß kein Spiel aufkommen. Ein überzeugender Botwinnik-Sieg!

1. d4 ♘f6 2. c4 e6 3. ♘c3 ♗b4 4. ♕c2 d5 5. cd ed 6. ♗g5 h6 7. ♗:f6 ♕:f6 8. a3 ♗:c3+ 9. ♕:c3 c6 10. e3 0–0 11. ♘e2 ♖e8 12. ♘g3 g6! 13. f3 h5

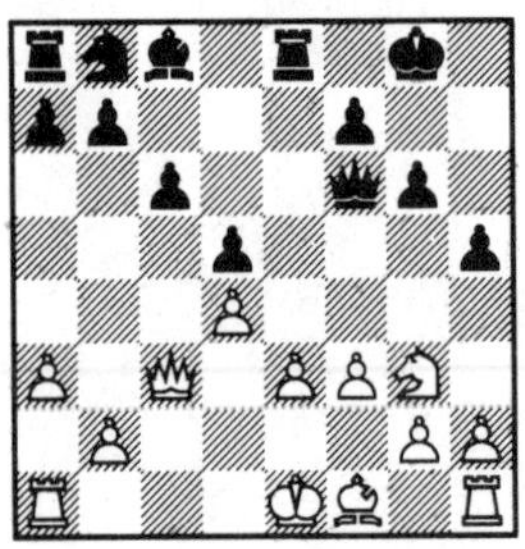

14. ♗e2 ♘d7 15. ♔f2 h4 16. ♘f1 ♘f8 17. ♘d2 ♖e7 18. ♖he1 ♗f5 19. h3 ♖ae8 20. ♘f1 ♘e6 21. ♕d2 ♘g7 22. ♖ad1 ♘h5 23. ♖c1 ♕d6 24. ♖c3 ♘g3 25. ♔g1 ♘h5 26. ♗d1 ♖e6 27. ♕f2 ♕e7 28. ♗b3 g5 29. ♗d1 ♗g6 30. g4 hg 31. ♘:g3 ♘f4 32. ♕h2 c5 33. ♕d2 c4 34. ♗a4 b5 35. ♗c2 ♘:h3+ 36. ♔f1 ♕f6 37. ♔g2 ♘f4+ 38. ef ♖:e1 39. fg ♕e6 40. f4 ♖e2+. Weiß gab auf.

Stand: Petrosjan 0 Botwinnik 1

Damengambit (14. Partie)

Weiß: Botwinnik
Schwarz: Petrosjan

Die Abtauschvariante des Damengambits ist unangenehm für den Nachziehenden. Weiß hat immer irgend etwas zu spielen, Schwarz muß ständig auf der Hut sein. In dieser Begegnung verläuft das Spiel in dieser Art. Sicherlich wird es hier und da bessere Verteidigungszüge geben, doch ein grober Fehler ist nicht zu sehen. Diesmal ist es Botwinniks König, der einen langen Marsch antritt und damit demonstriert, daß der König eine starke Figur im Endspiel ist.

1. d4 d5 2. c4 e6 3. ♘c3 ♗e7 4. cd ed 5. ♗f4 c6 6. e3 ♗f5 7. g4 ♗e6 8. h3 ♘f6 9. ♗d3 c5 10. ♘f3 ♘c6 11. ♔f1 0–0 12. ♔g2 cd 13. ♘:d4 ♘:d4 14. ed ♘d7 15. ♕c2 ♘f6 16. f3 ♖c8 17. ♗e5 ♗d6 18. ♖ae1 ♗:e5 19. ♖:e5 g6 20. ♕f2 ♘d7 21. ♖e2 ♘b6 22. ♖he1

22. ... ♘c4 23. ♗:c4 ♖:c4 24. ♖d2 ♖e8 25. ♖e3 a6 26. b3 ♖c6 27. ♘a4 b6 28. ♘b2 a5 29. ♘d3 f6 30. h4 ♗f7 31. ♖:e8+ ♗:e8 32. ♕e3 ♗f7 33. g5 ♗e6 34. ♘f4 ♗f7 35. ♘d3 ♗e6 36. gf ♕:f6 37. ♕g5 ♕:g5+ 38. hg a4 39. ba ♖c4 40. a5 ba 41. ♘c5 ♗f5 42. ♔g3 a4 43. ♔f4 a3 44. ♔e5 ♖b4 45. ♘d3 ♖b5 46. ♔d6 ♔f7 47. ♔c6 ♗:d3 48. ♖:d3 ♖b2 49. ♖:a3 ♖g2 50. ♔:d5 ♖:g5+ 51. ♔c6 h5 52. d5 ♖g2 53. d6 ♖c2+ 54. ♔d7 h4 55. f4 ♖f2 56. ♔c8 ♖:f4 57. ♖a7+. Schwarz gab auf.

Stand: Botwinnik 7 Petrosjan 7

Grünfeld-Indisch (15. Partie)

Weiß: Petrosjan
Schwarz: Botwinnik

Der gewählte Aufbau gegen die Grünfeld-Indische Verteidigung war seinerzeit groß in Mode. Im Grunde geht es um die Frage, ob das weiße Zentrum für den Anziehenden von Vorteil oder ob es infolge des Drucks der schwarzen Figuren eher anfällig ist. Heute weiß man: Spielen beide Seiten richtig, befindet sich die Position in dynamischem Gleichgewicht – es ergibt sich eine Partie mit ausgeglichenen Chancen. Der Nachziehende findet hier aber nicht das probate Mittel gegen den Druckbauern auf d5, das in 16. ... ♕c8!, gefolgt von 17. ... c6, besteht. Nach dem Damentausch ist im Endspiel der weiße Läufer deutlich besser als der schwarze Springer. Die technische Spielführung des Herausforderers ist ebenso genüßlich wie manch brillante Kombination.

1. d4 ♘f6 2. c4 g6 3. ♘c3 d5 4. ♕b3 dc 5. ♕:c4 ♗g7 6. e4 0–0 7. ♗e2 ♘c6 8. ♘f3 ♘d7 9. ♗e3 ♘b6 10. ♕c5 ♗g4 11. d5 ♘d7 12. ♕a3 ♗:f3 13. ♗:f3 ♘d4 14. 0–0–0 ♘:f3 15. gf ♘b6 16. ♕b3 ♕d7 17. h4 h5 18. f4 e6 19. de ♕:e6 20. ♕:e6 fe 21. ♖hg1 ♔h7 22. ♘b5 ♖f7 23. ♘d4 ♖ae8 24. ♘f3! ♗h6 25. ♘g5+ ♗:g5 26. ♖:g5 ♘c4 27. ♖dg1 ♖g8 28. ♔c2 b6 29. b3 ♘d6 30. f3 ♖d7 31. ♖5g2 ♖dd8 32. a4! ♘f7 33. ♗c1 e5 34. ♗e3 ef 35. ♗:f4 ♖d7 36. ♖d2 ♖:d2+ 37. ♔:d2 ♖d8+ 38. ♔e2 c5 39. a5 ♖d7 40. ab ab 41. ♖a1 ♔g7 42. ♖a6 ♖b7 43. ♖a8 ♔f6 44. ♖c8 ♘e5 45. ♔e3 ♘d7 46. ♖c6+ ♔f7 47. e5 ♘f8 48. ♖f6+ ♔g7 49. ♔e4 b5 50. ♖c6 ♔f7 51. ♖:c5 ♘e6 52. ♖d5 ♔e7 53. ♗e3 ♖b8 54. ♖d6 b4 55. ♖a6 ♖b5 56. ♖a7+ ♔e8 57. f4 ♔f8 58. f5. Schwarz gab auf.

Stand: Petrosjan 8 Botwinnik 7

Damengambit (18. Partie)

Weiß: Botwinnik
Schwarz: Petrosjan

Botwinnik wendet mit Vergnügen sein Abtauschsystem erneut an und erhält eine ausbaufähige Stellung. Beide Seiten lavieren über lange Strecken, wobei sich Weiß die Möglichkeit 12. ♘g5 ♗d7 13. e4! entgehen ließ. Bei Abbruch der Partie nach dem 40. Zug ist die Stellung in dynamischem Gleichgewicht, doch schon wenige Züge nach der Wiederaufnahme unterläuft dem Weltmeister ein folgenschwerer Irrtum. Anstelle von 44. ♖f1? ist 44. ♘c4 ♘:c4 45. bc viel besser. Wieder ein Beispiel dafür, wie schwer es ist, eine Stellung genau zu analysieren. Petrosjan spielt die Schlußphase gekonnt und mit Eleganz.

1. d4 d5 2. c4 e6 3. ♘c3 ♗e7 4. cd ed 5. ♗f4 c6 6. e3 ♗f5 7. g4 ♗e6 8. h3 ♘f6 9. ♘f3 ♘bd7 10. ♗d3 ♘b6 11. ♕c2 ♘c4 12. ♔f1

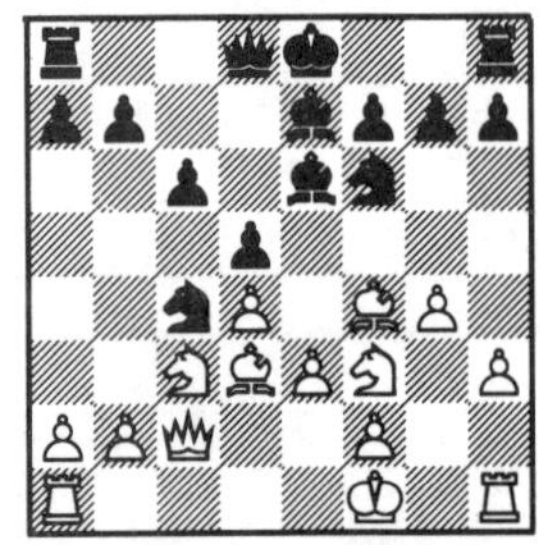

12. ... ♘d6 13. ♘d2 ♕c8 14. ♔g2 ♘d7 15. f3 g6 16. ♖ac1 ♘b6 17. b3 ♕d7 18. ♘e2 ♘dc8 19. a4 a5 20. ♗g3 ♗d6 21. ♘f4 ♘e7 22. ♘f1 h5 23. ♗e2 h4 24. ♗h2 g5!? 25. ♘d3 ♕c7! 26. ♕d2 ♘d7 27. ♗g1 ♘g6 28. ♗h2 ♘e7 29. ♗d1 b6 30. ♔g1 f6 31. e4 ♗:h2+ 32. ♕:h2 ♕:h2+ 33. ♖:h2 ♖d8 34. ♔f2 ♔f7 35. ♔e3 ♖he8 36. ♖d2 ♔g7 37. ♔f2 de 38. fe ♘f8 39. ♘e1 ♘fg6 40. ♘g2 ♖d7 41. ♗c2 ♗f7! 42. ♘fe3 c5! 43. d5 ♘e5 44. ♖f1? ♗g6 45. ♔e1 ♘c8 46. ♖df2 ♖f7 47. ♔d2 ♘d6 48. ♘f5+ ♗:f5 49. gf c4! 50. ♖b1 b5 51. b4 c3+! 52. ♔:c3 ♖c7+ 53. ♔d2 ♘ec4+ 54. ♔d1 ♘a3 55. ♖b2 ♘dc4 56. ♖a2 ab 57. ab ♘:b5 58. ♖a6 ♘c3+ 59. ♔c1 ♘:d5 60. ♗a4 ♖ec8 61. ♘e1 ♘f4. Weiß gab auf.

Stand: Botwinnik 8 Petrosjan 10

Grünfeld-Indisch (5. Partie)

Kommentare: Tigran Petrosjan

Weiß: Petrosjan Schwarz: Botwinnik
Jeder Schachspieler hat Partien gewechselt, die sich ihm besonders stark eingeprägt haben. Eine davon wurde für mich die 5. Partie des Kampfes um die Weltmeisterschaft im Jahre 1963. Und dies nicht nur deshalb, weil ich zu meinem ersten Sieg über Botwinnik in offiziellen Wettkämpfen kam. Hier wurde erfolgreich ein Eröffnungsexperiment abgeschlossen, das im Widerspruch zur Theorie jener Zeit stand.

1. c4 g6 2. d4 ♘f6 3. ♘c3 d5 4. ♘f3 ♗g7 5. e3 0–0 6. ♗e2 (Der Ruf dieses Zuges war nicht besonders gut. In Eröffnungsbüchern wurde aufgrund einer Partie Sokolski–Botwinnik, gespielt 1938 in Leningrad, der Zug 6. … e6 als die richtige Erwiderung angegeben. Während der Vorbereitung auf dieses Match widmete ich der Grünfeld-Indischen Verteidigung große Aufmerksamkeit in der Annahme, daß sie bestimmt zur Anwendung kommen würde. Eines Tages hatte ich die Idee, das Spiel mit 6. ♗e2 aufzubauen, was recht passiv erscheint. Nach Beratung mit meinen Trainern kamen wir zu dem Schluß, daß dieser Plan durchaus lohnend ist.) 6. … dc 7. ♗:c4 c5 8. d5 e6 9. de ♕:d1+ 10. ♔:d1 ♗:e6 11. ♗:e6 fe (siehe Diagramm) (Nun sind schon die Damen abgetauscht, ohne die es doch kein vernünftiges Spiel geben kann. Aber das entstandene Endspiel ist sehr kompliziert.) 12. ♔e2 ♘c6 13. ♖d1 ♖ad8 14. ♖:d8 ♖:d8 15. ♘g5 ♖e8 16. ♘ge4 ♘:e4 17. ♘:e4 b6 18. ♖b1 ♘b4 19. ♗d2 ♘d5 20. a4 ♖c8 21. b3 ♗f8 (Diese Züge sind alle nötig und schon daher nicht schlecht. Mir scheint, daß Weiß in dieser Phase besser vorangekommen ist als Schwarz.) 22. ♖c1 ♗e7 (Dieser Zug wurde zwar mißbilligt, doch nach 22. … ♖c7 23. ♘g5 ist es für Schwarz nicht so einfach, sich zu verteidigen.) 23. b4! (Zweifelsohne der beste Zug, der die Position verschärft.) 23. … c4 24. b5 ♔f7 (Nun kann Schwarz den Verlust seines c-Bauern nicht verhindern.) 25. ♗c3 ♗a3 26. ♖c2 ♘:c3+ 27. ♖:c3 ♗b4 28. ♖c2 ♔e7 (Mehr Chancen bot

28. … e5, damit sich der schwarze König unverzüglich dem Feld d5 nähern kann.) 29. ♘d2 c3 30. ♘e4 ♗a5 31. ♔d3 ♖d8+ 32. ♔c4 ♖d1 (Der scheinbar effektvolle Zug 32. … ♖d2 wird ganz prosaisch mit 33. ♔b3 erwidert.) 33. ♘:c3 ♖h1? (Danach ist Schwarz verloren. Am meisten fürchtete ich den Abtausch des Springers, da das entstehende Turmendspiel dem Nachziehenden die größten Aussichten auf ein Remis verspricht.) 34. ♘e4 ♖:h2 35. ♔d4! ♔d7 36. g3 (Der meistversprechende Weg zum Sieg. Bis zur Zeitkontrolle waren noch einige Züge bei knapper Bedenkzeit zu machen. Ich entschloß mich deshalb, kein Spiel einzuleiten, das einer exakten Berechnung bedurft hätte.) 36. … ♗b4 37. ♔e5 ♖h5+ 38. ♔f6 ♗e7+ 39. ♔g7 e5 40. ♖c6! ♖h1 41. ♔f7! (Der Abgabezug, der den kürzesten Weg zur Realisierung der überlegenen weißen Stellung garantiert.) 41. … ♖a1 42. ♖e6 ♗d8 43. ♖d6+ ♔c8 44. ♔e8 ♗c7 45. ♖c6 ♖d1 (Nach 45. … ♖:a4 wollte ich mit 46. ♘g5 fortsetzen. Die mögliche Variante 46. … ♔b7 47. ♘e6 ♗b8 48. ♘d8+ ♔a8 49. ♖c8! führt zu der nicht zu parierenden Drohung 50. ♘c6.) 46. ♘g5 ♖d8+ 47. ♔f7 ♖d7+ 48. ♔g8. Schwarz gab auf.

Der »Eiserne« behält das Zepter

Mit dem Ende der Schachära Botwinnik, der auch als Theoretiker viel Wertvolles unter anderem zur Französischen und Sizilianischen Verteidigung, zu Nimzowitsch-Indisch, Slawisch, Grünfeld-Indisch, Holländisch, zur Réti-Eröffnung und zum Damengambit beitrug, entstand die Frage: Wer würde das Erbe der Vaterfigur der sowjetischen Schachschule antreten? Würde der neue Weltmeister Tigran Petrosjan stark genug sein, das Zepter fest in seiner Hand zu halten, oder drohte ihm schon Gefahr seitens seiner Landsleute? Und was hatten die anderen Länder dieser Dominanz der UdSSR-Aktiven entgegenzusetzen?

Robert Fischer, der aussichtsreichste Kontrahent, hatte sich nach dem für ihn enttäuschenden 5. Platz von Willemstad schmollend zurückgezogen. Ja, der amerikanische Großmeister ging sogar so weit zu schwören, daß er nie mehr an Turnieren der FIDE um die Weltmeisterschaft teilnehmen werde, weil der WM-Modus ihm keine Chance geben würde, »in die Phalanx der Russen einzudringen«. Fischer blieb auch bei dem einmal gefaßten Entschluß, als die FIDE das bestehende System 1962 reformierte und anstelle des Kandidatenturniers nunmehr Matchkämpfe traten. Er begründete seine Haltung damit, daß dabei nicht das Aljechinsche Muster berücksichtigt wurde, nach dem mindestens sechs Gewinnpartien über den Sieger entschieden. »Eine unvernünftige Entscheidung«, meinte Exweltmeister Max Euwe damals. »Ich glaube, daß Fischer sich auf der Suche nach dem kürzeren Weg für den längeren entschieden hat.«

Daß sich mit Boris Spasski nach der kräftezehrenden WM-Qualifikation wieder ein sowjetischer Vertreter durchgesetzt hatte, kam nicht überraschend. Mit 29 Jahren hatte er zudem jene spielerische Reife erreicht, die ihn zu einem aussichtsreichen Anwärter auf die Schachkrone machten. Spasski waren schon in jungen Jahren die Erfolge nur so zugefallen. 1955 wurde er in Antwerpen Junioren-Weltmeister; ein Jahr später, beim Amsterdamer Kandidatenturnier, teilte er punktgleich mit Bronstein, Geller, Petrosjan und dem Ungarn Szabó die Plätze 3 bis 7, wobei der Sieger Smyslow ihm die einzige Niederlage verdankte. Beim nächsten WM-Zyklus 1958–60 galt er als Favorit, doch bei der 25. UdSSR-Meisterschaft kostete ihn eine Niederlage gegen Tal in der letzten Runde den sicher geglaubten Platz im Interzonenturnier. Die gleiche Situation wiederholte sich drei Jahre später. Wieder fehlte in der Landesmeisterschaft – als Zonenturnier gewertet – zur Erreichung des Ziels nur der letzte Schritt, wiederum scheiterte der Leningrader. Es gab nur eine schlüssige Begründung für dieses Versagen: »Spasski mangelte es deutlich an Charakterfestigkeit und im entscheidenden Augenblick an der notwendigen Willensstärke.« Die Wende für ihn kam 1961, als Großmeister Bondarewski sein Training übernahm. Er formte Spasski zu einem Spieler von universellem Stil, dessen Vielseitigkeit es gerade war, die in den erbitterten Matchkämpfen des Jahres 1965 zum psychologischen »Schlüssel« gegen seine namhaften Konkurrenten wurde. So bezwang er nacheinander Keres (6:4), Geller ($5\frac{1}{2}$:$2\frac{1}{2}$) und Exweltmeister Tal (7:4). Ob er jedoch schon stark genug war für den Lorbeerkranz?

Nun, dieses WM-Match Petrosjan–Spasski hielt vielleicht nicht das, was es versprach. Besonders in der ersten Hälfte glänzte der Weltmeister mit seinen alten Tugenden. Spasski fand gegen diesen Stil, den Tal mit »hervorragende Meisterschaft und kalte Abschätzung aller Positionstypen« charakterisierte, keine rechte Einstellung. Nach sechs Remis gab es den ersten Sieg des Champions. Dann, nach zwei weiteren Unentschieden, wiederum einen ganzen Punkt für Petrosjan, der zur Halbzeit mit 7:5 führte. Der Armenier schien im rechten Augenblick seine Höchstform zu haben. Den Bann brach Spasski ausgerechnet in Runde 13, als er zu seinem allerersten Sieg überhaupt gegen Petrosjan kam. Es wurde wirklich noch einmal kritisch, denn in Partie 19 hatte der Herausforderer den Gleichstand erzwungen. Der Armenier konterte anschließend eiskalt: Sieg in Runde 20 und 22, als Spasski mit dem Kopf durch die Wand wollte. Es war vollbracht – 12:10. Da jedoch keiner die 12-Punkte-Grenze überschritten hatte, wurden die noch ausstehenden beiden Partien gespielt. Boris Spasski siegte in der 23. Runde. Zum Abschluß gab es nach wechselhaftem Verlauf dann eine gerechte Punkteteilung.

»Zum erstenmal seit dem Wettkampf zwischen Aljechin und Bogoljubow brachte der Weltmeister dem Herausforderer eine Niederlage bei, dazu noch einem solchen, der sich auf der Höhe seines sportlichen Ruhmes befindet. Petrosjan war in jeder Hinsicht besser vorbereitet«, resümierte der Hauptschiedsrichter Alberic O'Kelly de Galway. Daß der belgische Großmeister mit seiner Einschätzung durchaus richtig lag, beweist vor allem die Tatsache, daß der Matchsieger das eröffnungspsychologische Duell klar zu seinen Gunsten entschied. So stand Spasski während des gesamten Wettkampfes vor dem »Problem der schwarzen Farbe«. Außerdem gelang es ihm nicht, den Vorteil des ersten Zuges zu bewahren. Der bedingungslosen Remis-Taktik Petrosjans mit all ihren verborgenen Tücken war er zum damaligen Zeitpunkt einfach noch nicht gewachsen.

Nach Petrosjans Titelgewinn äußerte David Bronstein, daß dieser auf lange Sicht nicht zu besiegen wäre. Zumindest im Hinblick auf den ersten Angriff Boris Spasskis (Bild Mitte mit Nikolai Krogius) auf die »armenische Festung« behielt er recht

Königsindisch (10. Partie)

Weiß: Petrosjan Schwarz: Spasski

Eine neue Spielweise in der Königsindischen Verteidigung ist aufgekommen, die dem Nachziehenden ein aktives Gegenspiel zu versprechen scheint. Im frühen Mittelspiel sieht es aussichtsreich für Schwarz aus, und im 20. Zug bietet sich eine einfache, gute Fortsetzung in ... ♖:f4 21. ♖:f4 ♕g5+ sowie ein scheinbar noch stärkerer Zug an, für den sich Spasski zu seinen Ungunsten entscheidet. Er gewinnt zwar dabei die Qualität, der Weltmeister jedoch mit dem krönenden Abschluß 30. ♕h8+!! die Partie.

1. ♘f3 ♘f6 2. g3 g6 3. c4 ♗g7 4. ♗g2 0–0 5. 0–0 ♘c6 6. ♘c3 d6 7. d4 a6 8. d5 ♘a5 9. ♘d2 c5 10. ♕c2 e5 11. b3 ♘g4 12. e4 f5 13. ef gf 14. ♘d1 b5 15. f3 e4! 16. ♗b2 ef 17. ♗:f3 ♗:b2 18. ♕:b2 ♘e5 19. ♗e2 f4!? 20. gf!? ♗h3? 21. ♘e3!!

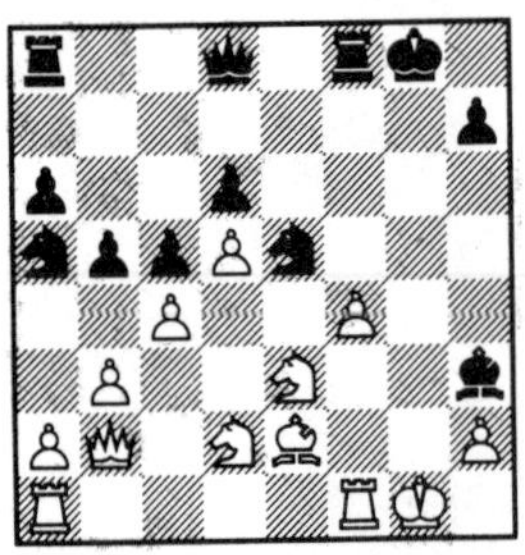

21. ... ♗:f1 22. ♖:f1 ♘g6 23. ♗g4! ♘:f4 24. ♖:f4! ♖:f4 25. ♗e6+ ♖f7 26. ♘e4 ♕h4 27. ♘:d6 ♕g5+ 28. ♔h1 ♖a7 29. ♗:f7+ ♖:f7 30. ♕h8+!! Schwarz gab auf.

Stand: Petrosjan 6 Spasski 4

Französisch (19. Partie)

Weiß: Spasski Schwarz: Petrosjan

Eine Auseinandersetzung mit klassischen Merkmalen der Französischen Verteidigung; eine längere Phase hat Weiß den Punkt e5 in der Hand und dadurch vielleicht die etwas leichter zu führende Partie. Doch allmählich ist Schwarz in der Lage, den Druck abzuschütteln und zum Bauernzug e6–e5 zu kommen. Die dafür notwendigen Vorbereitungszüge bedürfen jedoch größter Genauigkeit. Daran scheitert der Weltmeister. Der Zug 16. ... ♕f7? ist zu tadeln – bessere Möglichkeiten bestanden in 16. ... ♘d7 und 16. ... ♕d7. Im Mittelspiel hält Spasski seine überlegende Position fest (gewissermaßen im Stile Petrosjans), wenn es auch noch lange bis zum Gewinnpunkt dauert.

1. e4 e6 2. d4 d5 3. ♘c3 ♘f6 4. e5 ♘fd7 5. ♘f3 c5 6. dc ♘c6 7. ♗f4 ♗:c5 8. ♗d3 f6 9. ef ♘:f6 10. 0–0 0–0 11. ♘e5 ♗d7 12. ♘:c6 ♗:c6 13. ♕e2 ♕e7 14. ♖ae1 ♖ae8 15. ♗g3 a6 16. a3 ♕f7? 17. b4! ♗d4 18. ♗e5

18. ... ♗:e5 19. ♕:e5 ♘d7 20. ♕g3 e5 21. f3 ♕f4 22. ♕:f4 ♖:f4 23. ♖f2 g6 24. ♖d2 ♘b6 25. ♖de2 ♘d7 26. ♘d1 b5 27. c3 ♖f7 28. ♗c2 ♔g7 29. ♗b3 h5 30. ♘e3 ♘b6 31. ♘c2 ♘d7 32. ♖e3! h4 33. h3 ♖f6 34. ♘d4! ♗b7 35. a4 ♖d8 36. ♘e2 ba 37. ♗:a4 ♘b6 38. ♗b3 e4 39. ♘d4 ♔h6 40. ♖d1 ♖c8? 41. fe de 42. ♘e6! ♘c4 43. ♗:c4 ♖:c4 44. ♘c5 ♖f7 45. ♖a1 ♔g5 46. ♖a5 ♔f4 47. ♔f2 ♗d5 48. ♘b3 ♔e5 49. ♔e2 ♖c6 50. ♘d2 ♔e6 51. ♘:e4 ♗c4+ 52. ♔d2 ♖d7+ 53. ♔c2 ♔f7 54. ♖e5 ♔g7 55. ♘d2 ♗b5 56. ♘f3 ♗a4+ 57. ♔b2 ♖d1 58. ♖5e4 ♖f1 59. ♖e1 ♖:e1 60. ♖:e1 ♖f6 61. ♖e4 g5 62. ♘:g5 ♖f2+ 63. ♔a3 ♗c6 64. ♖:h4 ♗:g2 65. ♘e4 ♖e2 66. ♘c5 ♗f1 67. ♖f4 ♖e1 68. h4. Schwarz gab auf.

Stand: Spasski 9½ Petrosjan 9½

Nimzowitsch-Indisch (20. Partie)

Weiß: Petrosjan Schwarz: Spasski

Die sogenannte Normalstellung dieser Verteidigung ist nach dem 7. Zug auf dem Brett. Das folgende Abspiel bis zum 15. Zuge hat jahrelang die Gemüter bewegt – immer wieder wurde nach neuen Feinheiten gesucht. In dieser Partie fällt die Entscheidung in der b-Linie, wo drei schwere Figuren des Anziehenden aufmarschiert sind. Mit 29. ♕f2? läßt der Weltmeister die Zügel etwas locker, so daß sein Gegner mit 32. ... ♖8a3 gewisse Remischancen hätte wahrnehmen können. Der taktische Versuch Spasskis am weißen Königsflügel war indes zum Scheitern verurteilt.

1. d4 ♘f6 2. c4 e6 3. ♘c3 ♗b4 4. e3 0–0 5. ♗d3 c5 6. ♘f3 d5 7. 0–0 ♘c6 8. a3 ♗:c3 9. bc dc 10. ♗:c4 ♕c7 11. ♗d3 e5 12. ♕c2 ♗g4 13. ♘:e5 ♘:e5 14. de ♕:e5 15. f3 ♗d7 16. a4 ♖e8 17. e4 c4 18. ♗e2 ♗e6 19. ♗e3 ♕c7 20. ♖ab1 ♘d7 21. ♖b5! b6 22. ♖fb1 ♕c6 23. ♗d4 f6 24. ♕a2 ♔h8 25. ♗f1 h6 26. h3 ♖ab8 27. a5!

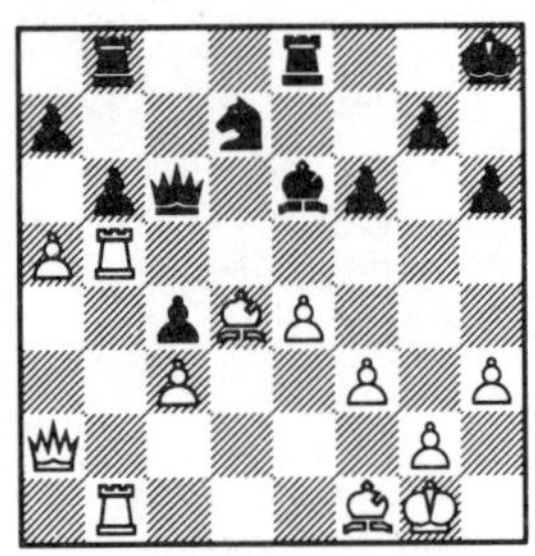

27. ... ♖b7 28. ab ab 29. ♕f2? ♖a8! 30. ♕b2 ♖ba7! 31. ♗:b6 ♖a2 32. ♕b4 ♖c2? 33. ♗f2 ♕c7 34. ♕e7! ♗:h3 35. gh ♖:f2 36. ♔:f2 ♕h2+ 37. ♗g2 ♘e5 38. ♖b8+ ♖:b8 39. ♖:b8+ ♔h7 40. ♖d8 ♘g6 41. ♕e6. Schwarz gab auf.

Stand: Petrosjan 10½ Spasski 9½

Französisch (23. Partie)

Weiß: Spasski Schwarz: Petrosjan

Wiederum ein Sieg Spasskis im Stile Petrosjans. Der Versuch des Weltmeisters, eine Verteidigungsstellung aufzubauen, die gute Aussichten auf ein Unentschieden bietet, geht hier nicht auf. Die Partieführung Spasskis ist beeindruckend. Völlig überraschend bietet er in einer Lage, die alle Merkmale eines bevorstehenden Angriffs aufweist, den Damentausch an. Tatsächlich war dieses Manöver von durchschlagender Kraft. Das danach entstandene Endspiel wird technisch versiert zum Siege geführt.

1. e4 e6 2. d4 d5 3. ♘c3 ♘f6 4. ♗g5 de 5. ♘:e4 ♗e7 6. ♗:f6 ♗:f6 7. ♘f3 ♗d7 8. ♕d2 ♗c6 9. ♘:f6+ ♕:f6 10. ♘e5 0–0 11. 0–0–0 ♘d7 12. ♘:c6 bc 13. h4! ♖ab8 14. ♖h3 c5 15. ♕g5!!

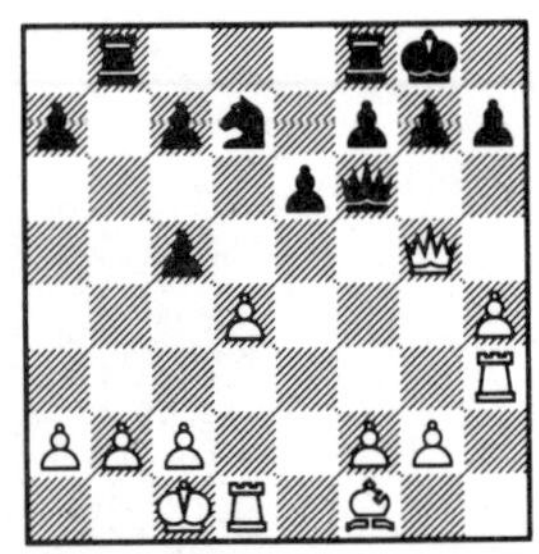

15. ... cd 16. ♕:f6 ♘:f6 17. ♖:d4 ♖b7 18. ♖b3 ♖:b3 19. ab ♖a8 20. ♖c4 ♘e8 21. ♖a4 ♘d6 22. g3 ♔f8 23. ♗g2 ♖c8 24. ♖:a7 ♔e7 25. ♔d2 h6 26. c4 g5 27. hg hg 28. ♔c3 ♔d7 29. b4 ♖h8 30. b5 ♖h2 31. ♗c6+. Schwarz gab auf.

Stand: Spasski 11 Petrosjan 12

Damenbauernspiel (7. Partie)

Kommentare: Michail Tal

Weiß: Spasski Schwarz: Petrosjan
1. d4 ♘f6 2. ♘f3 e6 3. ♗g5 (Dieser Aufbau ist in der Praxis Petrosjans weit häufiger vorgekommen als in der Spasskis. Nach dem 11. Zug ist eine Stellung aus der Begegnung Petrosjan–Ljublinski, gespielt 1948, auf dem Brett, jedoch mit einem kleinen, aber wichtigen Unterschied.) 3. … d5 4. ♘bd2 ♗e7 5. e3 ♘bd7 6. ♗d3 c5 7. c3 b6 8. 0–0 ♗b7 9. ♘e5 ♘:e5 10. de ♘d7 11. ♗f4 (In den Anmerkungen zu der erwähnten Partie war dieser Zug mit einem Ausrufezeichen versehen worden: Doch Ljublinski hatte anstelle von 8. … ♗b7 die Rochade ausgeführt. Jetzt aber wählt Schwarz einen scheinbar schärferen Zug, der jedoch in Wirklichkeit ein sehr umsichtiger ist.) 11. … ♕c7 12. ♘f3 h6 (Was ist das – eine Verteidigung oder die Vorbereitung eines Angriffs?) 13. b4 (Mit diesem Zug will Spasski dem Weltmeister zur Vermeidung von Unannehmlichkeiten auf dem Damenflügel »empfehlen«, die kurze Rochade auszuführen.) 13. … g5! (Ein Zug, der einmütige Zustimmung erfuhr. Er ist tatsächlich der stärkste und läßt den Wunsch erkennen, den feindlichen König anzugreifen und den eigenen auf dem Damenflügel zu verstecken. Ich glaube, daß Petrosjan den Bauerngewinn 13. … cb 14. cb ♗:b4 15. ♘d4 überhaupt nicht erwogen hatte.) 14. ♗g3 h5 15. h4 gh (Schwarz entschließt sich, die g-Linie zu öffnen. Nach 15. … g4 16. ♘d2 ♘:e5 17. bc bc 18. ♗b5+ ♔f8 wäre eine scharfe Position mit realen weißen Gegenchancen entstanden.) 16. ♗f4 0–0–0 17. a4 (Eine unerwartete, echte Petrosjan-Replik wird den Herausforderer zwingen, den Angriff zu vergessen. Anstelle von 17. a4 lohnte es sich, die b-Linie durch 17. bc zu öffnen. Petrosjan hatte darauf folgenden Plan vorbereitet: Nach 17. … bc wird der König auf das Feld a8 geführt, und danach können Operationen wie ♘d7–b6–c4 und ♖b8 folgen. Auf alle Fälle wäre die Position scharf geblieben, und Weiß müßte sich nicht nur verteidigen.) 17. … c4! 18. ♗e2 a6! 19. ♔h1 ♖dg8 20. ♖g1 ♖g4 21.

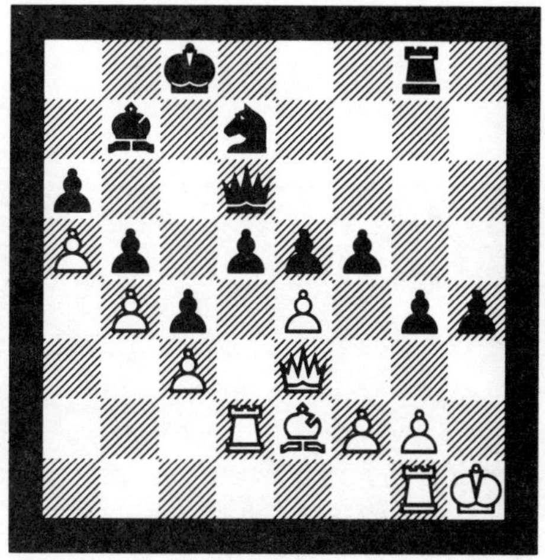

♕d2 ♖hg8 22. a5 b5 23. ♖ad1 ♗f8 24. ♘h2 (Spasski sucht um jeden Preis nach Gegenchancen und provoziert seinen Gegner zu einem Qualitätsopfer.) 24. … ♘:e5! 25. ♘:g4 hg 26. e4! (Auf diesen Zug hat Spasski gebaut.) 26. … ♗d6 27. ♕e3 ♘d7 28. ♗:d6 ♕:d6 29. ♖d4 e5 30. ♖d2 f5! (siehe Diagramm) (Als ich diese Position sah, erinnerte ich mich an eine Äußerung von Exweltmeister Euwe. Während des Wettkampfes UdSSR–USA im Jahre 1955 sagte dieser, daß Petrosjan ein großer Meister in der Bauernführung sei. Die vorliegende Partie zeigt, daß der Exweltmeister nicht scherzte. Tatsächlich hinterlassen die prophylaktischen Maßnahmen der Bauern am Damenflügel in Verbindung mit dem Marsch der Bauern auf dem Königsflügel und im Zentrum einen großen Eindruck.) 31. ed f4 32. ♕e4 ♘f6 33. ♕f5+ ♔b8 34. f3 ♗c8 35. ♕b1 g3 36. ♖e1 h3 37. ♗f1 ♖h8 38. gh ♗:h3 39. ♔g1 ♗:f1 40. ♔:f1 e4 41. ♕d1 ♘g4! 42. fg f3 43. ♖g2 (Im Stil der »Schachfeinschmecker« wäre jetzt 43. … ♖h1+ 44. ♖g1 ♕h6! gewesen, aber in einer Partie gibt es sowieso nicht mehr als einen Punkt und daher …) 43. … fg+. Weiß gab auf.

Ob die Tips des »Tigers«, der seine Freizeit gern in Familie und mit der Schmalfilmkamera verbrachte, diesem hübschen Mädchen geholfen haben (unten rechts)? Nun, inzwischen ist Maja Tschiburdanidse Schachweltmeisterin der Frauen, und das ununterbrochen seit 1978

1969 - 1972 Boris Spasski

»Spasski wird in die Schachgeschichte eingehen als ein Schachspieler von hoher und origineller Begabung mit weitem strategischem und taktischem Gesichtskreis.«
(Aleksei Suetin)

Kampf gegen sich selbst bestanden

»Der Herausforderer kann mir den Weltmeistertitel nehmen, aber den Titel eines Exweltmeisters behalte ich für alle Zeiten«, sagte Tigran Petrosjan vor Beginn seines zweiten Kampfes um die Schachkrone gegen Boris Spasski.

Dieser Zweckoptimismus des Champions kam nicht von ungefähr. Kurze Zeit nach dem Titelgewinn wies seine Erfolgskurve auffällig abwärts. Es gab große internationale Turniere wie in Santa Monica im Sommer 1966 oder im Frühjahr 1967 in Moskau, wo er geradeso auf 50 Prozent der möglichen Punkte kam. Die Ursache dafür sah sein Sekundant Aleksei Suetin in der erneut aufkommenden Unsicherheit und einer gewissen Passivität, die Petrosjan nicht zu überwinden vermochte. Sein spielerisches Niveau blieb zwar über Jahrzehnte außergewöhnlich hoch – so gelangte er 1971 bis zum WM-Kandidatenfinale, 1974 kam er unter die letzten Vier, 1977 und 1980 war er Teilnehmer der WM-Viertelfinals –, doch seine Energie ließ doch auffällig nach.

Stark beeinflußte ihn damals auch die fast unaufhaltsame Erfolgskette Spasskis, der sich fraglos dem Höhepunkt seiner sportlichen Karriere näherte. Es gab tatsächlich kaum eine internationale Veranstaltung, bei der Spasski, wenn er am Start war, nicht siegte. Beverwijk 1967, Sotschi 1967, die WM-Zweikämpfe 1968 jeweils 5½:2½ gegen Geller und Larsen, dann das Finale 6½:3½ gegen den unbequemen Viktor Kortschnoi, der sich damit in der Weltspitze etablierte. Als erfolgreichster Spieler des Jahres 1968 erhielt der Titelaspirant den Schach-Oscar.

Es schien sich also abzuzeichnen, daß Spasski, dessen seltenes Schachtalent frühzeitig erkannt wurde – schon 1947 als Zehnjähriger zog er bei der Jugend-Landesmeisterschaft in seiner Heimatstadt Leningrad die allgemeine Aufmerksamkeit auf sich –, beste Aussichten hatte, Weltmeister zu werden. War er an die Vorbereitung des 66er WM-Duells noch nicht mit der nötigen Sorgfalt gegangen, basierte damals sein Optimismus auf seinem ausgeprägten Selbstbewußtsein, so fand er im Kampf mit sich selbst zu jener Einstellung, die der Garant für seine beeindruckenden Siege wurde. Beharrlich hatte er an seinem Stil gefeilt, der nun noch universeller war und damit kaum berechenbar. In den Augen der meisten Schachanhänger konnte der Match-Gewinner 1969 eigentlich nur Boris Spasski heißen.

Die 27. Weltmeisterschaft, wiederum im Moskauer Estradentheater ausgetragen, verlief dann noch spannender als erwartet. Einerseits hatte der Herausforderer nach wie vor ein beachtliches Erfahrungsdefizit bei derart langwierigen Vergleichen Mann gegen Mann, bei denen die psychologische Komponente – spielerische Gleichwertigkeit vorausgesetzt – ausschlaggebend sein kann. Andererseits rechneten wohl nur wenige treue Anhänger von Petrosjan, der mit einem glücklichen Startsieg sofort in Führung ging, mit dessen kämpferischen Qualitäten. Trotzdem stand das erste Drittel eindeutig im Zeichen Spasskis. Mit Siegen in der 4., 5. und 8. Runde hatte er den Rückstand mehr als wettgemacht. Sofort schlichen sich bei ihm dann vorübergehend alte Nachlässigkeiten ein. So kam er statt zu einem möglichen Sieg in der abgebrochenen 9. Partie durch eine oberflächliche Heimanalyse nur zu einem Remis. Dieser unerwartete Ausgang zehrte an seinen Nerven, und es folgten Niederlagen in den Partien 10 und 11. Damit ging zur Halbzeit beim Stand von 6:6 der Kampf praktisch wieder von vorn los.

Die nun folgenden fünf Unentschieden könnten den Schluß zulassen, daß beide erst einmal Atem schöpfen wollten. Das wäre ein Trugschluß. So kam Spasski in der 12. und 14. Partie in ziemliche Schwierigkeiten, ja, es fehlte nicht viel, und der Fuchs Petrosjan hätte mit etwas Glück eine Vorentscheidung zu seinen Gunsten herbeigeführt.

Im Finish zog Spasski dann unwiderstehlich davon, wobei sein entscheidender Trumpf die exzellente Berechnung komplizierter dynamischer Mittelspielstellungen wurde. Hier hatte der Filigrantechniker Petrosjan ihm nichts Gleichwertiges entgegenzusetzen. Seine Spielweise war zu sehr strategisch festgelegt und litt deshalb unter einer gewissen Einseitigkeit. Zudem ließ er jenen Scharfblick vermissen, der es ihm vordem ermöglicht hatte, »selbst verschleierte Gedanken des Gegners vorherzusehen und dagegen Vorbeugungen zu treffen«, wie David Bronstein einen Wesenszug von Petrosjans Schachtalent herausfilterte. Es waren jetzt vor allem Spasskis unerwartete taktische Wendungen, denen er nichts entgegenzusetzen hatte. Außerdem bewies dieser trotz einer empfindlichen Niederlage wie in der 20. Partie ungebrochene Willenskraft. So erklärte er seinen Freunden danach: »Heute ist für mich ein Feiertag. Ich habe begriffen, daß man gegen Petrosjan nicht passiv spielen darf!« Tags darauf gewann er die 21. Partie. Zwei Runden später, just an seinem 40. Geburtstag, mußte Tigran Petrosjan nach sechs Jahren Regentschaft den Thron für Boris Spasski räumen, der den Typ des dynamischen Weltmeisters verkörperte.

Der 10. Weltmeister

Selbst einer der treuesten Petrosjan-Anhänger (Bild oben), der aus Armenien angereist war, seinem Landsmann den Rücken zu stärken, verstand die Schachwelt nicht mehr. Der große Stratege unterlag nämlich dem taktisch scharfsinnigen Boris Spasski, der sich bei der

Zweitauflage dieses WM-Duells auch psychisch als topfit erwies. Mit blitzschnellem Angriff aus der Verteidigung zerbrach er diesmal die stahlharte Abwehr Petrosjans. 13 Jahre nach seinem Debüt beim Kandidatenturnier in Amsterdam wurde der 32jährige Weltmeister

Tarrasch-Verteidigung (4. Partie)

Weiß: Petrosjan Schwarz: Spasski

Der große Lehrmeister des deutschen Schachs um die Jahrhundertwende, nach dem diese Verteidigung benannt wurde und die er höchst anspruchsvoll als die »einzig korrekte Verteidigung des Damengambits« bezeichnete, würde sehr erfreut sein, seine Erfindung in einem Kampf um die Weltmeisterschaft wiederzusehen. Die Erkenntnis, daß ein isolierter Bauer im Zentrum keineswegs schwach sein muß, hat sich inzwischen durchgesetzt. So weiß der Titelverteidiger in dieser Begegnung nicht, wie er seinem Spiel eine Spitze geben soll. Spasski manövriert einfach besser und nutzt schließlich die mit dem Zuge 23. g4? entstandene Schwächung des Punktes f4 zu seinen Gunsten.

1. c4 e6 2. d4 d5 3. ♘c3 c5 4. cd ed 5. ♘f3 ♘c6 6. g3 ♘f6 7. ♗g2 ♗e7 8. 0–0 0–0 9. ♗g5 cd 10. ♘:d4 h6 11. ♗e3 ♗g4 12. ♘b3 ♗e6 13. ♖c1 ♖e8 14. ♖e1 ♕d7 15. ♗c5 ♖ac8 16. ♗:e7 ♕:e7 17. e3 ♖ed8 18. ♕e2 ♗g4! 19. f3 ♗f5 20. ♖cd1 ♘e5 21. ♘d4 ♗g6 22. ♗h3 ♖c4 23. g4?

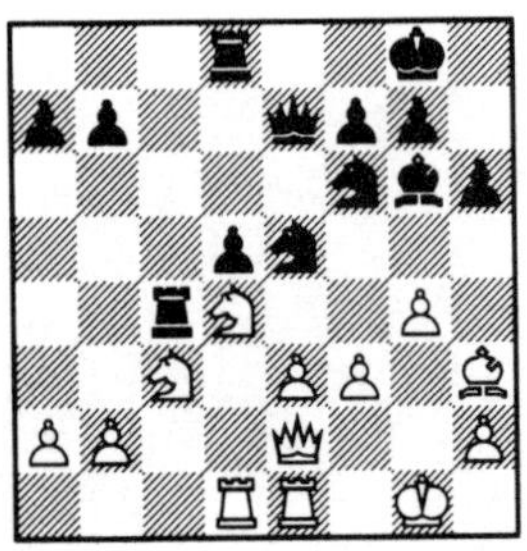

23. … ♖b4 24. b3 ♘c6 25. ♕d2 ♖b6 26. ♘ce2 ♗h7 27. ♗g2 ♖e8 28. ♘g3 ♘:d4 29. ed ♖e6 30. ♖:e6 ♕:e6 31. ♖c1 ♗g6 32. ♗f1? ♘h7! 33. ♕f4 ♘f8 34. ♖c5 ♗b1! 35. a4 ♘g6 36. ♕d2 ♕f6 37. ♔f2 ♘f4 38. a5 ♗d3! 39. ♘f5 ♕g5! 40. ♘e3 ♕h4+ 41. ♔g1 ♗:f1. Weiß gab auf.

Stand: Petrosjan 2 Spasski 2

Verbesserte Tarrasch-Verteidigung (5. Partie)

Weiß: Spasski Schwarz: Petrosjan

Ein isolierter Freibauer marschiert, und keiner kann ihn mehr aufhalten. Schon im 22. Zuge befindet er sich direkt vor dem Umwandlungsfeld und ermöglicht eine aus zwei Springerzügen bestehende kleine Kombination. Eine große Partie des Herausforderers.

1. c4 ♘f6 2. ♘c3 e6 3. ♘f3 d5 4. d4 c5 5. cd ♘:d5 6. e4 ♘:c3 7. bc cd 8. cd ♗b4+ 9. ♗d2 ♗:d2+ 10. ♕:d2 0–0 11. ♗c4 ♘c6 12. 0–0 b6 13. ♖ad1 ♗b7 14. ♖fe1 ♖c8 15. d5! ed 16. ♗:d5 ♘a5 17. ♕f4 ♕c7 18. ♕f5 ♗:d5 19. ed ♕c2 20. ♕f4 ♕:a2 21. d6!

21. … ♖cd8 22. d7 ♕c4 23. ♕f5 h6 24. ♖c1 ♕a6 25. ♖c7 b5 26. ♘d4 ♕b6 27. ♖c8 ♘b7 28. ♘c6 ♘d6 29. ♘:d8! ♘:f5 30. ♘c6. Schwarz gab auf.

Stand: Spasski 3 Petrosjan 2

Damengambit (20. Partie)

Weiß: Petrosjan Schwarz: Spasski

Hier ist Petrosjan in seinem Element. Nach Ablauf der Eröffnung hat er seinem Kontrahenten eine Schwäche auf b6 markieren können, die er mit subtilen Mitteln belagert. Mit Mühe kann Spasski zwar den Verlust eines Bauern verhindern, doch tauchen allmählich andere Sorgen auf. Der Weltmeister überspielt rein positionell seinen Kontrahenten und ermöglicht ihm keine »Schwindelchancen«.

1. c4 e6 2. d4 d5 3. ♘f3 ♗e7 4. ♘c3 ♘f6 5. ♗g5 0–0 6. e3 h6 7. ♗:f6 ♗:f6 8. ♕d2 b6 9. cd ed 10. b4 ♗b7 11. ♖b1 c6 12. ♗d3 ♘d7 13. 0–0 ♖e8 14. ♖fc1! a5 15. ba ♖:a5 16. ♗f5!

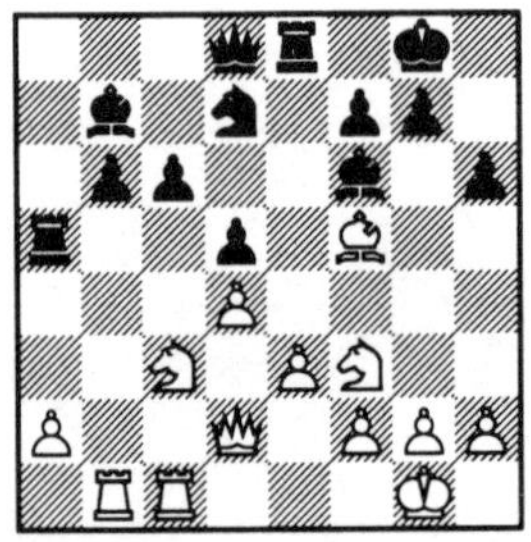

16. … ♖a6 17. ♖b3 g6 18. ♗d3 ♖a7 19. ♖cb1 ♗g7 20. a4 ♕e7 21. ♗f1 ♗a6 22. h4! ♗:f1 23. ♖:f1 h5 24. ♖e1 ♖aa8 25. g3 ♕d6 26. ♔g2 ♔f8 27. ♖eb1 ♔g8 28. ♕d1! ♗f8 29. ♖3b2 ♗g7 30. ♖c2 ♖a7 31. ♖bc1 ♘b8 32. ♘e2! ♖c7 33. ♕d3 ♖a7 34. ♕b3 ♖a6 35. ♘f4 ♖d8 36. ♘d3 ♗f8 37. ♘fe5 ♖c8 38. ♖c3! ♗e7 39. ♘f4 ♗f6 40. ♘ed3 ♖a5 41. ♕:b6 ♖:a4 42. ♖c5 ♖a6 43. ♖:d5 ♕:f4 44. ♕:a6! ♕e4+ 45. f3 ♕e6 46. ♕c4 ♕:e3 47. ♘e5 ♖f8 48. ♖c5 ♗e7 49. ♖b1 ♗:c5 50. ♖:b8! Schwarz gab auf.

Stand: Petrosjan 9½ Spasski 10½

Spanisch (21. Partie)

Weiß: Spasski Schwarz: Petrosjan

Ein Spanier stellt an beide Spieler höchste Anforderungen. Wer am besten manövriert, hat so um den 30. Zug herum Aussichten auf Vorteil. In dieser Begegnung scheint Petrosjan seine Chance im 25. Zug vergeben zu haben. Zu unklarem Spiel hätte die Fortsetzung 25. … ♗:d5 26. ♗:c5 ♘:c5 27. ed e4 28. ♗:e4 ♗:a1 29. ♖:a1 f5 30. ♘g5 ♕b7 31. ♕h5 g6 geführt. Nach dem Versäumnis erhält der Nachziehende zwar das Läuferpaar, doch die weißen Springer mit ihren stabilen Stützpunkten sind absolut Herr der Lage.

1. e4 e5 2. ♘f3 ♘c6 3. ♗b5 a6 4. ♗a4 ♘f6 5. 0–0 ♗e7 6. ♖e1 b5 7. ♗b3 0–0 8. c3 d6 9. h3 ♘d7 10. d4 ♗f6 11. ♗e3 ♘a5 12. ♗c2 ♘c4 13. ♗c1 ♗b7 14. b3 ♘cb6 15. ♗e3 ♖e8 16. d5 ♖c8 17. ♘bd2 c6 18. c4 cd 19. cd ♕c7 20. ♖c1 ♕b8 21. a4! ♘c5 22. ab ab 23. ♖a1 b4 24. ♕e2 ♘bd7 25. ♗d3? ♘:d3?

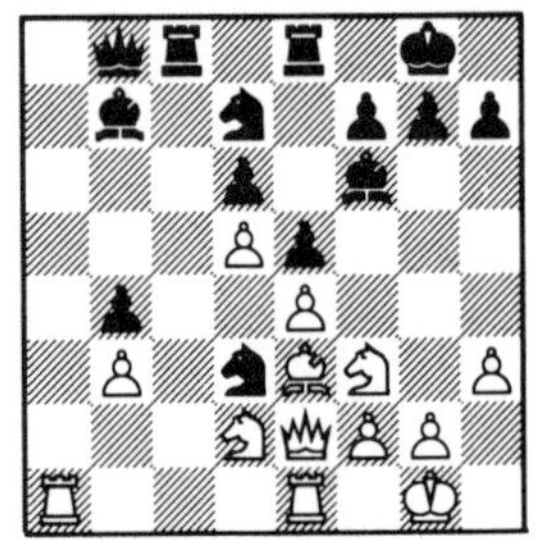

26. ♕:d3 ♗a8 27. ♘c4 ♘c5 28. ♗:c5 ♖:c5 29. ♖a4 h6 30. ♕d2 ♗e7 31. ♖ea1 ♗b7 32. ♕:b4 f5 33. ♖a7 ♖c7 34. ef ♕c8 35. ♘e3 e4 36. ♘d4 ♗f6 37. ♖f1 ♗a6 38. ♖:c7 ♕:c7 39. ♕a4 ♖a8 40. ♖d1 ♕b8 41. ♘c6 ♕b7 42. ♕:e4 ♕:b3 43. ♖e1 ♗c3 44. ♖b1 ♕a2 45. ♘b4 ♕a4 46. ♕e6+ ♔h8 47. ♕:d6 ♗e2 48. ♘c6 ♕a2 49. ♖b8+ ♖:b8 50. ♕:b8+ ♔h7 51. ♕g3 ♗h5 52. ♔h2 ♗e1 53. f6! Schwarz gab auf.

Stand: Spasski 11½ Petrosjan 9½

Sizilianisch
(19. Partie)

Kommentare: Michail Tal

Weiß: Spasski Schwarz: Petrosjan
1. e4 c5 2. ♘f3 d6 3. d4 cd 4. ♘:d4 ♘f6 5. ♘c3 a6 6. ♗g5 ♘bd7 (In der Praxis Petrosjans begegnet man recht oft diesem System, in dem Schwarz Feuer auf sich selbst entfacht. Noch vor zwölf Jahren spielte er so in verschiedenen Partien bei der Moskauer Meisterschaft; ich erinnere mich auch an seinen Wettkampf gegen Ivkov, der 1961 in Bled stattfand. Von außen her ist es schwer zu sagen, was den Champion bewegte, dieses System anzuwenden. Vielleicht war es die Wettkampfsituation, die den Anziehenden zu einer gewissen Umsichtigkeit veranlaßte und im Widerspruch zur Zwangsläufigkeit steht, gegen den schwarzen Aufbau scharf und entschlossen vorzugehen. Vielleicht waren es auch andere Gründe. Wie dem auch sei, Spasski führte diese Partie über jedes Lob erhaben. Das stelle ich mit dem Gefühl eines gewissen »Neides« fest.) 7. ♗c4 ♕a5 8. ♕d2 h6 9. ♗:f6 (Wie merkwürdig es auch ist, dieser logische Zug war früher nicht bekannt. Die Zeit ist für Weiß teurer als zwei Läufer.) 9. ... ♘:f6 10. 0–0–0 e6 11. ♖he1 (Es tauchen schon gefährliche Drohungen auf, da sich der schwarze König noch auf seinem Ausgangsfeld befindet, zum Beispiel 11. ... b5 12. ♗b3 b4 13. ♘d5 ed 14. ♘c6 mit durchschlagendem Angriff.) 11. ... ♗e7 12. f4 0–0 13. ♗b3 ♖e8 (Schwarz überdeckt den Punkt e6.) 14. ♔b1 ♗f8 15. g4! ♘:g4 16. ♕g2 ♘f6 17. ♖g1 ♗d7 (Ein besserer Zug ist nicht zu sehen. Bei Spasski tauchen eigenartige Schwierigkeiten auf, nämlich massenhaft verlockende Fortsetzungen. Er entscheidet sich richtig, alle Figuren zum Angriff einzusetzen.) 18. f5! ♔h8 19. ♖df1 ♕d8 (Hier durfte schon nicht 19. ... e5 20. ♘de2 mit Angriff auf den Bauern f7 gespielt werden.) 20. fe fe (Vielleicht war 20. ... ♗:e6 vorzuziehen, um wenigstens eine Figur zu tauschen. Nun läuft alles forciert ab.) 21. e5! (siehe Diagramm) (Ein schon lange einkalkulierter Zug, der es Spasski ermöglicht, den Springer c3, die letzte nicht am Angriff beteiligte Figur, zur entscheidenden Aktion heranzuführen.) 21. ... de 22. ♘e4! ♘h5 (Die einzige Antwort, die noch den Punkt g7 verteidigt.) 23. ♕g6! (Als Spasski diesen Zug ausführte, hatte er sowohl das Finale der Partie vorausgesehen als auch die Folgen der Replik 23. ... ♘f4. Doch auch danach hätte Weiß entscheidendes Übergewicht erreicht: 24. ♖:f4 ef 25. ♘f3 ♕b6 – angesichts der Drohung 26. ♘g5 erzwungen – 26. ♖g2 oder 26. ♘e5 – nur nicht 26. ♘f6 ♕:g1+! –, und Schwarz ist hilflos. Effektvoll wäre auch gewesen 25. ... ♕a5 26. ♘f6 ♕f5 27. ♕:h6+! gh 28. ♖g8 matt.) 23. ... ed 24. ♘g5! Angesichts des unvermeidlichen Matts gab Schwarz auf: 24. ... hg 25. ♕:h5+ ♔g8 26. ♕f7+ ♔h8 27. ♖f3 g4 28. ♖:g4.

Es ist eine alte Geschichte: Bei einer Simultanveranstaltung bietet einer der Jüngsten dem Weltmeister Paroli. Hier ist es Botwinnik – auf ihn machte seinerzeit Capablanca aufmerksam –, der auf Boris Spasski traf (oben links). Beide hätten sich später durchaus in einem WM-Kampf gegenüberstehen können. Spasski klopfte 1956 beim Kandidatenturnier als 6. kräftig an die Pforte zum Schachoberhaus. Danach stagnierten jedoch seine Leistungen, und erst zu Beginn der sechziger Jahre fing er sich wieder. So wurde das Leningrader Talent 1962 Landesmeister, und auch beim Capablanca-Gedenkturnier des gleichen Jahres in Havanna, wo einer der aufmerksamsten Zuschauer Ernesto Che Guevara war (links), zeigte sein 2. bis 3. Platz den Aufwärtstrend

1972-1975 Robert Fischer

»Fischer machte Schach einfach zu einer aufregenden Sache, wann immer er sich ans Brett setzte.«
(Raymond Keene)

Der Hurrikan aus Chicago

Dieser WM-Zyklus 1970–72 hatte gleich seinen Paukenschlag: Robert James Fischer sagte seine Teilnahme an den USA-Meisterschaften ab, die gleichzeitig als Zonenturnier gewertet wurden. Die Ablehnung begründete er damit, daß bei nur 12 Startern statt der von ihm vorgeschlagenen 16 bis 18 der Zufall über die Vergabe von drei Plätzen für das Interzonenturnier in Palma de Mallorca ausschlaggebend sein könnte. So qualifizierten sich Reschewski, Addison und Benkö. Doch dann fand sich für den achtfachen USA-Meister doch noch eine Hintertür. Paul Benkö erklärte unerwartet, daß er seinen Platz an Fischer abtreten würde, allerdings für ein materielles Trostpflaster, das sich fand. Fischers Reisescheck in das spanische Seebad war, wenn auch etwas verspätet, damit gebucht, zumal kein FIDE-Mitgliedsland Protest einlegte.

Hinter den Kulissen des amerikanischen Schachbundes waren die Weichen mittlerweile auch gestellt: Für die Operation Schachkrone standen im Etat der Föderation 500 000 Dollar bereit. Die Frage war nur, ob der Hurrikan aus Chicago diesen Kredit rechtfertigen würde. In der Vergangenheit hatte er sich durch extravagante Forderungen mehr als einmal um seine Chancen gebracht. Erinnert sei nur an das Interzonenturnier 1967 in Sousse. Dort erreichte Fischer in 10 Runden 8½ Punkte, legte sich aber mit der Turnierleitung an, die ihn kurzentschlossen disqualifizierte.

Nun, die Schachwelt bekam es zunächst mit einem in seinem Auftreten völlig veränderten »Bobby« Fischer zu tun. Mit seinem Erfolg beim Interzonenturnier 1970 vollbrachte er – 1958 war er als 15jähriger der bis heute jüngste Großmeister der Schachgeschichte – eine außergewöhnliche sportliche Spitzenleistung: 18½ Punkte von 23 möglichen. Dazu in den letzten acht Partien nur Siege. Auch in den Kandidatenwettkämpfen im darauffolgenden Jahr riß diese Serie nicht ab: 6:0 gegen Mark Taimanow im Viertelfinale und das gleiche Resultat gegen Bent Larsen im Halbfinale. »Wenn das so weitergeht, wird man eingestehen müssen, daß Fischer ein Genie ist«, äußerte sich Exweltmeister Botwinnik.

Als letztes Hindernis vor dem Match gegen Boris Spasski war im Kandidatenfinale nun noch Tigran Petrosjan aus dem Weg zu räumen. Und das außerordentliche Talent Robert Fischer löste auch diese Aufgabe. Nach neun Partien war mit 6½:2½ der sowjetische Exweltmeister geschlagen. Doch schon wurde die Frage akut: Wird Robert Fischer überhaupt an den Start gehen? Hinter den Kulissen hatte nämlich ein spektakuläres Gerangel um Austragungsort und Preisfonds begonnen. Belgrad bot, Buenos Aires überbot, doch der Zuschlag der FIDE ging an Islands Hauptstadt Reykjavik.

Die erste Wettkampfpartie war für den 2. Juli 1972 angesetzt, der WM-Anwärter Fischer jedoch war nicht da. In dieser hochgespannten Lage traf plötzlich am 3. Juli eine Mitteilung aus London ein. Ein englischer Bankier und Schachmäzen winkte mit einem zusätzlichen Scheck für das Preisgeld. FIDE-Präsident Max Euwe verkündete daraufhin den Aufschub der 1. Runde, die am 11. Juli in der »Laugardalshöll« über die Bühne ging. Der Weltmeister landete einen vollen Punkt, aber im weiteren Verlauf erwies sich, daß er dem Nervenkrieg nicht gewachsen war. Fischer stellte nämlich eine Forderung nach der anderen, um Sonderrechte durchzusetzen. So verlangte er, daß die Fernsehkameras entfernt werden. Als es zunächst zu keiner Einigung kam, gab der Amerikaner die zweite Partie kampflos ab. Die dritte Partie, mit der Fischer zum 1:2 verkürzte, wurde hinter »verschlossenen Türen« gespielt. Als der Herausforderer erstmals mit 3½:2½ in Front lag, übergab er ein ultimatives 14-Punkte-Forderungs-Programm, für dessen Erfüllung er als Frist den 23. Juli nannte. Es ging ihm darin unter anderem um ein eigenes Restaurant, ein eigenes Schwimmbekken mit Geysirwasser im Hotel, um besseren Kontrast zwischen hellen und dunklen Feldern des Schachbretts sowie um einen privaten Tennisplatz. Wahrlich, seine Umwelt brachte viel Geduld auf in jenen Tagen.

Das Schachgenie Fischer bestätigte seinen Ruf. Spasski konnte lediglich noch die elfte Partie für sich entscheiden. Sein Gegner hingegen gewann siebenmal, und nach 21 Runden hatte er sein Ziel erreicht: Mit 12½:8½ war er der 11. in der Dynastie der gekrönten Schachkönige.

Der Schachspieler Fischer erkämpfte einen überzeugenden Sieg. In jeder Hinsicht hatte er sich auf seinen Kontrahenten bestens eingestellt. Sein »rotes Buch von Boris Spasski« enthielt dessen gesamte Partien. Auch jedes neue Schachbuch in russischer Sprache wurde von ihm ausgewertet. Seine Schachtechnik grenzte an Wunder. Nicht zuletzt lag der psychologische Vorteil auf seiner Seite. Argentiniens Altmeister Miguel Najdorf verkündete dann auch euphorisch: »Die Welt wird das Verhalten von Robert Fischer in Reykjavik schnell vergessen, aber man wird seine Partien noch analysieren, wenn die Schachwelt schon in das einundzwanzigste Jahrhundert eingetreten ist.«

Der 11. Weltmeister

Bobby Fischer

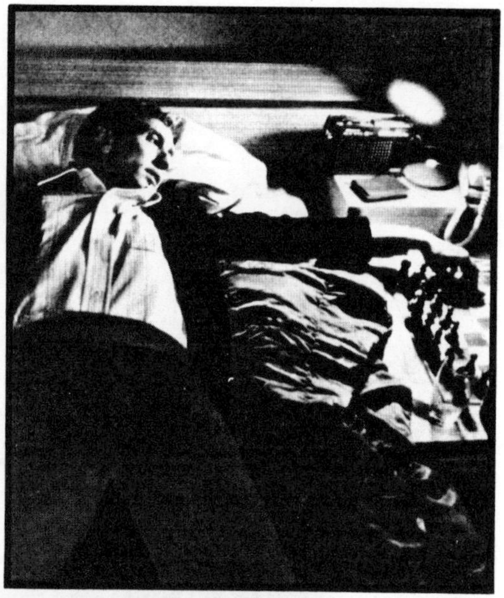

Spätestens seit 1958, als der 15jährige Robert Fischer Schachgroßmeister wurde, zählte er zu den zehn weltbesten Meistern jener Zeit. Überragendes Talent, fanatische Liebe zum Schach und unglaublicher Fleiß sicherten ihm, der bisweilen wie ein wiederauferstandener Morphy wirkte, den verdienten Sieg im Duell um die Nummer 1 im Weltschach gegen Boris Spasski. »Seine Schachtechnik grenzt an Wunder. Er spielt ganz einfach eine Schachpartie, und zwar selbstverständlich auf Gewinn«, begeisterte sich Max Euwe

Die Schachkarriere des 11. Weltmeisters wurde mit einer Anzeige eingeleitet. Aufgegeben hatte sie seine Mutter am 11. November 1950 in der Schachspalte des Brooklyn Eagle: »Suche einen Schachlehrer und Sparringspartner für meinen siebenjährigen Sohn.« Sieben Jahre später wird »Bobby« Fischer, der keine Schule beendet hatte und davon überzeugt war, daß dies nicht notwendig sei, Meister der USA. Selten wirkte er so gelöst wie hier in Reykjavik nach seinem Sieg

Für den 15jährigen Robert Fischer ging ein Traum in Erfüllung: Er reist nach Moskau und spielt dort im berühmten Zentralen Schachklub (oben). Mit Petrosjan (Mitte) kreuzte er häufig die Klingen, nicht aber bei der Schacholympiade 1966 in Havanna. Ein Höhepunkt anderer Art war dort für ihn die Begegnung mit Fidel Castro, der mehrmals mit der Schachelite der Welt zusammenkam und auch mal eine vielbeachtete »Beratungspartie« wagte

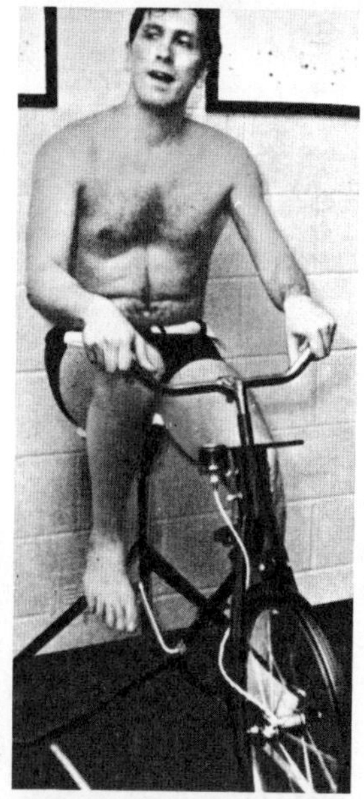

Seine Formel zum Erfolg lautete schlicht: Übung! Studium! Arbeit! Aber auch Begabung. In seiner Freizeit las Fischer, dessen Lebensziel mit 13 Jahren ein WM-Kampf gegen Michail Botwinnik war, nur Schachliteratur. Über alles, was in russischer Sprache erschien, war er stets auf dem laufenden. Vor der »Island-Saga 72« unterwarf er sich zusätzlich einem täglichen Fitneß-Training

Modernes Benoni (3. Partie)

Weiß: Spasski Schwarz: Fischer

Der Zug, der geradezu Aufsehen erregte und verständlicherweise in Fachkreisen kontrovers diskutiert wurde, war 11. ... ♘h5!? Kann man denn nach 12. ♗:h5 eine so schlechte Bauernstellung bewußt in Kauf nehmen? Fischer zeigt sein unabhängiges Denken und hat alsbald nach 16. ... hg seine Position wieder in Ordnung. Daß man später einen Pferdefuß dieses Experiments fand – was bedeutet das schon! Im Mittelspiel weitet der Nachziehende den Damenflügel aus und hält die e-Linie fest unter Kontrolle. Die ungleichen Läufer haben hier keine Bedeutung, da noch Damen auf dem Brett sind und Schwarz am »Drücker« ist.

1. d4 ♘f6 2. c4 e6 3. ♘f3 c5 4. d5 ed 5. cd d6 6. ♘c3 g6 7. ♘d2 ♘bd7 8. e4 ♗g7 9. ♗e2 0–0 10. 0–0 ♖e8 11. ♕c2 ♘h5!?

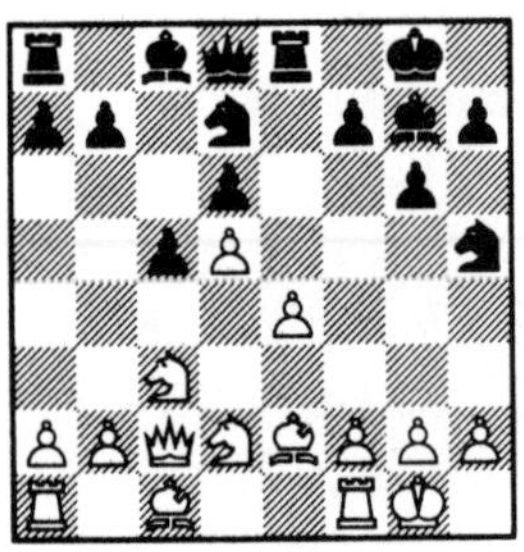

12. ♗:h5 gh 13. ♘c4 ♘e5 14. ♘e3 ♕h4 15. ♗d2 ♘g4 16. ♘:g4 hg 17. ♗f4 ♕f6 18. g3 ♗d7 19. a4 b6 20. ♖fe1 a6 21. ♖e2 b5 22. ♖ae1 ♕g6 23. b3 ♖e7 24. ♕d3 ♖b8 25. ab ab 26. b4 c4 27. ♕d2 ♖be8 28. ♖e3 h5 29. ♖3e2 ♔h7 30. ♖e3 ♔g8 31. ♖1e2 ♗:c3 32. ♕:c3 ♖:e4 33. ♖:e4 ♖:e4 34. ♖:e4 ♕:e4 35. ♗h6 ♕g6 36. ♗c1 ♕b1 37. ♔f1 ♗f5 38. ♔e2 ♕e4+ 39. ♕e3 ♕c2+ 40. ♕d2 ♕b3 41. ♕d4 ♗d3+. Weiß gab auf.

Stand: Spasski 2 Fischer 1

Nimzowitsch-Indisch (5. Partie)

Weiß: Spasski Schwarz: Fischer

Die Nimzowitsch-Indische Verteidigung steht bei den besten Spielern der Welt hoch im Kurs. Eine aktuelle Belebung erhielt sie durch ein neues System des Nachziehenden, dessen Nachhaltigkeit Fischer in dieser imponierenden Partie demonstriert. Trotz eines gedeckten Freibauern im Zentrum sowie des Läuferpaares diktiert Schwarz bald das Geschehen. Lehrbuchmäßig werden die Bauern auf die entgegengesetzte Farbe des Läufers postiert. Selbst wenn Spasski den besseren Zug 27. ♕b1 – 27. ♕c2? verlor sofort – gefunden hätte, wäre die Position kaum verteidigungsfähig geblieben.

1. d4 ♘f6 2. c4 e6 3. ♘c3 ♗b4 4. ♘f3 c5 5. e3 ♘c6 6. ♗d3 ♗:c3+ 7. bc d6 8. e4 e5

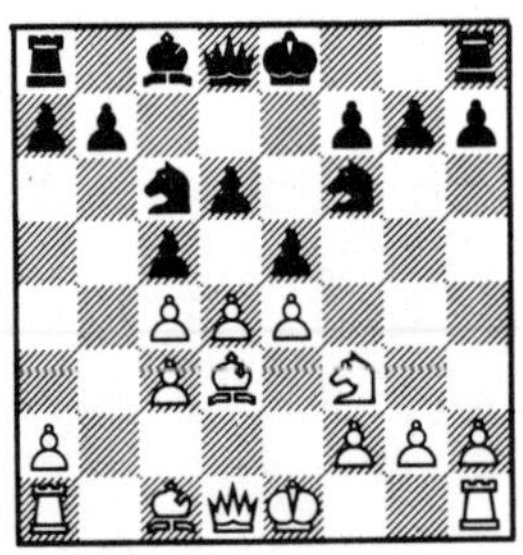

9. d5 ♘e7 10. ♘h4 h6 11. f4 ♘g6 12. ♘:g6 fg 13. fe de 14. ♗e3 b6 15. 0–0 0–0 16. a4 a5 17. ♖b1 ♗d7 18. ♖b2 ♖b8 19. ♖bf2 ♕e7 20. ♗c2 g5 21. ♗d2 ♕e8 22. ♗e1 ♕g6 23. ♕d3 ♘h5 24. ♖:f8+ ♖:f8 25. ♖:f8+ ♔:f8 26. ♗d1 ♘f4 27. ♕c2? ♗:a4! Weiß gab auf.

Stand: Spasski 2½ Fischer 2½

Englisch (8. Partie)

Weiß: Fischer Schwarz: Spasski

Nach 9. ♕:d4 d6 ist eine Standardstellung auf dem Brett – nach dem besten 10. Zug für Weiß wurde jahrelang geforscht. Spasskis Bauernzug 15. ... b5? kostet die Qualität, und nach 19. ... ♘d7? kommt es zum Damentausch, wonach sich das Materialübergewicht des Anziehenden schnell durchsetzt. Mit dem positionellen Manöver 15. ... ♖c7 16. ♖fd1 ♖bc8 hätte der Weltmeister eine Stellung mit gleichen Aussichten im Mittelspiel erreichen können.

1. c4 c5 2. ♘c3 ♘c6 3. ♘f3 ♘f6 4. g3 g6 5. ♗g2 ♗g7 6. 0–0 0–0 7. d4 cd 8. ♘:d4 ♘:d4 9. ♕:d4 d6 10. ♗g5 ♗e6 11. ♕f4 ♕a5 12. ♖ac1 ♖ab8 13. b3 ♖fc8 14. ♕d2 a6 15. ♗e3 b5? 16. ♗a7 bc 17. ♗:b8 ♖:b8 18. bc ♗:c4 19. ♖fd1 ♘d7? 20. ♘d5! ♕:d2 21. ♘:e7+ ♔f8 22. ♖:d2 ♔:e7 23. ♖:c4 ♖b1+ 24. ♗f1 ♘c5 25. ♔g2 a5 26. e4 ♗a1 27. f4 f6 28. ♖e2 ♔e6 29. ♖ec2 ♗b2 30. ♗e2 h5 31. ♖d2 ♗a3 32. f5+ gf 33. ef+ ♔e5 34. ♖cd4 ♔:f5 35. ♖d5+ ♔e6 36. ♖:d6+ ♔e7 37. ♖c6. Schwarz gab auf.

Stand: Fischer 5 Spasski 3

Sizilianisch (11. Partie)

Weiß: Spasski Schwarz: Fischer

Selten, sehr selten kam es vor, daß Fischer aus der Eröffnung heraus in eine verhängnisvolle Situation kam. Und das geschieht in dieser Begegnung mit seiner Spezialität, der umstrittenen und immer noch nicht ganz geklärten Bauernraubvariante 8. ... ♕:b2. Im 13. Zug mußte ♘a5! geschehen, und im 15. Zug war ♘e7 vorzuziehen. Hier erleidet der Herausforderer eine eklatante Niederlage – er kam überhaupt nicht zum Stehen.

1. e4 c5 2. ♘f3 d6 3. d4 cd 4. ♘:d4 ♘f6 5. ♘c3 a6 6. ♗g5 e6 7. f4 ♕b6 8. ♕d2 ♕:b2 9. ♘b3 ♕a3 10. ♗:f6 gf 11. ♗e2 h5 12. 0–0 ♘c6 13. ♔h1 ♗d7 14. ♘b1! ♕b4 15. ♕e3 d5 16. ed ♘e7 17. c4 ♘f5 18. ♕d3 h4 19. ♗g4 ♘d6 20. ♘1d2 f5 21. a3 ♕b6 22. c5 ♕b5 23. ♕c3 fg 24. a4 h3 25. ab hg+ 26. ♔:g2 ♖h3 27. ♕f6 ♘f5 28. c6 ♗c8 29. de fe 30. ♖fe1 ♗e7 31. ♖:e6. Schwarz gab auf.

Stand: Spasski 4½ Fischer 6½

Sizilianisch (21. Partie)

Weiß: Spasski Schwarz: Fischer

Mit ganz einfachen Zügen baut sich Fischer auf und erhält nach dem 16. Zug eine Stellung, in der das Läuferpaar die Mängel der schwarzen Bauernstruktur kompensiert. Eine Partie mit gleichen Chancen, aber keine Remisstellung. Zu tadeln ist Spasskis 19. Zug, der entscheidende Fehler ist aber erst der Abgabezug 41. ♗d7. Nach 41. ♔h3 hätte er noch kämpfen können.

1. e4 c5 2. ♘f3 e6 3. d4 cd 4. ♘:d4 a6 5. ♘c3 ♘c6 6. ♗e3 ♘f6 7. ♗d3 d5! 8. ed ed 9. 0–0 ♗d6 10. ♘:c6 bc 11. ♗d4 0–0 12. ♕f3 ♗e6 13. ♖fe1 c5 14. ♗:f6 ♕:f6 15. ♕:f6 gf 16. ♖ad1 ♖fd8 17. ♗e2 ♖ab8 18. b3 c4 19. ♘:d5

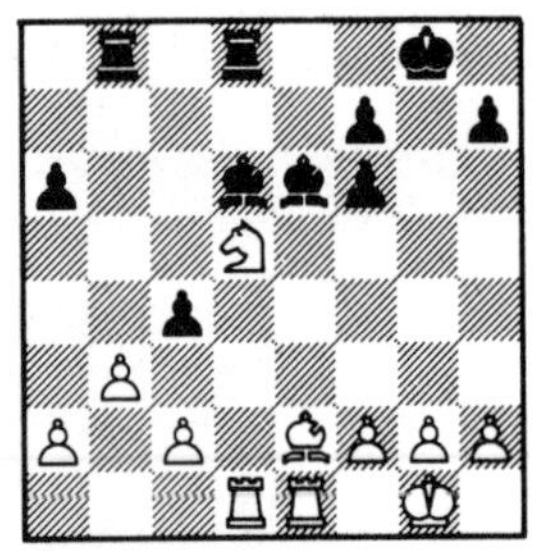

19. ... ♗:d5 20. ♖:d5 ♗:h2+ 21. ♔:h2 ♖:d5 22. ♗:c4 ♖d2 23. ♗:a6 ♖:c2 24. ♖e2 ♖:e2 25. ♗:e2 ♖d8 26. a4 ♖d2 27. ♗c4 ♖a2 28. ♔g3 ♔f8 29. ♔f3 ♔e7 30. g4 f5! 31. gf f6 32. ♗g8 h6 33. ♔g3 ♔d6 34. ♔f3 ♖a1! 35. ♔g2 ♔e5 36. ♗e6 ♔f4 37. ♗d7 ♖b1 38. ♗e6 ♖b2 39. ♗c4 ♖a2 40. ♗e6 h5. Weiß gab auf.

Endstand:
Spasski 8½ Fischer 12½

Damengambit (6. Partie)

Kommentare: Michail Tal

Weiß: Fischer Schwarz: Spasski
1. c4 (Diesen Zug spielte Fischer wohl erst zum zweiten Mal in seiner Turnierpraxis. In allen drei Kandidaten-Wettkämpfen eröffnete er mit dem Doppelschritt des Königsbauern.) 1. … e6 (Das damit eingeleitete System der Verteidigung wird sicherlich für Fischer nicht unerwartet gewesen sein. Bereits zweimal hat Spasski in WM-Matchen Gebrauch davon gemacht. Doch konnte der Herausforderer nicht unbedingt davon ausgehen, als er 1. c4 zog, daß es zur Tartakower-Verteidigung kommt.) 2. ♘f3 d5 3. d4 ♘f6 4. ♘c3 ♗e7 5. ♗g5 0–0 6. e3 h6 7. ♗h4 b6 8. cd ♘:d5 9. ♗:e7 ♕:e7 10. ♘:d5 ed 11. ♖c1 ♗e6 12. ♕a4 c5 13. ♕a3 ♖c8 14. ♗b5 (Wie nicht anders zu erwarten, ist Fischer mit den neuesten Erkenntnissen der Theorie bestens vertraut. So spielte Furman gegen Geller in einem Turnier der Roten Armee.) 14. … a6 15. dc bc 16. 0–0 ♖a7 17. ♗e2 ♘d7 (Kaum die exakteste Fortsetzung. Am vorsichtigsten erscheint 17. … ♕f8, wonach der nächste weiße Zug nicht möglich gewesen wäre.) 18. ♘d4 ♕f8 19. ♘:e6 fe 20. e4! (siehe Diagramm) (Nur mit großem Vorbehalt kann man hier von einem Bauernopfer sprechen. Nach 20. … de wird einer der Bauern auf der e-Linie, wenn nicht sogar beide, ziemlich schnell zurückerobert.) 20. … d4 (Damit kommt Spasski den Wünschen seines Partners entgegen. Schwarz konnte hier mit 20. … ♘f6, sogar auch mit 20. … c4 fortsetzen. Seine Lage sieht zwar gefährlich aus, doch ist es schwer, etwas Greifbares zu finden. Nun nimmt die Position einen technischen Charakter an, was Fischer besonders liegt. Weiß hat die bessere Stellung, und Spasski ist zudem ohne Gegenspiel.) 21. f4 ♕e7 22. e5 (Weiß hat somit den schwachen Bauern e6 festgelegt. Der schwarze Freibauer ist recht harmlos und der weiße Läufer auffallend stärker als der feindliche Springer. In der Perspektive kann Fischer einen Angriff auf dem Königsflügel einleiten.) 22. … ♖b8 23. ♗c4 ♔h8 24. ♕h3 ♘f8 (Vielleicht lohnte es sich für Spasski doch, mit

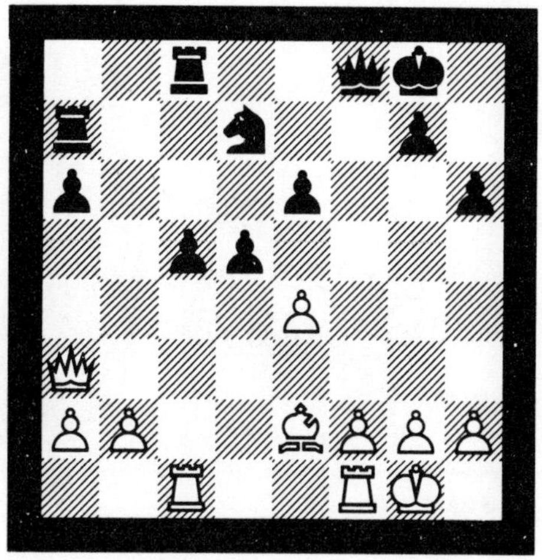

dem Turm auf b2 zu nehmen.) 25. b3 a5 26. f5! (Schwarz vermag keine Gegenaktion zu starten. Der letzte Teil der Partie kann als Lehrbeispiel für einen Angriff auf den König dienen. Das weitere Vorgehen von Weiß ist einfach, logisch und bedarf keiner weiteren Kommentare.) 26. … ef 27. ♖:f5 ♘h7 28. ♖cf1 (Weiß vermeidet die Falle 28. ♖f7?? ♘g5!) 28. … ♕d8 29. ♕g3 ♖e7 30. h4 ♖bb7 31. e6 ♖bc7 32. ♕e5 ♕e8 33. a4 (In gewisser Weise ist dieser Zug für Fischer charakteristisch. Er läßt Spasski nicht einmal eine solche Möglichkeit wie a5–a4, obwohl es in der vorliegenden Situation wenig gebracht hätte.) 33. … ♕d8 34. ♖1f2 (Weiß hat keine Eile.) 34. … ♕e8 35. ♖2f3 ♕d8 36. ♗d3 ♕e8 37. ♕e4 ♘f6 38. ♖:f6 gf 39. ♖:f6 ♔g8 40. ♗c4 ♔h8 41. ♕f4. Schwarz gab auf.

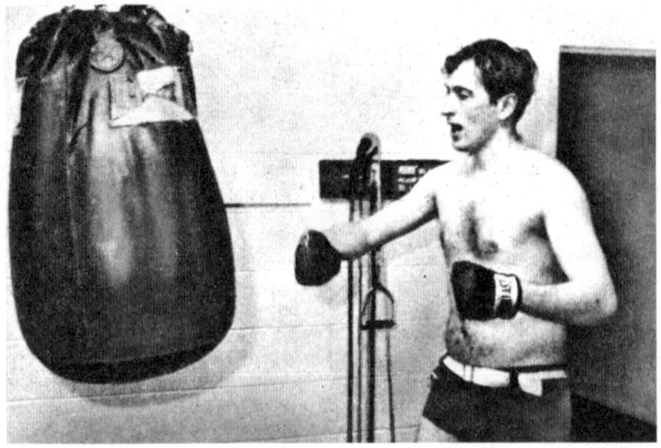

Der Karikaturist des täglichen WM-Bulletins machte sich so seine Gedanken über die beiden Kontrahenten. Der Herausforderer hat jedenfalls schwer an den selbstgewählten Prinzipien zu tragen – DOLLARS! »Mit Schach kann ich leichter Geld verdienen als mit jedem anderen Job«, hatte »Bobby« einmal bekannt. »Das Verhalten Fischers treibt selbst den eifrigsten Anhängern seines Schachtalents die Schamröte ins Gesicht«, war dazu in Daily News zu lesen

1975-1985 Anatoli Karpow

»Bei Karpow vereinen sich die schachlichen Fähigkeiten mit einem wahrhaft eisernen Charakter auf glückliche Weise.« (Aleksei Suetin)

Die Flucht in den Elfenbeinturm

Es war während des Kandidaten-Finales zur Schachweltmeisterschaft im Spätherbst 1974. Im Moskauer Tschaikowski-Konzertsaal stritten die beiden sowjetischen Großmeister Anatoli Karpow und Viktor Kortschnoi erbittert um jeden Punkt. Dem Sieger winkte das WM-Match gegen Robert Fischer. Wen wunderte es da, daß unter den mehr als 200 akkreditierten Journalisten aus aller Herren Ländern der Meinung eines Mannes besondere Aufmerksamkeit galt: Robert Byrne, Korrespondent der New York Times. Auf die Frage, die ihm wohl am meisten gestellt wurde, ob denn der Weltmeister seinen Titel zu verteidigen gedenke, antwortete der amerikanische Großmeister: »Ich glaube nicht daran, daß Fischer spielen wird, egal wer hier in Moskau gewinnt.«

Natürlich waren die Eskapaden von Reykjavik nicht in Vergessenheit geraten. Auch nicht, daß Fischer sechs Wochen, nachdem er den Weltmeistertitel erkämpft hatte, einfach von der Bildfläche verschwand. Nach jenem Sieg über Boris Spasski hatte Fischer verkündet, daß er nun beabsichtige, der erste Schach-Millionär zu werden, doch es geschah faktisch nichts. Der Champion lehnte alle Angebote ab, darunter einen Vertrag mit einem Hotelkonzern, der eine siebenstellige Dollarsumme für ein Match in Las Vegas und das gleiche für die Fernsehrechte anbot. Seine einzige »ernste« Partie innerhalb zweier Jahre gewährte der Weltmeister, der zwischenzeitlich sogar einer religiösen Sekte beigetreten war, dem philippinischen Präsidenten Marcos. Für dessen persönliche Einladung bedankte sich Fischer mit einer »Salonremise«.

Seine erste Wortmeldung aus dem selbstgewählten Elfenbeinturm kam erst, als es um das neue WM-Reglement ging. Ursprünglich hatte Fischer vorgeschlagen, sechs Gewinnpartien zu spielen wie 1927 Capablanca und Aljechin. Doch dann kam beim FIDE-Kongreß in Nizza 1974 ein Telegramm mit 803 Wörtern an. Fischer forderte darin zehn Gewinnpartien, keine Anrechnung der Unentschieden, und ein 9:9-Stand solle bereits die Titelverteidigung bedeuten.

Nach gründlicher Beratung wurde ein Maximum von 36 Partien festgelegt. Weltmeister sollte sein, wer dann mehr Siege aufzuweisen hat, während bei Punktgleichheit Fischer den Titel behält. Der sandte nach diesem mit Stimmenmehrheit gefaßten vernünftigen Kompromiß der Generalversammlung ein weiteres Telegramm, daß er auf seinen Titel verzichte. Die FIDE nahm den Verzicht jedoch nicht an, sondern forderte Fischer auf, bis zum 1. April 1975 seine endgültige Zusage für die Titelverteidigung zu geben. Bei Nichteinhaltung dieses Termins würde der Weltmeistertitel an den Gewinner des Kandidaten-Finales übergehen.

Was Robert Byrnes Journalistenpflicht anging, so konnte er am 20. November in die Staaten kabeln: Herausforderer für den Weltmeisterschaftskampf ist der 23jährige Student der Wirtschaftswissenschaften Anatoli Karpow. Innerhalb von nur sechs Jahren hatte der Absolvent der Schachschule von Michail Botwinnik damit einen Schlußpunkt unter seine beispiellose Kette von Erfolgen gesetzt: Juniorenweltmeister 1969, Großmeister im gleichen Jahr, erste Plätze bei erstklassigen internationalen Turnieren wie dem Aljechin-Memorial 1971 und in Madrid 1973, schließlich die Siege in den Kandidaten-Zweikämpfen gegen Lew Polugajewski (3:0) sowie gegen Boris Spasski (4:1). Und nun das alles entscheidende 3:2 gegen Viktor Kortschnoi. Von 81 Partien in der WM-Qualifikation gewann er 27 und verlor nur fünf.

Es ist nie bekannt geworden, welche Meinung Robert Fischer von seinem Gegner hatte, dessen Stil der sowjetische Schachkommentator Viktor Wassiljew so beschrieb: »Höchst rationell und einfach – und zugleich unverständlich.«

Auf die 90-Tage-Frist der Weltschachföderation reagierte der Champion jedenfalls nicht. Statt dessen wurde erstmals in der Geschichte der FIDE auf Ersuchen des USA-Verbandes eine außerordentliche Generalversammlung einberufen, die vom 18. bis 20. März 1975 in Bergen bei Amsterdam tagte. Im Ergebnis harter Debatten beschloß man: Das WM-Match in Manila geht bei unlimitierter Partienzahl bis zu zehn Siegpartien. Robert Fischer behält jedoch beim Stande von 9:9 nicht den Titel. Als dem FIDE-Büro daraufhin keine Antwort des Weltmeisters zuging, beendete ihr Präsident Max Euwe den Eiertanz des Superstars, der einst von sich behauptete, daß Schach sein Beruf sei. Am 3. April 1975 traf ein offizielles Telegramm in Moskau ein, und um 13.30 Uhr war es Gewißheit: Anatoli Karpow wurde zum zwölften Weltmeister proklamiert.

Warum Robert Fischer, der wirklich einer der größten Schachspieler war, seine Laufbahn so urplötzlich abbrach, weiß vielleicht nicht einmal er selbst. Die ganze Schuld für seine Mätzchen oder zynischen Erklärungen (»Der größte Genuß beim Schach für mich ist, wenn ich meinen Widersachern Daumenschrauben anlege und dann ihr Ego zerbreche.«) ist jedoch nicht Fischer allein zuzuschreiben. Die glücklose Kindheit im New-Yorker Stadtteil Brooklyn prägte fraglos diesen Robert Fischer, der einmal tiefblickend bekannte: »Kinder ohne Eltern wachsen wie junge Wölfe auf.«

Der 12. Weltmeister

Knisternde Spannung im Moskauer Tschaikowski-Konzertsaal. Die beiden Hauptdarsteller: Anatoli Karpow und Viktor Kortschnoi. Nur vier Monate später wird der Gewinner dieses Matches Weltmeister. Doch erst in der 24. und letzten Runde hatten die Reporter ihren großen Auftritt: Warten auf Anatoli, den Sieger

Studien zweier Kämpfer (oben) und ihrer Anhänger (unten links), Bilder, die für sich sprechen. Viktor Kortschnoi hatte sich zum Training für die 71er Kandidatenrunden einen interessanten Sparringspartner auserwählt – Juniorenweltmeister Anatoli Karpow. Am 24. April 1975 krönte der FIDE-Präsident den Youngster als Weltmeister, der bis zuletzt hoffte, daß Robert Fischer doch antreten würde

Ohne Niederlagen gibt es keine Siege – diesen Ratschlag des Vaters an den Schachanfänger Anatoli Karpow (oben) hat er stets beherzigt. Viel verdankt er Semjon Furman, dessen Schützling er 1968 wurde.
Der Besuch des Weltmeisters bei kirchlichen Würdenträgern mag ungewöhnlich erscheinen, doch Karpow ist auch Vorsitzender des Friedensfonds der UdSSR

Angeln, Billard, Schwimmen – von den wichtigen Hobbys des Champions fehlt eigentlich nur noch eins im Bilde: das Briefmarkensammeln

Russisch (6. Partie)

***Weiß:* Karpow *Schwarz:* Kortschnoi**

Eine alte Waffe hatten WM-Kandidaten und Herausforderer für Schwarz wiederentdeckt: die gute alte Russische Verteidigung. Lange Zeit wurde sie nicht richtig gewürdigt, da dem Nachziehenden nicht das Recht zugebilligt wurde, schon im 2. Zug zum Gegenangriff überzugehen. Diese dogmatische Auffassung ist inzwischen vom (Schach-) Tisch. Warum soll man nicht sofort aktiv werden, zumal man nach 2. ... ♘c6 mit 3. ♗b5 lange Zeit in die Defensive gedrängt wird? Eine offene, im eigentlichen Sinne theoretische Frage.

1. e4 e5 2. ♘f3 ♘f6 3. ♘:e5 d6 4. ♘f3 ♘:e4 5. d4 d5 6. ♗d3 ♗e7 7. 0–0 ♘c6 8. ♖e1 ♗g4 9. c3 f5?! 10. ♕b3 0–0 11. ♘bd2 ♔h8 12. h3 ♗h5 13. ♕:b7 ♖f6 14. ♕b3 ♖g6 15. ♗e2! ♗h4 16. ♖f1 ♗:f3 17. ♘:f3 ♗:f2+

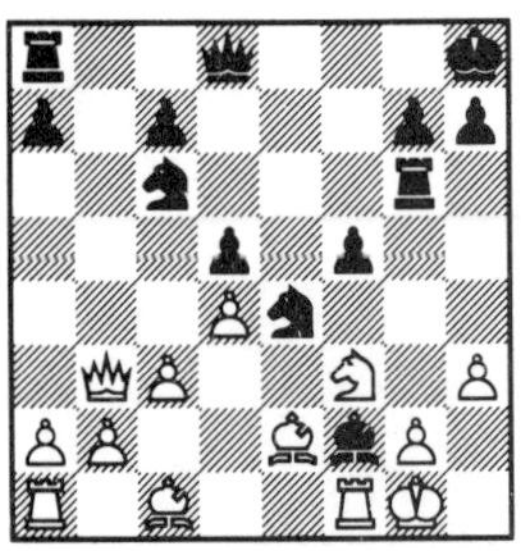

18. ♖:f2 ♘:f2 19. ♔:f2 ♕d6 20. ♘g5! ♖f8 21. ♕a3! ♕d8 22. ♗f4 h6 23. ♘f3 ♖e8 24. ♗d3 ♖e4 25. g3! ♖f6 26. ♕c5 g5 27. ♘:g5 hg 28. ♗:g5 ♖4e6 29. ♖e1 ♕g8 30. h4 ♖g6 31. ♖:e6. Schwarz überschritt die Bedenkzeit.

***Stand:* Karpow 4 Kortschnoi 2**

Katalanisch (17. Partie)

***Weiß:* Kortschnoi *Schwarz:* Karpow**

Jahrelang hatte der Anziehende mit dieser inhaltsvollen Eröffnung große Erfolge verbuchen können. Verständlich, daß sich Karpow darauf gut vorbereitet hat. Das Mittelspiel bot nach 30. ♘:f6+ gleiche Chancen, womit sich Kortschnoi offenbar nicht abfinden wollte. Der Anziehende komplizierte die Lage (noch dazu in Zeitnot), was für ihn schlecht ausging.

1. d4 ♘f6 2. c4 e6 3. g3 d5 4. ♗g2 dc 5. ♘f3 c5 6. 0–0 ♘c6 7. ♕a4 ♗d7 8. ♕:c4 cd 9. ♘:d4 ♖c8 10. ♘c3 ♕a5 11. ♖d1 ♗e7 12. ♘b3 ♕c7 13. ♘b5 ♕b8 14. ♘c5 a6!

15. ♘:d7 ♘:d7 16. ♘c3 ♘de5 17. ♕a4 0–0 18. ♗f4 ♕a7 19. ♗:e5 ♘:e5 20. ♕e4 ♘c6 21. ♖d7 ♗f6 22. ♖ad1 ♕b6 23. ♕c2 ♘a5 24. ♖1d3 h6 25. a3 ♖c7 26. b4 ♖:d7 27. ♖:d7 ♖c8 28. ♖d3 ♘c4 29. ♘e4 ♕c7 30. ♘c5? ♗e5! 31. ♖d2 b6 32. f4 bc 33. fe ♕:e5 34. ♗b7 ♖c7 35. ♕e4 ♕a1+ 36. ♔g2 ♕:a3 37. bc ♖:c5 38. ♖d3 ♕a5 39. ♕f3 ♕b6 40. ♖d7 ♖f5 41. ♕g4 ♕f2+ 42. ♔h3 g6. Weiß gab auf.

***Stand:* Kortschnoi 7 Karpow 10**

Damenbauernspiel (19. Partie)

***Weiß:* Kortschnoi *Schwarz:* Karpow**

Kortschnoi will sich in dieser Begegnung offenbar nicht mit den ausgezeichneten theoretischen Kenntnissen seines Widersachers herumplagen. Er wählt ein System, das hin und wieder anzutreffen ist und Möglichkeiten für eine Eigenbau-Aufstellung bietet. Bald entstehen originelle Stellungsbilder. Der weiße Läufer zieht von f1 über h3, c8, b7, d5 und landet auf dem Feld b3, wo er stark steht. Das Mittelspiel mündet schließlich in ein Endspiel ein, bei dem der weiße König zuerst aktiv wird. Es ist hochinteressant und vom Anziehenden mit unnachahmlicher Härte (von einer unfairen Härte spricht man im Schach nicht) vorgetragen.

1. d4 ♘f6 2. ♗g5 e6 3. e4 h6 4. ♗:f6 ♕:f6 5. ♘f3 d6 6. ♘c3 g6 7. ♕d2 ♕e7 8. 0–0–0 a6 9. h4 ♗g7 10. g3 b5 11. ♗h3 b4 12. ♘d5 ed 13. ♗:c8 0–0 14. ♗b7

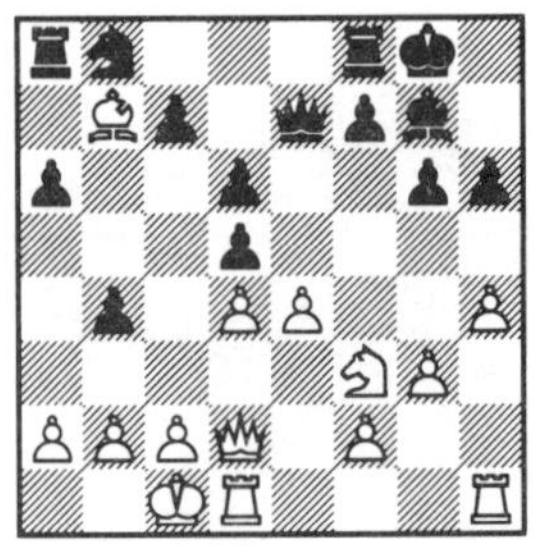

14. ... ♖a7 15. ♗:d5 c6 16. ♗b3 ♕:e4 17. ♕d3 ♕:d3 18. ♖:d3 ♘d7 19. ♖e1 ♘b6 20. a4 ba 21. ba a5 22. ♖de3 ♗f6 23. a4 c5 24. dc dc 25. ♘d2 ♔g7 26. ♖f3 ♖c7 27. ♘c4 ♘:c4 28. ♗:c4 ♖d8 29. c3 ♖cd7 30. ♔c2 ♖d2+ 31. ♔b3 ♖d1 32. ♖:d1 ♖:d1 33. ♗b5 ♖d5 34. ♖e3 ♖e5 35. ♖d3 ♖e2 36. ♖f3 ♖e5 37. ♔c4 ♖f5 38. ♖d3! ♖:f2 39. ♔:c5 ♗e5 40. ♔b6 ♖g2 41. c4 ♖:g3 42. ♖d7 g5 43. hg hg 44. c5 ♖c3 45. c6 g4 46. c7 g3 47. ♗c6 ♗:c7+ 48. ♖:c7 ♔h6 49. ♖c8 f5 50. ♖f8 ♖:c6+ 51. ♔:c6 ♔g5 52. ♖g8+ ♔f4 53. ♔b5 ♔f3 54. ♔:a5 f4 55. ♔b4 ♔g2 56. a5 f3 57. a6 f2 58. a7 f1♕ 59. a8♕+ ♕f3 60. ♕a2+ ♕f2 61. ♕d5+ ♕f3 62. ♕d2+ ♕f2 63. ♔c3 ♔g1 64. ♕d1+ ♔g2 65. ♕d3 ♕c5+ 66. ♔b3 ♕b6+ 67. ♔c2 ♕c6+ 68. ♔d2 ♕h6+ 69. ♕e3 ♕h4 70. ♖b8 ♕f6 71. ♖b6 ♕f5 72. ♖b2 ♔h2 73. ♕h6+ ♔g1 74. ♕b6+ ♔h2 75. ♕b8 ♔h3 76. ♕h8+ ♔g4 77. ♖b4+ ♔f3 78. ♕h1+ ♔f2 79. ♖b2. Schwarz gab auf.

***Stand:* Kortschnoi 8½ Karpow 10½**

Damenindisch (21. Partie)

***Weiß:* Kortschnoi *Schwarz:* Karpow**

Eine Partie, in der Karpow aus der Eröffnung heraus überspielt wird – so etwas kommt vor, auch bei erstklassigen Spielern. Kortschnoi fand in häuslicher Analyse den neuen Zug 11. ♕d2!, der sich als sehr stark erwies. Auch wenn Schwarz den opferbereiten Springer mit 12. ... ♗:g5 beseitigt hätte, wäre seine Lage nicht rosig gewesen. Ein fulminanter Überrumpelungssieg.

1. d4 ♘f6 2. ♘f3 e6 3. g3 b6 4. ♗g2 ♗b7 5. c4 ♗e7 6. ♘c3 0–0 7. ♕c2 c5 8. d5 ed 9. ♘g5 ♘c6 10. ♘:d5 g6 11. ♕d2! ♘:d5 12. ♗:d5 ♖b8? 13. ♘:h7!!

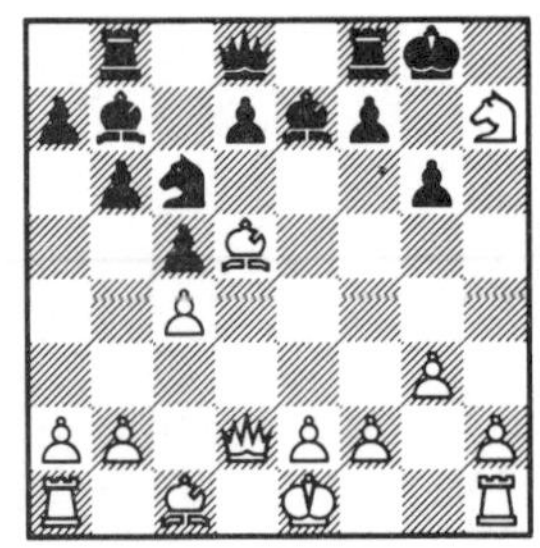

13. ... ♖e8 14. ♕h6 ♘e5 15. ♘g5 ♗:g5 16. ♗:g5 ♕:g5 17. ♕:g5 ♗:d5 18. 0–0 ♗:c4 19. f4. Schwarz gab auf.

***Stand:* Kortschnoi 10 Karpow 11**

Sizilianisch (2. Partie)

Kommentare: Anatoli Karpow

Weiß: Karpow Schwarz: Kortschnoi
1. e4 c5 2. ♘f3 d6 3. d4 cd 4. ♘:d4 ♘f6 5. ♘c3 g6 (Von den großen Spielern war wohl Kortschnoi der einzige der damaligen Zeit, der die Drachenvariante anwandte. Es ist klar, daß ich also nicht ausschloß, dieser Variante zu begegnen, zumal Kortschnoi den Ruf des »Drachens« im Kandidaten-Wettkampf 1971 gegen Geller rehabilitierte.) 6. ♗e3 ♗g7 7. f3 ♘c6 8. ♕d2 0–0 9. ♗c4 ♗d7 10. h4 ♖c8 11. ♗b3 ♘e5 12. 0–0–0 (Möglich ist auch sofort 12. h5.) 12. … ♘c4 13. ♗:c4 ♖:c4 14. h5 ♘:h5 15. g4 ♘f6 (Das ist die Position, die in der 4. Partie des erwähnten Wettkampfes Geller–Kortschnoi entstand. Dort folgte: 16. ♗h6 ♘:e4 17. ♕e3 ♖:c3 18. bc ♘f6 19. ♗:g7 ♔:g7 20. ♖h2 ♕a5? 21. ♘b3 ♕:a2 22. ♕:e7 mit Übergewicht für Weiß.) 16. ♘de2! (In einem Artikel von Tschumak, der 1972 zu diesem Thema erschien, machte der Autor den Versuch, den Textzug durch Varianten zu belegen. Logisch läßt sich der Rückzug des Springers aus dem Zentrum etwa so begründen: Der Punkt c3 ist der wichtigste in der Stellung der weißen Figuren, auf den Schwarz seine Angriffe konzentriert. Häufig erfolgt hier das typische Qualitätsopfer ♖:c3, und der Gegner erhält einen starken Angriff. So führt die Grundidee des Zuges 16. ♘de2 zu einer Stärkung des Punktes c3. Ferner kann der Springer von e2 aus leicht bei einem direkten Angriff auf den schwarzen König eingreifen.) 16. … ♕a5 17. ♗h6 ♗:h6 18. ♕:h6 ♖fc8 19. ♖d3! (siehe Diagramm) (Bis zu diesem Zeitpunkt spielten wir fast im Blitztempo. Doch dann machte ich diesen vorbereiteten Zug. Kortschnoi versank in langes Nachdenken. Und er hatte tatsächlich etwas, worüber er grübeln mußte …, die theoretische Fortsetzung 19. ♖d5 bringt Weiß nämlich keinen realen Vorteil.) 19. … ♖4c5 (Als wir bei der Vorbereitung auf den Wettkampf 19. ♖d3 analysierten, gelangten wir zur Schlußfolgerung, daß die beste Erwiderung darauf 19. … ♖8c5 ist. Ich meine dennoch, daß die beste praktische

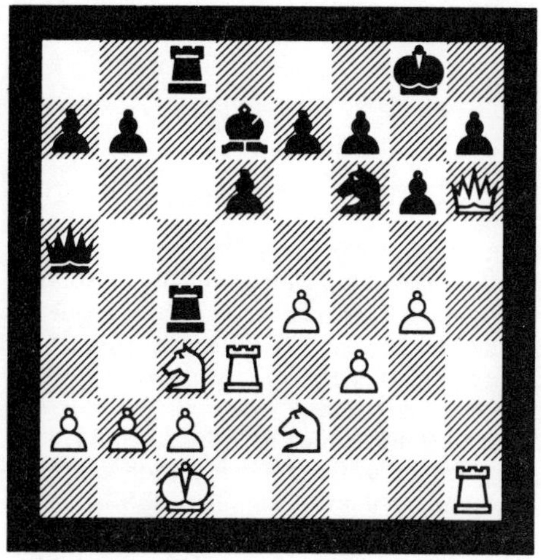

Chance für Schwarz Botwinniks Idee war: der Rückzug 19. … ♕d8. Jetzt aber, nachdem ich 18 Minuten gebraucht hatte zum Suchen der Widerlegung von 19. … ♖4c5, fand ich eine schöne Kombination.) 20. g5 ♖:g5 21. ♖d5! (Aber nicht 21. ♘d5 wegen 21. … ♖:d5!, und der Hauptverteidiger des Nachziehenden, der Springer f6, bleibt am Leben.) 21. … ♖:d5 22. ♘:d5 ♖e8 23. ♘ef4 ♗c6 (Der Punkt d5 mußte unbedingt anvisiert werden, da ♘:f6+, gefolgt von ♘d5, drohte. Auf 23. … ♗e6 hatte ich vorbereitet 24. ♘:e6 fe 25. ♘:f6+ ef 26. ♕:h7+ ♔f8 27. ♕:b7 ♕g5+ 28. ♔b1 ♖e7 29. ♕b8+ ♖e8 30. ♕:a7 ♖e7 31. ♕b8+ ♖e8 32. ♕:d6+ – eine eigenartige, selten anzutreffende Mühle.) 24. e5! (Die »geradlinige« Fortsetzung 24. ♘:f6+ ef 25. ♘h5 ♕g5+ 26. ♕:g5 fg 27. ♘f6+ ♔g7 28. ♘:e8+ ♗:e8 hätte nicht gewonnen.) 24. … ♗:d5 25. ef ef (In solchen Positionen ist die Hauptsache Selbstbeherrschung und Ausdauer! Natürlich möchte man schnell einen schönen Zug machen, aber auf 26. ♘h5? folgt die Ernüchterung 26. … ♖e1+.) 26. ♕:h7+ ♔f8 27. ♕h8+. Schwarz gab auf, da nach 27. … ♔e7 28. ♘:d5+ ♕:d5 29. ♖e1+ folgt.

Matchball in Runde 32 verwandelt

»Den ersten Auftritten als Weltmeister sehe ich mit einer gewissen Aufregung entgegen. Man wird besondere Leistungen von mir erwarten, und ich kann nicht so unbefangen spielen wie früher. Doch das macht nichts. In erster Linie bin ich Schachspieler und erst in zweiter Linie Weltmeister.« Wie ernst es Anatoli Karpow mit diesem Versprechen war, bewies er in den folgenden drei Jahren nachdrücklich: Er siegte bei so bedeutenden Turnieren wie in Portorož, Mailand (1975), Skopje, Amsterdam, bei der 44. UdSSR-Landesmeisterschaft (1976), in Bad Lauterberg, Las Palmas, Tilburg (alle 1977) sowie Bugojno (1978). Von den 180 Partien in jener Zeit gewann Anatoli Karpow 87 und verlor nur sechs. Als am »grünen Tisch ernannter« Nachfolger von Robert Fischer hatte er also der Schachwelt bestätigt, daß er kein »Papier-Champion«, wie der Amerikaner meinte, sondern ein würdiger Weltmeister war.

Karpows Dominanz lag ein gesunder, weiser Pragmatismus zugrunde. Äußerste Sachlichkeit, strenge Unterordnung der Emotionen unter den sportlichen Erfolg, das war seine Devise.

Vorwürfen wegen seiner absoluten Rationalität und Nüchternheit sowie wegen seines Bestrebens, Risiko zu vermeiden, hielt der Weltmeister seine eigene Philosophie entgegen: »Ich möchte denjenigen sehen, der ein Risiko eingeht, wenn er weiß, daß er auch ohne Risiko gewinnen kann!« In jener Zeit prägte sich sein unnachahmliches intuitives Positionsgefühl. Körnchenweise sammelt er Vorteile, bis schließlich am Brett eine Situation entstanden ist, in der sein Übergewicht erkennbar und wirksam wird. 1977 stellte Exweltmeister Michail Tal fest: »Das Schachpotential des Weltmeisters ist keineswegs erschöpft, im Gegenteil, es beginnt sich eigentlich erst richtig zu offenbaren.«

Seiner ersten Titelverteidigung konnte er also optimistisch entgegensehen, auch wenn ihn im März 1978 ein schwerer Schlag traf: Sein Trainer Semjon Furman starb, der ihn zehn Jahre betreut hatte. Seine Stelle als Sekundant nahm Michail Tal ein, was dem Spiel des Weltmeisters zu zusätzlicher Schärfe verhalf. Doch die allein war für das nach Baguio auf den Philippinen vergebene WM-Match nicht ausreichend. Das von der FIDE verabschiedete Reglement sah vor: Weltmeister ist, wer zuerst sechs Siegpunkte erreicht, bei unbegrenzter Anzahl der Partien. Die Frage war, ob Karpows physische Kräfte dafür ausreichen würden.

Und schließlich trat dem mittlerweile 27jährigen Champion ein Kontrahent gegenüber, der nicht gedachte, die Entscheidung allein am Schachbrett zu suchen. Es war Viktor Kortschnoi, der im Juli 1976 nach dem Amsterdamer IBM-Turnier der UdSSR den Rücken gekehrt hatte. »Ich will im Westen nur meine Schachkarriere fortsetzen«, lautete seine Begründung für diesen Schritt. Wie er das meinte, zeigte der 93 Tage währende Schachkampf von Baguio.

Es begann damit, daß Kortschnoi unbedingt unter Schweizer Flagge antreten wollte, obwohl er staatenlos war. Dann raubte ihm Karpows Joghurt-Variante den Nerv. Allen Ernstes behauptete der Herausforderer, das Getränk habe eine verschlüsselte Botschaft enthalten. Zum Schutz vor gegnerischen Strahlen hatte er sich einen Geigerzähler zugelegt. Vor der 17. Partie mußten die Organisatoren des WM-Matches die ersten sechs Zuschauerreihen räumen, da Kortschnoi dort einen »russischen Hypnotiseur« vermutete. »Der Herausforderer im Kampf um die Schachweltmeisterschaft fährt bedauerlicherweise fort, psycho-politisches Schach zu spielen«, äußerte sich dazu das amerikanische Mitglied des FIDE-Büros Edmund Edmondson.

Was übrigens jene 17. Partie angeht: Kortschnoi verlor sie, und es stand 4:1 für Karpow, der damit unterstrich, daß ein Wettkampf auf dem Schachbrett entschieden wird. Zu dieser Einsicht kam »Viktor der Schreckliche« erst, als er nach der 27. Partie aussichtslos 2:5 zurücklag. In eben jener Situation, als Karpow sozusagen einen Matchball hatte, geschah das Unglaubliche: Nur vier Partien später hieß es 5:5, und Karpows Konditionsprobleme waren offensichtlich. Wie würde das WM-Match, das Großmeister Lothar Schmid als Hauptschiedsrichter mit viel diplomatischem Fingerspitzengefühl über alle Klippen brachte, nun ausgehen?

In der für ihn ungünstigen psychologischen Situation tat der Weltmeister das einzig Richtige: Er nahm eine Auszeit. Später erklärte er diesen »Schachzug«: »Während der Auszeit fuhr ich nach Manila. Das war nicht gerade eine kurze Fahrt, fünf Stunden dauerte sie, aber ich nahm die Autofahrt auf mich, um die Basketballspieler der UdSSR im WM-Finale zu erleben. Der Ausflug, so etwas gibt es, ermüdete mich nicht. Im Gegenteil, er gab mir Mut und Frische. In der 32. Partie, in der ich mit den weißen Steinen spielte, wollte ich den entscheidenden Schlag führen.«

Und so kam es auch. Mit dem 1 528. Zug in einer von kolossalen Strapazen gekennzeichneten Nervenschlacht, bei der Anatoli Karpow 4,5 kg Gewicht verlor, stand seine geglückte Titelverteidigung fest. »Um einen Wettkampf zu gewinnen, muß man vor allem sich selbst bezwingen«, hatte der Champion einmal seine Strategie auf dem Weg zum Titel formuliert. Mit seinem 6:5-Sieg von Baguio lieferte der ehrgeizige junge Mann aus Slatoust im Ural dafür den Beweis.

Einen Titel zu gewinnen ist immer leichter, als ihn zu verteidigen. Diese Erfahrung mußte Anatoli Karpow bei seinem ersten Match als Champion machen. Beim 93-Tage-Schach-Marathon von Baguio ist sein Gegner erneut Viktor Kortschnoi.

Nach mehr als 175 Stunden reiner Spielzeit sichert sich der Titelverteidiger in der 32. Partie den für den Gesamtsieg entscheidenden sechsten Gewinnpunkt. Daß ihm danach Autogramme leicht von der Hand gehen, ist nur zu verständlich

Spanisch (8. Partie)

Weiß: Karpow Schwarz: Kortschnoi

Hin und wieder kommt es vor, daß nach einem einzigen Fehlzug die Stellung wie ein Kartenhaus zusammenbricht. Gewiß, Weiß darf sich schon eher einmal einen »zweitstärksten« Zug leisten, aber Schwarz kaum. In dieser Begegnung ist es der Zug 10. ... g6?, der furchtbare Folgen hat. Nach 18. ♗h6! spielt sich der weiße Angriff wie von selbst – die entsprechenden Kraftzüge findet der Weltmeister.

1. e4 e5 2. ♘f3 ♘c6 3. ♗b5 a6 4. ♗a4 ♘f6 5. 0–0 ♘:e4 6. d4 b5 7. ♗b3 d5 8. de ♗e6 9. ♘bd2 ♘c5 10. c3 g6? 11. ♕e2 ♗g7 12. ♘d4! ♘:e5?! 13. f4 ♘c4 14. f5! gf 15. ♘:f5 ♖g8 16. ♘:c4 dc 17. ♗c2 ♘d3 18. ♗h6!

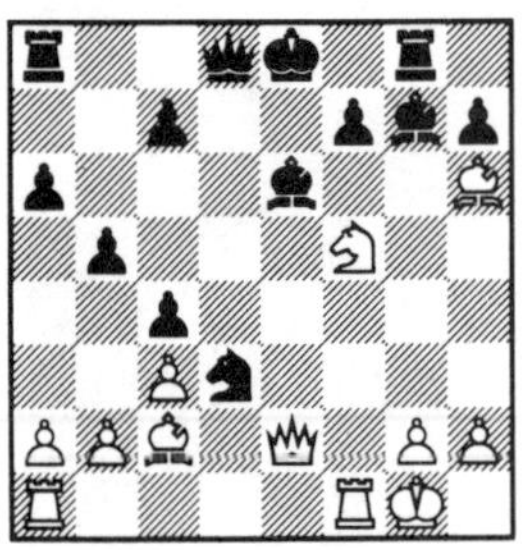

18. ... ♗f8 19. ♖ad1 ♕d5 20. ♗:d3 cd 21. ♖:d3 ♕c6 22. ♗:f8 ♕b6+ 23. ♔h1 ♔:f8 24. ♕f3 ♖e8 25. ♘h6! ♖g7 26. ♖d7! ♖b8 27. ♘:f7! ♗:d7 28. ♘d8+. Schwarz gab auf.

Stand: Karpow 1 Kortschnoi 0

Sizilianisch (11. Partie)

Weiß: Kortschnoi Schwarz: Karpow

Weg von der Theorie, sie ist nicht Kortschnois Stärke, und so eröffnet der Herausforderer mit 1. g3, doch bald befinden sich die Kombattanten in einem geschlossenen Sizilianer. Hier muß man nicht so viel wissen, hier bieten sich bei vollem Brett vielerlei Möglichkeiten. Bald spürt man, daß der Weltmeister nicht in sein Fahrwasser kommt. Sein Läufer auf g7 ist kaltgestellt, und in der c-Linie ist Weiß stark vertreten. Nach 28. ♗a6! ist die Partie für Kortschnoi gewonnen – Fehler macht er keine mehr.

1. g3 c5 2. ♗g2 ♘c6 3. e4 g6 4. d3 ♗g7 5. f4 d6 6. ♘f3 ♘f6 7. 0–0 0–0 8. c3 ♖b8 9. ♕e2 ♘e8 10. ♗e3 ♘c7 11. d4 cd 12. cd ♗g4 13. ♖d1 d5 14. e5 ♕d7 15. ♘c3 ♖fc8 16. ♕f1 b5 17. h3 ♗:f3 18. ♗:f3 b4 19. ♗g4! e6 20. ♘a4 ♘a5 21. ♘c5 ♕e8 22. ♗e2 ♘b7 23. ♘:b7 ♖:b7 24. ♖dc1 ♕d7 25. ♖c2 b3 26. ab ♖:b3 27. ♕c1! ♖b7 28. ♗a6! ♖cb8 29. ♗:b7 ♖:b7 30. ♖a3 h6 31. ♖ac3 ♘b5 32. ♖c8+ ♔h7 33. ♖2c6 f6 34. ♔g2 ♕f7 35. ♕c2 a5 36. g4 fe 37. fe a4 38. ♖a8 ♘a7 39. ♖a6 ♕e7 40. ♖:a4 ♖c7 41. ♕b3 ♘c6 42. ♖a1 ♘b4 43. ♖c1 ♖c4 44. ♖b8 ♖:c1 45. ♗:c1 ♕c7 46. ♖:b4 ♕:c1 47. ♕d3 h5 48. ♖b6 ♗h6 49. gh ♕g5+ 50. ♕g3 ♕d2+, und Schwarz gab gleichzeitig auf.

Stand: Kortschnoi 1 Karpow 1

Nimzowitsch-Indisch (17. Partie)

Weiß: Kortschnoi Schwarz: Karpow

Eine der dramatischsten Partien des Matches! Die originelle Schlußstellung machte die Runde um die Welt. Sie ist so recht nach dem Herzen der Schachliebhaber. Dabei verlief die Eröffnung günstig für den Anziehenden – ein Weiß-Sieg lag in der Luft. Wahrscheinlich hatte Kortschnoi den langen Marsch der schwarzen Majestät, begleitet von zwei Rössern, unterschätzt. Aber Fehler gehören eben zum Spiel, sonst hätte es kein so hübsches Finale gegeben.

1. d4 ♘f6 2. c4 e6 3. ♘c3 ♗b4 4. e3 0–0 5. ♗d3 c5 6. d5 b5!? 7. de fe 8. cb a6 9. ♘e2 d5 10. 0–0 e5 11. a3 ab 12. ♗:b5 ♗:c3 13. bc ♗a6 14. ♖b1 ♕d6 15. c4 d4 16. ♘g3 ♘c6 17. a4 ♘a5 18. ♕d3 ♕e6 19. ed cd 20. c5 ♖fc8 21. f4! ♖:c5 22. ♗:a6 ♕:a6 23. ♕:a6 ♖:a6 24. ♗a3 ♖d5 25. ♘f5 ♔f7 26. fe ♖:e5 27. ♖b5 ♘c4 28. ♖b7+ ♔e6 29. ♘:d4+ ♔d5 30. ♘f3 ♘:a3 31. ♘:e5 ♔:e5 32. ♖e7+ ♔d4 33. ♖:g7 ♘c4 34. ♖f4+ ♘e4! 35. ♖d7+ ♔e3 36. ♖f3+ ♔e2 37. ♖:h7 ♘cd2 38. ♖a3 ♖c6 39. ♖a1 ♘f3+! Weiß gab auf.

Stand: Kortschnoi 1 Karpow 4

Englisch (27. Partie)

Weiß: Kortschnoi Schwarz: Karpow

So schnell kann sich das Blättchen wenden. Kortschnoi ist hier zwar Sieger nach Ablauf der Eröffnung, aber Matchgewinner wird der Weltmeister, der im Mittelspiel seinem Gegner überlegen ist. Einfache Stellungen, die eine kristallklare Spielführung erfordern, gehören zu Karpows großen Stärken, wofür diese Begegnung ein Beispiel ist.

1. c4 ♘f6 2. ♘c3 e5 3. ♘f3 ♘c6 4. g3 ♗b4 5. ♘d5 ♘:d5 6. cd ♘d4 7. ♘:d4 ed 8. ♕c2! ♕e7 9. ♗g2 ♗c5 10. 0–0 0–0 11. e3 ♗b6 12. a4! de 13. de a5 14. ♗d2 ♗c5 15. ♗c3?

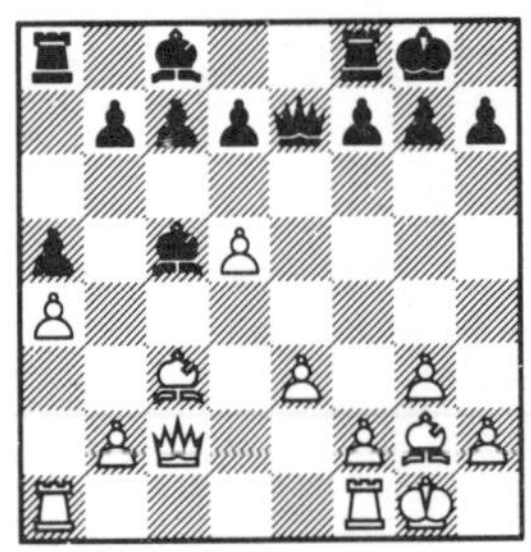

15. ... d6 16. ♕d2 b6 17. ♖fe1 ♗d7 18. e4 ♖fe8! 19. ♔h1 c6! 20. e5 cd 21. ♗:d5 ♖ad8 22. ♕f4 ♕f8 23. ♕f3 de 24. ♗:e5?! ♗g4 25. ♕:g4 ♖:d5 26. ♗c3 ♖ed8 27. ♔g2 ♗d4 28. ♖ac1 g6 29. ♕e2? ♕d6! 30. ♗:d4 ♖:d4 31. ♕b5 ♖b4 32. ♖e8+ ♔g7 33. ♖:d8 ♕:d8 34. ♕e2 ♕d5+! 35. f3? ♖:a4 36. ♖c2 ♖d4 37. ♕e3 b5 38. h4 h5 39. ♕e2 a4 40. ♕e3 b4. Weiß gab auf.

Stand: Kortschnoi 2 Karpow 5

Damengambit (31. Partie)

Weiß: Kortschnoi Schwarz: Karpow

Eine harte Partie, so wie sie zwischen Großmeistern der Weltspitze häufig vorkommt. Es wird gespielt, es wird laviert, und es wird auch ein bißchen auf einen Fehler des Gegners gelauert. Der Nachziehende hatte seinen Läufer im 20. Zug auf das Feld f8 zurückgeführt, doch besser wäre dieser auf d6 postiert worden. Das hätte eine etwas unbequeme Verteidigung zur Folge, aber verloren war Karpow deshalb nicht. Erst nach der Wiederaufnahme der abgebrochenen Partie versäumte der Nachziehende 57. ... ♖c4!, was wohl zu einem Unentschieden gereicht hätte. Turmendspiele kommen in der Praxis häufig vor, doch scheitern selbst große Spieler oftmals an ihren Schwierigkeiten.

1. c4 e6 2. ♘c3 d5 3. d4 ♘f6 4. cd ed 5. ♗g5 ♗e7 6. e3 0–0 7. ♗d3 ♘bd7 8. ♘f3 ♖e8 9. ♕c2 c6 10. 0–0 ♘f8 11. ♗:f6 ♗:f6 12. b4 ♗g4 13. ♘d2 ♖c8 14. ♗f5 ♗:f5 15. ♕:f5 ♕d7 16. ♕:d7 ♘:d7 17. a4 ♗e7 18. ♖fb1 ♘f6 19. a5 a6 20. ♘a4 ♗f8? 21. ♘c5 ♖e7 22. ♔f1 ♘e8 23. ♔e2 ♘d6 24. ♔d3 ♖ce8 25. ♖e1 g6 26. ♖e2 f6 27. ♖ae1 ♗h6 28. ♘db3 ♗f8 29. ♘d2 ♗h6 30. h3 ♔f7 31. g4 ♗f8 32. f3 ♖d8 33. ♘db3 ♘b5 34. ♖f1 ♗h6 35. f4 ♗f8 36. ♘d2 ♘d6 37. ♖fe1 h6 38. ♖f1 ♖b8 39. ♖a1 ♖be8 40. ♖ae1 ♖b8 41. e4 de 42. ♘d:e4 ♘b5 43. ♘c3 ♖:e2 44. ♖:e2 ♗:c5 45. bc ♖d8 46. ♘:b5 ab 47. f5 gf 48. gf ♖g8 49. ♔c3 ♖e8 50. ♖d2 ♖e4 51. ♔b4 ♔e8 52. a6 ba 53. ♔a5 ♔d7 54. ♔b6 b4 55. d5 cd 56. ♖:d5+ ♔c8 57. ♖d3 a5?

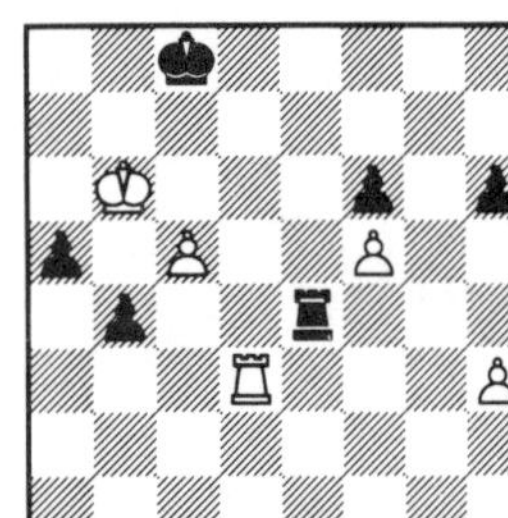

58. ♖g3 b3 59. ♔c6! ♔b8 60. ♖:b3+ ♔a7 61. ♖b7+ ♔a6 62. ♖b6+ ♔a7 63. ♔b5 a4 64. ♖:f6 ♖f4 65. ♖:h6 a3 66. ♖a6+ ♔b8 67. ♖:a3 ♖:f5 68. ♖g3 ♖f6 69. ♖g8+ ♔c7 70. ♖g7+ ♔c8 71. ♖h7. Schwarz gab auf.

Stand: Kortschnoi 5 Karpow 5

Pirc-Ufimzew-Verteidigung (32. Partie)

Kommentare: Anatoli Karpow

Weiß: Karpow Schwarz: Kortschnoi
Nach der 27. Partie führte ich mit 5:2, und es schien, das Match nähere sich dem Ende. Ausgerechnet als zum Gesamtsieg nur noch ein einziger Schritt fehlte, geschah etwas Unerwartetes. Kortschnoi, der sich möglicherweise schon mit seiner Niederlage abgefunden hatte, spielte gelöst und glich mit großer Anstrengung zum 5:5 aus! Nun gab es Grund zur Besorgnis. Dennoch vermochte ich die Last unangenehmer Fehler abzuschütteln. Ich war bemüht, mich gut zu erholen, und stellte mich darauf ein, in der 32. Partie die entscheidende Schlacht zu liefern.

1. e4 d6 2. d4 ♘f6 3. ♘c3 g6 4. ♘f3 ♗g7 5. ♗e2 0–0 6. 0–0 c5 (Kortschnoi vertraut auf seine bevorzugte Taktik – die Eröffnungsvarianten häufig zu wechseln. In der 18. Partie, in der die Pirc-Ufimzew-Verteidigung auch zur Diskussion stand, brachte ich nach 6. … ♗g4 7. ♗e3 ♘c6 die Neuerung 8. ♕d3!? Offensichtlich will Schwarz dieses Mal ähnlichen Überraschungen aus dem Wege gehen.) 7. d5 ♘a6 8. ♗f4 (Weiß bereitet den positionsgerechten Vorstoß e5 vor.) 8. … ♘c7 9. a4 b6 10. ♖e1 ♗b7 11. ♗c4 ♘h5? (Dieser Zug verliert wertvolle Zeit. Notwendig war 11. … ♕d7, um nach 12. e5 de 13. ♘:e5 ♕f5 irgendwie zu taktischen Komplikationen zu kommen.) 12. ♗g5 ♘f6 13. ♕d3 a6 14. ♖ad1 ♖b8 15. h3 (Ich wollte hier nichts riskieren. Der Stellung entsprechend, sollte mit 15. e5! und der möglichen Folge 15. … de 16. ♘:e5 b5?! 17. ab ab 18. ♗:b5! ♘c:d5 19. ♘:d5 ♗:d5 20. c4 ♗a8 21. ♘d7 fortgesetzt werden. Aber in dieser Partie durfte ich nicht sofort die ganze Initiative aufs Spiel setzen.) 15. … ♘d7 16. ♕e3 (Verhindert das etwaige Gegenspiel 16. … b5 17. ab ♘b6.) 16. … ♗a8 17. ♗h6 b5 18. ♗:g7 ♔:g7 19. ♗f1 ♘f6 20. ab ab 21. ♘e2 ♗b7 (Zu einer ernsten Schwächung der Bauernstruktur würde 21. … e5 oder 21. … e6 wegen 22. de ♘:e6 23. ♘g3 führen.) 22. ♘g3 ♖a8 23. c3 ♖a4 24. ♗d3 ♕a8 (siehe Diagramm) (Schwarz achtet nicht auf die Gefahren, die sich um seinen König verdichten.

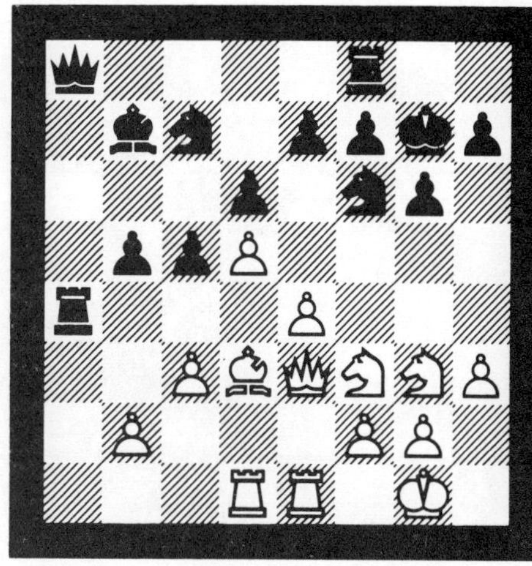

Oder hat er diese gar unterschätzt?) 25. e5! (Der Dolchstoß, wonach folgen könnte: 25. … ♘f:d5 26. ♘h5+ gh 27. ♕g5+ ♔h8 28. ♕f5. Oder auch 26. … ♔h8 27. ♕h6 ♖g8 28. ♘g5.) 25. … de 26. ♕:e5 ♘c:d5 27. ♗:b5 ♖a7 28. ♘h4 (Überall lauern Gefahren. Sehr unangenehm droht der prosaische Zug 29. c4.) 28. … ♗c8 29. ♗e2! (Mag sein, daß dieser Zug etwas Faszinierendes hat. Er koordiniert das Spiel der weißen Figuren, die nunmehr alle handelnd mitwirken.) 29. … ♗e6 30. c4 ♘b4 31. ♕:c5 ♕b8 32. ♗f1 ♖c8 33. ♕g5 ♔h8 34. ♖d2 ♘c6 35. ♕h6! ♖g8 36. ♘f3 ♕f8 37. ♕e3 ♔g7? (Der entscheidende Fehler. Mit 37. … ♖b7 könnte der Kampf noch etwas hingezogen werden.) 38. ♘g5 ♗d7 39. b4 ♕a8 40. b5 ♘a5 41. b6. Mein letzter Zug im Wettkampf. Das Sprichwort »Alle Wege führen nach Rom« entspricht dieser Stellung. Kortschnoi schrieb den Zug 41. … ♖a7–b7 auf, aber am folgenden Tag teilte sein Sekundant mit, daß er die Partie aufgibt.

Hochzeit machen, das ist wunderschön ... Für Anatoli Karpow, der inzwischen sein Ökonomiestudium beendete, schlug diese Stunde der Bewährung im Juni 1979. Als Brautführer fungiert der Kosmonaut und Präsident der sowjetischen Schachföderation, Witali Sewastjanow. Söhnchen Tolja spielte zwar von klein auf mit Schachfiguren, doch für das Schachspiel begeisterte er sich bisher nicht. Anders dagegen der Brite Nigel Short. Als 12jähriger wurde er 1977 Mitglied der englischen Jugendauswahl, die in einem Handikap-Match an zehn Brettern dem Weltmeister mit ½:9½ unterliegt. Doch Nigel hält, was er schon damals versprach: 1985 wird er im Kandidatenturnier 10. bis 12. und nicht nur dadurch ein anerkannt starker Großmeister

In einem Ritt zum Erfolg

»Ich will immer der Erste sein. Ich glaube auch, daß dies eine gesunde Einstellung für jeden Sportler ist. Wenn ich nicht Schachspieler geworden wäre, hätte ich mich trotzdem bemüht, irgendwo der Erste zu sein oder einer der Besten.« Dieses Zitat belegt Karpows unbändigen Ehrgeiz. Bis 1981 wurde ihm achtmal der begehrte Schach-Oscar zugesprochen. Bis zu seinem dritten Titelkampf erwies er sich ein ums andere Mal als unbestritten bester Schachspieler der Welt. Die Bilanz des Champions war bestechend: Zwischen Baguio und Meran bestritt er 162 Partien, von denen er 63 für sich entschied, aber nur neun verlor. Die Fähigkeit, das Beste von anderen Großmeistern kritisch zu verarbeiten, kristallisierte sich als wirklich erfolgsträchtige Eigenschaft heraus. Stetig erweiterte Karpow in jenen Jahren der Reife sein theoretisches Wissen, unablässig stärkte er alle Seiten seines Spiels. Eine Erkenntnis aus dem Baguio-Match war, daß er doch erhebliche Probleme mit der Behandlung einfacher Stellungen hatte. In seiner Vorbereitung auf das neue WM-Match legte er auf diese Schwäche besonderes Augenmerk. Das war von größter Bedeutung, denn der Herausforderer war wiederum Viktor Kortschnoi, für den es sicher günstig war, daß er um das zermürbende Interzonenturnier herumkam. In den Kandidaten-Matchen konnte er nun seine reichen Zweikampferfahrungen einbringen und nutzen.

Daß Meran Austragungsort der 31. Schach-WM wurde, war der Hand des FIDE-Präsidenten Fridrik Olafsson zu verdanken. Weil Karpow Las Palmas den Vorzug gab und Kortschnoi für Meran war, mußte das Los entscheiden. Die Entscheidung fiel zugunsten der italienischen Stadt, wo der Wettkampf am 19. September 1981 beginnen sollte. Eine Woche nach dieser Entscheidung bewies der Isländer jedoch wenig Geschick, denn eigenmächtig gab er bekannt, daß ab 19. Oktober gespielt wird. Das Überschreiten seiner Vollmachten wurde vom FIDE-Kongreß im Juli nicht gebilligt; bestätigt wurde der September-Termin.

Auf Wunsch der Organisatoren kam es schließlich zu einer Einigung auf den 1. Oktober. Allerdings brachte diese Terminänderung für die Veranstalter erhebliche finanzielle Einbußen mit sich, was der FIDE angelastet wurde. Dieses Gerangel um Austragungstermin, Prestige und finanziellen Verlustausgleich wirkte zweifellos nach, als 1982 die Wahl des FIDE-Präsidenten anstand. Olafsson wurde nicht wiedergewählt. Der Philippiner Florencio Campomanes übernahm diese verantwortungsvolle Funktion.

Da der gleiche Modus wie in Baguio galt, war es von besonderem Interesse, mit welcher Taktik Kortschnoi in der ehemaligen Hauptstadt Tirols in den italienischen Alpen, die sich als überaus gastfreundlich erwies, aufwarten würde. Der Weltmeister war zuvor immerhin mit zunehmender Wettkampfdauer physisch ins Schlingern gekommen. Eine gewisse Sicherheit war freilich, daß ihm im Falle einer Niederlage ein Revanchekampf zustand.

Nun, es kam ganz anders. Die Auslosung des Schiedsgerichts, in dem mit der Österreicherin Gertrud Wagner erstmals in der WM-Geschichte eine Frau wirkte, ergab wie 1978 für Kortschnoi im ersten Treffen Weiß. Während beide Kontrahenten drei Jahre zuvor den Wettkampf mit einer Remis-Serie begonnen hatten – sie remisierten siebenmal –, gestaltete sich der Auftakt diesmal ungleich lebhafter. Der Weltmeister ließ seinem Widerpart nicht die Spur einer Chance in der ersten Partie und nutzte in Runde 2 ein Übersehen des Herausforderers zum zweiten Punkt. Nach einem Remis in Runde 3 wurde der im folgenden Treffen regelrecht ausgespielt, so daß Anatoli Karpow bereits auf drei Siegpunkte verweisen konnte. »Glücklicherweise erwiesen sich unsere Befürchtungen als gegenstandslos, daß der Wettkampf sich über viele Monate hinziehen könnte«, konstatierten sichtlich erleichtert die Organisatoren. Das entgegengesetzte Extrem schien ihnen allerdings auch nicht gerade wünschenswert: »Wenn es so weitergeht, kann das Match sehr schnell beendet sein, zu schnell womöglich.«

Der unter Erfolgszwang stehende Kortschnoi bemühte sich nach Kräften, den Rückstand zu verringern, und markierte in Runde 6 tatsächlich den Anschlußtreffer. Überschwenglich erklärte er in dieser Situation: »Von jetzt an werde ich nur noch siegen!« Dieses Versprechen konnte er allerdings nur noch ein einziges Mal einlösen, in der 13. Partie. Nach Runde 14 stand es 2:5 gegen Kortschnoi, der wie schon in Baguio nichts unversucht ließ, den Weltmeister zu kränken und zu verleumden, um ihn so zu verunsichern. Schließlich mußte sogar das Schiedsgericht eingreifen und ihn unter Androhung einer Strafe verwarnen. Mit seinem sechsten Sieg in der 18. Runde beendete Karpow, der in Meran stets ruhig und gelassen blieb, alle Querelen. »Das Resultat von 6:2 habe ich im dänischen Rundfunk prophezeit, nur glaubte ich, daß 22 Partien gespielt werden. Zu meiner kühnen, aber ziemlich realen Vorhersage gelangte ich nach Kenntnis der ersten Partie«, sagte Bent Larsen. »Ich wußte, daß ich stärker spiele als mein Gegner, aber ich wußte auch um seine Zähigkeit und vergaß das keinen Augenblick. In Meran ging ich in jede Partie mit neuem Siegeswillen, auch nach der fünften Gewinnpartie«, so Anatoli Karpow. Und in der Tat, diese Einstellung war es, die ihm gewissermaßen in einem Ritt zum drittenmal den WM-Erfolg brachte.

Zum überzeugenden 6:2 des Titelverteidigers in Meran gab es viele Meinungsäußerungen bekannter Großmeister. Von Robert Byrne stammt diese: »Einige Partien erinnerten an Boxkämpfe zwischen Gegnern verschiedener Gewichtsklassen, nur mit dem Unterschied, daß der ›leichte‹ Anatoli Karpow über den ›schwergewichtigen‹ Gegner dominierte.« Als Berichterstatter betätigten sich Spieler der absoluten Spitzenklasse, wie hier in Kabine drei Lew Polugajewski

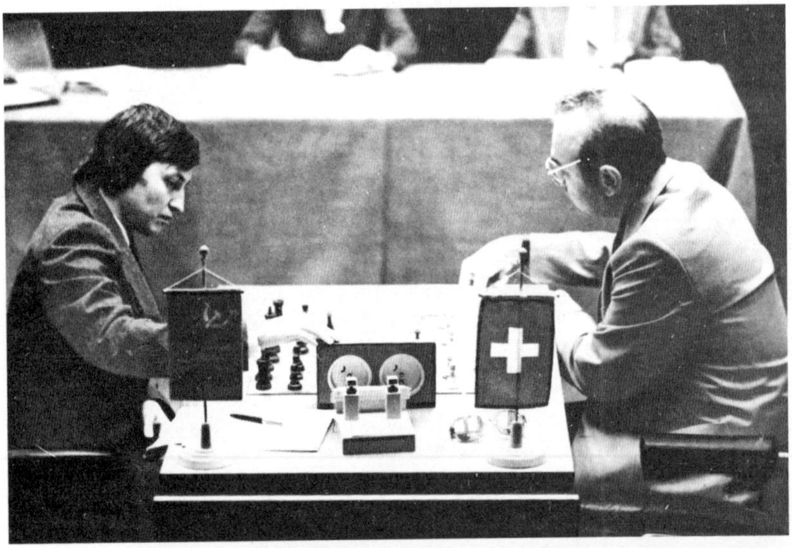

Großer Bahnhof auf dem Moskauer Flughafen Scheremetjewo für den Weltmeister. Ob der etwas für Blasmusik übrig hat, ist nicht bekannt. Die Transparente sprechen dafür eine eindeutige Sprache: »Recht so, Champion!«, »Die Heimat ist stolz auf dich, Anatoli!«. 1979 erhielt Karpow, der in seinem Stil immer mehr an das nahezu unerreichte Naturtalent Capablanca erinnert, den sechsten Schach-Oscar für den weltbesten Aktiven in unmittelbarer Folge

Damengambit
(1. Partie)

Weiß: Kortschnoi Schwarz: Karpow
Gegen das gefürchtete Damengambit hat Karpow eine der sichersten Varianten, die Tartakower-Verteidigung, vorbereitet. Beide Seiten bauen sich zunächst einmal auf und warten ab, was sich im Mittelspiel ergibt. Da macht der Anziehende den scheinbar harmlosen Bauernzug 24. a3?, der sich überraschend als ein ernster Fehler herausstellt. Der weiße Königsflügel wird danach so arg demoliert, daß nichts mehr hilft.
1. c4 e6 2. ♘c3 d5 3. d4 ♗e7 4. ♘f3 ♘f6 5. ♗g5 h6 6. ♗h4 0–0 7. e3 b6 8. ♖c1 ♗b7 9. ♗e2 ♘bd7 10. cd ed 11. 0–0 c5 12. dc bc 13. ♕c2 ♖c8 14. ♖fd1 ♕b6 15. ♕b1 ♖fd8 16. ♖c2 ♕e6 17. ♗g3 ♘h5! 18. ♖cd2 ♘:g3 19. hg ♘f6 20. ♕c2 g6 21. ♕a4 a6 22. ♗d3 ♔g7 23. ♗b1 ♕b6 24. a3? d4!

25. ♘e2 de 26. fe c4! 27. ♘ed4 ♕c7 28. ♘h4 ♕e5 29. ♔h1 ♔g8 30. ♘df3 ♕:g3 31. ♖:d8+ ♗:d8 32. ♕b4 ♗e4 33. ♗:e4 ♘:e4 34. ♖d4 ♘f2+ 35. ♔g1 ♘d3 36. ♕b7 ♖b8 37. ♕d7 ♗c7 38. ♔h1 ♖:b2 39. ♖:d3 cd 40. ♕:d3 ♕d6 41. ♕e4 ♕d1+ 42. ♘g1 ♕d6 43. ♘1f3 ♖b5. Weiß gab auf.
Stand: Kortschnoi 0 Karpow 1

Russisch
(4. Partie)

Weiß: Karpow Schwarz: Kortschnoi
Der Herausforderer verläßt sich auf die Russische Verteidigung und fährt gut damit – ohne Schwierigkeiten kommt er zum Ausgleich der Stellungen. Warum er mit 25. ... h5? seine Position schwächt und sich selbst dadurch Probleme bereitet, kann er nur selbst beantworten. Mit diesem Zuge verläßt der Nachziehende das »objektive Schach«, wonach Karpow Chancen erhält, die er mit gewohnter Präzision realisiert. Unter Schachfreunden pflegt man zu Kortschnois Spielführung zu sagen: »Er hat sich selbst umgebracht.«
1. e4 e5 2. ♘f3 ♘f6 3. ♘:e5 d6 4. ♘f3 ♘:e4 5. d4 d5 6. ♗d3 ♗e7 7. 0–0 ♘c6 8. ♖e1 ♗f5 9. ♗b5 ♗f6 10. ♘bd2 0–0 11. ♘f1 ♘e7 12. c3 ♘g6 13. ♗d3 ♘d6 14. ♗:f5 ♘:f5 15. ♕b3 b6 16. ♕b5 a6 17. ♕d3 ♕d7 18. ♘g3 ♘:g3 19. hg a5 20. ♗g5 ♗:g5 21. ♘:g5 ♖fe8 22. b3 ♖ad8 23. ♘f3 f6 24. ♘d2 ♔f7 25. ♘f1 h5?

26. ♖:e8 ♖:e8 27. ♕f3 ♖h8 28. ♘e3 ♘e7 29. ♖e1 g6 30. ♕f4 ♔g7 31. g4 g5 32. ♕f3 hg 33. ♘:g4 ♕d6 34. g3 c6 35. c4 f5 36. ♕e3! ♘g6 37. c5 ♕d8 38. ♘e5 bc 39. ♘:c6 ♕f6 40. ♕e6 cd 41. ♕:d5 d3 42. ♕d7+ ♕f7 43. ♘e7! ♔h7 44. ♔g2 ♖e8 45. ♖h1+ ♘h4 46. gh ♕:e7 47. ♕:f5+ ♔g7 48. hg ♕b7+ 49. f3 ♖e2+ 50. ♔f1 ♔g8 51. ♕:d3 ♖e6 52. ♕d8+ ♔g7 53. ♕d4+. Schwarz gab auf.
Stand: Karpow 3 Kortschnoi 0

Spanisch
(6. Partie)

Weiß: Karpow Schwarz: Kortschnoi
Kortschnoi wartet diesmal gegen Karpows Doppelschritt des weißen Königsbauern mit dem offenen Spanier auf und erzielt in dieser Begegnung einen glanzvollen Sieg. Die Fehler des Weltmeisters sind eher unscheinbar und treten erst durch das kraftvolle Spiel seines Gegners an die Oberfläche. Nach 17. ... f6 18. ef ♕:f6 spielt Schwarz in der f-Linie, und in Verbindung mit den beiden Bauern auf der d- und h-Linie wird Weiß förmlich an die Wand gedrückt. Ein Bravo für den Herausforderer!
1. e4 e5 2. ♘f3 ♘c6 3. ♗b5 a6 4. ♗a4 ♘f6 5. 0–0 ♘:e4 6. d4 b5 7. ♗b3 d5 8. de ♗e6 9. c3 ♗c5 10. ♘bd2 0–0 11. ♗c2 ♗f5 12. ♘b3 ♗g6 13. ♘fd4 ♗:d4! 14. cd a5 15. ♗e3 a4 16. ♘c1 a3 17. b3 f6 18. ef ♕:f6 19. ♘e2 ♘b4 20. ♗b1 ♕e7 21. ♕e1 ♖fe8 22. ♘f4 ♗f7 23. ♕c1 c5! 24. dc ♕f6 25. ♗:e4 ♖:e4 26. ♘e2 d4 27. ♘g3 ♖ee8 28. ♕d2 ♘c6 29. ♗g5 ♕e5 30. ♖ac1 d3

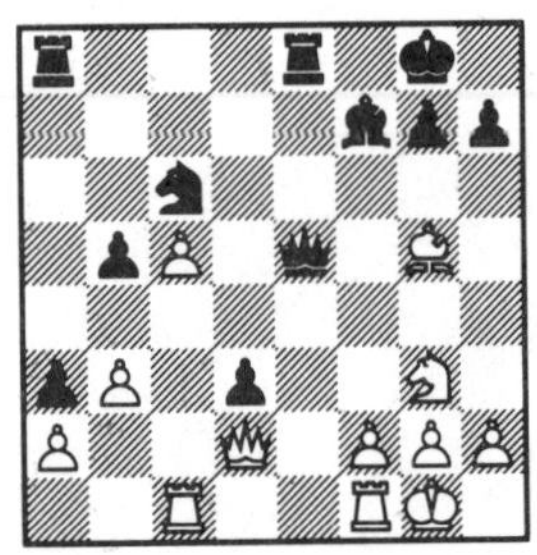

31. ♖fd1 ♗g6 32. ♗e3 ♖e6 33. ♗f4 ♕f6 34. ♖e1 ♖ae8 35. ♖:e6 ♖:e6 36. ♖b1 h5 37. h3 h4 38. ♗g5 ♕d4 39. ♗e3 ♕d5 40. ♘f1 ♗e4. Weiß gab auf.
Stand: Karpow 3 Kortschnoi 1

Spanisch
(18. Partie)

Weiß: Karpow Schwarz: Kortschnoi
Wohl die eleganteste Partie des Matches. Karpow hat mit seinen Beratern die starke Neuerung 13. a4! gefunden, die ihm aus der Eröffnung heraus einen Vorteil einräumt. Daß dieser Bauer sich nicht wie üblich auf b5 abtauscht, sondern zum Freibauern auf der a-Linie wird, konnte man nicht ahnen. Das Spiel des Weltmeisters gegen den schwarzen König ist mit der Ästhetik eines Florettfechters vergleichbar.
1. e4 e5 2. ♘f3 ♘c6 3. ♗b5 a6 4. ♗a4 ♘f6 5. 0–0 ♘:e4 6. d4 b5 7. ♗b3 d5 8. de ♗e6 9. ♘bd2! ♘c5 10. c3 d4 11. ♗:e6 ♘:e6 12. cd ♘c:d4 13. a4!

13. ... ♗e7 14. ♘:d4 ♘:d4 15. ♘e4! ♘e6 16. ♗e3 0–0 17. f4! ♕:d1 18. ♖f:d1 ♖fb8 19. ♖d7 ♗f8 20. f5 ♘d8 21. a5 ♘c6 22. e6! fe 23. f6! ♘e5 24. ♖:c7 ♖c8 25. ♖ac1 ♖:c7 26. ♖:c7 ♖d8 27. h3 h6 28. ♖a7 ♘c4 29. ♗b6! ♖b8 30. ♗c5 ♗:c5+ 31. ♘:c5 gf 32. b4 ♖d8 33. ♖:a6 ♔f7 34. ♖a7+ ♔g6 35. ♖d7! ♖e8 36. a6 ♖a8 37. ♖b7 ♔f5 38. ♖:b5 ♔e5 39. ♖b7 ♔d5 40. ♖f7 f5 41. ♖f6. Schwarz gab auf.
Endstand: Karpow 6 Kortschnoi 2

Damengambit
(9. Partie)

Kommentare: Anatoli Karpow

Weiß: Kortschnoi Schwarz: Karpow

1. c4 e6 2. ♘c3 d5 3. d4 ♗e7 4. ♘f3 ♘f6 5. ♗g5 h6 6. ♗h4 0–0 7. ♖c1 (Für diesen Turmzug hat Kortschnoi eine besondere Vorliebe.) 7. … dc (Eine Antwort, die man bis jetzt wohl nicht kannte. Die Tatsache, daß man beim Damengambit bereits im 7. Zug schon irgend etwas Neues finden kann, unterstreicht die Unerschöpflichkeit des Schachspiels.) 8. e3 c5 9. ♗:c4 cd 10. ed ♘c6 11. 0–0 (Eine Position, die typisch für das Damengambit mit isoliertem Zentralbauern ist. Das alte Problem: Ist dieser nun stark oder schwach? Ein üblicher Plan besteht in ♘c6–b4–d5, wonach das Feld vor dem Bauern fest besetzt ist. Die folgende Abwicklung ist ungewöhnlich.) 11. … ♘h5 12. ♗:e7 ♘:e7 (Danach kann Weiß zwar den Isolani mittels 13. d5 ed 14. ♘:d5 ♘:d5 15. ♗:d5 ♘f4 16. ♗e4 ♕:d1 17. ♖c:d1 ♗e6 verschwinden lassen, doch ist die Position dann völlig ausgeglichen.) 13. ♗b3 (Vielleicht war die Aktivierung der Dame oder des Königsturms dringlicher.) 13. … ♘f6 14. ♘e5 ♗d7 15. ♕e2 ♖c8 16. ♘e4 (Zielgerichteter sah 16. ♖fe1 aus. Danach scheitert 16. … ♗c6 an 17. ♘:f7. Ich hatte die Antwort 16. … ♖c7 oder 16. … ♗e8 erwogen.) 16. … ♘:e4 17. ♕:e4 ♗c6! 18. ♘:c6 ♖:c6 19. ♖c3 (An diesem Zug überlegte Kortschnoi lange. Nach dem möglichen Turmtausch auf c6 glaubten die meisten Experten im Pressezentrum, daß Schwarz mit dem Springer zurückschlagen müsse, wonach Weiß mit 20. d5 ed 21. ♗:d5 einen kleinen Vorteil hätte. Die Antwort 19. … bc wurde indes überhaupt nicht in Erwägung gezogen.) 19. … ♕d6 20. g3 (Ob dieser Zug oder das Luftloch h3 exakter ist – darüber kann man streiten. Weiß hat auf jeden Fall keine Angriffsperspektiven mehr.) 20. … ♖d8 21. ♖d1 ♖b6! (Jetzt ist es für Schwarz wichtig, sich die Figuren zu erhalten, um auf den isolierten Bauern zu drücken. Der Textzug fesselt außerdem den Läufer an die Verteidigung des Bauern b2.) 22. ♕e1 ♕d7 23. ♖cd3 ♖d6 24. ♕e4 ♕c6! 25. ♕f4

♘d5 (Zwingt die weiße Dame auf weniger günstige Felder, da 26. ♕e4 wegen 26. … ♘b4 27. ♕:c6 ♘:c6 28. d5 ♘b4 nicht angängig ist.) 26. ♕d2 ♕b6 27. ♗:d5 ♖:d5 28. ♖b3 (Kein guter Gedanke. Wenn Kortschnoi schon den Zug f2–f4 plante, dann hätte er ihn sofort ausführen sollen.) 28. … ♕c6 29. ♕c3 ♕d7 30. f4 b6! 31. ♖b4 b5 32. a4 ba 33. ♕a3 a5 34. ♖:a4 (Nicht besser war 34. ♖c4 wegen 34. … ♕b5!) 34. … ♕b5! (Jetzt droht der Einfall auf e2, weshalb ich der Meinung war, daß sich Weiß für 35. b3 entscheiden müßte. Aber darauf kann Schwarz mit 35. … ♖b8 in ein gewonnenes Turmendspiel einlenken.) 35. ♖d2 e5! (Irgendwie spürte ich, daß ich mit dem Textzug auf dem richtigen Weg bin. Aber erst nachdem ich den 37. Zug gefunden hatte, der im Pressezentrum und den Experten ästhetische Befriedigung verschaffte, war ich sicher, die Position richtig behandelt zu haben.) 36. fe ♖:e5 37. ♕a1 ♕e8!! (siehe Diagramm) (Nutzt die vertikalen und diagonalen Möglichkeiten optimal.) 38. de ♖:d2 39. ♖:a5 ♕c6 40. ♖a8+ ♔h7 41. ♕b1+ g6 42. ♕f1 ♕c5+ 43. ♔h1 ♕d5+. Weiß gab auf.

Ein Marathon ohne Sieger

An jenem Novemberabend im Jahre 1974, als Anatoli Karpow nach seinem Sieg im Kandidaten-Finale gefeiert wurde, sagte der damalige FIDE-Präsident Max Euwe: »Als ich am 20. Mai 1951 meinen 50. Geburtstag beging, konnte ich freilich nicht ahnen, daß drei Tage später ein Schachgenie zur Welt kommen würde. Im Alter von 23 Jahren das Recht zu erhalten, dem Weltmeister den Titel streitig zu machen, haben lediglich Karpow und Tal vermocht. Karpows Schachkarriere ist einfach glänzend. Was kann man ihm wünschen? Den Weltmeistertitel? Aber der ist ohnehin greifbar nahe, und wir hoffen, daß er der beste aller Weltmeister sein wird!«

Was zu jenem Zeitpunkt selbst Londons Buchmacher bestenfalls eher mitleidig als Außenseitertip gehandelt hätten, wurde später Wirklichkeit. Er erwies sich in der Tat als der Beste. Anatoli Karpow präsentierte sich vor allem als spielender Champion. Als er – nach neunjähriger Regentschaft – im September 1984 zum drittenmal seinen Titel verteidigen mußte, hatte der zwölfte Weltmeister der Schachgeschichte in Einzel- und Mannschaftskämpfen insgesamt 57 erste Preise erkämpft. Auf seinem Niederlagenkonto standen einschließlich der beiden WM-Matche mit Kortschnoi lediglich 31 Partien, also etwa drei pro Jahr. Das war keinem seiner Vorgänger gelungen – seine Sonderstellung schien so gut wie unantastbar. Exweltmeister Michail Tal, dessen kluge und scharfsinnige Tips Karpow besonders in Baguio 1978 halfen, bewunderte diese einmalige Erfolgswelle: »Karpow ist auf phantastische Weise zielstrebig. Er ist wie ein Panzer, den man von seinem Ziel nicht abbringen kann, seine eigene Beharrlichkeit im Spiel ist für Leute mit schwachen Nerven eine Tortur. Auch im Leben ist er außerordentlich zielstrebig, und das ist wohl sein wichtigster Charakterzug.«

Angesichts der fast beängstigenden Überlegenheit gab es nicht wenige Experten, die befürchteten, daß dem Champion, der noch dazu im besten Schachalter war, in naher Zukunft kein Gegner ernsthaft Paroli bieten könne. Zwar probte die jüngere Generation der Großmeister schon den Aufstand, ihre Ergebnisse brachten aber nicht die große Wachablösung. Ulf Andersson (Schweden), Artur Jussupow (UdSSR), Yasser Seirawan (USA) und Jan Timman (Niederlande) mußten im WM-Zyklus 1982–1984 ihre Hoffnungen in den Interzonenturnieren begraben. Ausgerechnet der Youngster unter ihnen, Garri Kasparow, setzte sich im ersten Anlauf gegenüber den alteingesessenen Lajos Portisch, Viktor Kortschnoi, Wassili Smyslow sowie gegenüber dem ehrgeizigen Dr. Robert Hübner durch. Wer hätte das gedacht! Kasparow, der Junioren-Weltmeister von 1980, hatte mit dem Gewinn des Moskauer Interzonenturniers durchaus ein Achtungszeichen gesetzt. Da war er gerade 19 Jahre alt. Aber noch standen die schweren Kandidaten-Matche aus, und es gab nach wie vor genügend Zweifler, ob Garri Kasparow diese Hürde überspringen würde. Er war zwar inzwischen in der sowjetischen Mannschaft die Nummer 2 geworden, aber Matchkämpfe waren für ihn absolutes Neuland.

Daß im Viertelfinale mit Alexander Beljawski ebenfalls ein Debütant sein erster Kontrahent war, erwies sich als günstig. Garri begann dieses Match in guter Form und warf seinen Gegner mit 6:3 recht sicher aus dem Rennen. »Während dieses Zweikampfes wurden wir uns der Wichtigkeit der psychologischen Vorbereitung auf solche Wettbewerbe noch stärker bewußt«, formulierte sein Trainer Alexander Nikitin nach diesem ersten Match. Wie wichtig diese Erkenntnis war, bestätigte sich im Halbfinale gegen Viktor Kortschnoi. Die FIDE, präziser gesagt ihr Präsident, hatte den Austragungsort von sich aus festgelegt, offensichtlich allein unter kommerziellem Aspekt die Bewerbungen bewertend. Noch immer aber ist das Einverständnis der direkt beteiligten Partner ein unverzichtbares Kriterium für derartige Entscheidungen.

Der Schachverband der UdSSR reagierte entsprechend. Nach einigem Hin und Her, nach Verzichterklärungen und weiteren Verhandlungen kam es dann mit dreimonatiger Verspätung in London zum Halbfinale. Für Garri Kasparow wurde dieses Treffen fraglos zur wichtigsten Prüfung seiner bisherigen Schachlaufbahn. In der ersten »Halbzeit« des Londoner Treffens mußte er zunächst viel Kraft aufbringen, sein Selbstvertrauen nach einer Startniederlage wiederzugewinnen. Wendepunkt war die 6. Runde, als der zweimalige Herausforderer seinen Vorsprung ausbauen wollte, die Vorsicht, die er ansonsten an den Tag legte, fallenließ und sein junger Rivale das geschickt ausnutzte. Von da an hatte der Anglistikstudent bis zum Schluß das Heft des Handelns fest in der Hand und gelangte souverän ins Kandidatenfinale.

Hier erwartete ihn der unverwüstliche Schachakademiker Wassili Smyslow. Der Exweltmeister erlebte in Vilnius im Frühjahr 1984 eine Überraschung, besiegte ihn doch der 42 Jahre jüngere Aserbaidshaner mit seinen eigenen Waffen. Das heißt in einem deutlich ausgeprägten Positionsstil, wobei der Schwerpunkt der Überlegenheit in der Technik und im Endspiel lag. Garri Kasparow hatte damit demonstriert, daß er bereits ein echter Matchkämpfer war. Ob das allerdings für das alles entscheidende WM-Duell gegen Anatoli Karpow schon ausreichen würde? Die Schachwelt jedenfalls blickte im September 1984 mit großer Spannung nach Moskau.

Unter den Anhängern beider Lager wurden im Vorfeld des Aufeinandertreffens die Aussichten beider Rivalen heftig diskutiert. Bei den Prominententips überwogen dabei leicht die zugunsten des Weltmeisters. Garri Kasparow selbst, der auf seinem dornenreichen Qualifikationsweg bei insgesamt 50 Partien nur viermal aufgab (+25, −4, =21) und Triumphator bedeutender Turniere war, gab sich ziemlich optimistisch: »Einige psychologische Vorteile liegen bei mir. Der bekannte Satz, einen Titel zu verteidigen sei viel schwieriger als ihn zu erringen, ist unbestreitbar wahr. Karpow kann möglicherweise seine Kräfte besser einteilen. Er hat große Erfahrungen in solchen Duellen. Sein Stil ist äußerst rationell. Aber in Phasen, in denen die Phantasie entscheidet, stehe ich ihm nicht nach, vielleicht bin ich ihm da sogar um ein Quentchen überlegen.«

Schon nach neun Runden waren dann entsprechende Hoffnungen und Erwartungen verflogen wie Schall und Rauch. Von den wiederum sechs benötigten Siegpunkten hatte der Weltmeister da schon vier. Der Kronprinz hingegen konnte einfach sein Lampenfieber nicht überwinden. Einmal in Rückstand geraten, ging mit ihm ein ums andere Mal sein Temperament durch. Anstatt die »Vorzüge« der unbegrenzten Distanz zu nutzen, daß nur Gewinnpartien gewertet werden, versuchte er in der Anfangsphase, den Gewinn fast um jeden Preis zu erzwingen. Mit dem 0:4 wurde er unsanft auf den harten Boden der Tatsachen gerufen. Eigentlich war bei Karpows Start nach Maß allenfalls zu rätseln, ob der Rekord von Meran 1981, wo der Weltmeister nur 18 Runden für die Titelverteidigung benötigte, gebrochen wird. Angesichts der Klasse beider Kontrahenten hatte man vorher mit etwa 30 Partien bis zur Entscheidung gerechnet.

Wider Erwarten stabilisierte sich Garri Kasparow, der in der FIDE-Weltrangliste an erster Stelle lag. Er fing an, das Reglement auszureizen. Selbst auf die Gefahr hin, bei seinen Anhängern in Ungnade zu fallen, war er mit 17 aufeinanderfolgenden Remispartien zufrieden. Daß es viel Kritik und noch mehr Witze gab, steckte er weg. So flachsten die Moskauer, im Bolschoitheater habe während einer Aufführung von Tschaikowskis Oper Pique Dame ein Sänger statt: »Wie endete gestern das Spiel?« (es geht da um ein Kartenspiel) in den Saal geschmettert: »Wie endete gestern das Remis?«.

Am 24. November wurde die Remisserie von Anatoli Karpow beendet. Abermals behandelte er ein Endspiel besser als sein Gegner, und es stand 5:0. Am 7. Dezember, dem 90. Tag dieses WM-Duells, bahnte sich das endgültige Aus an. Nach zwei Stunden Spielzeit besaß Karpow einen Bauern mehr bei deutlichen Vorteilen in seiner Stellung. Das nahe Ziel vor Augen mit dem noch dazu unwahrscheinlichen Resultat von 6:0 muß jedoch plötzlich irgendwie lähmend auf den bis dahin abgeklärten Champion gewirkt haben. In Zeitnot fand er gegen den sich erfindungsreich aufbäumenden Herausforderer nicht die gewinnbringende Fortsetzung. Dieser ausgelassene Gewinn inspirierte Garri offensichtlich. In der 32. Runde brachte er den ersten Punkt auf sein Konto. »Beim Schach ist es wie beim Fußball: Wenn du nicht ins Ziel triffst, landet der Ball bald im eigenen Tor. Kasparow errang seinen ersten Sieg, und der ermutigte ihn natürlich«, kommentierte Anatoli Karpow.

Die Kasparow-Fans waren gewiß weit davon entfernt, an eine Wende im Wettkampf zu glauben. Mit zunehmender Länge entging ihnen aber nicht, daß ein neuer Faktor Einfluß gewann: die Kondition. Und genau hier hatte der körperlich robuste Kasparow gegenüber Karpow ein klares Plus. Als es nach 161 Tagen bei dem längsten jemals ausgetragenen Wettkampf der Schachgeschichte jenen spektakulären Abbruch der Weltmeisterschaft gab, war der Herausforderer auf 3:5 herangekommen.

Die ungewöhnliche Entscheidung des FIDE-Präsidenten, der sich dabei auf die Sonderrechte seines Amtes berief, wirbelte natürlich viel Staub auf, und es gab immer wieder neue Spekulationen. Die einen meinten, Karpow sei nach 48 Runden völlig am Ende gewesen, Kasparow also um den Sieg gebracht. Bedachten sie dabei, daß der Herausforderer immer noch drei Siegpartien benötigt hätte? Bei genauerer Betrachtung, besonders des letzten Viertels, läßt sich ziemlich objektiv schlußfolgern, daß Karpow vor allem in Runde 42 durchaus den entscheidenden Punkt hätte packen können. Über welche kämpferischen Potenzen der Weltmeister verfügte, bewies er beim WM-Match 1978 in Baguio.

Zuzustimmen ist deshalb am ehesten dem jugoslawischen Großmeister Svetozar Gligorić, der Hauptschiedsrichter dieser unvollendeten Weltmeisterschaft war: »Einen Wettbewerb um den längeren Atem halte ich im Schachspiel nicht für gerechtfertigt, weil echte Schachleistungen nur durch bewußtes Schöpfertum erbracht werden.« Die Bedingungen dafür waren nach diesem Marathon ohne Sieger aber nicht mehr gegeben. Welche außergewöhnlichen Leistungen K. u. K. vollbrachten, belegt die Tatsache, daß für 40 bis 60 Minuten Denksport auf höchstem Niveau etwa zwölf Stunden zur völligen Regenerierung erforderlich sind. In Moskau hatten die beiden bis zum Spielabbruch bereits 206 Wettkampfstunden am Schachbrett zugebracht.

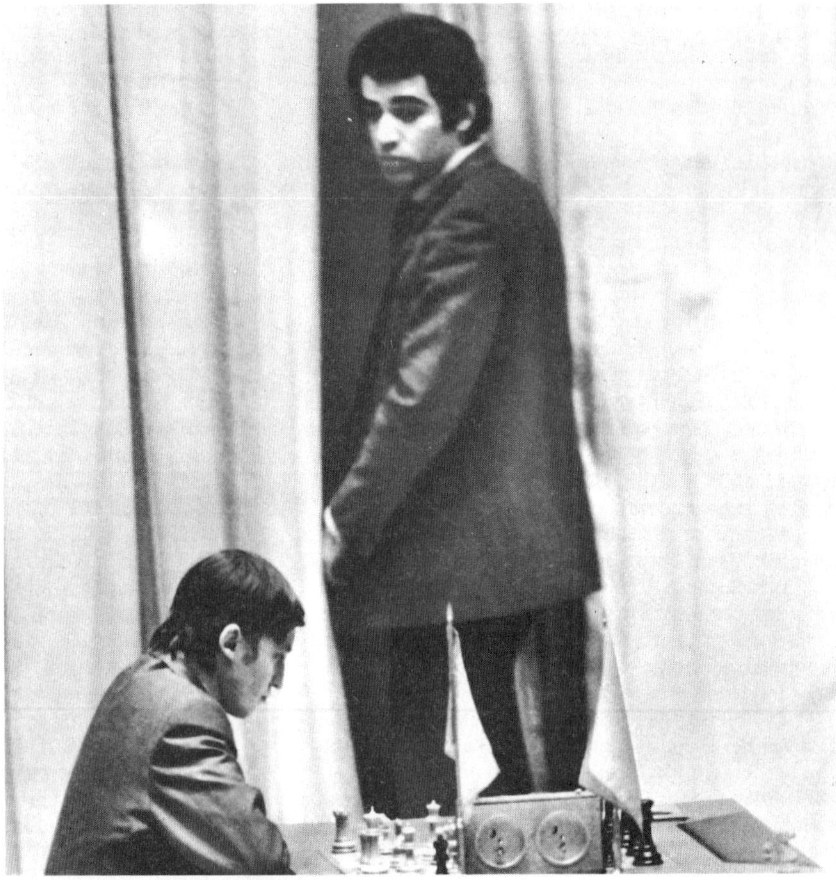

Die Sorgenfalten von Garri Kasparow, dem mit 21 Jahren jüngsten Spieler, der je in einem Match um den WM-Titel stand, glätteten sich mit zunehmender Dauer des Wettkampfes. Es war schon bewundernswert, wie der Jüngling den Schock eines 0:4 nach nur neun Partien wegsteckte

Prickelnde Weltmeisterschaftsatmosphäre: Während die Zuschauer in gespannter Aufmerksamkeit verharren, hat der junge Mann am Demonstrationsbrett Pause. Hauptschiedsrichter Gligorić waltet seines Amtes: Zeitkontrolle, derweilen Karpow seinen Abgabezug notiert. Das Tableau für die Spielresultate mußte später verdoppelt werden

»Na, wie wär's mit einem Remis?« scheint Anatoli Karpow den Herausforderer zu fragen. Mit 40 Unentschieden stellten die beiden auch eine Art Weltrekord auf bei diesem Match des Jahrhunderts, das selbst Suriname einen Sondermarkenblock wert war. Die Philatelisten hatten jedenfalls auch ihre Hoch-Zeit

Sizilianisch (3. Partie)

Weiß: Karpow Schwarz: Kasparow
Der Nachziehende läßt sich bewußt auf ein Abspiel der Sizilianischen Verteidigung ein, mit dem der Titelverteidiger als Anziehender viele Siege errang. Und auch diesmal kann Karpow einen vollen Punkt verbuchen. Die Kommentatoren tadeln die Züge 12. ... ♘a5 und 16. ... d5, die im Endeffekt dem Weltmeister ein besseres Endspiel einbrachten. Kasparow muß nun, will er sich erneut dieser Spielweise bedienen, mit einer Verstärkung aufwarten. Das bedeutet für ihn und seine Berater viel Arbeit hinter den Kulissen.

1. e4 c5 2. ♘f3 e6 3. d4 cd 4. ♘:d4 ♘c6 5. ♘b5 d6 6. c4 ♘f6 7. ♘1c3 a6 8. ♘a3 ♗e7 9. ♗e2 0–0 10. 0–0 b6 11. ♗e3 ♗b7 12. ♕b3 ♘a5?

13. ♕:b6 ♘:e4 14. ♘:e4 ♗:e4 15. ♕:d8 ♗:d8 16. ♖ad1 d5?! 17. f3 ♗f5 18. cd ed 19. ♖:d5 ♗e6 20. ♖d6 ♗:a2 21. ♖:a6 ♖b8 22. ♗c5 ♖e8 23. ♗b5 ♖e6 24. b4 ♘b7 25. ♗f2 ♗e7 26. ♘c2 ♗d5 27. ♖d1 ♗b3 28. ♖d7! ♖d8 29. ♖:e6 ♖:d7 30. ♖e1 ♖c7 31. ♗b6! Schwarz gab auf.

Stand: Karpow 1 Kasparow 0

Damenindisch (6. Partie)

Weiß: Kasparow Schwarz: Karpow
Ist ein weißer Freibauer auf der d-Linie stark oder schwach? Die richtige Antwort hängt von der jeweiligen konkreten Position ab. Karpow hält ihn unter Kontrolle, doch läßt sich Weiß die Möglichkeit 34. ♖a1! mit der möglichen Folge 34. ... ♗:c6 35. ♗:c6 ♖d8 36. ♖e1! f5 37. d7 ♘e4 38. ♗:b5 entgehen. Der Abgabezug des Weltmeisters 42. ... ♖a8! beherzigt die alte Regel: Die Türme gehören hinter die Freibauern.

1. d4 ♘f6 2. c4 e6 3. ♘f3 b6 4. g3 ♗a6 5. b3 ♗b4+ 6. ♗d2 ♗e7 7. ♗g2 0–0 8. 0–0 d5 9. ♘e5 c6 10. ♗c3 ♘fd7 11. ♘:d7 ♘:d7 12. ♘d2 ♖c8 13. e4 b5 14. ♖e1 dc 15. bc ♘b6 16. cb cb 17. ♖c1 ♗a3 18. ♖c2 ♘a4 19. ♗a1 ♖:c2 20. ♕:c2 ♕a5! (nahezu eine Vollversammlung auf der a-Linie)

21. ♕d1 ♖c8 22. ♘b3 ♕b4 23. d5 ed 24. ed ♘c3 25. ♕d4 ♕:d4 26. ♘:d4 ♘:a2 27. ♘c6 ♗c5 28. ♗h3 ♖a8 29. ♗d4 ♗:d4 30. ♘:d4 ♔f8! 31. d6 ♘c3 32. ♘c6 ♗b7 33. ♗g2 ♖e8 34. ♘e5? f6! 35. d7 ♖d8 36. ♗:b7 fe 37. ♗c6 ♔e7 38. ♗:b5 ♘:b5 39. ♖:e5+ ♔:d7 40. ♖:b5 ♔c6 41. ♖h5 h6 42. ♖e5 ♖a8! 43. ♖a5 ♔b6 44. ♖a2 a5 45. ♔f1 a4 46. ♔e2 ♔c5 47. ♔d2 a3 48. ♔c1 ♔d4 49. f4 ♔e4 50. ♔b1 ♖b8+ 51. ♔a1 ♖b2! 52. ♖:a3 ♖:h2 53. ♔b1 ♖d2 54. ♖a6 ♔f5 55. ♖a7 g5 56. ♖a6 g4! 57. ♖:h6 ♖g2 58. ♖h5+ ♔e4 59. f5 ♖f2 60. ♔c1 ♔f3 61. ♔d1 ♔:g3 62. ♔e1 ♔g2 63. ♖g5 g3 64. ♖h5 ♖f4 65. ♔e2 ♖e4+ 66. ♔d3 ♔f3 67. ♖h1 g2 68. ♖h3+ ♔g4 69. ♖h8 ♖f4 70. ♔e2 ♖:f5. Weiß gab auf.

Stand: Kasparow 0 Karpow 2

Tarrasch-Verteidigung (7. Partie)

Weiß: Karpow Schwarz: Kasparow
Wie schon Spasski in seinen Wettkämpfen um die Weltmeisterschaft, hat auch Kasparow diese Verteidigung gegen das Damengambit vorbereitet. Der Weltmeister führt mit 12. ♕b3 eine Neuheit vor, doch gelingt es dem Herausforderer, ein lebhaftes Figurenspiel zu entfalten, das ihm annähernd gleiche Chancen sichert. In Zeitbedrängnis geraten, folgen jedoch die schwächeren Züge 35. ... ♖c2? (richtig ist ♕:d3) und 37. ... b5?, wonach der Punkt an Karpow geht.

1. d4 d5 2. c4 e6 3. ♘f3 c5 4. cd ed 5. g3 ♘f6 6. ♗g2 ♗e7 7. 0–0 0–0 8. ♘c3 ♘c6 9. ♗g5 cd 10. ♘:d4 h6 11. ♗e3 ♖e8 12. ♕b3 ♘a5 13. ♕c2 ♗g4 14. ♘f5 ♖c8 15. ♘:e7+ ♖:e7 16. ♖ad1 ♕e8!? 17. h3 ♗h5 18. ♗:d5 ♗g6 19. ♕c1 ♘:d5 20. ♖:d5 ♘c4 21. ♗d4 ♖ec7?! 22. b3 ♘b6 23. ♖e5 ♕d7 24. ♕e3 f6 25. ♖c5 ♖:c5 26. ♗:c5 ♕:h3 27. ♖d1 h5 28. ♖d4 ♘d7 29. ♗d6 ♗f7 30. ♘d5 ♗:d5 31. ♖:d5 a6 32. ♗f4 ♘f8 33. ♕d3 ♕g4 34. f3 ♕g6 35. ♔f2 ♖c2? 36. ♕e3! ♖c8 37. ♕e7 b5? 38. ♖d8! ♖:d8 39. ♕:d8 ♕f7 40. ♗d6! g5 41. ♕a8 ♔g7 42. ♕:a6. Schwarz gab auf.

Stand: Karpow 3 Kasparow 0

Tarrasch-Verteidigung (9. Partie)

Weiß: Karpow Schwarz: Kasparow
Diese Partie gehört zu jenen, bei denen man in nachträglichen Analysen feststellt, wie sie zu halten gewesen wären. Karpow verzeichnet zwar aus der Eröffnung heraus ein kleines Stellungsplus, doch ist dies nicht so schwerwiegend, daß dabei ein Sieg herauskommen muß. Daß der Weltmeister seinem Rivalen in Endspielen wohl überlegen ist, kann man beim Nachspielen schlußfolgern. Wie schwer Stellungen dieser Art zu analysieren sind, beweist der Verlauf nach der Wiederaufnahme. Karpow (mit seinen Sekundanten) fand nach 46. ... gh? den unglaublichen Zug 47. ♘g2!! – von der gegnerischen Partei offenbar nicht gewürdigt. Die Schlußphase war eine Filigranarbeit.

1. d4 d5 2. c4 e6 3. ♘f3 c5 4. cd ed 5. g3 ♘f6 6. ♗g2 ♗e7 7. 0–0 0–0 8. ♘c3 ♘c6 9. ♗g5 cd 10. ♘:d4 h6 11. ♗e3 ♖e8 12. ♕b3 ♘a5 13. ♕c2 ♗g4 14. ♘f5 ♖c8 15. ♗d4 ♗c5 16. ♗:c5 ♖:c5 17. ♘e3 ♗e6 18. ♖ad1 ♕c8 19. ♕a4 ♖d8 20. ♖d3 a6 21. ♖fd1 ♘c4 22. ♘:c4 ♖:c4 23. ♕a5 ♖c5 24. ♕b6 ♖d7 25. ♖d4 ♕c7 26. ♕:c7 ♖d:c7 27. h3 h5 28. a3 g6 29. e3 ♔g7 30. ♔h2 ♖c4 31. ♗f3 b5 32. ♔g2 ♖7c5 33. ♖:c4 ♖:c4 34. ♖d4 ♔f8 35. ♗e2 ♖:d4 36. ed ♔e7 37. ♘a2 ♗c8 38. ♘b4 ♔d6 39. f3 ♘g8 40. h4 ♘h6 41. ♔f2 ♘f5 42. ♘c2 f6 43. ♗d3 g5 44. ♗:f5 ♗:f5 45. ♘e3 ♗b1 46. b4 gh? 47. ♘g2!!

47. ... hg+ 48. ♔:g3 ♔e6 49. ♘f4+ ♔f5 50. ♘:h5 ♔e6 51. ♘f4+ ♔d6 52. ♔g4 ♗c2 53. ♔h5 ♗d1 54. ♔g6 ♔e7?! 55. ♘:d5+ ♔e6 56. ♘c7+ ♔d7 57. ♘:a6 ♗:f3 58. ♔:f6 ♔d6 59. ♔f5 ♔d5 60. ♔f4! ♗h1 61. ♔e3 ♔c4 62. ♘c5 ♗c6 63. ♘d3 ♗g2 64. ♘e5+ ♔c3 65. ♘g6 ♔c4 66. ♘e7 ♗b7 67. ♘f5 ♗g2 68. ♘d6+ ♔b3 69. ♘:b5 ♔a4 70. ♘d6. Schwarz gab auf.

Stand: Karpow 4 Kasparow 0

Damenindisch (32. Partie)

Weiß: Kasparow Schwarz: Karpow
Kasparow war sicherlich des trockenen (positionellen) Tones satt und strebt nach einem verwickelten Mittelspiel. Mit 12. h4! wird das Signal geblasen. Natürlich ist ein Weltmeister nicht so leicht zu überrennen, doch bald ist das Gleichgewicht zugunsten des Angreifers verschoben. Daß man auf Zwischenzüge sehr aufpassen muß, darauf hat schon der deutsche Meister Kurt Richter in seinen Publikationen immer wieder hingewiesen. Kasparow hat einen solchen mit 23. g7! zur Hand. Damenendspiele mit einem Mehrbauern sind meist nicht so schwer zu gewinnen, wie häufig angenommen wird – das zeigt auch dieses Beispiel.
1. d4 ♘f6 2. c4 e6 3. ♘f3 b6 4. ♘c3 ♗b7 5. a3 d5 6. cd ♘:d5 7. ♕c2 ♘d7 8. ♘:d5 ed 9. ♗g5 f6 10. ♗f4 c5 11. g3 g6 12. h4! ♕e7 13. ♗g2 ♗g7 14. h5 f5 15. ♕d2 ♗f6 16. ♖c1 ♖c8 17. ♖c3 ♖c6 18. ♖e3 ♖e6 19. ♖:e6 ♕:e6 20. ♘g5 ♕e7 21. dc ♘:c5 22. hg d4 23. g7!

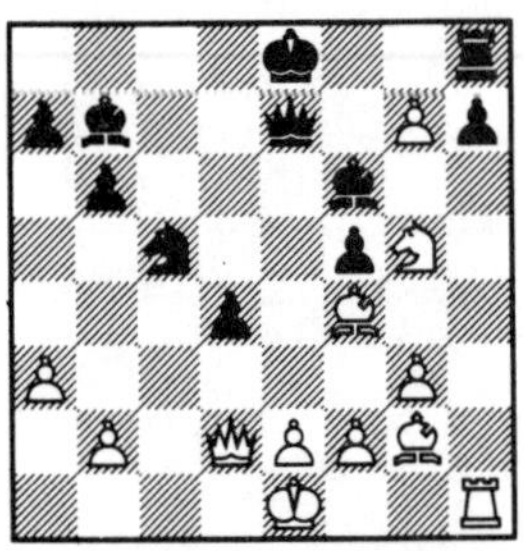

23. ... ♗:g7 24. ♗:b7 ♕:b7 25. f3 ♕d5 26. ♖:h7 ♖:h7 27. ♘:h7 ♕b3 28. ♗d6 ♘e6 29. ♘g5 ♗h6 30. ♗f4 ♗:g5 31. ♗:g5 ♘:g5 32. ♕:g5 ♕:b2 33. ♕:f5 ♕c1+ 34. ♔f2 ♕e3+ 35. ♔f1 ♕c1+ 36. ♔g2 ♕:a3 37. ♕h5+ ♔d7 38. ♕g4+ ♔c6 39. ♕:d4 b5 40. g4 b4 41. g5. Schwarz gab auf.
Stand: Kasparow 1 Karpow 5

Cambridge-Springs-System (47. Partie)

Weiß: Karpow Schwarz: Kasparow
Die Wahl dieses Systems kam zweifellos überraschend für den Weltmeister, der sich auf keinen theoretischen Disput einlassen wollte und auf das vielversprechende Bauernopfer 9. ♗d3! ♘:c3 10. bc ♘d5 11. ♖c1 ♘:c3 12. 0–0 verzichtet. Karpow war nicht wiederzuerkennen, als er mit 12. a4?, 15. h4? und 16. g4? lauter schwächende Züge aufs Brett brachte, die sein Gegner kräftig nutzte. Ein rabenschwarzer Tag des Weltmeisters.
1. ♘f3 ♘f6 2. c4 e6 3. d4 d5 4. ♘c3 c6 5. ♗g5 ♘bd7 6. e3 ♕a5 7. cd ♘:d5 8. ♕d2 ♘7b6 9. ♘:d5 ♕:d2+ 10. ♘:d2 ed 11. ♗d3 a5 12. a4? ♗b4 13. ♔e2 ♗g4+ 14. f3 ♗h5 15. h4? 0–0 16. g4? ♗g6 17. b3 ♗:d3+ 18. ♔:d3 ♖fe8 19. ♖ac1 c5!

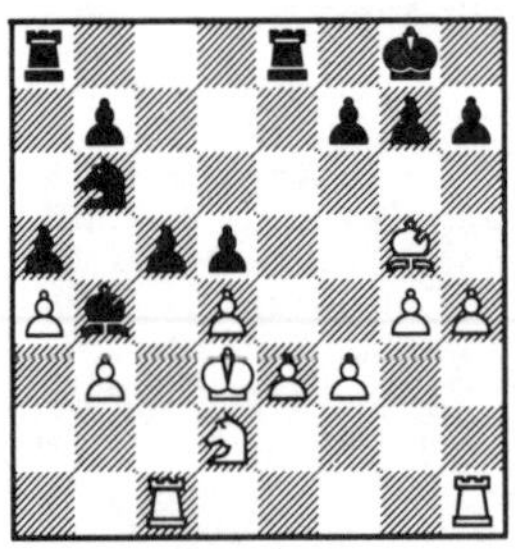

20. ♗f4 ♖ac8 21. dc ♘d7 22. c6 bc 23. ♖hd1 ♘c5+ 24. ♔c2 f6! 25. ♘f1 ♘e6 26. ♗g3 ♖ed8 27. ♗f2 c5 28. ♘d2 c4! 29. bc ♘c5 30. e4 d4 31. ♘b1 d3+ 32. ♔b2 d2! Weiß gab auf.
Stand: Karpow 5 Kasparow 2

Russisch (48. Partie)

Weiß: Kasparow Schwarz: Karpow
Wenn alles so leicht und einfach aussieht, dann ist gewöhnlich ein Könner am Werk. Manche Großmeister hätten sich zwischen dem 15. und 20. Zug auf ein Remis verständigt – wie soll man hier weiterkommen? Kasparow zeigt das Wie. Vielleicht bestand in 20. ... ♕c6 eine aussichtsvollere Verteidigung, denn nach 22. e6! wird die schwarze Königsstellung luftig. Karpow findet zwar noch einen Übergang in ein Turmendspiel, das vom Anziehenden nicht so ganz präzise gespielt wird, doch versäumt er 56. ... ♖g1!, wonach der Gewinn noch problematisch gewesen wäre.
1. e4 e5 2. ♘f3 ♘f6 3. ♘:e5 d6 4. ♘f3 ♘:e4 5. d4 d5 6. ♗d3 ♘c6 7. 0–0 ♗e7 8. c4 ♘f6 9. ♘c3 0–0 10. h3 dc 11. ♗:c4 ♘a5 12. ♗d3 ♗e6 13. ♖e1 ♘c6 14. a3 a6 15. ♗f4 ♕d7 16. ♘e5! ♘:e5 17. de ♘d5 18. ♘:d5 ♗:d5 19. ♕c2 g6 20. ♖ad1 c6 21. ♗h6 ♖fd8 22. e6!

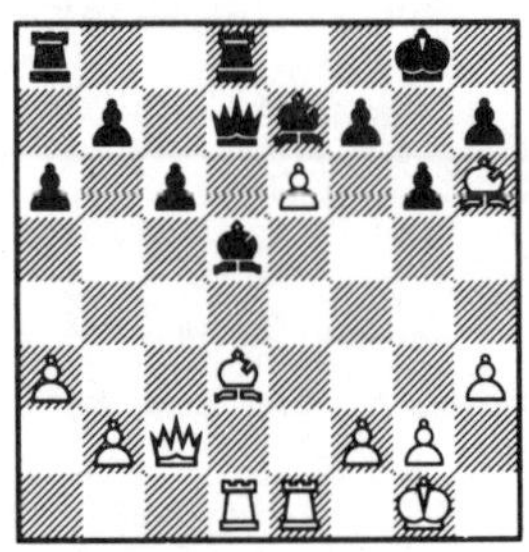

22. ... fe 23. ♗:g6 ♗f8 24. ♗:f8 ♖:f8 25. ♗e4 ♖f7 26. ♖e3 ♖g7 27. ♖dd3 ♖f8 28. ♖g3 ♔h8 29. ♕c3! ♖ff7 30. ♖de3 ♔g8 31. ♕e5! ♕c7 32. ♖:g7+ ♖:g7 33. ♗:d5 ♕:e5 34. ♗:e6+ ♕:e6 35. ♖:e6 ♖d7 36. b4 ♔f7 37. ♖e3 ♖d1+ 38. ♔h2 ♖c1 39. g4 b5 40. f4 c5 41. bc ♖:c5 42. ♖d3 ♔e7 43. ♔g3 a5 44. ♔f3 b4 45. ab ab 46. ♔e4 ♖b5 47. ♖b3 ♖b8 48. ♔d5 ♔f6 49. ♔c5 ♖e8 50. ♖:b4 ♖e3 51. h4 ♖h3 52. h5 ♖h4 53. f5? ♖h1 54. ♔d5 ♖d1+ 55. ♖d4 ♖e1 56. ♔d6 ♖e8 57. ♔d7 ♖g8 58. h6 ♔f7 59. ♖c4 ♔f6 60. ♖e4 ♔f7 61. ♔d6 ♔f6 62. ♖e6+ ♔f7 63. ♖e7+ ♔f6 64. ♖g7! ♖d8+ 65. ♔c5 ♖d5+ 66. ♔c4 ♖d4+ 67. ♔c3! Schwarz gab auf.
Endstand: Kasparow 3 Karpow 5

Damengambit (27. Partie)

Kommentare: Jefim Geller

Weiß: Karpow Schwarz: Kasparow
1. ♘f3 d5 2. d4 ♘f6 3. c4 e6 4. ♘c3 ♗e7 5. ♗g5 h6 6. ♗:f6 (Anzunehmen war, daß sich Kasparow der Tartakower-Verteidigung des Damengambits bedienen wird, die als eine der zuverlässigsten gilt. Zu ihren Anhängern gehört auch Karpow. Der Textzug will keine Zeit für den Rückzug des Läufers verlieren.) 6. … ♗:f6 7. e3 0–0 8. ♕c2 (Dieser Zug der Dame auf das Feld c2 ist psychologisch interessant, wurde er doch von Kasparow selbst erfolgreich gegen Timman beim Match FIDE-Auswahl–UdSSR in London 1984 angewandt. In der 19. und 21. Partie plazierte Karpow seine Dame schon im 7. Zug auf d2.) 8. … c5 9. dc dc?! (In der erwähnten Partie Kasparow–Timman war 9. … ♕a5 10. cd ed 11. 0–0–0 ♗e6 12. ♔b1 ♖c8 13. ♘:d5 geschehen, was dem Anziehenden ein Übergewicht einbrachte, doch bietet diese Position noch viele Möglichkeiten für Analysen.) 10. ♗:c4 ♕a5 11. 0–0 ♗:c3 12. ♕:c3 ♕:c3 13. bc ♘d7 14. c6 bc 15. ♖ab1 (Im entstandenen Mittelspiel ohne Damen hat Weiß, der über einen etwas größeren Raum verfügt, die Initiative bewahren können.) 15. … ♘b6 16. ♗e2 c5 17. ♖fc1! (Ein außerordentlich feiner Zug. Stärker erscheint 17. ♖fd1, doch in der offenen d-Linie kann es nur zum Abtausch der Türme kommen, was dem Nachziehenden sicher sehr gelegen käme. Der Weltmeister bereitet den Marsch seines Königs in das Zentrum vor, wo er gleichzeitig die Bauern des Damenflügels verteidigt.) 17. … ♗b7? (Richtig war 17. … ♗d7.) 18. ♔f1 ♗d5 19. ♖b5! ♘d7 20. ♖a5 ♖fb8 (Der weiße Turm hat eine aktive Position eingenommen und greift gleichzeitig zwei Bauern an. Als Gegengewicht versucht Kasparow nun, zu einem Spiel auf der b-Linie zu kommen. Die nächsten Züge Karpows sind gegen den Einfall des schwarzen Turms und auf den Bauern c5 gerichtet.) 21. c4 ♗c6 22. ♘e1! (siehe Diagramm) 22. … ♖b4 23. ♗d1! ♖b7 24. f3 ♖d8 25. ♘d3 (Der Bauer c5 geht nun verloren. Weiß hat die Möglichkeit, ihn in

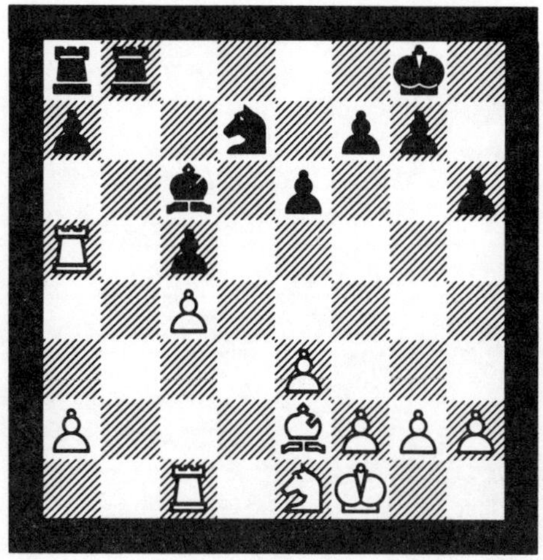

einem günstigen Augenblick zu schlagen.) 25. … g5 26. ♗b3 ♔f8 27. ♘:c5 ♘:c5 28. ♖:c5 ♖d6 29. ♔e2 ♔e7 30. ♖d1 ♖:d1 31. ♔:d1 ♔d6 32. ♖a5 f5 (Kasparow, der keine passive Verteidigung führen möchte, entschließt sich, auf Kosten der Schwächung der Bauern ein Gegenspiel auf dem Königsflügel zu organisieren.) 33. ♔e2 h5 34. e4 fe 35. fe ♗:e4 36. ♖:g5 ♗f5 37. ♔e3 h4 38. ♔d4 e5+ 39. ♔c3 ♗b1 40. a3 ♖e7 41. ♖g4 (Dieser starke Zug wurde ins Kuvert gegeben. Nach der Wiederaufnahme der Partie wurde der c-Freibauer exakt realisiert.) 41. … h3 42. g3 (Spielbar war natürlich auch 42. gh.) 42. … ♖e8 43. ♖g7! ♖f8 44. ♖:a7 ♖f2 45. ♔b4 ♖:h2 (Vielfach war man der Meinung, daß 45. … ♖b2 zum Remis geführt hätte. Doch das stimmt nicht: Nach 46. c5+ ♔c6 47. ♔c4 ♗c2 48. ♖a6+ ♔c7 49. ♗:c2 ♖:c2+ 50. ♔d5 ♖:h2 51. ♖a7+ ♔b8 52. ♖h7 ♖h1 53. ♔e4 h2 54. ♔f3 e4+ 55. ♔g2 ♖c1 56. ♔:h2 ♖:c5 57. ♖e7 ♖c4 58. g4 gewinnt Weiß.) 46. c5+ ♔c6 47. ♗a4+ ♔d5 48. ♖d7+ ♔e4 49. c6 ♖b2+ 50. ♔a5! ♖b8 51. c7 ♖c8 52. ♔b6 ♔e3 53. ♗c6 h2 54. g4 ♖h8 55. ♖d1 ♗a2 56. ♖e1+ ♔f4 57. ♖e4+ ♔g3 58. ♖:e5 ♔:g4 59. ♖e2. Schwarz gab auf. Der Weltmeister führte das komplizierte Endspiel mit großer Raffinesse. Dies war sein fünfter Sieg.

So friedfertig, wie dieser Händedruck vor Partiebeginn wirkt, sind die beiden großen K's auf dem Schachbrett keineswegs gestimmt. Was sie vielmehr auszeichnet, ist ihr unbändiger Siegeswillen. Der Grundstein für diese Einstellung wurde ganz sicher auch in Michail Botwinniks Schachschule für Nachwuchstalente gelegt, die Anatoli und Garri durchliefen. Hauptschiedsrichter Gligorić (rechts oben) hat wieder gut Lachen. Als am 15. Februar 1985 FIDE-Präsident Campomanes den Wettkampf wegen Erschöpfung aller Beteiligten abbrach, dürfte nicht nur der jugoslawische Unparteiische aufgeatmet haben

1985 Garri Kasparow

»Kasparow bricht mit allen Gesetzen des Schachspiels.«
(Michael Stean)

Jüngste Nummer 1 der Schachwelt

Als Garri Kasparow nach dem ersten Wettkampf gegen Anatoli Karpow seine Leistung kritisch beleuchtete, erklärte er unter anderem, er habe nicht in Betracht gezogen, »daß der Kampf um den Titel von besonderer psychologischer Glut ist«. Natürlich war man deshalb besonders gespannt, mit welcher Taktik er die Neuauflage bestreiten würde.

Für den Weltmeister schien sicher von Vorteil zu sein, daß die FIDE zum Partienlimit zurückkehrte, das sich bei WM-Finals von 1951 bis 1972 bewährt hat. Außerdem war ihm bei einem 12:12-Stand auch der Titel garantiert. Die einzige Änderung, daß sechs Siege eines Spielers das auf 24 Partien angesetzte Match vorfristig beenden würde, hielt man dagegen für überflüssig. Es war einfach unvorstellbar, daß dieser Fall bei den beiden eintreten könnte, selbst wenn der Modus – Anrechnung jedes Unentschiedens – das Risiko, zu verlieren, mit jeder Partie wachsen läßt.

Daß bei diesem zweiten Match vor allem die Eröffnungsphase entscheidendes Gewicht erlangen sollte, hätte allerdings kaum ein Experte vorauszusagen vermocht. Zwar billigte man Garri auf diesem Gebiet trotz seiner Jugend außergewöhnliche Fähigkeiten zu, doch hatte andererseits der zwölf Jahre ältere Champion oft genug gezeigt, daß er auf diesem Terrain erst einmal seinen Meister finden müsse. Mag sein, daß er in der Vorbereitung deshalb seine bisherigen Partien mit Garri Kasparow nicht sorgfältig genug überprüfte. Sein Widerpart hingegen studierte nicht nur jede Weltmeisterschaftspartie gründlichst, sondern befragte zusätzlich andere Eröffnungs- und Verteidigungssysteme Karpows. So erlebte dieser gleich in der ersten Partie am 3. September 1985 mit der von ihm gern gespielten Nimzowitsch-Indischen Verteidigung einen fürchterlichen Einbruch. Auch in der zweiten Runde sah es für ihn lange Zeit gegen die »Sizilianische Bastion« nicht gut aus. Der Komet aus Baku schüttelte den Weltmeister mit einem chancenreichen Figurenopfer gehörig durcheinander. Als die Partie vertagt wurde, hing das 2:0 für den Herausforderer in der Luft, doch der Weltmeister wendete die drohende zweite Niederlage mit Glück und Können gerade noch ab. Mit diesem moralischen Aufwind fand er freilich zu sich selbst zurück. Nach einem weiteren Remis wurde die vierte Partie mit klaren Vorteilen für ihn abgebrochen. Bei flüchtiger Analyse war ein direkter Weg zum Sieg noch nicht erkennbar. Anatoli Karpow fand in der entscheidenden Phase des Kampfes einen effektvollen Angriffsplan auf den gegnerischen König und glich den Punktestand so aus. Daß Garri Kasparow nach dieser Niederlage auf eine Auszeit verzichtete, rächte sich. Er verlor auch die fünfte Partie und mußte nun sogar zwei Siegen nachlaufen, da seinem Gegner bereits ein 12:12-Endstand genügte.

Und doch war diese Dublette letztlich ein Pyrrhussieg, hatte der Titelverteidiger sie offensichtlich mit zuviel Kraft erkauft. Nach fünf Remispartien unterlief ihm in der elften Partie ein kapitaler Fehler. Nach diesem Ausgleich holte der Herausforderer zu einem weiteren Schlag aus: In Runde 12 wartete er mit einem geradezu sensationellen Bauernopfer im 8. Zug auf. In dieser Variante der Sizilianischen Verteidigung stand das noch in keinem Lehrbuch. Es gab zwar eine Punkteteilung, aber dieses Kasparow-Gambit brachte in der 16. Runde dann die Vorentscheidung. Garri Kasparow gewann die Partie brillant, die der dänische Großmeister Bent Larsen als die beste bezeichnete, die der Titelaspirant in seiner Laufbahn je gespielt hat. Als der Schützling von Alexander Nikitin und Alexander Schakarow, die den Bakuer seit 1976 betreuen, in der 19. Partie einen Zwei-Punkte-Vorsprung erzwang, war es für Anatoli Karpow durchaus kritisch geworden. Doch was sich jetzt ereignete, bot Spannung ohnegleichen. Der angeschlagene Champion gab sich nicht verloren. Nach 23 Partien stand es 11:12. Kein Regisseur hätte das Finale erregender inszenieren können. Mit einem Sieg in der allerletzten Runde wäre Anatoli Karpow die Schachkrone erhalten geblieben. In der Geschichte der Schachweltmeisterschaft war zuvor zweimal eine ähnliche Situation eingetreten: 1910 gelang Emanuel Lasker gegen Karl Schlechter mit der letzten Chance der notwendige 5:5-Ausgleich, während Alexander Aljechin 25 Jahre später gegen Max Euwe nach einem Remis den Weltmeistertitel abgeben mußte.

Es spricht für Anatoli Karpow, daß er, dem kompromißloses Fighten wenig liegt, noch einmal alles auf eine Karte setzte. In einer Stellung, in der für ihn Remis durch Zugwiederholung möglich war, wagte er alles – und verlor.

So wurde am 9. November 1985 zur Gewißheit: In einem Zweikampf von seltener Dramatik und Klasse war der 22jährige Garri Kasparow mit 13:11 Sieger geworden. Er ging damit zugleich als jüngste Nummer 1 der Schachwelt in die Geschichte ein. Unmittelbar nach seinem Triumph bekannte der neue Champion: »Ich hatte das Glück, auf meinem Weg einem Spieler wie Anatoli Karpow begegnet zu sein. Die mit ihm ausgetragenen 72 Partien waren für mich eine Schule, die mich zu einem neuen Leistungsniveau führte.«

Der 13. Weltmeister

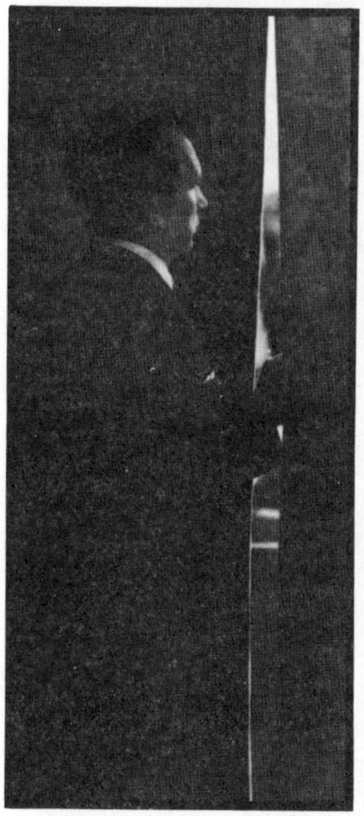

Zwei, denen Garri viel verdankt: dem Mann hinter dem Vorhang – Alexander Nikitin, der seit 1976 sein Trainer ist, und Mutter Klara (zweite v. links), die bei allen Partien ihres Sohnes Zuschauer ist und überdies für sein leibliches Wohl sorgt. Keine Probleme gab es für das Schiedsgericht

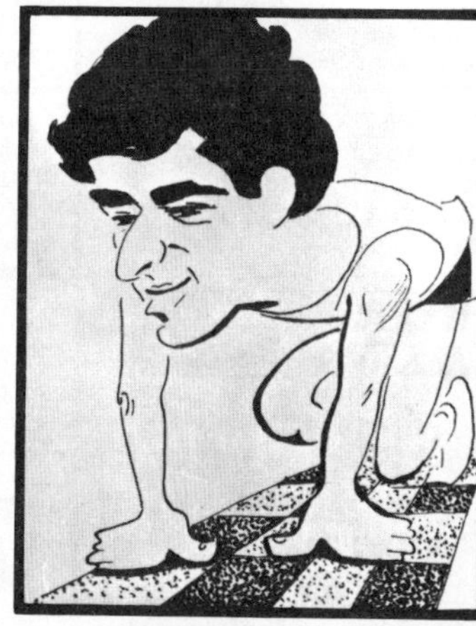

Nimzowitsch-Indisch (1. Partie)

Weiß: Kasparow Schwarz: Karpow

Der Anziehende versteht es, seinem Gegner mit Hilfe eines wenig gebräuchlichen Systems Probleme zu stellen. Er hat etwas vorbereitet, das dem Weltmeister in seiner Praxis noch nicht begegnet ist. Im alten Lasker-Satz: »Spiele stets das, was deinem Gegner am unangenehmsten ist«, steckt viel Wahrheit, und Überlegungen solcher Art gehören heute zur psychologischen Vorbereitung auf einen Wettkampf. Kasparow führt diese Partie sehr stark und gewinnt eindrucksvoll.

1. d4 ♘f6 2. c4 e6 3. ♘c3 ♗b4 4. ♘f3 c5 5. g3 ♘e4 6. ♕d3 ♕a5 7. ♕:e4 ♗:c3+ 8. ♗d2 ♗:d2+ 9. ♘:d2 ♕b6? 10. dc! ♕:b2 11. ♖b1 ♕c3 12. ♕d3!

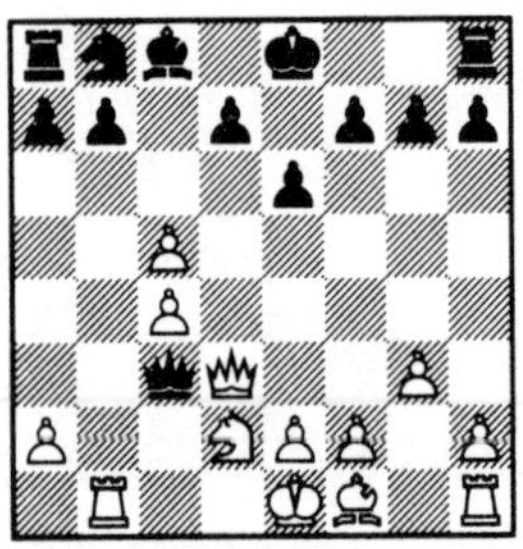

12. ... ♕:d3 13. ed ♘a6 14. d4 ♖b8 15. ♗g2 ♔e7 16. ♔e2 ♖d8 17. ♘e4 b6 18. ♘d6 ♘c7 19. ♖b4! ♘e8 20. ♘:e8 ♔:e8 21. ♖hb1 ♗a6 22. ♔e3 d5 23. cd6 e. p. ♖bc8 24. ♔d3 ♖:d6 25. ♖a4! b5 26. cb ♖b8 27. ♖ab4 ♗b7 28. ♗:b7 ♖:b7 29. a4 ♔e7 30. h4 h6 31. f3 ♖d5 32. ♖c1 ♖bd7 33. a5 g5 34. hg ♖:g5 35. g4 h5 36. b6! ab 37. ab ♖b7 38. ♖c5! f5 39. gh ♖:h5 40. ♔c4 ♖h8 41. ♔b5 ♖a8 42. ♖bc4. Schwarz gab auf.

Stand: Kasparow 1 Karpow 0

Damengambit (4. Partie)

Weiß: Karpow Schwarz: Kasparow

Weiß geht mit Initiative ins Mittelspiel und stellt bald hier und bald dort Drohungen auf. Daß dem Nachziehenden kleine Ungenauigkeiten unterlaufen, ist verständlich. Ob die nach dem 40. Zug zum Abbruch gekommene Position verloren ist oder nicht, wurde viel diskutiert. Getadelt wurde 51. ... ♗d2, als besser im Sinne der Verteidigung wird 51. ... ♗f6 angegeben. Wie dem auch sei, Karpow hat diese Auseinandersetzung weltmeisterlich geführt.

1. d4 d5 2. c4 e6 3. ♘c3 ♗e7 4. ♘f3 ♘f6 5. ♗g5 h6 6. ♗:f6 ♗:f6 7. e3 0–0 8. ♕c2 ♘a6!? 9. ♖d1 c5 10. dc ♕a5 11. cd ♘:c5 12. ♕d2 ♖d8 13. ♘d4 ed 14. ♗e2 ♕b6 15. 0–0 ♘e4 16. ♕c2 ♘:c3 17. ♕:c3 ♗e6 18. ♕c2 ♖ac8 19. ♕b1 ♖c7 20. ♖d2 ♖dc8 21. ♘:e6 fe 22. ♗g4 ♖c4 23. h3 ♕c6 24. ♕d3 ♔h8 25. ♖fd1 a5 26. b3 ♖c3 27. ♕e2 ♖f8 28. ♗h5! b5 29. ♗g6 ♗d8 30. ♗d3 b4 31. ♕g4 ♕e8 32. e4!

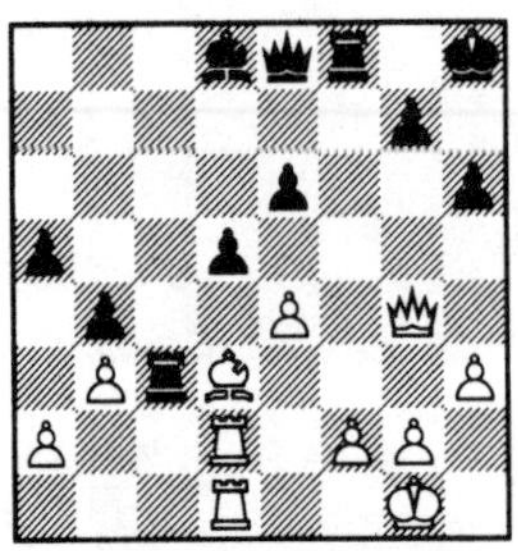

32. ... ♗g5 33. ♖c2 ♖:c2 34. ♗:c2 ♕c6 35. ♕e2 ♕c5 36. ♖f1 ♕c3 37. ed ed 38. ♗b1! ♕d2 39. ♕e5 ♖d8 40. ♕f5 ♔g8 41. ♕e6+ ♔h8 42. ♕g6 ♔g8 43. ♕e6+ ♔h8 44. ♗f5! ♕c3 45. ♕g6 ♔g8 46. ♗e6+ ♔h8 47. ♗f5 ♔g8 48. g3 ♔f8 49. ♔g2 ♕f6 50. ♕h7 ♕f7 51. h4 ♗d2 52. ♖d1 ♗c3 53. ♖d3! ♖d6 54. ♖f3 ♔e7 55. ♕h8! d4 56. ♕c8 ♖f6 57. ♕c5+ ♔e8 58. ♖f4 ♕b7+ 59. ♖e4+! ♔f7 60. ♕c4+ ♔f8 61. ♗h7 ♖f7 62. ♕e6 ♕d7 63. ♕e5! Schwarz gab auf.

Stand: Karpow 2 Kasparow 2

Spanisch (5. Partie)

Weiß: Kasparow Schwarz: Karpow

Eine für die große Mehrzahl der Schachfreunde zu schwierige Partie, in der das Für und Wider von Manövern und einzelnen Zügen kaum allgemeinverständlich erläutert werden kann. Die weißen Bauernzüge 18. c4, 19. dc und 20. c5 – sind sie die Ursache der Niederlage? Oder ist es erst der fragwürdige Springerzug 25. ♘b3? Der Herausforderer läßt sich verständlicherweise den Rest nicht zeigen, denn der schwarze Mehrbauer auf b4 garantiert den Sieg.

1. e4 e5 2. ♘f3 ♘c6 3. ♗b5 a6 4. ♗a4 ♘f6 5. 0–0 ♗e7 6. ♖e1 b5 7. ♗b3 d6 8. c3 0–0 9. h3 ♗b7 10. d4 ♖e8 11. ♘bd2 ♗f8 12. a4 ♕d7 13. ab ab 14. ♖:a8 ♗:a8 15. d5 ♘a5 16. ♗a2 c6 17. b4 ♘b7 18. c4 ♖c8! 19. dc ♕:c6 20. c5 ♘d8 21. ♗b2 dc 22. bc ♕:c5 23. ♗:e5 ♘d7 24. ♗b2 ♕b4!

25. ♘b3?! ♘c5 26. ♗a1 ♗:e4 27. ♘fd4 ♘db7 28. ♕e2 ♘d6 29. ♘:c5 ♕:c5 30. ♕g4 ♖e8 31. ♖d1 ♗g6 32. ♕f4 ♕b4 33. ♕c1 ♗e4 34. ♖e1 ♕a5 35. ♗b3 ♕a8 36. ♕b2 b4 37. ♖e3 ♗g6 38. ♖:e8 ♕:e8 39. ♕c1 ♘e4 40. ♗d5 ♘c5 41. ♘b3 ♘d3. Weiß gab auf.

Stand: Kasparow 2 Karpow 3

Nimzowitsch-Indisch (11. Partie)

Weiß: Kasparow Schwarz: Karpow

Die Anstrengungen des Kampfes machen sich bemerkbar. Karpow ist um den 20. Zug herum mit seiner Stellung zufrieden und überlegt, ob er die Türme auf der c-Linie oder besser auf der d-Linie verdoppelt. Und schon ist es geschehen. Mit 22. ... ♖cd8?? unterläuft ihm der dickste Fehler des Matches – dieser Superlativ ist absolut angebracht. Kasparow traute seinen Augen nicht, ließ sich Zeit, bis er 23. ♕:d7! zog, und verbuchte einen Sieg, der einem Geschenk gleichkommt.

1. d4 ♘f6 2. c4 e6 3. ♘c3 ♗b4 4. ♘f3 0–0 5. ♗g5 c5 6. e3 cd 7. ed h6 8. ♗h4 d5 9. ♖c1 dc 10. ♗:c4 ♘c6 11. 0–0 ♗e7 12. ♖e1 b6 13. a3 ♗b7 14. ♗g3 ♖c8 15. ♗a2 ♗d6 16. d5 ♘:d5 17. ♘:d5 ♗:g3 18. hg ed 19. ♗:d5 ♕f6 20. ♕a4 ♖fd8 21. ♖cd1 ♖d7 22. ♕g4! ♖cd8??

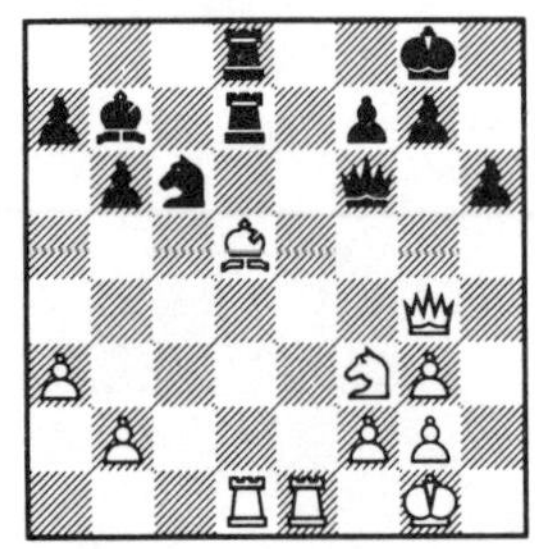

23. ♕:d7! ♖:d7 24. ♖e8+ ♔h7 25. ♗e4+. Schwarz gab auf.

Stand: Kasparow 5½ Karpow 5½

Das befreiende Lächeln des Siegers. Unmittelbar nach der alles entscheidenden 24. Partie mischte sich Garri ausgelassen unter seine treuesten Anhänger. »Aus ihm wird ein neuer Aljechin!« war sich Botwinnik sicher, als der Junge aus Baku – zehnjährig! – in die Schachschule des Exweltmeisters aufgenommen wurde. Endgültig fielen die Würfel für das Schach aber nach Garris eigenen Worten erst vier Jahre später. Beim Sokolski-Memorial wurde er Meister des Sports. Grund genug damals für das Fernsehen, diesen Burschen vorzustellen, der einst in einem Simultanwettstreit Exweltmeister Tal ziemlich gehörig ins Schwitzen brachte

Nimzowitsch-Indisch (19. Partie)

***Weiß:* Kasparow *Schwarz:* Karpow**

Man sagt, daß die großen Spieler die Grundprinzipien des Aufbaus einer Schachpartie selbstverständlich kennen, sich aber nicht immer danach richten. Hier ist es Karpow, der das Grundprinzip »Man ziehe in der Eröffnung nicht zweimal mit der gleichen Figur« einfach negiert und den im 1. Zug entwickelten Springer bereits im 4. Zug erneut zieht. Das führt bald zu einer deutlich besseren Stellung des Anziehenden, was nach 15. e3 schon rein optisch erkennbar ist. Schwarz kann sich nicht wieder erholen und muß für sein Experiment eine Niederlage quittieren.

1. d4 ♘f6 2. c4 e6 3. ♘c3 ♗b4 4. ♘f3 ♘e4? 5. ♕c2 f5 6. g3 ♘c6 7. ♗g2 0–0 8. 0–0 ♗:c3 9. bc ♘a5 10. c5 d6 11. c4 b6 12. ♗d2 ♘:d2 13. ♘:d2 d5 14. cd ed 15. e3

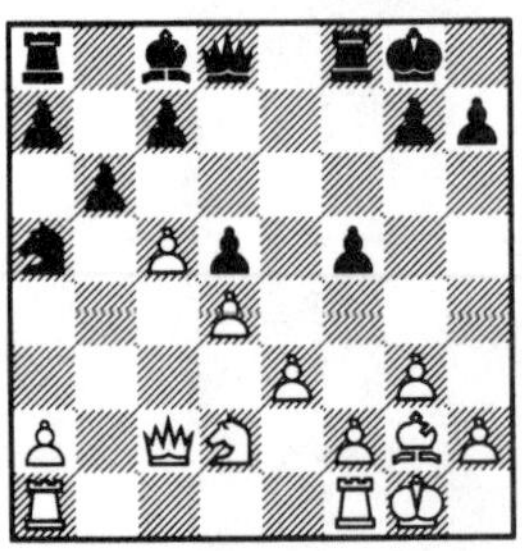

15. … ♗e6 16. ♕c3 ♖f7 17. ♖fc1 ♖b8 18. ♖ab1 ♖e7 19. a4 ♗f7 20. ♗f1 h6 21. ♗d3 ♕d7 22. ♕c2 ♗e6 23. ♗b5 ♕d8 24. ♖d1 g5 25. ♘f3 ♖g7 26. ♘e5 f4 27. ♗f1 ♕f6 28. ♗g2 ♖d8 29. e4! de 30. ♗:e4 ♖e7 31. ♕c3 ♗d5 32. ♖e1 ♔g7 33. ♘g4 ♕f7 34. ♗:d5 ♖:d5 35. ♖:e7 ♕:e7 36. ♖e1 ♕d8 37. ♘e5 ♕f6 38. cb ♕:b6 39. gf ♖:d4 40. ♘f3! ♘b3 41. ♖b1! ♕f6 42. ♕:c7+. Schwarz gab auf.

***Stand:* Kasparow 10½ Karpow 8½**

Damengambit (22. Partie)

***Weiß:* Karpow *Schwarz:* Kasparow**

Der Weltmeister macht die besseren Züge und erhält verdientermaßen eine überlegene Position. Mit seinem Bauernübergewicht am Königsflügel ergreift er die Initiative. Als Fehler wird von den Kommentatoren der Zug 35. … h5+? angegeben, aber stillhalten und abwarten, was der Gegner macht, ist nicht nach dem Geschmack des Herausforderers. Ein Punkt für Karpow, der in dieser Begegnung einfach der Bessere war.

1. d4 d5 2. c4 e6 3. ♘c3 ♗e7 4. cd ed 5. ♗f4 ♘f6 6. e3 0–0 7. ♘f3 ♗f5 8. h3 c6 9. g4 ♗g6 10. ♘e5 ♘fd7 11. ♘:g6 fg 12. ♗g2 ♘b6 13. 0–0 ♔h8 14. ♘e2 g5 15. ♗g3 ♗d6 16. ♕d3 ♘a6 17. b3 ♕e7 18. ♗:d6 ♕:d6 19. f4! gf 20. ef ♖ae8 21. f5

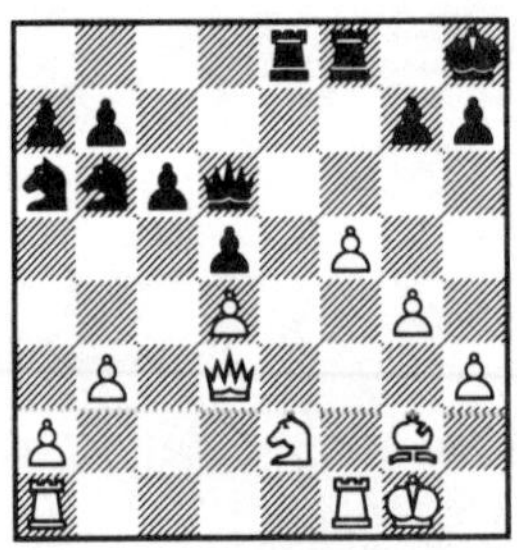

21. … ♘c7 22. ♖f2 ♘d7 23. g5 ♕e7 24. h4 ♕e3 25. ♖d1 ♘b5 26. ♕:e3 ♖:e3 27. ♔h2 ♘b6 28. ♘g3 ♘c8 29. ♘f1 ♖e7 30. ♖d3 ♘cd6 31. ♘g3 ♘e4 32. ♗:e4 de 33. ♖e3 ♘:d4 34. ♔h3 ♖e5 35. ♔g4 h5+? 36. ♔:h5 ♘:f5 37. ♖:f5 ♖f:f5 38. ♘:f5 ♖:f5 39. ♖:e4 ♔h7 40. ♖e7 b5 41. ♖:a7. Schwarz gab auf.

***Stand:* Karpow 10½ Kasparow 11½**

Sizilianisch (24. Partie)

***Weiß:* Karpow *Schwarz:* Kasparow**

Der Titelverteidiger befindet sich in einer Zwangslage: Er muß diese Partie gewinnen, um Weltmeister zu bleiben, seinem Gegner genügt ein Unentschieden zum Gewinn des stolzen Titels. Der Herausforderer wählt die Scheveninger Variante der Sizilianischen Verteidigung, die aber auch dem Weltmeister gelegen kommt, geht es doch hier auf Biegen oder Brechen. Tatsächlich marschiert Karpow bedrohlich am Königsflügel auf und hätte – wie man später fand – mit 21. f5! eine gefährliche Initiative entfalten können. Aber der Weltmeister verliert den Faden, und nach 23. … ♖e7! und 25. … f5! ist der Angriff abgeschlagen. Die letzte Chance, das Spiel mit gleichen Aussichten weiterzuführen, bestand in 36. ♕:b8 ♖:b8 37. ♗h3! Viel, sehr viel hing von dieser letzten Matchpartie ab.

1. e4 c5 2. ♘f3 d6 3. d4 cd 4. ♘:d4 ♘f6 5. ♘c3 a6 6. ♗e2 e6 7. 0–0 ♗e7 8. f4 0–0 9. ♔h1 ♕c7 10. a4 ♘c6 11. ♗e3 ♖e8 12. ♗f3 ♖b8 13. ♕d2 ♗d7 14. ♘b3 b6 15. g4?! ♗c8

16. g5 ♘d7 17. ♕f2 ♗f8 18. ♗g2 ♗b7 19. ♖ad1 g6 20. ♗c1 ♖bc8 21. ♖d3 ♘b4 22. ♖h3 ♗g7 23. ♗e3 ♖e7 24. ♔g1 ♖ce8 25. ♖d1 f5 26. gf ♘:f6 27. ♖g3 ♖f7 28. ♗:b6 ♕b8 29. ♗e3 ♘h5 30. ♖g4 ♘f6 31. ♖h4 g5! 32. fg ♘g4 33. ♕d2 ♘:e3 34. ♕:e3 ♘:c2 35. ♕b6 ♗a8! 36. ♖:d6? ♖b7! 37. ♕:a6 ♖:b3 38. ♖:e6 ♖:b2 39. ♕c4 ♔h8 40. e5 ♕a7+ 41. ♔h1 ♗:g2+ 42. ♔:g2 ♘d4+! Weiß gab auf.

***Endstand:* Karpow 11 Kasparow 13**

Sizilianisch
(16. Partie)

Kommentare:
Garri Kasparow/David Bronstein

Weiß: Karpow Schwarz: Kasparow
1. e4 c5 2. ♘f3 e6 3. d4 cd 4. ♘:d4 ♘c6 5. ♘b5 d6 6. c4 ♘f6 7. ♘1c3 a6 8. ♘a3 d5 (Es war kaum anzunehmen, daß Kasparow diesen überraschenden Zug aus der 12. Partie, wo er allerdings mühelos bereits im Eröffnungsstadium ein Remis erreichte, noch einmal in diesem Wettkampf anwenden wird. Schließlich mußte er mit einer gründlichen Vorbereitung des Weltmeisters rechnen.) 9. cd (Kasparow zeigt den Weg zum Ausgleich nach 9. ed auf: 9. … ed 10. ♘:d5 ♘:d5 11. cd – aber nicht 11. ♕:d5? ♗b4+ 12. ♗d2 ♕e7+ 13. ♗e2 ♗g4! – 11. … ♗b4+ 12. ♗d2 ♕:d5.) 9. … ed 10. ed ♘b4 11. ♗e2 (Die neue Fortsetzung gegenüber der 12. Partie, in der 12. ♗c4 geschah. Großmeister David Bronstein meint dazu: »Den ganzen Abend führten die Kontrahenten einen schöpferischen Disput über das umstrittene Problem des Mittelspiels: Was ist wichtiger – der Besitz eines Mehrbauern oder die Initiative?«) 11. … ♗c5! (Die Rückeroberung des Bauern mittels 11. … ♘b:d5 12. 0–0 ♗e7 13. ♘:d5 ♘:d5 14. ♗f3 ♗e6 15. ♘c2 führt laut Kasparow zu weißem Vorteil.) 12. 0–0 0–0 13. ♗f3 (Bronstein ist der Meinung, daß hier 13. ♘c2 oder 13. ♘c4 zu baldigem Ausgleich geführt hätte. Kasparow analysierte, daß auch 13. ♗g5 ♘b:d5 14. ♘:d5 ♕:d5 15. ♗:f6 ♕:d1 ein gleiches Spiel ergibt.) 13. … ♗f5 14. ♗g5 (Nach 14. ♗e3 ♗:e3 15. fe ♕b6 erhält Schwarz für den Bauern Gegenspiel, so Kasparow.) 14. … ♖e8! (Nicht gut ist der naheliegende Zug 14. … b5? wegen 15. ♗e4!) 15. ♕d2 (Auch hier ist erneut 15. ♘c4 zu prüfen. Kasparow verweist nach 15. … ♗d3 16. a3 ♗:c4 17. ab ♗:b4 18. ♖e1 auf eine unklare Stellung.) 15. … b5 16. ♖ad1 (Etwa Ausgleich bringt Weiß 16. ♕f4 ♗g6 17. ♗:f6 ♕:f6 18. ♕:f6 gf. Nun dringt der schwarze Springer auf das Feld d3 ein.) 16. … ♘d3! 17. ♘ab1? (Erst diesen Zug sieht Kasparow als einen wirklichen Fehler an. Weiß hätte sich statt dessen auf die nach 17. d6!

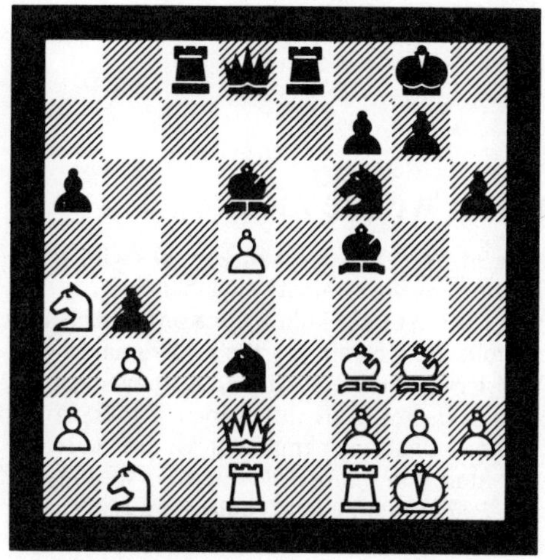

♕:d6!? 18. ♗:a8 ♖:a8 entstehende unklare Position einlassen sollen.) 17. … h6! 18. ♗h4 b4! 19. ♘a4 (19. ♘e2 verbot sich wegen 19. … g5 20. ♗:g5 ♘:f2!) 19. … ♗d6 20. ♗g3 ♖c8 21. b3 (Für Bronstein der kritische Augenblick der Partie. Weiß möchte seinen Springer über b2 wieder ins Spiel bringen, aber Kasparow hat eine taktische Riposte parat.) (siehe Diagramm) 21. … g5!! 22. ♗:d6 (22. ♘b2 ♘:b2 23. ♕:b2 g4! bringt nun Materialverlust. Kasparow weist auch auf 22. h4 hin, worauf 22. … ♘e4 23. ♗:e4 ♗:e4 24. hg ♗:g3 25. fg ♕:d5 26. gh ♖c6! mit Angriff folgt.) 22. … ♕:d6 23. g3 ♘d7 24. ♗g2 ♕f6! 25. a3 a5 26. ab ab 27. ♕a2 ♗g6 28. d6 g4 (Fehlerhaft wäre 28. … ♕:d6? wegen 29. ♘d2, und Weiß kann sich verteidigen.) 29. ♕d2 ♔g7 30. f3 (Auf 30. f4 kann seelenruhig 30. … ♗f5 folgen.) 30. … ♕:d6 31. fg ♕d4+ 32. ♔h1 ♘f6 33. ♖f4 (Auch nach 33. h3 hält Schwarz seine überlegene Stellung mit 33. … ♖e3! 34. ♖f4 ♕e5 fest.) 33. … ♘e4 34. ♕:d3 ♘f2+ 35. ♖:f2 ♗:d3 36. ♖fd2 ♕e3! 37. ♖:d3 ♖c1!! 38. ♘b2 ♕f2! 39. ♘d2 ♖:d1+ (Kasparow macht in dieser Gewinnstellung auf den »stärkeren« Zug 39. … ♖e2! aufmerksam, wonach das sofortige Matt nicht zu verhindern ist.) 40. ♘:d1 ♖e1+. Weiß gab auf.

Garris Lorbeer welkte nicht

Der Verlauf dieses 34. Weltmeisterschaftskampfes wird wohl als einzigartig in die Schachgeschichte eingehen.

15. September 1986. Auf der Bühne des Konzertsaals im Hotel Leningrad vollzieht sich ein sportliches Drama. In der 16. Partie der WM-Revanche bleibt Anatoli Karpow nach 41 Zügen nichts anderes übrig, als aufzugeben. Für Garri Kasparow, der stehend Ovationen empfängt, ist das zugleich der vierte Sieg. Er führt nun mit drei Punkten Vorsprung. Da ihm ohnehin ein 12:12 zum erneuten Titelgewinn reicht, ist nach Lage der Dinge alles gelaufen. Daß der Champion in den noch ausstehenden acht Partien viermal verliert? – Ausgeschlossen! Selbst die treuesten Fans des Herausforderers trauen ihm solch einen Husarenstreich nicht zu. Ja, es mehren sich sogar jene Stimmen, die meinen, für den Exweltmeister wäre es jetzt das beste, mit fünf Remispartien schnell alles hinter sich zu bringen.

26. September 1986. An diesem Tag gibt der Titelverteidiger die abgebrochene 19. Partie ohne Wiederaufnahme auf. Innerhalb von knapp zwei Wochen ist damit etwas Unglaubliches geschehen: Mit einem Hattrick – das gelang in einer so ausweglosen Lage bei einer WM keinem zuvor – hat Karpow mit einer enormen Energieleistung und dem nötigen Glück in Runde 19 ausgeglichen. Die von Exweltmeister Wassili Smyslow vor diesem Duell geäußerte Prognose bewahrheitete sich: »Ich kenne den unnachgiebigen Charakter Karpows. Meines Erachtens muß, so paradox es klingt, Kasparow erneut um den Titel kämpfen.«

Natürlich bewegte es nun nicht nur die Schachexperten, ob und wie der bis dahin souveräne Weltmeister diesen »freien Fall« stoppen wird. Sollte es ihm wie Michail Tal ergehen, den Michail Botwinnik in solch einem Revanchematch 25 Jahre zuvor vom Schachthron stürzte und der danach nie wieder Primus wurde?

Nun, Garri Kasparows Lorbeer welkte nicht. Er, der sich zunächst sogar geweigert hatte, dieses Revanchematch zu akzeptieren, konnte das drohende Debakel verhindern. Nach zwei Punkteteilungen nutzte der Champion, der bis dahin in seiner Laufbahn noch nie drei Niederlagen hintereinander erlitten hat, in der 22. Runde mit Weiß seine Chance: $11\frac{1}{2}$:$10\frac{1}{2}$. Überzeugend und zu Recht mit Beifall bedacht, daß er nach nur 17 Minuten Bedenkzeit den einzigen zum Gewinn führenden Abgabezug fand. Alle anderen Großmeister »sahen« diesen Gewinnweg erst nach langer Analyse.

Schon in der nächsten Partie brachte er dann den noch fehlenden halben Punkt auf sein Konto. Damit blieb Garri Schachkönig und zugleich auch jüngster Titelverteidiger. In kritischer Situation warf er seine ungeheure psychische und physische Stärke in die Waagschale und spielte weiter, als sei nichts geschehen.

In diesem Moment zeigte sich, daß der »Techniker« Karpow einfach nicht über seinen Schatten springen kann, wenn er das Spiel bestimmen muß. Als es für ihn nach dieser pakkenden Aufholjagd und dem wichtigen Remis in der 20. Partie in der folgenden Runde mit den weißen Steinen nur die Alternative gab, auf Biegen oder Brechen zu fighten, geschah nichts. Mag sein, daß er sich auf Dauer Kasparows psychologischer Initiative nicht entziehen konnte; in diesem Wettkampf und zu diesem Zeitpunkt war der halt der Stärkere. So hatte Kasparow folgerichtig schon die Londoner Halbzeit mit $6\frac{1}{2}$:$5\frac{1}{2}$ für sich verbucht. Karpow, der aggressiver als sonst agierte – erinnert sei nur an die mit dem Schönheitspreis bedachte denkwürdige elfte Begegnung –, lag im gesamten Wettkampf nicht einmal in Führung. Auch in der Eröffnung hatte Garri, der nach dem Gewinn der 16. Partie dachte, der Rest sei nur noch Formsache, zunächst einen Trumpf, der stach: Er verteidigte sich Grünfeld-Indisch. Das hatte er zuvor in keiner ernsthaften Turnierpartie getan. Vielleicht machte ihn dieser taktische Schlag selbstsicher, obwohl er mit der Eröffnung in Runde 5 eine derbe Niederlage erlitten hatte. Nach den Punktverlusten in der 17. und 19. Partie trennte sich Kasparow, der das Duell fraglos durch sein phantasievolles und ideenreiches Mittelspiel entschied, fast zu spät von dieser Verteidigung. Ansonsten wäre das Finale ganz sicher nicht mehr so spannend geworden.

Seinem ewigen Kontrahenten bescheinigte der schwarzhaarige Aserbaidshaner, der noch vor Beginn des Zweikampfes seine Prüfungen als Englischlehrer mit »ausgezeichnet« bestanden hatte, diesmal beträchtlichen Einfallsreichtum in den Eröffnungen. »Ich könnte kaum eine Partie nennen, in der er eine von langer Hand geplante und bekannte Variante wählte. Dagegen hätte ich ein Dutzend Beispiele parat, wo er mit Neuerungen oder Verbesserungen aufwartete«, so der Champion, der eine Woche nach dem WM-Sieg das neue Studienjahr einer Schachschule eröffnete, die er gemeinsam mit seinem ehemaligen Lehrmeister Botwinnik leitet. Einer der »Schüler« Kasparows, Wolodja Akopjan, tritt bereits in die Fußstapfen des großen Vorbilds. Wie dieser gewann auch er die Junioren-WM (1986). Sein Weg zum Schacholymp ist freilich noch weit. Angesichts der großen Überlegenheit von K. u. K. rechnen viele damit, daß das Duell der beiden noch längst nicht beendet ist. In der Gesamtbilanz nach drei WM-Kämpfen trennt beide nur ein Punkt. Was Anatoli Karpow bleibt, ist also nicht nur Hoffnung.

Das Spiellokal für die ersten zwölf Partien der WM-Revanche war höchst ungewöhnlich: der Ballsaal des Londoner Park-Lane-Hotels. Die altehrwürdige Stadt an der Themse jedoch war für diesen Schachgipfel im Sommer 1986 geradezu prädestiniert. Vor immerhin 135 Jahren fand dort nämlich das überhaupt erste internationale Schachturnier statt. Zu ihrem dritten WM-Duell waren die beiden Matadore voller Zuversicht gereist. Auf einen Tip über den Ausgang wollte sich bei den Pressekonferenzen jedoch keiner festlegen lassen. Computerbilder als Service für das Pressezentrum – hier die Stellung der bewegten 7. Partie nach dem 41. Zug

Besonderen Wert legt Garri Kasparow auf seine physische Form. Seine Kondition festigt er auch durch Radfahren und Schwimmen. Außerdem läuft er täglich sechs bis acht Kilometer, wobei sein Trainer Alexander Nikitin (auf dem Foto links) ihm ein guter Schrittmacher ist. Am liebsten spielt der Champion jedoch Fußball. Nicht nur dabei schwört er auf die Rückennummer 13. Der Grund: Die ominöse 13 hält Garri für seine Glückszahl. Schließlich ist er an einem Dreizehnten geboren, wurde der dreizehnte Schachweltmeister und verteidigte seinen Titel nun mit dem insgesamt dreizehnten Sieg gegen Karpow in bisher 96 WM-Partien

Es ist vollbracht! Zielbewußt steuert Garri Kasparow den Konzertsaal des Hotels Leningrad zur 24. Partie an. Zu diesem Zeitpunkt ist der Verbleib der Schachkrone bereits gesichert. Sein Kontrahent ist daher auch kaum noch in Kampfesstimmung.

Selbst wenn die Chancen auf ein Billett nahezu aussichtslos waren, nahmen viele Unentwegte so manche Stunde Wartezeit sowohl in London als auch in Leningrad in Kauf, um vielleicht doch noch das »K & K«-Duell live zu erleben

Nimzowitsch-Indisch (4. Partie)

Weiß: Kasparow Schwarz: Karpow
Der erste Sieg des Titelverteidigers in diesem Match! Das gleiche eröffnungstheoretische Thema stand bereits mehrfach im vorangegangenen Zweikampf zur Debatte. Der Weltmeister, das zeigen viele seiner Partien, fürchtet sich nicht vor isolierten Bauern. Diesmal operiert er mit einem »Isolani« auf der c-Linie, den er im frühen Mittelspiel gegen den Bauern auf b7 eintauscht und plötzlich dank seinem Läuferpaar zu einer besseren Stellung kommt. Da jedoch die Position keine Angriffschancen bietet, lenkt er im 23. Zug in ein Endspiel ein, das er mit subtilen Zügen immer überlegener gestaltet, schließlich einen Bauern auf a7 gewinnt, wonach der weiße a-Bauer den Siegesmarsch antritt.
1. d4 ♘f6 2. c4 e6 3. ♘c3 ♗b4 4. ♘f3 c5 5. g3 cd 6. ♘:d4 0–0 7. ♗g2 d5 8. ♕b3 ♗:c3+ 9. bc ♘c6 10. cd ♘a5! 11. ♕c2 ♘:d5 12. ♕d3 ♗d7 13. c4 ♘e7 14. 0–0 ♖c8 15. ♘b3! ♘:c4 16. ♗:b7 ♖c7 17. ♗a6! ♘e5 18. ♕e3 ♘c4 19. ♕e4 ♘d6 20. ♕d3 ♖c6 21. ♗a3 ♗c8 22. ♗:c8 ♘d:c8 23. ♖fd1 ♕:d3 24. ♖:d3 ♖e8 25. ♖ad1 f6 26. ♘d4 ♖b6 27. ♗c5 ♖a6 28. ♘b5 ♖c6 29. ♗:e7 ♘:e7 30. ♖d7 ♘g6 31. ♖:a7 ♘f8 32. a4 ♖b8 33. e3 h5 34. ♔g2 e5 35. ♖d3 ♔h7 36. ♖c3 ♖bc8 37. ♖:c6 ♖:c6 38. ♘c7! ♘e6 39. ♘d5 ♔h6 40. a5 e4 41. a6. Schwarz gab auf.
Stand: Kasparow 2½ Karpow 1½

Grünfeld-Indisch (5. Partie)

Weiß: Karpow Schwarz: Kasparow
Die beiden Protagonisten des Schachs demonstrierten in ihren Wettkämpfen mehrfach, daß ein »Springer am Rande keine Schande« (mehr) ist. Hier setzt Anatoli sein Pferdchen recht wirkungsvoll über das Randfeld h3 in Marsch, bis er schließlich via f2, d3 und c1 den vorgeprellten schwarzen Bauern auf a2 unschädlich macht. Sein überscharfes Eröffnungsexperiment hat der Weltmeister nach dieser Erfahrung nicht wiederholt. Die weißen Bauern im Zentrum sind zu stark, der Anziehende kommt aus der Eröffnung heraus in Vorteil, was hier überzeugend nachgewiesen wird. Das war kein guter Griff in die Variantenkiste. Die Eröffnungsbücher empfehlen 10. ... ♕a5, doch zeigen neuere Beispiele, daß Weiß nach 11. ♘f3 zu einem schönen Spiel kommt.
1. d4 ♘f6 2. c4 g6 3. ♘c3 d5 4. ♗f4 ♗g7 5. e3 c5 6. dc ♕a5 7. ♖c1 ♘e4?! 8. cd ♘:c3 9. ♕d2 ♕:a2 10. bc ♕:d2+ 11. ♔:d2 ♘d7 12. ♗b5 0–0 13. ♗:d7 ♗:d7 14. e4 f5 15. e5 e6 16. c4 ♖fc8 17. c6! bc 18. d6 c5 (der Sprengungsversuch 18. ... g5!? führt nach 19. ♗:g5 ♗:e5 20. c5 ♗g7 21. f4 h6 22. ♗h4 e5 23. fe ♗:e5 24. ♗g3 f4 25. ♘f3! zu weißem Vorteil) 19. h4 h6 20. ♘h3!

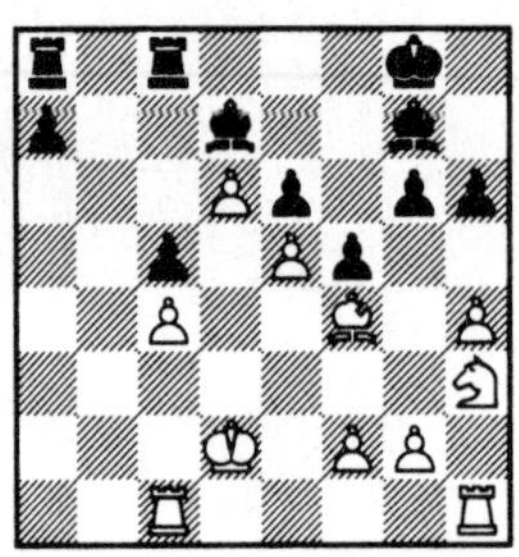

20. ... a5 (zu versuchen war 20. ... ♖cb8) 21. f3 a4 22. ♖he1 a3 23. ♘f2 a2 24. ♘d3 ♖a3 25. ♖a1 g5 26. hg hg 27. ♗:g5 ♔f7 28. ♗f4 ♖b8 29. ♖ec1 ♗c6 30. ♖c3 ♖a5 31. ♖c2 ♖ba8 32. ♘c1. Schwarz gab auf.
Stand: Karpow 2½ Kasparow 2½

Damengambit (8. Partie)

Weiß: Kasparow Schwarz: Karpow
Wenn beim Schach von einem Kombinationswirbel gesprochen wird – bei diesem Kampf der Titanen reicht der Begriff nicht aus, es ist eher ein Kombinations-Wirbelsturm! Wage sich kein Unbefugter daran, diese Partie mit »lichtvollen Analysen« zu versehen – nur wenige Große des Schachs können das. Die Londoner Zuschauer wurden in die Zeit der Romantik versetzt. Wie schwierig es für Verteidiger Karpow war, zeigt – einmalig in seiner Praxis als Großmeister! –, daß er im 31. Zug die Zeit überschritt in einer Stellung, die noch nicht hoffnungslos verloren war, wie man zunächst glaubte. Tüchtige Analytiker fanden schließlich, daß der Weltmeister nach 31. ... ♖d2 32. ♕e7 ♖dd8 33. ♖:f7 ♖:f7 34. ♖:f7 ♔g8! mit dem stillen Zug 35. ♔h2! seinen Endspielvorteil am besten festhalten konnte.
1. d4 d5 2. c4 e6 3. ♘c3 ♗e7 4. cd ed 5. ♗f4 ♘f6 6. e3 0–0 7. ♗d3 c5 8. ♘f3 ♘c6 9. 0–0 ♗g4 10. dc ♗:c5 11. h3 ♗:f3 12. ♕:f3 d4 13. ♘e4 ♗e7 14. ♖ad1 ♕a5 15. ♘g3!? de 16. fe ♕:a2! 17. ♘f5 ♕e6 18. ♗h6 ♘e8 19. ♕h5!

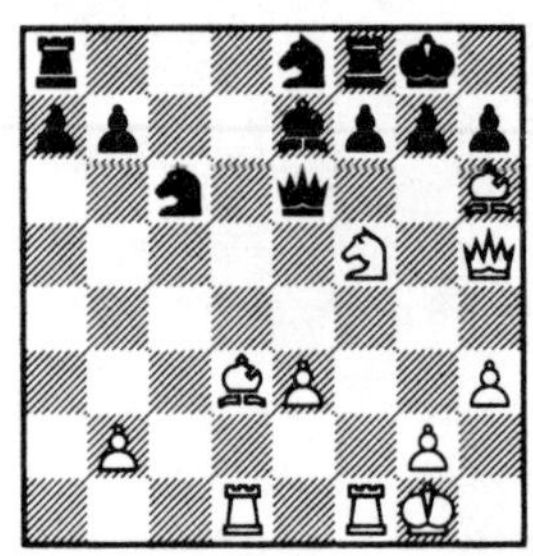

19. ... g6 20. ♕g4 ♘e5 21. ♕g3 ♗f6 22. ♗b5 ♘g7 23. ♗:g7 ♗:g7 24. ♖d6 ♕b3! 25. ♘:g7 ♕:b5 26. ♘f5 ♖ad8 27. ♖f6!? ♖d2 28. ♕g5 ♕:b2 29. ♔h1 ♔h8? (die Verteidigung mußte mit 29. ... ♖d7 geführt werden) 30. ♘d4! ♖:d4 31. ♕:e5, und Schwarz überschritt die Zeit.
Stand: Kasparow 4½ Karpow 3½

Spanisch (14. Partie)

Weiß: Kasparow Schwarz: Karpow
Ein Kuriosum. Kasparow, der in seiner Praxis nur ganz gelegentlich einmal mit dem Königsbauern eröffnete, wendet diesen Zug in diesem Match dreimal an und erzielt damit 2½ Punkte! Karpow, der als Weltmeister bei stärkster internationaler Konkurrenz so erfolgreich mit 1. e2–e4 war, meidet ihn diesmal ganz. (Ob er die Sizilianische Verteidigung nicht mag?) Ein Spanier mit Anatolis Spezialaufbau kommt aufs Brett, bei dem im 21. Zug ein schwarzer vorwitziger Bauer auf dem Feld d3, mitten im feindlichen Lager, erscheint. Im 26. Zug kann ihn schließlich der Weltmeister gegen seinen Schwächling auf a3 eintauschen. Möglicherweise ist 22. ... ♕a5 ein Mittelspielfehler, da der weiße Springer eine starke Position auf f5 beziehen kann. Mit dem Präventivzug 22. ... g6 wäre dies zu verhindern gewesen.
1. e4 e5 2. ♘f3 ♘c6 3. ♗b5 a6 4. ♗a4 ♘f6 5. 0–0 ♗e7 6. ♖e1 b5 7. ♗b3 d6 8. c3 0–0 9. h3 ♗b7 10. d4 ♖e8 11. ♘bd2 ♗f8 12. a4 h6 13. ♗c2 ed 14. cd ♘b4 15. ♗b1 c5 16. d5 ♘d7 17. ♖a3 c4 18. ab ab 19. ♘d4 ♖:a3 20. ba ♘d3 21. ♗:d3 cd 22. ♗b2 ♕a5 23. ♘f5 ♘e5 24. ♗:e5! de 25. ♘b3 ♕b6 26. ♕:d3 ♖a8 27. ♖c1 g6 28. ♘e3 ♗:a3 29. ♖a1 ♖a4 30. ♘g4 ♗f8 31. ♖c1 ♕d6 32. ♘c5 ♖c4 33. ♖:c4 bc 34. ♘:b7! cd 35. ♘:d6 ♗:d6 36. ♔f1! (aber nicht 36. ♘:h6+ ♔g7 37. ♘g4 f5!) 36. ... ♔g7 37. f3 f5 38. ♘f2 d2 39. ♔e2 ♗b4 40. ♘d3 ♗c3 41. ♘c5. Schwarz gab auf.
Stand: Kasparow 8 Karpow 6

Uhrenkontrolle vor Partiebeginn durch Schiedsrichter Robert Wade. Unerwartet bekam der Zeitfaktor in diesem WM-Match eine Schlüsselstellung. So verlor Karpow erstmals eine WM-Partie durch Zeitüberschreitung, und der Titelverteidiger verdarb innerhalb von Sekunden in hochgradiger Zeitnot die hoffnungsvoll stehende 18. Partie. Es scheint, als ahnen die Zuschauer bereits das Drama

Spanisch (16. Partie)

Weiß: Kasparow Schwarz: Karpow

Wenn im Laufe eines Zweikampfes beide Spieler die ersten Züge einer bereits gespielten Partie wiederholen – hier ist es die Zugfolge aus der 14. Begegnung –, dann sind beide von der Güte ihres Aufbaus überzeugt, sie »glauben« an ihre Variante. Die Frage stellt sich, wer zuerst vom Vorläufer abweicht. Es ist der Weltmeister, der im 18. Zug die Pfade der 14. Partie verläßt und mit der (vermeintlichen?) Verstärkung aufwartet. Im Mittelspiel brandet der Kampf auf, wobei der Herausforderer »Sieger« am Damenflügel wird. Der Weltmeister sucht seine Gegenchancen am Königsflügel, konzentriert dort seine Figuren und zwingt den Nachziehenden, etwas für die Verteidigung zu tun. Nach 33. ... ♕:a3? (besser war es, mit dem Turm zu schlagen) hatte jedoch Garri einen forcierten Gewinn in der Hand, wobei der Randspringer auf h6 eine großartige Arbeit leistete.

1. e4 e5 2. ♘f3 ♘c6 3. ♗b5 a6 4. ♗a4 ♘f6 5. 0–0 ♗e7 6. ♖e1 b5 7. ♗b3 d6 8. c3 0–0 9. h3 ♗b7 10. d4 ♖e8 11. ♘bd2 ♗f8 12. a4 h6 13. ♗c2 ed 14. cd ♘b4 15. ♗b1 c5 16. d5 ♘d7 17. ♖a3 c4 18. ♘d4 ♕f6 19. ♘2f3 ♘c5 20. ab ab 21. ♘:b5 ♖:a3 22. ♘:a3 ♗a6 23. ♖e3 ♖b8 24. e5! de 25. ♘:e5 ♘bd3 26. ♘g4 ♕b6 27. ♖g3 g6!? (sicherer war 27. ... ♔h8) 28. ♗:h6 ♕:b2 29. ♕f3! ♘d7 30. ♗:f8 ♔:f8 31. ♔h2 ♖b3 32. ♗:d3 cd 33. ♕f4 ♕:a3 34. ♘h6! ♕e7 35. ♖:g6! ♕e5 36. ♖g8+ ♔e7 37. d6+! ♔e6 (der kecke Bauer ist nicht zu schlagen, da dies in jedem Fall die schwarze Dame kosten würde) 38. ♖e8+ ♔d5 39. ♖:e5+ ♘:e5 40. d7! ♖b8 (wieder war der Bauer tabu, da nach 40. ... ♘:d7 41. ♕:f7+ der schwarze Turm verlorengeht) 41. ♘:f7. Schwarz gab auf, denn auf 41. ... ♘:d7 folgt 42. ♕d6+ mit Figurengewinn.

Stand: Kasparow 9½ Karpow 6½

Grünfeld-Indisch (17. Partie)

Weiß: Karpow Schwarz: Kasparow

Ganz offensichtlich unterschätzt hat der Weltmeister mit seinem Beraterteam die Neuerung seines Widersachers 12. e5! aus der 15. Begegnung. Zwar fand der Titelverteidiger dort eine Rettung, daß aber dem Anziehenden im 14. Zug eine weit gefährlichere Fortsetzung zur Verfügung steht, das hätte die Kasparow-Mannschaft bei einer gründlichen Analyse dieser 15. Partie entdecken können. Anatoli zeigt hier sein außerordentliches technisches Können. Der Weltmeister steht trotz eines Mehrbauern positionell hoffnungslos, so daß er keine Möglichkeit findet, sein Können anzubringen. Eine echte Karpow-Partie, die aus der Eröffnung heraus gewonnen wurde.

1. d4 ♘f6 2. c4 g6 3. ♘c3 d5 4. ♘f3 ♗g7 5. ♕b3 dc 6. ♕:c4 0–0 7. e4 ♗g4 8. ♗e3 ♘fd7 9. ♖d1 ♘c6 10. ♗e2 ♘b6 11. ♕c5 ♕d6 12. e5! ♕:c5 13. dc ♘c8 14. h3! ♗:f3 15. ♗:f3 ♗:e5 16. ♗:c6 bc 17. ♗d4! ♗f4 18. 0–0 a5? 19. ♖fe1 a4 20. ♖e4 ♗h6 21. ♗e5 a3 22. b3 ♘a7 23. ♖d7! ♗c1 24. ♖:c7 ♗b2 25. ♘a4! ♘b5 26. ♖:c6 ♖fd8 27. ♖b6 ♖d5 28. ♗g3 ♘c3 29. ♘:c3 ♗:c3 30. c6 ♗d4 31. ♖b7. Schwarz gab auf.

Stand: Karpow 7½ Kasparow 9½

Damenindisch (18. Partie)

Weiß: Kasparow Schwarz: Karpow

Nach der Niederlage des Titelverteidigers in der vorangegangenen Partie hätte man nun eine Auszeit erwarten können. Aber Garri will offenbar zeigen, daß er einen Verlust wegstecken und kontern kann. In echter Kasparow-Manier stürmt er hier auf den schwarzen Königsflügel zu und erreicht eine Stellung, die er wie kein zweiter in der Welt zu behandeln weiß. Im 28. Zug vermeidet er eine Zugwiederholung, die das Remis forciert hätte und wonach er der Verteidigung seines Titels ein gutes Stück näher gekommen wäre. Garri spielt stark auf Angriff weiter – nur noch ein halber Schritt fehlte ihm zum Sieg. Doch in Zeitnot unterlaufen ihm Fehlzüge, und bei Abbruch der Partie ist sein ganzer Vorteil verschwunden, seine Stellung sogar äußerst gefährdet. Wie schwer das Analysieren ist, zeigt die Tatsache, daß der Exweltmeister im 55. Zug nicht optimal fortsetzte, wonach Weiß eine Remischance erhielt. Statt des a-Bauern hätte der c-Bauer einen Schritt vorgehen sollen, und die Partie wäre noch gerettet worden. Garri greift daneben (auch hier war die Bedenkzeit wieder knapp geworden), und so gab es den ersten und einzigen Schwarz-Sieg dieses Matches.

1. d4 ♘f6 2. c4 e6 3. ♘f3 b6 4. ♘c3 ♗b4 5. ♗g5 ♗b7 6. e3 h6 7. ♗h4 ♗:c3+ 8. bc d6 9. ♘d2 g5?! 10. ♗g3 ♕e7 11. a4 a5 12. h4! ♖g8 13. hg hg 14. ♕b3! ♘a6 15. ♖b1 ♔f8 16. ♕d1 ♗c6 17. ♖h2 ♔g7 18. c5! bc 19. ♗b5! ♘b8 20. dc d5 21. ♗e5 ♔f8 22. ♖h6 ♘e8 23. ♕h5 f6! 24. ♖h7 ♘g7 25. ♕f3 ♔f7 26. ♕h5+ ♔f8 27. ♕f3 ♔f7 28. ♖h6 ♘e8 29. e4 g4 30. ♕f4 ♗:b5 31. ♖:b5 ♘d7 32. ♗:c7 ♘:c5 33. ♕e3 ♘:e4 34. ♘:e4 de 35. ♗:a5 f5 36. ♗b4 ♕d7 37. ♕d4! ♖a7 (nicht angängig war der Damentausch, da auf 37. ... ♕:d4 38. ♖b7+ mit undeckbarem Matt gefolgt wäre) 38. ♖h7+? (in Zeitnot läßt der Weltmeister den Gewinnzug 38. ♕e5! aus) 38. ... ♘g7 39. a5? (mit 39. ♖h6 ♘e8 war die gleiche Stellung wieder herzustellen. Anstelle des schwachen Textzuges war 39. ♗c5 mit überlegener Stellung eine gute Möglichkeit.) 39. ... ♔g6! 40. ♕:d7 ♖:d7 41. ♖h4 ♖gd8 42. c4 ♖d1+ 43. ♔e2 ♖c1 44. a6 ♖c2+ 45. ♔e1 ♖a2 46. ♖b6 ♖d3 47. c5 ♖a1+ 48. ♔e2 ♖a2+ 49. ♔e1 g3 50. fg ♖:g3 51. ♔f1 ♖g:g2 52. ♗e1 ♖gc2 53. c6 ♖a1 54. ♖h3 f4 55. ♖b4 ♔f5? (diese Fortsetzung gefährdet den Sieg, der mit 55. ... ♘f5! 56. ♖:e4 ♘g3+ 57. ♖:g3 fg 58. ♖g4+ ♔f5 59. ♖:g3 ♖:c6 zu erringen war) 56. ♖b5+! e5 57. ♖a5! ♖d1 58. a7? e3! Weiß gab auf.

Stand: Kasparow 9½ Karpow 8½

Grünfeld-Indisch (19. Partie)

Weiß: Karpow Schwarz: Kasparow

Auch diese Grünfeld-Indische Verteidigung ging aus der Eröffnung heraus verloren. Zwar nahm Garri einen Wechsel seiner Verteidigungsvariante vor, die in den Lehrbüchern als befriedigend im Sinne eines Ausgleichs der Stellungen dargestellt ist, doch Anatoli ist für dieses Match hervorragend eröffnungstheoretisch vorbereitet und hat mit seiner Neuerung in einem alten System den Theoretikern eine harte Nuß aufgegeben. Wer rettet Grünfeld-Indisch?

1. d4 ♘f6 2. c4 g6 3. ♘c3 d5 4. ♘f3 ♗g7 5. ♕b3 dc 6. ♕:c4 0–0 7. e4 ♘a6 8. ♗e2 c5 9. d5 e6 10. 0–0 ed 11. ed ♗f5 12. ♗f4 ♖e8 13. ♖ad1 ♘e4 14. ♘b5! ♕f6 15. ♗d3 ♘b4 16. ♘c7 ♘:d3 17. ♘:e8 ♖:e8 18. ♕:d3 ♕:b2 19. ♖de1! ♕b4 20. ♘d2 ♕a4 21. ♕c4! (mit perfekter Technik wickelt der Exweltmeister in ein gewonnenes Endspiel ab) 21 ... ♕:c4 22. ♘:c4 ♗c3 23. ♘d2 ♗:d2 24. ♗:d2 ♗d7 25. ♗f4 ♗b5 26. f3 g5 27. ♗:g5 ♗:f1 28. ♔:f1 ♘d6 29. ♗e7 ♘c8 30. ♗:c5 ♖d8 31. ♖e5 f6 32. ♖f5 b6 33. ♗d4 ♘e7 34. ♗:f6 ♖:d5 35. ♖g5+ ♖:g5 36. ♗:g5 ♘c6 37. ♔e2 ♔f7 38. ♔d3 ♔e6 39. ♔c4 ♘e5 40. ♔d4 ♘c6+, und Schwarz gab auf, ohne die abgebrochene Partie wieder aufzunehmen.

Stand: Karpow 9½ Kasparow 9½

Damengambit (22. Partie)

Kommentare: Aleksei Suetin

Weiß: Kasparow Schwarz: Karpow
1. d4 ♘f6 2. c4 e6 3. ♘f3 d5 4. ♘c3 ♗e7 5. ♗g5 h6 6. ♗:f6 (Beide Spieler verfügen über gute Erfahrungen mit dieser Variante, kam es doch in der 10. und 12. Partie zu diesem Thema, wobei Schwarz immer mit einigen Schwierigkeiten zu kämpfen hatte.) 6. ... ♗:f6 7. e3 0–0 8. ♖c1 c6 9. ♗d3 ♘d7 10. 0–0 dc 11. ♗:c4 e5 (In der 12. Begegnung setzte der Herausforderer mit 11. ... c5 fort und Weiß erhielt nach 12. ♕e2 a6 13. ♖fd1 cd 14. ♘:d4 ♕e7 15. ♘e4 ♗e5 16. ♘f3 – sehr zu beachten war auch 16. f4 – 16. ... ♗b8 17. ♕d2 eine starke Initiative.) 12. h3 ed 13. ed ♘b6 (Inzwischen wurde gefunden, daß 13. ... c5, was Karpow in der 10. Partie versuchte, nach 14. ♘e4 zu weißem Vorteil führt.) 14. ♗b3 ♗f5 (Im ersten WM-Match zwischen beiden Kontrahenten geriet Schwarz nach 14. ... ♖e8 15. ♖e1 ♗f5 16. ♖:e8+ ♕:e8 17. ♕d2 unter Druck.) 15. ♖e1 a5 16. a3 ♖e8 (Das ist ein neuer Zug. In einer Partie Raschkowski–Beljawski, Kiew 1986, konnte Schwarz mit 16. ... ♕d7 17. ♕d2 a4 18. ♗a2 ♖fe8 19. ♕f4 ♗e6 20. ♗:e6 ♖:e6 21. ♖:e6 ♕:e6 22. ♕c7 ♕b3 23. ♕:b7 ♕:b2 den Ausgleich der Stellungen herbeiführen.) 17. ♖:e8+ ♕:e8 18. ♕d2 ♘d7 19. ♕f4 ♗g6 20. h4 (Ein für Kasparows Stil charakteristischer Zug, der noch keinen konkreten Plan erkennen läßt. Auch 20. ♖e1 mit der möglichen Folge 20. ... ♕b8 21. ♕g4! ♘f8 22. ♘e5 kam in Betracht.) 20. ... ♕d8 21. ♘a4 (Der Zug richtet sich gegen die mögliche Postierung der Dame auf b6.) 21. ... h5 22. ♖e1 b5 23. ♘c3 ♕b8 24. ♕e3 b4 25. ♘e4 ba (Zum Vorteil für Weiß führt 25. ... ♗:e4 26. ♕:e4 ba 27. ♗c2 g6 28. ba.) 26. ♘:f6+ ♘:f6 27. ba ♘d5 (Aussichtsreicher erscheint 27. ... ♘g4, denn nach 28. ♕c3 ♕d6 29. ♗a4 ♖c8 oder 29. ♘e5 ♕f6 30. ♘:g4 hg 31. ♖e5 a4 kann Schwarz ruhig in die Zukunft blikken.) 28. ♗:d5 cd 29. ♘e5 ♕d8 30. ♕f3 ♖a6 31. ♖c1 ♔h7 32. ♕h3 ♖b6 33. ♖c8 ♕d6 34. ♕g3 a4 35. ♖a8! (Nun zeigt es sich, daß 35. ... ♖b3 an 36. ♖h8+! ♔:h8 37. ♘:f7+ scheitert,

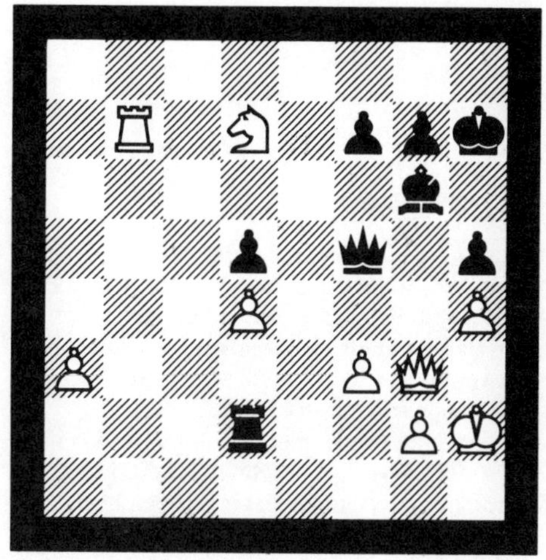

und auch 35. ... ♖a6 ist wegen 36. ♘:f7! ♗:f7 37. ♕d3+ ♗g6 38. ♖:a6 nicht angängig.) 35. ... ♕e6 36. ♖:a4 ♕f5 37. ♖a7 ♖b1+ 38. ♔h2 ♖c1 39. ♖b7 ♖c2 40. f3 ♖d2 (An dieser Stelle wurde die Partie abgebrochen. Viele erwarteten noch einen langen Kampf, doch traf das Ende unerwartet schnell ein.) 41. ♘d7!! (Der Abgabezug, der die Zuschauer zu Ovationen hinriß.) (siehe Diagramm) 41. ... ♖:d4 (Keine Verteidigung bietet 41. ... ♔h6 wegen 42. ♘f8 f6 43. ♘:g6 ♕:g6 44. ♕f4+, und Weiß gewinnt den Turm auf d2.) 42. ♘f8+ ♔h6 (Es scheitert 42. ... ♔g8 an 43. ♖b8.) 43. ♖b4! (Das ist die Pointe der Kombination.) 43. ... ♖c4 (Auch bei anderen Fortsetzungen hätte Weiß gesiegt, z. B. 43. ... ♖:b4 44. ab d4 45. b5 d3 46. b6 d2 47. b7 d1♕ 48. b8♕ ♕d2 – es drohte ein Schach auf f4 – 49. ♘:g6 ♕:g6 50. ♕h8+ ♕h7 51. ♕g:g7 matt oder 43. ... ♖d3 44. ♖b8 ♗h7 45. ♕g5+, und Weiß erobert eine Figur.) 44. ♖:c4 dc 45. ♕d6! c3 46. ♕d4. Schwarz gab auf, da die Drohung 47. ♕e3+ unparierbar ist. Ein außergewöhnlich schönes Schlußspiel.

Ende gut, alles gut

Vor der Abreise zum WM-Titelkampf hatte Michail Botwinnik seinem ehemaligen Schützling Garri Kasparow ans Herz gelegt: »Du spielst zweifellos besser, doch behalte stets im Unterbewußtsein, daß du auch verlieren kannst.« Dieser Ratschlag des Exweltmeisters kam nicht von ungefähr, hieß doch der alte neue Gegner Anatoli Karpow.

Daß von den Experten der Komet aus Baku für das in Andalusiens Metropole Sevilla angesetzte vierte Gipfeltreffen der K & K-Monarchie als klarer Favorit betrachtet wurde, störte das Selbstbewußtsein des Exweltmeisters in keiner Weise. Schließlich konnte er auf einen nicht unwichtigen psychologischen Faktor bauen, denn bei den seit 1951 ausgetragenen 15 WM-Duellen gab es ein klares Übergewicht zugunsten der Herausforderer: Acht Siegen standen nur vier Niederlagen gegenüber. Da zudem noch eine der bekanntesten spanischen Wahrsagerinnen einen Sieg Karpows prophezeite …

Nun, auf der Bühne des eigens für dieses Ereignis renovierten Lope-de-Vega-Theaters wurde nicht orakelt, sondern Schach gespielt. Und was für ein Schach! Wer hätte schon einen so furiosen Auftakt vorauszusagen gewagt? Nach fünf Partien waren bereits drei Siege zu vermelden. Zwei davon verbuchte der Herausforderer. Was dabei besonders auffiel: Der kühle Rechner Karpow zeigte einen völlig neuen Stil. Er, dessen Begabung es ist, mikroskopische Vorteile einer Stellung unerbittlich zum alles entscheidenden Schlag zu verwerten, suchte plötzlich bewußt das Risiko. Dazu verblüffte er in dem sich anbahnenden kompromißlosen Eröffnungsdisput um Grünfeld-Indisch und Englisch den 24jährigen Champion mit erstaunlichen Neuerungen. »Es ist so, als ob die beiden das Licht ausmachen und mit den Äxten aufeinander losgehen«, kommentierte begeistert der englische Großmeister Raymond Keene diesen wahrhaft gigantischen Kampf des unzertrennlichen Paars.

Natürlich war dieser offene Schlagabtausch ganz nach dem Geschmack der Millionen Schachanhänger in aller Welt, zumal niemals zuvor so viele Fans per Fernsehen Augenzeuge waren; allein in der Schlußrunde sollen es mehr als 300 Millionen gewesen sein. Nicht zu übersehen war jedoch schon bei diesem stürmischen Start, daß beiden eine für sie untypische Menge grober Patzer unterliefen, so daß diese 35. Weltmeisterschaft ihren Platz in der Schachgeschichte als Tragödie der Fehler finden könnte. Einem solchen »Dusselzug« Karpows in der elften Partie, wie ein Sevilla-Beobachter formulierte, verdankte der Titelverteidiger, daß er das erste und einzige Mal in Führung ging.

Auch in Sevilla schien für den Champion damit eine Vorentscheidung gefallen zu sein. Da ihm ein 12:12 reichte, mußte Karpow nach dem 5:6-Rückstand eigentlich sogar zwei Punkte aufholen, um auf den Schachthron zu gelangen. In der Tat ist dieser Weltmeister-Bonus nach wie vor umstritten. Sportlich fairer wäre es ganz sicher, daß bei einem 12:12-Endstand das Match ähnlich wie im kanadischen Eishockey bis zum »Sudden death« verlängert wird, also derjenige Weltmeister ist, der die nächste Partie für sich entscheidet. Kasparow jedenfalls begann fortan das Reglement regelrecht auszureizen, selbst mit den weißen Steinen ließ er in den Partien 12 und 14 Kurzremisen zu.

Daß eine solche Taktik psychologisch fragwürdig sein kann, mußte Garri in Runde 16 erfahren. Seinem Gegner gelang der Ausgleichstreffer zum 8:8, und alles begann damit wieder von vorn. Es folgten sechs weitere Punkteteilungen. Was jedoch dann geschah, dürfte an Dramatik nur schwerlich zu überbieten sein. Zuerst nutzte Karpow seine allerletzte Chance mit Weiß zum Sieg. Nun lag er mit 12:11 in Front, benötigte zum Triumph lediglich noch ein Unentschieden, während der zwölf Jahre jüngere Rivale um jeden Preis gewinnen mußte. Eine Aufgabe, an der einst in ähnlicher Situation Bronstein (1951), Smyslow (1954) und Karpow (1985) scheiterten. Aber da war auch das legendäre Beispiel Emanuel Laskers, der 1910 im Schlußgang gegen Carl Schlechter das scheinbar Unmögliche noch möglich machte. Jene Entscheidungspartie von Sevilla war fraglos die schwierigste Prüfung in der Laufbahn des jüngsten Schachweltmeisters, die er weltmeisterlich bestand.

Weshalb Anatoli Karpow das Remis nicht schaffte? Die Antwort fällt nicht schwer: In hoher Zeitnot wählte er einen falschen Springerzug. Es war wie in einem alten russischen Märchen: Gehst du nach rechts, findest du dein Glück, doch gehst du nach links, verlierst du dein Leben. »Die Leidenschaft Othellos triumphierte letztlich über die Weisheit Hamlets«, sah Großmeister Eduard Gufeld prosaisch das glückliche Ende für den Jungen aus Aserbaidshan. Der hatte zwar mit jenem 12:12 seinen Vorgänger nicht besiegt, aber doch alles gewonnen.

Zumindest bis 1990 tritt jetzt eine Unterbrechung in den WM-Begegnungen der K & K ein. Ob es dann eine Fortsetzung ihrer scheinbar unendlichen Geschichte geben wird? Nun, am Horizont stehen schon junge, ehrgeizige Spieler bereit wie die sowjetischen Talente Salow, Ehlvest, Jussupow, Sokolow, Englands Hoffnung Nigel Short oder der Isländer Hjartarson. Und in Leningrad studiert Gata Kamski, der im Frühjahr 1987 mit zwölf Jahren UdSSR-Jugendmeister wurde, die Varianten der Großen des Schachs.

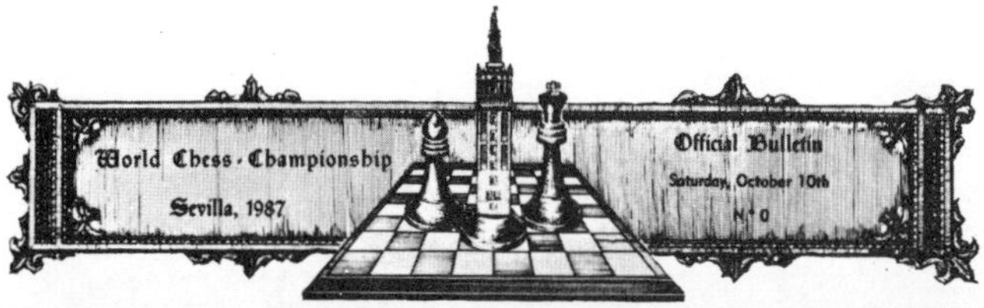

Die andalusische Provinzhauptstadt Sevilla war für 71 Tage Schach-„Mekka“ der Welt. Wohl kaum jemand hätte vor Beginn dieses WM-Matches der K & K-Monarchie freilich vorauszusagen gewagt, daß es in der Schachgeschichte seinen Platz als Tragödie der Fehler finden könnte

Mit ihrem vierten WM-Match eröffnen Garri Kasparow und Anatoli Karpow am 10. Oktober 1987 in Sevilla das zweite Jahrhundert der Wettkämpfe um die Schachkrone. Bei der feierlichen Auslosung, die Garris Mutter von einem Logenplatz beobachtet, wählt der Herausforderer aus der Hand einer andalusischen Schönen für die erste Partie den Fächer mit den weißen Steinen

Englisch (2. Partie)

Weiß: Kasparow Schwarz: Karpow

Von Anfang an setzte der Herausforderer die Akzente. So überraschte er den Weltmeister schon in der Eröffnung mit dem verblüffenden Bauernopfer 9. ... e3!?. Vor allem die psychologische Wirkung des Zuges war erstaunlich, denn Kasparow überlegte 83 Minuten an seiner Antwort 10. d3. In dem nun folgenden Positionskampf brachte der Exweltmeister sein feines Stellungsgefühl voll zum Tragen, zumal Garri mittels 17. c4 – solider wäre 17. ♘f3 oder 17. ♖be1 – seine Chancen überschätzte. Gegen Karpows schwungvollen Mattangriff gab es dann keine Verteidigung mehr.

1. c4 ♘f6 2. ♘c3 e5 3. ♘f3 ♘c6 4. g3 ♗b4 5. ♗g2 0–0 6. 0–0 e4 7. ♘g5 ♗:c3 8. bc ♖e8 9. f3 e3!? 10. d3 (auf 10. de folgt entweder 10. ... b6 oder 10. ... d6, und Schwarz hat das „freie Spiel") 10. ... d5 11. ♕b3 ♘a5 12. ♕a3 c6 13. cd cd 14. f4 ♘c6 15. ♖b1 ♕c7 16. ♗b2 ♗g4 17. c4!? dc 18. ♗:f6 gf 19. ♘e4 ♔g7 20. dc ♖ad8 21. ♖b3 (vorzuziehen war 21. ♘c3 ♘d4 22. ♘d5!) 21. ... ♘d4 22. ♖:e3 ♕:c4 23. ♔h1 ♘f5 24. ♖d3 ♗:e2 25. ♖:d8 ♖:d8 26. ♖e1

26. ... ♖e8 27. ♕a5 b5 28. ♘d2 ♕d3 29. ♘b3 ♗f3! 30. ♗:f3 (oder 30. ♖:e8 ♕f1 matt) 30. ... ♕:f3+ 31. ♔g1 ♖:e1+ 32. ♕:e1 ♘e3. Weiß gab auf. Es droht 33. ... ♕g2 matt. Wenn 33. ♕d2, so 33. ... ♕f1 matt, auf 33. ♕f2 entscheidet 33. ... ♕d1+.

Stand: Kasparow ½ Karpow 1½

Grünfeld-Indisch (5. Partie)

Weiß: Karpow Schwarz: Kasparow

Erstmals wartete Anatoli Karpow in der theoretischen Diskussion um die Grünfeld-Indische Verteidigung mit der scharfen Abtauschvariante auf, in der er eine Neuerung vorbereitet hatte: 12. ♗:f7+!?. Daß diese Variante den Champion völlig unvorbereitet traf, beweisen seine 64 Minuten Bedenkzeit für 14. ... ♕d6. Wie schon in der 2. Partie bahnte sich hier erneut ein Zeitnotdrama an. Mit 24. ... b5 stellte Schwarz eine tückische Falle auf – 25. ♖:b5 ♘:e5 26. ♗:e5?? (26. ♖:c5 ♘:g4+ 27. ♔h3 ♕d7 28. ♕c4+ ♔h8 29. ♕d5 ♘f2+ 30. ♔h2 ♘g4+ mit ewigem Schach) 26. ... ♖f2, und das Matt auf g2 ist nicht zu verhindern. Schließlich scheiterte Garri jedoch an seinen eigenen halsbrecherischen Verwicklungen. So fand er den rettenden Turmzug 36. ... ♖a1! nicht, wonach Weiß kaum gewinnen kann.

1. d4 ♘f6 2. c4 g6 3. ♘c3 d5 4. cd ♘:d5 5. e4 ♘:c3 6. bc ♗g7 7. ♗c4 c5 8. ♘e2 ♘c6 9. ♗e3 0–0 10. 0–0 ♗g4 11. f3 ♘a5 12. ♗:f7+!? ♖:f7 13. fg ♖:f1+ 14. ♔:f1 ♕d6 15. e5 ♕d5 16. ♗f2 ♖f8 17. ♔g1 ♗h6 18. h4 ♕f7 19. ♗g3 ♗e3+ 20. ♔h2 ♕c4 21. ♖b1 b6 22. ♖b2?! (zu beachten ist 22. dc) 22. ... ♕d5 23. ♕d3 ♘c4 24. ♖b1 b5!? 25. ♔h3 a6 26. ♘g1 cd 27. ♘f3 ♖d8 28. a4! dc 29. ♕:c3 ♕e6 30. ♔h2 ba 31. ♖b4 ♘d2 32. ♖:a4 ♘f1+ 33. ♔h3 ♖d1 34. ♕c2!? (der Bauerngewinn nach 34. ♖:a6 ♕:a6 35. ♕b3+ ♔g7 36. ♕:d1 ♘:g3 37. ♔:g3 war für Karpow zu wenig) 34. ... ♖c1 35. ♕e2 h5 36. ♗e1 ♕d7? (auf 36. ... ♖a1! ist das Remis sicher perfekt. Wenn jetzt beispielsweise 37. ♖c4 folgt, so 37. ... hg+ 38. ♖:g4 ♖a4) 37. ♕:a6 ♖a1?? (auch 37. ... ♔g7 38. e6 verliert) 38. ♕:g6+. Schwarz gab auf.

Stand: Karpow 3 Kasparow 2

Englisch (8. Partie)

Weiß: Kasparow Schwarz: Karpow

Auch in seiner vierten Partie mit den weißen Steinen entschied sich der Weltmeister für die Englische Eröffnung. Mit 3. ... c5? installierte Karpow in seinem Lager bereits frühzeitig die chronische Felderschwäche d5. Weiß baute seinen positionellen Vorteil permanent aus. Mit 11. b5! wurde ein schwarzer Springer ins Abseits geschickt, so daß Karpow den Rest der Partie praktisch mit einer Figur weniger spielte. Ein Fehlgriff war fraglos 18. ... ♗:f5?, unbedingt mußte 18. ... gf geschehen. Erst nach dem 42. Zug – die Partie wurde abgebrochen – begann der Weltmeister seinen fulminanten Schlußangriff. Die f-Linie wurde für die schweren Figuren geöffnet (Dame, Türme), es folgte mit 44. ♘:g6! ein ebenso elegantes wie zwingendes Figurenopfer, wonach der schwarze König ohne Schutz war. Den krönenden Schlußpunkt 48. e5!! ließ sich Garri nicht entgehen. Eine Partie für Feinschmecker des positionellen Schachs!

1. c4 e5 2. ♘c3 d6 3. g3 c5 4. ♗g2 ♘c6 5. a3 g6 6. b4 ♗g7 7. ♖b1 ♘ge7 8. e3 0–0 9. d3 ♖b8 10. ♘ge2 ♗e6 11. b5! ♘a5 12. ♗d2 b6 13. 0–0 ♘b7 14. e4 ♔h8 15. ♕c1 f5 16. ♗g5 ♕e8 17. ♗:e7 ♕:e7 18. ef ♗:f5? 19. ♘d5 ♕d7 20. ♕d2 ♘a5 21. ♘ec3 ♖be8 22. ♘e4 ♘b7 23. a4 ♘a5 24. h4 ♘b7 25. ♔h2 ♖b8 26. ♖a1 ♘a5 27. ♖a3 ♖f7 28. ♕c3 ♖d8 29. ♖a2 ♗h6 30. ♘g5 ♖ff8 31. ♖e2 ♗g7 32. ♕c2 ♖de8 33. ♘e3 ♗h6 34. ♗d5 ♗g7 35. ♕d1 h6 36. ♘e4 ♕d8 37. ♖a2 ♗c8 38. ♘c3 h5 39. ♗e4 ♖e6 40. ♘cd5 ♗h6 41. ♘g2 ♔g7 42. f4! ef 43. ♘g:f4 ♖e5 44. ♘:g6! ♖:f1 45. ♕:f1 ♖:e4 46. de ♔:g6 47. ♖f2 ♕e8 (keine Rettung bringt 47. ... ♕d7 48. ♖f5 oder 47. ... ♗g7 48. ♖f7 ♗e6 49. ♘e7+ ♔h7 50. ♕f6 ♗:f7 51. ♕:f7 ♕f8 52. ♕g6+ ♔h8 53. ♕:h5+) 48. e5!! de (bei 48. ... ♕:e5 folgt 49. ♖e2 nebst 50. ♘e7+) 49. ♖f6+ ♔g7 50. ♖d6. Schwarz gab auf.

Stand: Kasparow 4 Karpow 4

Grünfeld-Indisch (11. Partie)

Weiß: Karpow Schwarz: Kasparow

Die permanente Nervenanspannung beschwört auch bei den besten Spielern der Welt Situationen im Denkprozeß herauf, die zur berühmten Schachblindheit führen. Die ersten 14 Züge sind die gleichen wie in der 5. und 7. Partie. Mit 15. ♔g1 hatte dann Karpow eine Fortsetzung parat, die besser war als der bisher von ihm bevorzugte Bauernvorstoß 15. e5. Als der Titelverteidiger den Damentausch 16. ... ♕c4!? anbot und es danach zu einem interessanten Endspiel kam, lagen die besseren Chancen bei Karpow, zumal er ein Remis durch Zugwiederholung ablehnte. Doch alles kam ganz anders. Ohne unter Zeitdruck zu stehen, schoß der Herausforderer mit 35. ♖c6?? einen katastrophalen Bock, der die Partie kostete.

1. d4 ♘f6 2. c4 g6 3. ♘c3 d5 4. cd ♘:d5 5. e4 ♘:c3 6. bc ♗g7 7. ♗c4 c5 8. ♘e2 ♘c6 9. ♗e3 0–0 10. 0–0 ♗g4 11. f3 ♘a5 12. ♗:f7+ ♖:f7 13. fg ♖:f1+ 14. ♔:f1 ♕d6 15. ♔g1 ♕e6 16. ♕d3 ♕c4 (nach 16. ... cd 17. cd ♕:g4 18. ♖f1! ist die weiße Stellung vorzuziehen) 17. ♕:c4+ ♘:c4 18. ♗f2 cd 19. cd e5!? 20. d5 ♗h6 21. h4 ♗d2 22. ♖d1 ♗a5 23. ♖c1 b5 24. ♖c2 ♘d6 25. ♘g3 ♘c4 26. ♘f1 ♘d6 27. ♘g3 ♘c4 28. g5 ♔f7 29. ♘f1 ♘d6 30. ♘g3 ♘c4 31. ♔f1 ♔e7 32. ♗c5+ ♔f7 33. ♖f2+ ♔g7 34. ♖f6 ♗b6! 35. ♖c6?? ♘a5! 36. ♗:b6 ♘:c6 37. ♗c7 ♖f8+ 38. ♔e2 ♖f7 39. ♗d6 ♖d7 40. ♗c5 ♘a5 41. ♘f1 ♖c7! 42. ♗d6 ♖c2+ 43. ♔d3 ♖:a2 44. ♘e3 ♔f7 45. ♘g4 ♘c4 46. ♘:e5+ ♘:e5+ 47. ♗:e5 b4 48. ♗f6 b3 49. e5 ♖:g2 50. e6+ ♔f8! (aber nicht 50. ... ♔g8?? 51. d6 b2 52. ♗:b2 ♖:b2 53. d7, und Schwarz verliert!). Weiß gab auf.

Stand: Karpow 5 Kasparow 6

Momentaufnahmen einer scheinbar unendlichen Geschichte… Im November 1975 trifft Garri Kasparow, der sechsjährig das Schachspiel erlernte, erstmals auf Anatoli Karpow (oben Mitte). Im Rahmen des traditionellen Pokalturniers von berühmten Großmeistern gegen Auswahlmannschaften der sowjetischen Pionierhäuser verliert er diese erste Partie gegen den damaligen Weltmeister unglücklich. Ihre vorerst letzte WM-Partie endete am 19. Dezember 1987 im spanischen Sevilla mit einem Sieg des 13. Schachweltmeisters aus Baku. Allein um die Schachkrone haben die beiden damit 120 Partien ausgetragen. Absolute Spielzeit: fast 600 Stunden. Es ist nicht ausgeschlossen, daß das Match von Sevilla, wo im 13. Jahrhundert unter Federführung König Alfons' des Weisen das älteste noch erhaltene Schachbuch der Welt entstand, 1990 eine Neuauflage findet. Nach Meinung von Exweltmeister Michail Botwinnik und statistischen Angaben erreicht ein Schachspieler im Alter zwischen 37 und 40 Jahren seine größte Spielstärke. Anatoli Karpow wäre da gerade 39…

Englisch (16. Partie)

***Weiß:* Kasparow *Schwarz:* Karpow**

Angesichts seines Ein-Punkte-Rückstandes mußte der Herausforderer nun auch als Schwarzspielender Gewinnmöglichkeiten suchen. Der Champion kam ihm allerdings entgegen; Quelle allen Übels war sein übereilter Bauernvorstoß 20. e5?. Statt dessen hätte der folgende schwarze Läuferausfall 20. ... ♗g4! mit 20. h3 unbedingt vermieden werden müssen. Als Garri dann mit 24. f5 zu einem verzweifelten Angriff blies, störte sein Gegner mit zwei aggressiven Gegenzügen 24. ... c5! und 25. ... cd die Kreise des Weltmeisters im richtigen Moment. Mit dem Ausgleich zum 8:8 war das WM-Match wieder völlig offen.

1. c4 e5 2. ♘c3 ♘f6 3. ♘f3 ♘c6 4. g3 ♗b4 5. ♗g2 0–0 6. 0–0 ♖e8 7. d3 ♗:c3 8. bc e4 9. ♘d4 h6 10. de ♘:e4 11. ♕c2 d5 12. cd ♕:d5 13. e3 ♘a5 14. f3 ♘d6 15. e4 ♕c5 16. ♗e3 ♘dc4 17. ♗f2 ♕e7 18. ♖ad1 ♗d7 19. f4 ♖ad8 20. e5? ♗g4! 21. ♘f5 ♕e6 22. ♖:d8 ♖:d8 23. ♘d4 ♕c8 24. f5

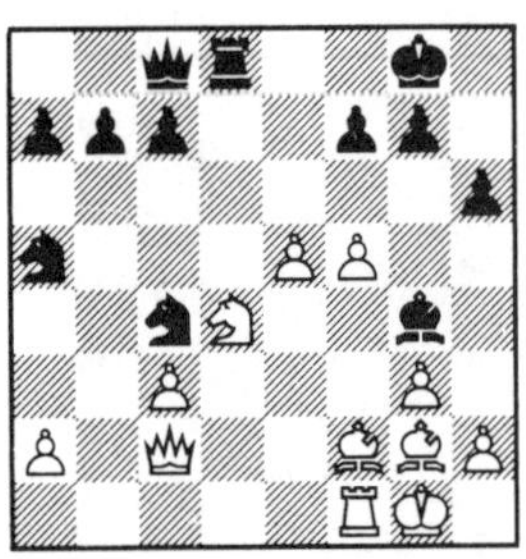

24. ... c5! (vorschnell wäre 24. ... ♘:e5 wegen 25. h3 c5 26. hg cd 27. ♕e4 und starker Initiative für Weiß) 25. ♕e4 cd 26. ♕:g4 ♘:e5 27. ♕e2 ♘ec6 28. cd ♘:d4 29. ♗:d4 ♖:d4 30. f6 ♕e6 31. ♕b2 ♕e3+ 32. ♔h1 b6 33. fg ♘c4 34. ♕c2 ♔:g7 35. ♗d5 ♘d6 36. ♕g2 ♕e5 37. ♗b3 a5 38. ♕f2 f5 39. ♕b2 b5 40. a3 ♔g6. Weiß gab auf, ohne die vertagte Partie wieder aufzunehmen.

***Stand:* Kasparow 8 Karpow 8**

Grünfeld-Indisch (23. Partie)

***Weiß:* Karpow *Schwarz:* Kasparow**

Anatoli Karpow, der zum letzten Mal im Anzugsvorteil war, suchte bedingungslos den Sieg, um vor der letzten Match-Partie in Front zu ziehen. In der komplizierten Abbruchstellung besaß eigentlich keiner der beiden Kontrahenten einen entscheidenden Vorteil. Mit seinem starken Abgabezug 41. ♖g1 schaltete der Herausforderer die taktischen Möglichkeiten des Titelverteidigers auf der f-Linie nahezu aus und inszenierte seinerseits eine wirkungsvolle Aktion am Damenflügel. Kasparow, der nicht tatenlos zusehen wollte, wie ihn das weiße Freibauernpaar auf d5 und c4 überrollen würde, griff in der Not auf eine seiner Tugenden zurück: Er opferte mit 50. ... ♖7f3 einen Turm, in der Hoffnung, so zum Remis durch Dauerschach zu gelangen. Doch Weiß fand die glänzende Widerlegung 53. ♗h6!!. Eine strategische Meisterleistung Anatoli Karpows, der durch seinen vierten Sieg mit 12:11 in Führung ging und so diesen WM-Kampf dramatisch zuspitzte.

1. c4 c5 2. ♘f3 ♘f6 3. ♘c3 d5 4. cd ♘:d5 5. d4 ♘:c3 6. bc g6 7. e3 ♗g7 8. ♗d3 0–0 9. 0–0 ♕c7 10. ♖b1 b6 11. ♕e2 ♖d8 12. ♗e4 ♗a6 13. c4 ♘c6 14. d5 f5 15. ♗d3 e5 16. e4 ♘d4 17. ♘:d4 cd 18. ♗g5 ♖f8 19. ♖fc1 ♖ac8 20. ♗d2 ♖f7 21. a4 fe 22. ♕:e4 ♖cf8 23. f3 ♗c8 24. a5 ♗f5 25. ♕e2 ♖e8 26. ♗e4 ♗f8 27. ♕d3 ♗c5 28. ♖a1 ♕d7 29. ♖e1 ♕c8 30. ♔h1 ♖c7 31. ♖ab1 ♔g7 32. ♖ec1 ♗:e4 33. fe ♖f7 34. ♕g3 ba 35. ♗:a5 ♖f4 36. ♖e1 ♕a6 37. ♗d2 ♖f7 38. ♕d3 ♖ef8 39. h3 ♖f2 40. ♖a1 ♕f6 41. ♖g1 (nun geht 41. ... ♕h4 nicht wegen 42. ♗e1) 41. ... h5 42. ♖a5 ♕e7 43. ♖b1 h4 44. ♖a6 ♖8f7 45. ♖c6 ♕f8 46. ♖g1 ♗e7 47. ♖e6 ♔h7 48. ♗e1 ♖f1 49. ♗d2 ♗c5 50. ♖c6

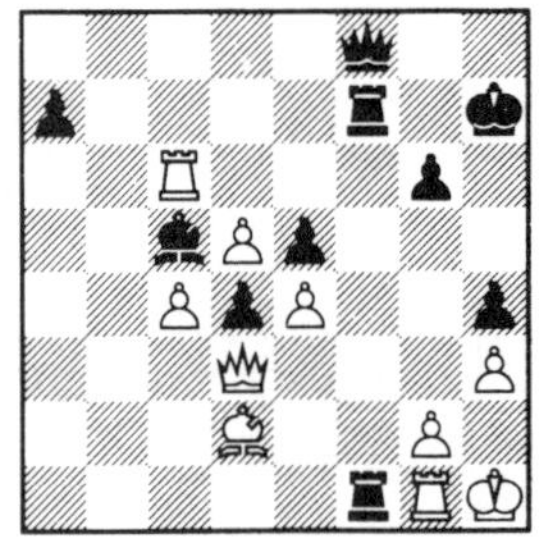

50. ... ♖7f3?? 51. gf! ♖:f3 52. ♖c7+ ♔h8 53. ♗h6!! ♖:d3 54. ♗:f8 ♖:h3+ 55. ♔g2 ♖g3+ 56. ♔h2 ♖:g1 57. ♗:c5 d3. Schwarz gab gleichzeitig auf.

***Stand:* Karpow 12 Kasparow 11**

Réti-Eröffnung (24. Partie)

***Weiß:* Kasparow *Schwarz:* Karpow**

Diese Partie wird ganz sicher in die Schachgeschichte eingehen. Kasparow, der sie unbedingt gewinnen mußte, um die WM-Krone zu verteidigen, wartete mit einem psychologischen Trick auf: Er suchte nicht den offenen Schlagabtausch, da sein Gegner darauf eingestellt war, sondern entschloß sich in der Entscheidungspartie für einen ruhigen Aufbau, der allerdings theoretisch noch nicht ausreichend erschlossen ist. Karpow kostete das schon in der Eröffnungsphase viel Bedenkzeit. Hinzu kam die ungeheuere nervliche Anspannung, bloß keinen Fehler zu machen. In hochgradiger Zeitnot – für die letzten zehn Züge hatte er nur noch zwei Minuten – stellte ihm dann Kasparow mit 31. ♘e5! eine tückische Falle. Karpow sah nicht den vielleicht möglichen Weg zum Remis, verlor einen Bauern und fand in der Hängepartie keine wirksame Verteidigung mehr. Für Garri Kasparow dürfte es vielleicht der wichtigste Sieg seiner Schachlaufbahn gewesen sein.

1. c4 e6 2. ♘f3 ♘f6 3. g3 d5 4. b3 ♗e7 5. ♗g2 0–0 6. 0–0 b6 7. ♗b2 ♗b7 8. e3 ♘bd7 9. ♘c3 ♘e4 10. ♘e2 a5 11. d3 ♗f6 12. ♕c2 ♗:b2 13. ♕:b2 ♘d6 14. cd ♗:d5 15. d4 c5 16. ♖fd1 ♖c8 17. ♘f4 ♗:f3 18. ♗:f3 ♕e7 19. ♖ac1 ♖fd8 20. dc ♘:c5 21. b4 ab 22. ♕:b4 ♕a7 23. a3 ♘f5 24. ♖b1 ♖:d1+ 25. ♖:d1 ♕c7 26. ♘d3 h6 27. ♖c1 ♘e7 28. ♕b5 ♘f5 29. a4 ♘d6 30. ♕b1 ♕a7 31. ♘e5!

31. ... ♘:a4? (Schwarz sollte statt dessen 31. ... ♘f5 spielen) 32. ♖:c8+ ♘:c8 33. ♕d1? (besser 33. ♕b5!) 33. ... ♘e7? (ein einziger Zug entscheidet über den Ausgang der Schach-WM. Richtig war hier 33. ... ♘c5!, und es ist nicht zu sehen, wie Kasparow seinen Druck verstärken will. In der Hauptvariante 36. ♕d8+ ♔h7 37. ♕:c8 – 37.♔g2 f6 – 37. ... ♕a1+ 38. ♔g2 ♕:e5 behält Karpow jedenfalls einen Mehrbauern) 34. ♕d8+ ♔h7 35. ♘:f7 ♘g6 36. ♕e8 ♕e7 37. ♕:a4 ♕:f7 38. ♗e4 ♔g8 39. ♕b5 ♘f8 40. ♕:b6 ♕f6 41. ♕b5 ♕e7 42. ♔g2 g6 43. ♕a5 ♕g7 44. ♕c5 ♕f7 45. h4 h5 46. ♕c6 ♕e7 47. ♗d3 ♕f7 48. ♕d6 ♔g7 49. e4 ♔g8 50. ♗c4 ♔g7 51. ♕e5+ ♔g8 52. ♕d6 ♔g7 53. ♗b5 ♔g8 54. ♗c6 ♕a7 55. ♕b4 ♕c7 56. ♕b7 ♕d8 57. e5 ♕a5 (falls 57. ... ♔h8 so 58. ♕f7; nach 57. ... ♘h7 folgt 58. ♕d7) 58. ♗e8 ♕c5 59. ♕f7+ ♔h8 60. ♗a4 ♕d5+ 61. ♔h2 ♕c5 62. ♗b3 ♕c8 63. ♗d1 ♕c5 64. ♔g2. Schwarz gab auf.

***Endstand:* Kasparow 12 Karpow 12**

Englisch
(4. Partie)

Kommentare: Eduard Gufeld

Weiß: Kasparow Schwarz: Karpow
1. c4 ♘f6 2. ♘c3 e5 3. ♘f3 ♘c6 4. g3 ♗b4 5. ♗g2 0–0 6. 0–0 e4 7. ♘g5 ♗:c3 8. bc ♖e8 9. f3 (Genau die gleiche Stellung entstand in der 2. Partie. Dort wendete der Exweltmeister die Neuerung 9. … e3!? an, die er einst für das WM-Match 1981 gegen Kortschnoi vorbereitet hatte, aber dort praktisch nicht erproben konnte. Diesmal nun wird er auf eine Wiederholung verzichten. Auf der Pressekonferenz nach seinem Sieg in jener zweiten Partie bemerkte Anatoli Karpow, daß der Weltmeister wohl in irgendeinem Moment eine stärkere Erwiderung versäumt hätte. Nachträgliche Analysen haben gezeigt, daß Kasparow nach 10. d3! d5 schlecht mit 11. ♕b3? fortsetzte, während statt dessen 11. cd ♘:d5 12. ♕b3! tatsächlich vielversprechend gewesen wäre – 12. … ♕:g5 13. f4 ♘:f4 14. ♖:f4 ♘d8 15. ♗e4.) 9. … ef 10. ♘:f3 ♕e7 (Noch eine Überraschung. Die Theorie empfiehlt für den Ausgleich in dieser Variante 10. … d5! So verlief beispielsweise eine Partie Sigurjonsson–Smyslow, Reykjavik 1974, die für Schwarz als Muster steht: 11. cd ♕:d5 12. ♘d4 ♕h5 13. ♘:c6 bc 14. e3 ♗g4 15. ♕a4 ♖e6 16. ♖b1 ♗e2 17. ♖e1 ♘g4 18. h3 ♕f5! und der Nachziehende besaß eine gefährliche Initiative.) 11. e3 ♘e5 12. ♘d4! (Weiß vermeidet natürlich zu Recht den Springertausch, zumal diesem Schimmel nun das Feld f5 winkt.) 12. … ♘d3 (Karpow verweigert umsichtig das Danaer-Geschenk – den Bauern c4. Im Falle von 12. … ♘:c4 13. e4! d6 – 13. … ♘:e4? 14. ♗:e4 ♕:e4 15. d3 – 14. d3 ♘e5 15. ♗g5 hätte Weiß einen starken Angriff.) 13. ♕e2 (13. ♘f5 ist etwas verfrüht, auch wenn dieser Zug im Pressezentrum erwartet worden war.) 13. … ♘:c1 14. ♖a:c1 d6 15. ♖f4 c6 16. ♖cf1 ♕e5 (Prophylaktisch gedacht, denn ständig droht Weiß mit dem Qualitätsopfer auf f6. Nach 16. … ♗e6 ist es vollauf gerechtfertigt: 17. ♖:f6 gf 18. ♗e4 usw.) 17. ♕d3 ♗d7 (17. … ♗e6 hätte die Partie im Gleichgewicht gehalten – 18. ♘f5 d5 19. ♘h6+ ♔f8 20. ♕:h7?!

♕:f4!! oder 19. ♘:g7 dc 20. ♕c2 ♔:g7 21. ♖:f6 ♕:f6 22. ♖:f6 ♔:f6 23. ♕:h7 ♖ad8.) 18. ♘f5 ♗:f5 19. ♖:f5 ♕e6 20. ♕d4 ♖e7 (Eine ungünstige Replik. Vor 20. … ♘d7 21. ♖:f7 ♕:f7 22. ♖:f7 ♔:f7 23. ♕:d6 ♘e5 hätte sich Schwarz nicht fürchten müssen.) 21. ♕h4 ♘d7 22. ♗h3! ♘f8 (siehe Diagramm) 23. ♖5f3! (Das allereinfachste. Weiß erobert jetzt zumindest einen Bauern.) 23. … ♕e5 24. d4 ♕e4 25. ♕:e4 ♖:e4 26. ♖:f7 ♖:e3 27. d5! (Wiederum sehr stark! Auf 27. … cd folgt 28. ♗g2!) 27. … ♖ae8 (Der weiße c-Bauer ist tabu: 27. … ♖:c3? 28. ♖:f8+ ♖:f8 29. ♗e6+.) 28. ♖:b7 (Noch wirksamer war 28. c5!) 28. … cd 29. cd ♖3e7 (Notwendig. Die weiteren Züge geschahen in beiderseitiger Zeitnot.) 30. ♖fb1 h5 31. a4 g5 32. ♗f5 ♔g7 33. a5 ♔f6 34. ♗d3 ♖:b7 (34. … ♖e3? 35. ♖f1+.) 35. ♖:b7 ♖e3 36. ♗b5 ♖:c3 37. ♖:a7 ♘g6 38. ♖d7 ♘e5 39. ♖:d6+ ♔f5 40. a6 ♖a3 41. ♖d8. (Der Abgabezug.) Schwarz gab auf, da nach 41. … ♘f3+ 42. ♔f2 ♔e4 43. ♖e8+ ♔:d5 44. ♖e3 entscheidet. Wenn aber 42. … ♘:h2, dann ist der weiße d-Bauer nicht zu halten: 43. d6 ♘g4+ 44. ♔e2 ♘e5 45. d7; auch 41. … ♖a2 42. ♖f8+ ♔e4 oder ♔g4 43. d6 ♘f3+ 44. ♖:f3 ♔:f3 45. d7 führt wegen ♗c6+ zum gleichen Ausgang.

Göttlicher Funke zähmte den Tiger

Selbst für den hoffnungsvollsten Jungstar ist es derzeit fast unmöglich, ein WM-Dauerduell von K & K zu verhindern. Mag sein, daß der gültige WM-Modus daran gehörig Schuld trägt, denn der Weg zum Schacholymp ist für einen Newcomer unendlich lang. Landesmeisterschaft, Zonen-, Interzonen- und Kandidatenturniere, schließlich als Stunde der Wahrheit die Matchkämpfe zur Ermittlung des Herausforderers ...

Wer hingegen erst einmal ganz oben etabliert ist wie Anatoli Karpow, der hat es wesentlich einfacher, den Zweikampf um die Schachkrone zu erreichen. 1987 mußte der Exweltmeister dafür lediglich elf Partien absolvieren. Im WM-Zyklus 1987–90 hatte er immerhin dreimal anzutreten. Mit 14,5 Punkten (+8, −1, =13) aus 22 Partien löste er diese Aufgabe jedoch glänzend. Seine Routine im Kampf Mann gegen Mann, der eigene Gesetze hat, zahlte sich einmal mehr aus. Lediglich im Halbfinale gegen seinen Landsmann Artur Jussupow, der ihm auch die einzige Niederlage beibrachte, wackelte Karpow bisweilen, bevor er die alles entscheidende letzte Partie klar gewann. Der Niederländer Jan Timman wurde dann aber im Finale geradezu vom Brett gefegt (6,5:2,5). Damit hatte der 39jährige die dritte Chance, gegen seinen Nachfolger Garri Kasparow den Weltmeistertitel zurückzuholen.

Die überzeugenden Leistungen der beiden in den zurückliegenden drei Jahren ließen ein spannendes Match erwarten, hatten doch K & K nachdrücklich bewiesen, daß sie fraglos die mit Abstand besten Schachspieler der Welt sind. So konnte Garri im November 1989 als erster die Schallmauer von 2800 ELO-Punkten durchbrechen, und Anatoli trennten im ersten Weltcup 1988/89 (eine Serie von sechs Superturnieren) ganze zwei Wertungspunkte von seinem Widersacher. Der hatte übrigens vor Beginn ihres 5. WM-Duells unmißverständlich zu verstehen gegeben, daß er seinen Erzrivalen dieses Mal vernichtend besiegen würde. „Was mich angeht, so würde ich zu diesem Match gar nicht antreten wollen, wenn ich nicht sicher wäre, daß ich gewinnen kann", konterte der Herausforderer selbstbewußt.

Was den Ausgang dieses Dauerhits betraf, der in New York und Lyon über die Bühne ging, so hatten sicher all jene recht, die auch für dieses Duell vor allem neue Eröffnungsideen für entscheidend hielten. „Wenn ich gut in Form bin, dann spüre ich einen göttlichen Funken in mir", so King Garri. Und in der Tat, obwohl er mit der intensiven Vorbereitung erst zwei Monate vor dem Match beginnen konnte – seine Heimatstadt Baku hatte er im Januar 90 aus Angst vor nationalistischen Pogromen gegen seine Familie verlassen, dann stürzte sich der einstige Gorbi-Jünger in die Politik, ein Schritt, der zum Bruch mit seinem langjährigen Trainer Alexander Nikitin führte –, spielte er die ersten Partien in New York derart kreativ für die Galerie, daß sogar die euphorische Schlagzeile vom „Schach aus einer anderen Welt" geboren wurde. Nach seinem Sieg in der 2. Partie schien es nur noch eine Frage der Zeit zu sein, wann Anatoli Karpow endlich das Handtuch werfen würde. Doch es kam ganz anders. Gerade in solchen Situationen hatte der Exweltmeister oft genug seine Extraklasse bewiesen. In dem folgenden erbitterten Schlagabtausch war er jederzeit hellwach, um dann urplötzlich selbst zu kontern, so wie in Runde 7. Da hatte Garri einen schrecklichen Blackout, und plötzlich war im Hudson Theatre nichts mehr von einer spektakulären Ein-Mann-Show zu sehen. „Karpow ist halt innerlich wie ein Tiger", so Boris Spasski. Wäre nicht seine permanente Zeitnotschwäche gewesen, die erste Halbzeit im „Krieg der Steine" am Big Apple hätte Anatoli vorn gesehen.

Doch, und das hatte der Champion mit feinem Spürsinn erkannt, wenn's um die Wurst geht, zeigt Karpow Nerven. Als es im Lyoner Kongreßpalast in die entscheidende Phase ging, da war Garri wieder ganz der alte. In den Runden 16 bis 20 gelangen ihm drei Siege bei nur einer Niederlage. Nach Runde 22 und exakt 117 Stunden und 34 Minuten reiner Spielzeit hatte er die zur Titelverteidigung nötigen 12 Punkte auf seinem Konto. Von nun an ging's nur noch um Ehre und Preisgeld, das bei einem 12:12 geteilt werden mußte. Trotz einer schwachen Vorstellung in seiner ersten Partie als Weltmeister brachte Allroundkönner Garri, der mit den Weltklassespielern Dolmatow, Gurewitsch und Asmaiparaschwili ganz sicher auch das bessere Sekundantenteam an seiner Seite wußte, ihre vorerst letzte WM-Begegnung problemlos nach Hause. Das sicherte ihm mit 1,5 Millionen den Löwenanteil an der gigantischen Kampfbörse von 2,4 Millionen Dollar.

Seine Ankündigung vor dem Titelkampf, „das ist Karpows letzte Chance", nahm Garri freilich nach diesem Match zurück. „Er ist immer noch der einzige Spieler auf der Welt, der im Schach die gleiche Sprache spricht wie ich." Daß ihr Duell eine Fortsetzung finden kann, schließt Kasparow deshalb mittlerweile nicht mehr aus. Ein erhoffter Generationswechsel, der sich für die Kandidatenmatche zur WM 1993 andeutete, fand nämlich nicht statt, denn von den Top-Talenten Anand, Gelfand und Iwantschuk ist keiner im Halbfinale. Dagegen hat es Anatoli Karpow erneut geschafft. Nun, die Zeit wird zeigen, ob dieses Ziel nur ein Traum für ihn bleibt ...

New York, wo am 11. Januar 1886 Wilhelm Steinitz und Hermann Johannes Zukertort die allererste von mittlerweile insgesamt 824 Partien um die Schachkrone spielten, war zum viertenmal Austragungsort eines WM-Duells. Bei der Pressekonferenz vor der ersten Halbzeit im Hudson Theatre gaben sich die beiden Kontrahenten optimistisch,

Hauptschiedsrichter war nach Sevilla 1987 erneut der Niederländer Geurt Gijssen. Während der dramatischen Schachshow von K & K – Hauptdarsteller Garri wurde nach jeder Vorstellung von Mutter Klara und seiner jungen Frau Maria in Empfang genommen – war plötzlich Straßen-Blitz am Brodway „in“, was den Exweltmeister sichtlich freute ...

Spanisch (2. Partie)

Weiß: Kasparow Schwarz: Karpow

Das Ergebnis der häuslichen Analyse des Weltmeisters ist die starke Neuerung 19.f3! Üblich war an dieser Stelle bisher 19.f4, 19.♘g4 oder 19.e5. Vielleicht hätte Karpow nun 19. ... ♕a8! 20.♖c3 ♕b8! 21.♘df1 ♗c8 versuchen müssen, obwohl Weiß positionell im Vorteil ist. Seine Antwort 19. ... ♕d7?! erweist sich als zu passiv. In der Folge verstärkt Weiß seinen Druck konsequent, um nach 24. ... ♘g8 die Partie mit einer herrlichen Kombination zu entscheiden, die Kasparow durch das Läuferopfer 25.♗:h6! einleitet.

1.e4 e5. 2.♘f3 ♘c6 3.♗b5 a6 4.♗a4 ♘f6 5.0–0 ♗e7 6.♖e1 b5 7.♗b3 d6 8.c3 0–0 9.h3 ♗b7 10.d4 ♖e8 11.♘bd2 ♗f8 12.a4 h6 13.♗c2 ed 14.cd ♘b4 15.♗b1 ba 16.♖:a4 a5 17.♖a3 ♖a6 18.♘h2 g6 19.f3! ♕d7 20.♘c4! ♕b5 21.♖c3! ♗c8 22.♗e3 ♔h7 23.♕c1 c6 24.♘g4 ♘g8

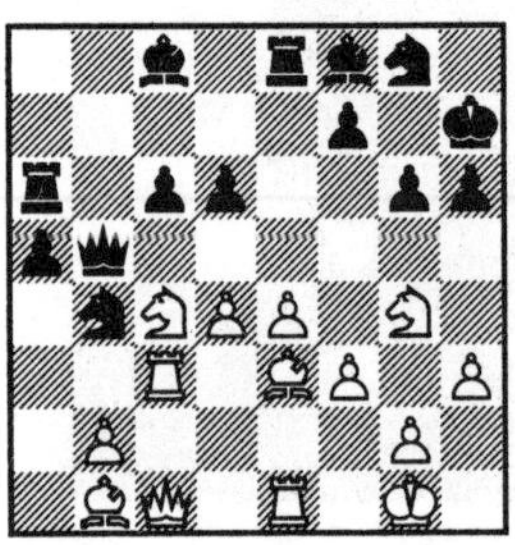

25.♗:h6!! ♗:h6 26.♘:h6 ♘:h6 27.♘:d6 ♕b6 28.♘:e8 ♕:d4+ 29.♔h1 ♕d8 30.♖d1! ♕:e8 31.♕g5! ♖a7 32.♖d8 ♕e6 33.f4 ♗a6 34.f5 ♕e7 35.♕d2 ♕e5 36.♕f2! ♕e7 37.♕d4 ♘g8 38.e5! ♘d5 39.fg+ fg 40.♖:c6! ♕:d8 41.♕:a7+ ♘de7 42.♖:a6 ♕d1+ 43.♕g1 ♕d2 44.♕f1. Schwarz gab auf.

Stand: Kasparow 1½ Karpow ½

Königsindisch (7. Partie)

Weiß: Karpow Schwarz: Kasparow

Bei dem ersten Sieg des Herausforderers hilft der Weltmeister kräftig nach. Seinen unglaublichen Fehlgriff 27. ... ♕a5?? ohne jede Zeitnot (sowohl 27. ... ♕e7 als auch 27. ... ♕h8!? ist spielbar) kann sich Kasparow selbst nicht erklären, denn das nun folgende Kombinationsmotiv 28.♘d5! ist in der Turnierpraxis eines der häufigsten. Karpow läßt sich nach diesem Blackout seines Rivalen den Gewinn natürlich nicht mehr entgehen.

1.d4 ♘f6 2.c4 g6 3.♘c3 ♗g7 4.e4 d6 5.♘f3 0–0 6.♗e2 e5 7.♗e3 ♘a6 8.0–0 ♘g4 9.♗g5 f6 10.♗c1 ♔h8 11.h3 ♘h6 12.de fe 13.♗e3 ♘f7 14.♕d2 ♘c5 15.♘g5 ♘:g5 16.♗:g5 ♗f6 17.♗e3 ♘e6 18.♗g4 h5 19.♗:e6 ♗:e6 20.♘d5 ♗h4 21.♖ac1 ♔h7 22.♖c3 ♖f7 23.b3 c6 24.♘b4 ♖d7 25.♖cc1 ♗f6 26.f4 ef 27.♗:f4

27. ... ♕a5?? 28.♘d5! ♕c5+ 29.♔h1 ♗:d5 30.cd ♕d4?! 31.dc bc 32.♖:c6 ♖e8 33.♖c4 ♕:d2 34.♗:d2 ♗e5 35.♗e3 ♗g3 36.♖f3 h4 37.♗f2 ♗:f2 38.♖:f2 ♖de7 39.♖f4 g5 40.♖f6 ♖:e4 41.♖:e4 ♖:e4 42.♖:d6 ♖e7 43.♖a6 ♔g7. Hier wurde die Partie abgebrochen, doch Kasparow gab am nächsten Tag auf, ohne den Kampf fortzusetzen. Der Abgabezug von Weiß war 44.♔g1.

Stand: Karpow 3½ Kasparow 3½

Schottisch (16. Partie)

Weiß: Kasparow Schwarz: Karpow

Zum zweitenmal ist Schottisch angesagt. Karpow läßt sich jedoch nicht noch einmal auf die nach 8. ... ♗a6 entstehenden halsbrecherischen Verwicklungen ein wie zwei Runden zuvor. Die kurze Rochade (15. ... 0–0?!) ist wohl schon als Eingeständnis zu werten, daß die Eröffnung dem Herausforderer gründlich daneben gegangen ist. Mit 39.♗:b1? macht sich Kasparow den Sieg unnötig schwer (richtig ist 39.♔h2!, z. B. 39. ... ♕d6+ 40.♕g3! ♕:g3+ 41.♔:g3 ♖b7 42.ef+ ♔:f7 43.♖h7 oder 39. ... ♖f1 40.ef+ ♔:f7 41.♗:g6+ ♔:g6 42.♕c2+ ♔f7 43.♖h7!, und Weiß gewinnt in beiden Fällen). Nach dem letzten Bauernzug 64.g5 tritt die 50-Züge-Regel in Kraft, d. h., Kasparow muß in diesem Limit gewinnen, falls keine Figur mehr geschlagen wird. Nach dem zweiten Abbruch und einer zusätzlichen Auszeit findet der Weltmeister in dem schwierigen Endspiel einen studienartigen Gewinnweg.

1.e4 e5 2.♘f3 ♘c6 3.d4 ed 4.♘:d4 ♘f6 5.♘:c6 bc 6.e5 ♕e7 7.♕e2 ♘d5 8.c4 ♘b6 9.♘d2 ♕e6 10.b3 a5! 11.♗b2 ♗b4?! 12.a3 ♗:d2+ 13.♕:d2 d5? (besser 13. ... d6, 13. ... f6 oder 13. ... 0–0) 14.cd cd 15.♖c1 0–0!? 16.♖:c7 ♕g6 17.f3! ♗f5 18.g4 ♗b1 19.♗b5! ♖ac8 20.♖:c8 ♖:c8 21.0–0 h5 22.h3 hg 23.hg ♗c2 24.♕d4 ♕e6 25.♖f2 ♖c7 26.♖h2 ♘d7 27.b4 ab 28.ab ♘f8 29.♗f1 ♗b3 30.♗d3 ♗c4 31.♗f5 ♕e7 32.♕d2 ♖c6 33.♗d4 ♖a6 34.♗b1 ♖a3 35.♖h3 ♖b3 36.♗c2 ♕:b4 37.♕f2 ♘g6 38.e6! ♖b1+

39.♗:b1? ♕:b1 40.♔h2 fe 41.♕b2 (der Abgabezug) 41. ... ♕:b2+ 42.♗:b2 ♘f4 43.♖h4 ♘d3 44.♗c3 e5 45.♔g3 d4 46.♗d2 ♗d5 47.♖h5 ♔f7 48.♗a5 ♔e6 49.♖h8 ♘b2 50.♖e8+ ♔d6 51.♗b4+ ♔c6 52.♖c8+ ♔d7 53.♖c5 ♔e6 54.♖c7 g6 55.♖e7+ ♔f6 56.♖d7 ♗a2 57.♖a7 ♗c4 58.♗a5 ♗d3 59.f4 ef+ 60.♔:f4 ♗c2 61.♖a6+ ♔f7 62.♔e5 ♘d3+ 63.♔:d4 ♘f2 64.g5 ♗f5 65.♗d2 ♔e7 66.♔d5 ♘e4 67.♖a7+ ♔e8 68.♗e3 ♘c3+ 69.♔e5 ♔d8 70.♗b6+ ♔e8 71.♖c7 ♘e4 72.♗e3 ♘g3 73.♗f4 ♘h5 74.♖a7 ♔f8 75.♗h2 ♘g7 76.♗g1 ♘h5 77.♗c5+ ♔g8 78.♔d6 ♔f8 79.♗d4 ♗g4 80.♗e5 ♗f5 81.♖h7 ♔g8 82.♖c7 ♔f8 83.♔c6 ♔g8 84.♖e7 ♔f8 85.♗d6 ♔g8 86.♖e8+ ♔f7 87.♖e7+ ♔g8 88.♗e5 ♔f8

89.♖a7 (der Abgabezug) 89. ... ♗g4 90.♔d6 ♗h3 91.♖a3 ♗g4 92.♖e3 ♗f5 93.♔c7 ♔f7 94.♔d8 ♗g4 95.♗b2 ♗e6 96.♗c3 ♗f5 97.♖e7+ ♔f8 98.♗e5 ♗d3 99.♖a7 ♗e4 100.♖c7 ♗b1 101.♗d6+ ♔g8 102.♔e7. Schwarz gab auf.

Stand: Kasparow 8½ Karpow: 7½

Die Krönung für den alten und neuen Schachkönig gab's just am Sylvesterabend in Lyon. Rund sechs Millionen DM hatten allein Privatsponsoren aufgebracht, um die zweite Halbzeit der 36. Schach-WM in die prosperierende Rhonemetropole zu holen. Die Kommune stellte lediglich den feudalen Kongreßpalast kostenlos zur Verfügung, wo Natascha, die zweite Frau Karpows, stets die Matches ihres Mannes verfolgte. Als Moderator des Privatsenders TV 1 machte der übrigens eine recht gute Figur. King Garri hingegen überlegt noch immer, ob er demnächst eine Rolle im Musical „Chess" übernehmen soll. Zur Kostümprobe hatte er sich immerhin durchgerungen …

Grünfeld-Indisch (17. Partie)

***Weiß:** Karpow* ***Schwarz:** Kasparow*

Alles deutet zunächst darauf hin, daß sich die Partie auf ein Remis einpegelt. Doch gerade in solchen Positionen, in denen scheinbar nichts passiert, ist der Exweltmeister in seinem Element. Die schwarzen Züge 17. … b5? und 19. … ♗:d3? sind im Grunde bereits der Anfang vom Ende, denn Kasparow verliert den Kampf um die alles entscheidende offene c-Linie. Mit 26.♖c6! legt der Herausforderer eine erste Fußangel (26. … ♖:c6? 27.dc ♕:c6? 28.♕d8+ ♗f8 29.♗h6, und Weiß gewinnt). Da der Abtausch auf c6 für Kasparow wegen des danach entstehenden starken weißen Freibauern auch weiterhin nicht in Frage kommt, ist die Partie eigentlich schon verloren. Nach 40.♖b7 ist die Lage für Schwarz hoffnungslos (es droht 41.♗a5! ♕:a5 42.♕:e7+ ♖f7 43.♕:f7+! ♔:f7 44.d8♕+ bzw. 42. … ♔g8 43.d8♕ ♕:d8 44.♕g7 matt; auf 40. … ♔g6 folgt 41.♕c6 mit der Idee ♗b6).

1.d4 ♘f6 2.c4 g6 3.♘c3 d5 4.cd ♘:d5 5.e4 ♘:c3 6.bc ♗g7 7.♗e3 c5 8.♕d2 0–0 9.♘f3 ♗g4 10.♘g5! cd 11.cd ♘c6 12.h3 ♗d7 13.♖b1 ♖c8 14.♘f3 ♗e6 15.♗d3 ♘a5 16.0–0 ♗c4 17.♖fd1 b5? 18.♗g5 a6 19.♖bc1 ♗:d3? 20.♖:c8 ♕:c8 21.♕:d3 ♖e8 22.♖c1 ♕b7 23.d5 ♘c4 24.♘d2 ♘:d2 25.♗:d2 ♖c8

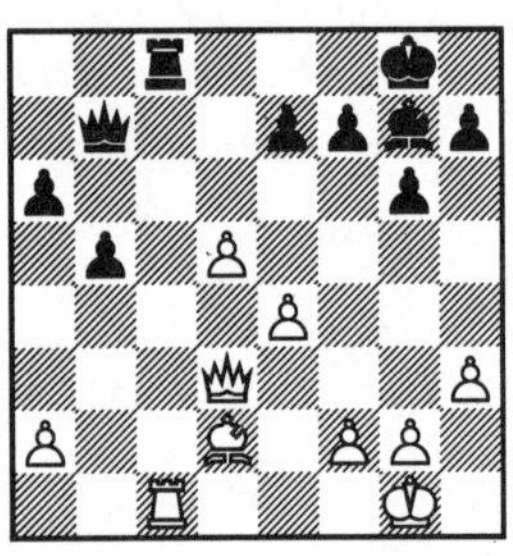

26.♖c6! ♗e5 27.♗c3 ♗b8 28.♕d4 f6 29.♗a5 ♗d6 30.♕c3 ♖e8 31.a3 ♔g7 32.g3 ♗e5 33.♕c5 h5 34.♗c7 ♗a1 35.♗f4 ♕d7 36.♖c7 ♕d8 37.d6! g5 38.d7! ♖f8 39.♗d2 ♗e5 40.♖b7. Schwarz gab auf.

Stand: Karpow $8^1/_2$ Kasparow $8^1/_2$

Spanisch (18. Partie)

***Weiß:** Kasparow* ***Schwarz:** Karpow*

Karpows Neuerung 13. … ♘b6 anstelle von 13. … ♘a5 bewährt sich nicht im Feuer des Kampfes und wird zum Bumerang. Nach 21.♕c4! (der Exweltmeister hat hier wohl 21.♕d2 c6! 22.♘c4 cd 23.ed ♖:e1+ 24.♖:e1 ♗a6 25.♕c2 ♗:c4 26.♕:c4 ♗:b2 mit ausgeglichener Stellung erwartet) ist für ihn guter Rat teuer. Die besten Chancen bietet sicher noch 21. … ♗:b2 22.♖a2 ♗:a3 23.♖:a3 ♗c8 24.♖a7 ♕f6!?. Der Textzug 21. … ♕c8? (nach 63 Minuten Bedenkzeit) gibt dagegen kampflos einen Bauern her. Diesen Vorteil baut Kasparow unerbittlich aus. Die Abbruchstellung ist bereits für ihn gewonnen.

1.e4 e5 2.♘f3 ♘c6 3.♗b5 a6 4.♗a4 ♘f6 5.0–0 ♗e7 6.♖e1 b5 7.♗b3 d6 8.c3 0–0 9.h3 ♘d7 10.d4 ♗f6 11.a4 ♗b7 12.♘a3 ed 13.cd ♘b6!? 14.♗f4! ba 15.♗:a4 ♘:a4 16.♕:a4 a5 17.♗d2 ♖e8 18.d5 ♘b4 19.♗:b4 ab 20.♕:b4 ♖b8

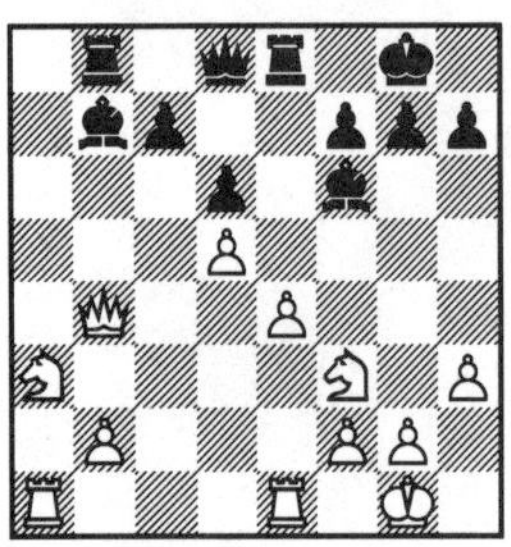

21.♕c4! ♕c8? 22.♘d4 ♗a6 23.♕c3 c5 24.dc e.p. ♗:d4 25.♕:d4 ♕:c6 26.b4 h6 27.♖e3 ♖e6 28.f3 ♖c8 29.♖b3 ♗b5 30.♖b2 ♕b7 31.♘c2 ♕e7 32.♕f2 ♖g6 33.♘e3 ♕e5 34.♖bb1 ♗d7 35.♖a5 ♕e7 36.♖a7 ♕d8 37.♘d5 ♔h7 38.♔h2 ♖b8 39.f4 ♖e6 40.♕d4 ♕e8 41.♖e1 (der Abgabezug) 41. … ♗c6 42.♕d3 ♕f8 43.♖c1 ♗:d5 44.ed ♖g6 45.♕f5 ♔g8 46.♖ac7 ♖f6 47.♕d7 ♖d8 48.♕:d8! ♕:d8 49.♖c8 ♕f8 50.♖1c4 ♖f5 51.♖:f8+ ♔:f8 52.♖d4 h5 53.b5 ♔e7 54.b6 ♔d7 55.g4 hg 56.hg ♖f6 57.♖c4. Schwarz gab auf.

Stand: Kasparow $9^1/_2$ Karpow $8^1/_2$

Königsindisch (23. Partie)

***Weiß:** Karpow* ***Schwarz:** Kasparow*

„Das war nicht ich, das war ein anderer, der da gespielt hat", so der Weltmeister nach seinem Debakel in dieser 23. Partie. Nach 9.g3 erwarteten die Schachfans statt der Partiefortsetzung 9. … ♕e7!? von ihrem Idol, daß der sich auf die wilden Verwicklungen einlassen würde, die mit der Antwort 9. … ♘:g3 verbunden sind: 10.♕f2 ♘:f1 11.♕:h4 ♘:e3 12.♔e2! ♘:c4 13.♖c1! Das letzte Wort über David Bronsteins geistreiches Damenopfer ist jedenfalls noch nicht gesprochen. Ein erster Fehler von Schwarz ist wohl 19. … ♘a4? (besser 19. … ♗e8 oder ♗c8). Anstelle von 23. … ♗:c6 war laut Karpow 23. … ♗:g4 24.♖:g4 bc 25.♕:d6 ♕b7 mit Hoffnungen auf der b-Linie möglich. Mit dem Doppelfehler 24. … d5? und 25. … ♗:d5?? (hier war 25. … ♗a4 zu versuchen) signalisiert Kasparow, daß er diese Partie möglichst schnell hinter sich bringen will. Vier Züge später ist dann alles für seinen Widersacher gelaufen.

1.d4 ♘f6 2.c4 g6 3.♘c3 ♗g7 4.e4 d6 5.f3 0–0 6.♗e3 e5 7.d5 ♘h5 8.♕d2 ♕h4+ 9.g3 ♕e7 10.0–0–0 f5 11.ef gf 12.♘h3 ♘a6 13.♖g1! ♘f6 14.♘f2 ♔h8 15.♗e2 ♗d7?! 16.♗g5! ♘c5 17.g4 e4 18.fe fe 19.♗e3 ♘a4? 20.g5! ♘:c3 21.bc ♘g8 22.♘g4 c5 23.dc e.p. ♗:c6? 24.h4

24. … d5? 25.cd ♗:d5?? 26.♕:d5 ♖ac8 27.♕d6 ♖:c3+ 28.♔b1 ♕f7 29.♗d4. Schwarz gab auf.

Stand: Karpow 11 Kasparow 12

Spanisch (20. Partie)

Kommentare: Nikolai Krogius

Weiß: Kasparow Schwarz: Karpow
1.e4 e5 2.♘f3 ♘c6 3.♗b5 a6 4.♗a4 ♘f6 5.0–0 ♗e7 6.♖e1 b5 7.♗b3 d6 8.c3 0–0 9.h3 ♗b7 (Also wieder die Saizew-Variante. Sie ist an sich eine zuverlässige Waffe Karpows, doch gegen Kasparow hat sie ihm bisher keine Erfolge gebracht. Die Niederlagen waren jedoch oft nicht unmittelbar mit diesem Eröffnungs-System verbunden.) 10.d4 ♖e8 11.♘bd2 ♗f8 12.a4 h6 13.♗c2 ed 14.cd ♘b4 15.♗b1 c5 (In der zweiten Partie dieses WM-Matches spielte Karpow 15. ... ba 16.♖:a4 a5 17.♖a3?! ♖a6?!, doch nach 18.♘h2 g6 19.f3! erreichte Weiß eine überlegene Stellung. Vielleicht sollte die Suche nach Gegenspiel für Schwarz nicht mit dem Zug 19. ... ♕d7 verbunden werden, wie es Karpow in der erwähnten Partie versuchte, sondern mittels 19. ... d5!? Darauf könnte beispielsweise 20.e5 ♘d7 21.f4 c5 22.♘df3 cd 23.♘:d4 ♘c5 24.♘g4 ♘e4 oder 22.♖g3 cd 23.♘df3 d3 24.f5 ♗c5 folgen.) 16.d5 ♘d7 17.♖a3 f5 (Meines Erachtens eine prinzipielle Entgegnung. In der 14. und 16. Partie des WM-Revanche-Matches im Jahre 1986 spielte Karpow hier 17. ... c4.) 18.♖ae3 (In der 4. WM-Partie folgte 18.ef ♘f6 19.♘e4 ♗:d5 20.♘:f6 ♕:f6 21.♗d2 ♕:b2! 22.♗:b4 ♗f7!, und Schwarz hatte eine aussichtsreiche Stellung. Anstelle von 18. ... ♘f6 brachte Karpow in Runde 22 mit 18. ... ♗:d5!? eine weitere Neuerung, die Schwarz nach 19.♘e4?! ♗f7 20.ab d5 21.♘c3 ♖:e1+! 22.♘:e1 d4 gute Chancen ließ.) 18. ... ♘f6 (Der Plan mit 18. ... f4 sollte Schwarz ein zuverlässigeres Spiel bieten. In einer Partie Timman–Karpow, Kuala Lumpur 1990, folgte 19.♖3e2 ♘e5 20.♘f1?! ♘:f3+ 21.gf ♕h4 22.♘h2 ♖e6, und Schwarz steht aussichtsreich.) 19.♘h2! (Der Plan von Weiß ist klar – Angriff auf dem Königsflügel. Daher ist es wichtig für den Turm, den Weg nach g3 und für den Springer das Feld g4 zu räumen. 19. ... ♔h8 (Natürlich bringen Varianten wie 19. ... fe 20.♘:e4 ♘b:d5 21.♘:f6+ ♘:f6

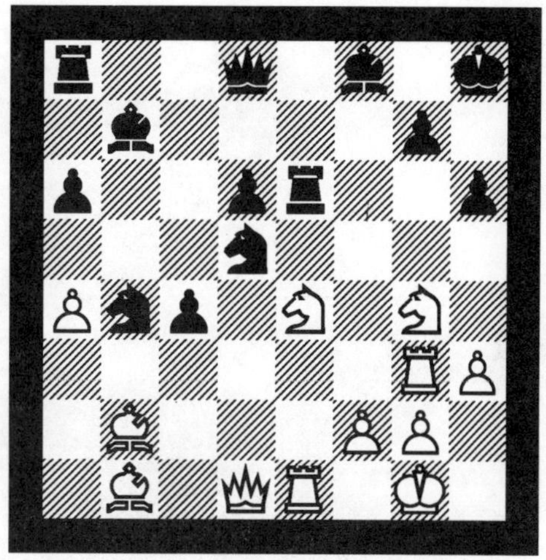

22.♖:e8 ♘:e8 23.♕d3 ♘f6 24.♘g4 Schwarz nichts.) 20.b3 ba 21.ba c4?! (Bei 21. ... fe 22.♘:e4 ♗:d5 23.♘:f6 ♖:e3 24.♗:e3 ♕:f6 25.♘g4 ♕b2 oder 25.♗d2 ♗g8 ist es für Weiß nicht einfach, den Angriff fortzusetzen.) 22.♗b2 fe 23.♘:e4 ♘f:d5 24.♖g3 ♖e6 25.♘g4 (Siehe Diagramm – Die Attacke von Kasparow ist sehr bedrohlich. Deshalb mußte der Nachziehende unbedingt einen überlebenswichtigen Abtausch einleiten, zum Beispiel durch 25. ... ♘d3. Nach 26.♗:d3 cd 27.♖:d3 ♘b4 oder 27.♕:d3 ♕e8 hat Schwarz eine aussichtsreiche Stellung. Ein schärferer Kampf entwickelt sich bei 26.♖:d3 cd 27.♕:d3. Doch auch hier kann sich Karpow ausreichend verteidigen: 27. ... ♘b4 28.♕d2 d5.) 25. ... ♕e8? (Der spielentscheidende Fehler. Jetzt kommt der weiße Angriff forciert auf Touren.) 26.♘:h6! c3 (Wenn 26. ... ♖:h6, so gewinnt Weiß mit 27.♘:d6 ♕:e1+ 28.♕:e1 ♖:d6 29.♕e4 ♖h6 30.♕:c4 oder 29. ... ♘d3 30.♖:d3 cd 31.♗:d3 ♖h6 32.♗c1 ♖h5 33.♕f3 ♖e5 34.♗b2!) 27.♘f5 cb 28.♕g4 ♗c8 (Bei 28. ... ♘f6 entscheidet 29.♘:f6.) 29.♕h4+ ♖h6 30.♘:h6 gh 31.♔h2 ♕e5 (Es rettet Schwarz auch nicht 31. ... ♕f7 wegen 32.♘:d6!) 32.♘g5 ♕f6 33.♖e8 ♗f5 (Anscheinend kommt Karpow noch einmal mit dem Schrecken davon, aber der Weltmeister findet eine schöne Schlußpointe, die er mit einem Damenopfer auf dem Schicksalsfeld h6 einleitet.) 34.♕:h6+! ♕:h6 35.♘f7+ ♔h7 36.♗:f5+ ♕g6 37.♗:g6+ ♔g7 38.♖:a8 ♗e7 39.♖b8 a5 40.♗e4+ ♔:f7 41.♗:d5+.
Schwarz gab auf.

Канд. в мас спорта
Г. Каспаров
г. Баку

Г. КАСПАРОВ
СССР

Die Weltmeister

1. Wilhelm Steinitz
geboren: 14. 5. 1836 in Prag
gestorben: 12. 8. 1900 in New York

WM-Partien gegen	Anzahl	gewonnen	remis	verloren
Zukertort	20	10	5	5
Tschigorin	17	10	1	6
Gunsberg	19	6	9	4
Tschigorin	23	10	5	8
Lasker	19	5	4	10
Lasker	17	2	5	10
	115	43	29	43

2. Dr. Emanuel Lasker
geboren: 24. 12. 1868 in Berlinchen (heute Berlinek/Polen)
gestorben: 13. 1. 1941 in New York

WM-Partien gegen	Anzahl	gewonnen	remis	verloren
Steinitz	19	10	4	5
Steinitz	17	10	5	2
Marshall	15	8	7	-
Tarrasch	16	8	5	3
Janowski	10	7	2	1
Schlechter	10	1	8	1
Janowski	11	8	3	-
Capablanca	14	-	10	4
	112	52	44	16

3. José Raoul Capablanca y Graupera
geboren: 19. 11. 1888 in Havanna
gestorben: 8. 3. 1942 in Havanna

WM-Partien gegen	Anzahl	gewonnen	remis	verloren
Lasker	14	4	10	-
Aljechin	34	3	25	6
	48	7	35	6

4. Dr. Alexander Aljechin
geboren: 1. 11. 1892 in Moskau
gestorben: 25. 3. 1946 in Estorial (Portugal)

WM-Partien gegen	Anzahl	gewonnen	remis	verloren
Capablanca	34	6	25	3
Bogoljubow	25	11	9	5
Bogoljubow	26	8	15	3
Euwe	30	8	13	9
Euwe	25	10	11	4
	140	43	73	24

5. Dr. Magchielis Euwe
geboren: 20. 5. 1901 in Watergraafsmeer
gestorben: 26. 11. 1981 in Amsterdam

WM-Partien gegen	Anzahl	gewonnen	remis	verloren
Aljechin	30	9	13	8
Aljechin	25	4	11	10
WM-Turnier 1948				
+ Botwinnik	5	-	3	2
+ Smyslow	5	1	-	4
+ Reschewski	5	-	1	4
+ Keres	5	-	2	3
	75	14	30	31

6. Dr. Michail Botwinnik
geboren: 17. 8. 1911 in Leningrad

WM-Partien gegen	Anzahl	gewonnen	remis	verloren
WM-Turnier 1948				
+ Smyslow	5	1	4	-
+ Keres	5	4	-	1
+ Reschewski	5	3	1	1
+ Euwe	5	2	3	-
Bronstein	24	5	14	5
Smyslow	24	7	10	7
Smyslow	22	3	13	6
Smyslow	23	7	11	5
Tal	21	2	13	6
Tal	21	10	6	5
Petrosjan	22	2	15	5
	177	46	90	41

7. Wassili Smyslow
geboren: 24. 3. 1921 in Moskau

WM-Partien gegen	Anzahl	gewonnen	remis	verloren
WM-Turnier 1948				
+ Botwinnik	5	-	4	1
+ Keres	5	1	2	2
+ Reschewski	5	1	4	-
+ Euwe	5	4	-	1
Botwinnik	24	7	10	7
Botwinnik	22	6	13	3
Botwinnik	23	5	11	7
	89	24	44	21

8. Michail Tal
geboren: 9. 11. 1936 in Riga

WM-Partien gegen	Anzahl	gewonnen	remis	verloren
Botwinnik	21	6	13	2
Botwinnik	21	5	6	10
	42	11	19	12

9. Tigran Petrosjan

geboren: 17. 6. 1929 in Tbilissi
gestorben: 13. 8. 1984 in Moskau

WM-Partien gegen	Anzahl	gewonnen	remis	verloren
Botwinnik	22	5	15	2
Spasski	24	4	17	3
Spasski	23	4	13	6
	69	13	45	11

10. Boris Spasski

geboren: 30. 1. 1937 in Leningrad

WM-Partien gegen	Anzahl	gewonnen	remis	verloren
Petrosjan	24	3	17	4
Petrosjan	23	6	13	4
Fischer	21	3	11	7
	68	12	41	15

11. Robert James Fischer

geboren: 9. 3. 1943 in Chicago

WM-Partien gegen	Anzahl	gewonnen	remis	verloren
Spasski	21	7	11	3

12. Anatoli Karpow

geboren: 23. 5. 1951 in Slatoust

WM-Partien gegen	Anzahl	gewonnen	remis	verloren
Kortschnoi	32	6	21	5
Kortschnoi	18	6	10	2
Kasparow	48	5	40	3
Kasparow	24	3	16	5
Kasparow	24	4	15	5
Kasparow	24	4	16	4
Kasparow	24	3	17	4
	194	31	135	28

13. Garri Kasparow

geboren: 13. 4. 1963 in Baku

WM-Partien gegen	Anzahl	gewonnen	remis	verloren
Karpow	48	3	40	5
Karpow	24	5	16	3
Karpow	24	5	15	4
Karpow	24	4	16	4
Karpow	24	4	17	3
	144	21	104	19

Die Herausforderer (niemals Weltmeister)

1. Dr. Johannes H. Zukertort

geboren: 7. 9. 1842 in Lublin
gestorben: 20. 6. 1888 in London

WM-Partien gegen	Anzahl	gewonnen	remis	verloren
Steinitz	20	5	5	10

2. Michail Tschigorin

geboren: 12. 11. 1850 in Gatschina (bei St. Petersburg)
gestorben: 25. 1. 1908 in Lublin

WM-Partien gegen	Anzahl	gewonnen	remis	verloren
Steinitz	17	6	1	10
Steinitz	23	8	5	10
	40	14	6	20

3. Isidor Gunsberg

geboren: 2. 11. 1854 in Budapest
gestorben: 2. 5. 1930 in London

WM-Partien gegen	Anzahl	gewonnen	remis	verloren
Steinitz	19	4	9	6

4. Frank James Marshall

geboren: 10. 8. 1877 in New York
gestorben: 9. 11. 1944 in New York

WM-Partien gegen	Anzahl	gewonnen	remis	verloren
Lasker	15	-	7	8

5. Dr. Siegbert Tarrasch

geboren: 5. 3. 1862 in Breslau (heute Wrocław/Polen)
gestorben: 17. 2. 1934 in München

WM-Partien gegen	Anzahl	gewonnen	remis	verloren
Lasker	16	3	5	8

6. David Janowski

geboren: 25. 5. 1868 in Wolkowysk (Polen)
gestorben: 14. 1. 1927 in Hyères (Frankreich)

WM-Partien gegen	Anzahl	gewonnen	remis	verloren
Lasker	10	1	2	7
Lasker	11	-	3	8
	21	1	5	15

7. Karl Schlechter

geboren: 2. 3. 1874 in Wien
gestorben: 27. 12. 1918 in Budapest

WM-Partien gegen	Anzahl	gewonnen	remis	verloren
Lasker	10	1	8	1

8. Jefim Bogoljubow

geboren: 14. 4. 1889 in Stanislawtzik (bei Kiew)
gestorben: 18. 6. 1952 in Triberg (BRD)

WM-Partien gegen	Anzahl	gewonnen	remis	verloren
Aljechin	25	5	9	11
Aljechin	26	3	15	8
	51	8	24	19

9. Paul Keres

geboren: 7. 1. 1916 in Narva
gestorben: 5. 6. 1975 in Helsinki

WM-Partien gegen	Anzahl	gewonnen	remis	verloren
WM-Turnier 1948				
+ Botwinnik	5	1	-	4
+ Smyslow	5	2	2	1
+ Reschewski	5	1	2	2
+ Euwe	5	4	1	-
	20	8	5	7

10. Samuel Reschewski

geboren: 26. 11. 1911 in Ozorków (Polen)

WM-Partien gegen	Anzahl	gewonnen	remis	verloren
WM-Turnier 1948				
+ Botwinnik	5	1	1	3
+ Smyslow	5	-	4	1
+ Keres	5	2	2	1
+ Euwe	5	3	2	-
	20	6	9	5

11. David Bronstein

geboren: 19. 2. 1924 in Belaja Zerkow

WM-Partien gegen	Anzahl	gewonnen	remis	verloren
Botwinnik	24	5	14	5

12. Viktor Kortschnoi

geboren: 23. 7. 1931 in Leningrad

WM-Partien gegen	Anzahl	gewonnen	remis	verloren
Karpow	32	5	21	6
Karpow	18	2	10	6
	50	7	31	12

Alle Wettkämpfe um die Schachweltmeisterschaft 1886 bis 1987

Schwarz fettgedruckte und rot gekennzeichnete Partien sind in diesem Buch vorgestellt, wobei die roten Ziffern die Spitzenpartien ausweisen.

1. Wilhelm Steinitz–Johannes H. Zukertort

(gespielt vom 11. Januar bis 29. März 1886 in New York, St. Louis und New Orleans/10 Siege)

	1	2	3	**4**	**5**	6	7	8	**9**	10	11	12	13	14	15	**16**	17	18	19	**20**	total
Steinitz	1	0	0	0	0	1	1	½	1	½	1	1	0	½	½	1	½	1	1	1	10
Zukertort	0	1	1	1	1	0	0	½	0	½	0	0	1	½	½	0	½	0	0	0	5

2. Wilhelm Steinitz–Michail Tschigorin

(gespielt vom 20. Januar bis 24. Februar 1889 in Havanna/20 Partien)

	1	2	3	**4**	**5**	**6**	7	8	9	**10**	11	12	13	14	15	16	17	total
Steinitz	0	1	0	1	1	0	0	1	1	1	0	1	0	1	1	1	½	10½
Tschigorin	1	0	1	0	0	1	1	0	0	0	1	0	1	0	0	0	½	6½

3. Wilhelm Steinitz–Isidor Gunsberg

(gespielt vom 9. Dezember 1890 bis 22. Januar 1891 in New York/20 Partien)

	1	**2**	3	**4**	5	6	**7**	8	9	10	11	12	13	14	15	**16**	17	18	19	total
Steinitz	½	1	½	0	0	1	1	½	½	1	½	0	1	½	½	0	½	1	½	10½
Gunsberg	½	0	½	1	1	0	0	½	½	0	½	1	0	½	½	1	½	0	½	8½

4. Wilhelm Steinitz–Michail Tschigorin

(gespielt vom 1. Januar bis 28. Februar 1892 in Havanna/10 Siege)

	1	2	3	**4**	5	6	**7**	8	9	10	11	**12**	13	14	15	16	17	18	19	20	21	22	**23**	total
Steinitz	0	½	½	1	½	1	0	0	½	0	1	0	1	1	0	1	0	1	0	1	½	1	1	10
Tschigorin	1	½	½	0	½	0	1	1	½	1	0	1	0	0	1	0	1	0	1	0	½	0	0	8

5. Wilhelm Steinitz–Emanuel Lasker

(gespielt vom 15. März bis 26. Mai 1894 in New York, Philadelphia und Montreal/10 Siege)

	1	2	3	4	5	6	**7**	8	**9**	**10**	**11**	12	**13**	14	15	16	**17**	18	19	total
Steinitz	0	1	0	1	½	½	0	0	0	0	0	½	1	1	0	0	1	½	0	5
Lasker	1	0	1	0	½	½	1	1	1	1	1	½	0	0	1	1	0	½	1	10

6. Emanuel Lasker–Wilhelm Steinitz

(gespielt vom 7. November 1896 bis 14. Januar 1897 in Moskau/10 Siege)

	1	**2**	**3**	4	5	6	7	8	9	10	11	**12**	13	14	15	16	**17**	total
Lasker	1	1	1	1	½	1	½	½	½	1	1	0	0	1	½	1	1	10
Steinitz	0	0	0	0	½	0	½	½	½	0	0	1	1	0	½	0	0	2

7. Emanuel Lasker–Frank J. Marshall

(gespielt vom 26. Januar bis 6. April 1907 in New York, Philadelphia, Memphis, Chicago und Baltimore/8 Siege)

	1	2	**3**	4	5	6	7	**8**	9	10	11	12	**13**	14	**15**	total
Lasker	1	1	1	½	½	½	½	1	½	½	½	1	1	1	1	8
Marshall	0	0	0	½	½	½	½	0	½	½	½	0	0	0	0	0

8. Emanuel Lasker–Dr. Siegbert Tarrasch

(gespielt vom 17. August bis 20. September 1908 in Düsseldorf und München/8 Siege)

	1	2	**3**	**4**	**5**	6	7	8	9	10	**11**	12	13	14	15	**16**	total
Lasker	1	1	0	1	1	½	1	½	½	0	1	0	1	½	½	1	8
Tarrasch	0	0	1	0	0	½	0	½	½	1	0	1	0	½	½	0	3

9. Emanuel Lasker–David Janowski

(gespielt vom 19. Oktober bis 9. November 1909 in Paris/10 Partien)

	1	**2**	**3**	4	**5**	**6**	7	8	9	**10**	total
Lasker	½	1	1	1	1	0	1	½	1	1	8
Janowski	½	0	0	0	0	1	0	½	0	0	2

10. Emanuel Lasker–Karl Schlechter

(gespielt vom 7. Januar bis 10. Februar 1910 in Wien und Berlin/10 Partien)

	1	2	3	4	**5**	6	7	8	9	**10**	total
Lasker	½	½	½	½	0	½	½	½	½	1	5
Schlechter	½	½	½	½	1	½	½	½	½	0	5

11. Emanuel Lasker–David Janowski

(gespielt vom 8. November bis 8. Dezember 1910 in Berlin/8 Siege)

	1	2	3	**4**	**5**	6	7	8	9	10	**11**	total
Lasker	1	½	½	1	1	½	1	1	1	1	1	8
Janowski	0	½	½	0	0	½	0	0	0	0	0	0

12. Emanuel Lasker–José Raoul Capablanca

(gespielt vom 15. März bis 28. April 1921 in Havanna/24 Partien)

	1	2	3	4	**5**	6	7	8	9	**10**	**11**	12	13	**14**	total
Lasker	½	½	½	½	0	½	½	½	½	0	0	½	½	0	5
Capablanca	½	½	½	½	1	½	½	½	½	1	1	½	½	1	9

13. José Raoul Capablanca–Alexander Aljechin

(gespielt vom 16. September bis 29. November 1927 in Buenos Aires/6 Siege)

	1	2	3	4	5	6	**7**	8	9	10	11	**12**	13	14	15	16	17	18	19	20	**21**	22	23	24	25	26	27	28	29	30	31	32	33	**34**	total
Capablanca	0	½	1	½	½	½	1	½	½	½	0	0	½	½	½	½	½	½	½	½	0	½	½	½	½	½	½	½	1	½	½	0	½	0	3
Aljechin	1	½	0	½	½	½	0	½	½	½	1	1	½	½	½	½	½	½	½	½	1	½	½	½	½	½	½	½	0	½	½	1	½	1	6

14. Alexander Aljechin–Jefim Bogoljubow

(gespielt vom 6. September bis 12. November 1929 in Deutschland und Holland/30 Partien)

	1	2	3	4	5	**6**	7	**8**	9	10	11	12	13	14	15	16	**17**	18	19	20	21	**22**	23	24	25	total
Aljechin	1	½	½	0	1	0	1	1	½	1	½	1	0	0	½	1	1	0	1	½	1	1	½	½	½	15½
Bogoljubow	0	½	½	1	0	1	0	0	½	0	½	0	1	1	½	0	0	1	0	½	0	0	½	½	½	9½

15. Alexander Aljechin–Jefim Bogoljubow

(gespielt vom 1. April bis 14. Juni 1934 in Deutschland/30 Partien)

	1	**2**	3	**4**	5	6	7	8	9	10	11	12	13	14	15	**16**	**17**	18	19	20	21	22	23	**24**	**25**	26	total
Aljechin	½	1	½	1	½	½	½	½	1	0	1	½	½	½	½	1	1	½	½	½	1	½	0	0	1	½	15½
Bogoljubow	½	0	½	0	½	½	½	½	0	1	0	½	½	½	½	0	0	½	½	½	0	½	1	1	0	½	10½

16. Alexander Aljechin–Max Euwe

(gespielt vom 3. Oktober bis 15. Dezember 1935 in Holland/30 Partien)

	1	**2**	3	4	5	6	7	8	**9**	10	11	12	13	14	15	16	17	18	19	**20**	21	22	23	24	25	**26**	27	28	29	30	total
Aljechin	1	0	1	1	½	½	1	0	1	0	½	0	½	0	½	1	½	½	1	0	0	½	½	½	0	0	1	½	½	½	14½
Euwe	0	1	0	0	½	½	0	1	0	1	½	1	½	1	½	0	½	½	0	1	1	½	½	½	1	1	0	½	½	½	15½

17. Max Euwe–Alexander Aljechin

(gespielt vom 5. Oktober bis 16. Dezember 1937 in Holland/30 Partien)

	1	2	3	4	5	**6**	7	**8**	9	10	11	12	13	14	15	16	17	18	19	20	**21**	22	23	24	**25**	total
Euwe	1	0	½	½	1	0	0	0	½	0	½	½	1	0	½	½	1	½	½	½	0	0	½	0	0	9½
Aljechin	0	1	½	½	0	1	1	1	½	1	½	½	0	1	½	½	0	½	½	½	1	1	½	1	1	15½

18. Fünferwettkampf

(gespielt vom 2. März bis 16. Mai 1948 in Den Haag und Moskau)

1.		1	2	3	4	5	Punkte
1. Botwinnik	UdSSR	- - - - -	½ ½ **1** ½ ½	1 **1** 1 1 **0**	**1** ½ **0** 1 1	1 ½ **1** ½ ½	14
2. Smyslow	UdSSR	½ ½ **0** ½ ½	- - - - -	0 0 ½ 1 ½	½ ½ 1 ½ ½	1 1 0 1 1	11
3. Keres	UdSSR	0 **0** 0 0 **1**	1 1 ½ 0 ½	- - - - -	0 ½ 1 0 ½	1 ½ 1 1 1	10½
4. Reschewski	USA	**0** ½ **1** 0 0	½ ½ 0 ½ ½	1 ½ 0 1 ½	- - - - -	1 ½ ½ 1 1	10½
5. Euwe	Niederlande	0 ½ **0** ½ ½	0 0 1 0 0	0 ½ 0 0 0	0 ½ ½ 0 0	- - - - -	4

19. Michail Botwinnik–David Bronstein

(gespielt vom 15. März bis 11. Mai 1951 in Moskau/24 Partien)

	1	2	3	4	**5**	6	7	8	9	10	**11**	**12**	13	14	15	16	17	18	**19**	20	21	22	**23**	24	total
Botwinnik	½	½	½	½	0	1	1	½	½	½	0	1	½	½	½	½	0	½	1	½	0	0	1	½	12
Bronstein	½	½	½	½	1	0	0	½	½	½	1	0	½	½	½	½	1	½	0	½	1	1	0	½	12

20. Michail Botwinnik–Wassili Smyslow

(gespielt vom 16. März bis 13. Mai 1954 in Moskau/24 Partien)

	1	**2**	3	4	5	6	7	8	**9**	10	11	**12**	13	**14**	**15**	16	17	18	19	20	21	22	**23**	24	total
Botwinnik	1	1	½	1	½	½	0	½	0	0	0	1	1	0	1	1	½	½	½	0	½	½	0	½	12
Smyslow	0	0	½	0	½	½	1	½	1	1	1	0	0	1	0	0	½	½	½	1	½	½	1	½	12

21. Michail Botwinnik–Wassili Smyslow

(gespielt vom 5. März bis 27. April 1957 in Moskau/24 Partien)

	1	2	3	4	5	**6**	7	8	9	10	11	**12**	**13**	14	15	16	**17**	18	19	20	21	22	total
Botwinnik	0	½	½	1	1	0	½	0	½	½	½	0	1	½	½	½	0	½	½	0	½	½	9½
Smyslow	1	½	½	0	0	1	½	1	½	½	½	1	0	½	½	½	1	½	½	1	½	½	12½

22. Wassili Smyslow–Michail Botwinnik Revanchekampf

(gespielt vom 4. März bis 9. Mai 1958 in Moskau/24 Partien)

	1	**2**	3	4	5	**6**	7	8	9	10	**11**	12	13	14	15	16	17	**18**	**19**	20	21	22	23	total
Smyslow	0	0	0	½	1	0	½	½	½	½	1	0	½	0	1	½	½	0	1	½	½	1	½	10½
Botwinnik	1	1	1	½	0	1	½	½	½	½	0	1	½	1	0	½	½	1	0	½	½	0	½	12½

23. Michail Botwinnik–Michail Tal

(gespielt vom 15. März bis 7. Mai 1960 in Moskau/24 Partien)

	1	2	3	4	5	**6**	7	**8**	**9**	10	11	12	13	14	15	16	**17**	18	**19**	20	21	total
Botwinnik	0	½	½	½	½	0	0	1	1	½	0	½	½	½	½	½	0	½	0	½	½	8½
Tal	1	½	½	½	½	1	1	0	0	½	1	½	½	½	½	½	1	½	1	½	½	12½

24. Michail Tal–Michail Botwinnik Revanchekampf

(gespielt vom 15. März bis 12. Mai 1961 in Moskau/24 Partien)

	1	2	**3**	4	5	6	**7**	**8**	9	10	11	12	13	14	15	16	17	**18**	19	20	**21**	total
Tal	0	1	0	1/2	1/2	1/2	0	1	0	0	0	1	0	1/2	0	1/2	1	0	1	1/2	0	8
Botwinnik	1	0	1	1/2	1/2	1/2	1	0	1	1	1	0	1	1/2	1	1/2	0	1	0	1/2	1	13

25. Michail Botwinnik–Tigran Petrosjan

(gespielt vom 23. März bis 20. Mai 1963 in Moskau/24 Partien)

	1	2	3	4	**5**	6	7	8	9	10	11	12	13	**14**	**15**	16	17	**18**	19	20	21	22	total
Botwinnik	1	½	½	½	0	½	0	½	½	½	½	½	½	1	0	½	½	0	0	½	½	½	9½
Petrosjan	0	½	½	½	1	½	1	½	½	½	½	½	½	0	1	½	½	1	1	½	½	½	12½

26. Tigran Petrosjan–Boris Spasski

(gespielt vom 9. April bis 9. Juni 1966 in Moskau/24 Partien)

	1	2	3	4	5	6	7	8	9	**10**	11	12	13	14	15	16	17	18	**19**	**20**	21	22	**23**	24	total
Petrosjan	½	½	½	½	½	½	1	½	½	1	½	½	0	½	½	½	½	½	0	1	½	1	0	½	12½
Spasski	½	½	½	½	½	½	0	½	½	0	½	½	1	½	½	½	½	½	1	0	½	0	1	½	11½

27. Tigran Petrosjan–Boris Spasski

(gespielt vom 14. April bis 17. Juni 1969 in Moskau/24 Partien)

	1	2	3	**4**	**5**	6	7	8	9	10	11	12	13	14	15	16	17	18	**19**	**20**	**21**	22	23	total
Petrosjan	1	½	½	0	0	½	½	0	½	1	1	½	½	½	½	½	0	½	0	1	0	½	½	10½
Spasski	0	½	½	1	1	½	½	1	½	0	0	½	½	½	½	½	1	½	1	0	1	½	½	12½

28. Boris Spasski–Robert Fischer

(gespielt vom 11. Juli bis 3. September 1972 in Reykjavik)

	1	2	**3**	4	**5**	**6**	7	**8**	9	10	**11**	12	13	14	15	16	17	18	19	20	**21**	total
Spasski	1	1	0	½	0	0	½	0	½	0	1	½	0	½	½	½	½	½	½	½	0	8½
Fischer	0	0	1	½	1	1	½	1	½	1	0	½	1	½	½	½	½	½	½	½	1	12½

Kandidaten-Wettkämpfe, Finale: Anatoli Karpow–Viktor Kortschnoi

(gespielt vom 15. September bis 20. November 1974 in Moskau/24 Partien)

	1	**2**	3	4	5	**6**	7	8	9	10	11	12	13	14	15	16	**17**	18	**19**	20	**21**	22	23	24	total
Karpow	½	1	½	½	½	1	½	½	½	½	½	½	½	½	½	½	1	½	0	½	0	½	½	½	12½
Kortschnoi	½	0	½	½	½	0	½	½	½	½	½	½	½	½	½	½	0	½	1	½	1	½	½	½	11½

29. Robert Fischer–Anatoli Karpow

Karpow wurde am 3. April 1975 zum Weltmeister proklamiert,
da Titelverteidiger Fischer zum Wettkampf in Manila nicht antrat.

30. Anatoli Karpow–Viktor Kortschnoi

(gespielt vom 17. Juli bis 18. Oktober 1978 in Baguio, Philippinen/6 Siege)

	1	2	3	4	5	6	7	**8**	9	10	**11**	12	13	14	15	16	**17**	18	19	20	21	22	23	24	25	26	**27**	28	29	30	**31**	**32**	total
Karpow	½	½	½	½	½	½	½	1	½	½	0	½	1	1	½	½	1	½	½	½	0	½	½	½	½	½	1	0	0	½	0	1	6
Kortschnoi	½	½	½	½	½	½	½	0	½	½	1	½	0	0	½	½	0	½	½	½	1	½	½	½	½	½	0	1	1	½	1	0	5

31. Anatoli Karpow–Viktor Kortschnoi

(gespielt vom 1. Oktober bis 19. November 1981 in Meran/6 Siege)

	1	2	3	**4**	5	**6**	7	8	**9**	10	11	12	13	14	15	16	17	**18**	total
Karpow	1	1	½	1	½	0	½	½	1	½	½	½	0	1	½	½	½	1	6
Kortschnoi	0	0	½	0	½	1	½	½	0	½	½	½	1	0	½	½	½	0	2

32. Anatoli Karpow–Garri Kasparow

(gespielt vom 10. September 1984 bis 15. Februar 1985 in Moskau/6 Siege)

	1	2	**3**	4	5	**6**	**7**	8	**9**	10	11	12	13	14	15	16	17	18	19	20	21	22	23	24
Karpow	½	½	1	½	½	1	1	½	1	½	½	½	½	½	½	½	½	½	½	½	½	½	½	½
Kasparow	½	½	0	½	½	0	0	½	0	½	½	½	½	½	½	½	½	½	½	½	½	½	½	½

	25	26	**27**	28	29	30	31	**32**	33	34	35	36	37	38	39	40	41	42	43	44	45	46	**47**	**48**	total
Karpow	½	½	1	½	½	½	½	0	½	½	½	½	½	½	½	½	½	½	½	½	½	½	0	0	5
Kasparow	½	½	0	½	½	½	½	1	½	½	½	½	½	½	½	½	½	½	½	½	½	½	1	1	3

Der Wettkampf wurde nach 48 Partien von FIDE-Präsident Campomanes abgebrochen und neu angesetzt.

33. Anatoli Karpow–Garri Kasparow Neuansetzung

(gespielt vom 2. September bis 9. November 1985 in Moskau/24 Partien)

	1	2	3	**4**	**5**	6	7	8	9	10	**11**	12	13	14	15	**16**	17	18	**19**	20	21	**22**	23	**24**	total
Karpow	0	½	½	1	1	½	½	½	½	½	0	½	½	½	½	0	½	½	0	½	½	1	½	0	11
Kasparow	1	½	½	0	0	½	½	½	½	½	1	½	½	½	½	1	½	½	1	½	½	0	½	1	13

34. Garri Kasparow–Anatoli Karpow Revanchekampf

(gespielt vom 28. Juli bis 8. Oktober 1986 in London und Leningrad/24 Partien)

	1	2	3	**4**	**5**	6	7	**8**	9	10	11	12	13	**14**	15	**16**	**17**	**18**	**19**	20	21	**22**	23	24	total
Kasparow	½	½	½	1	0	½	½	1	½	½	½	½	½	1	½	1	0	0	0	½	½	1	½	½	12½
Karpow	½	½	½	0	1	½	½	0	½	½	½	½	½	0	½	0	1	1	1	½	½	0	½	½	11½

35. Garri Kasparow–Anatoli Karpow

(gespielt vom 10. Oktober bis 19. Dezember 1987 in Sevilla/24 Partien oder 6 Siege innerhalb des Limits)

	1	**2**	3	**4**	**5**	6	7	**8**	9	10	**11**	12	13	14	15	**16**	17	18	19	20	21	22	**23**	**24**	total
Kasparow	½	0	½	1	0	½	½	1	½	½	1	½	½	½	½	0	½	½	½	½	½	½	0	1	12
Karpow	½	1	½	0	1	½	½	0	½	½	0	½	½	½	½	1	½	½	½	½	½	½	1	0	12

36. Garri Kasparow–Anatoli Karpow

(gespielt vom 7. Oktober bis 31. Dezember 1990 in New York und Lyon/24 Partien oder 6 Siege innerhalb des Limits)

	1	**2**	3	4	5	6	**7**	8	9	10	11	12	13	14	15	**16**	**17**	**18**	19	**20**	21	22	**23**	24	total
Kasparow	½	1	½	½	½	½	0	½	½	½	½	½	½	½	½	1	0	1	½	1	½	½	0	½	12½
Karpow	½	0	½	½	½	½	1	½	½	½	½	½	½	½	½	0	1	0	½	0	½	½	1	½	11½

Eröffnungsregister

Literatur

Bachmann, L.: Das Schachspiel und seine historische Entwicklung, Leipzig 1924

Bachmann, L.: Schachmeister Steinitz, Bd. 1–4, Ansbach 1913, 1923 und 1925

Barcza, G., Alföldy, L., Kapu, J.: Die Weltmeister des Schachspiels, Bd. 1 und 2, Von Morphy bis Aljechin, Von Botwinnik bis Fischer, Budapest 1975

Baturinski, V.: Das Schachgenie Karpow, Berlin 1991

Blümich, M.: Aljechins Sieg, Leipzig 1937

Botwinnik, M.: Dem Ziel entgegen, Moskau 1980

Botwinnik, M.: Der Schachwettkampf Botwinnik/Smyslow 1954, Moskau 1955

Euwe, M., Spaak, B.: Caissas Weltreich, Schacherinnerungen von Dr. Max Euwe, Berlin (West) 1956

Euwe, M.: Wereld-Kampionenschap Schaken 1948, Offizielles Turnierbuch des Niederländischen Schachbundes, Amsterdam 1948

Gligorić, S.: Von Aljechin bis Spasski, Belgrad 1971

Hannak, Dr., J.: Emanuel Lasker, Biographie eines Schachweltmeisters, Berlin (West) 1952

Kuiper, P. Feenstra: Hundert Jahre Schachturniere 1851–1950, Amsterdam 1964

Kuiper, P. Feenstra: Hundert Jahre Schachzweikämpfe 1851–1950, Amsterdam 1967

Lasa, T. v. d.: Zur Geschichte und Literatur des Schachspiels, Leipzig 1897

Maróczy, G.: Paul Morphy, Leipzig 1925

Minckwitz, J.: Der Entscheidungskampf zwischen W. Steinitz und J. H. Zukertort um die Meisterschaft der Welt, Leipzig 1886

Müller, H., Pawelczak, A.: Schachgenie Aljechin, Berlin (West) 1953

Nikitin, A.: Mit Kasparow zum Schachgipfel, Berlin 1991

Pasternjak, A.: Schach-Phänomen Bobby Fischer, München 1973

Pfleger, H., Metzing, H.: Schach: Spiel, Sport, Wissenschaft, Kunst, Hamburg 1984

Schallopp, E.: Der Schachwettkampf zwischen W. Steinitz und J. H. Zukertort, Leipzig 1886

Schubitz, G., Brinckmann, A.: Schach Geschichte(n), Legende und Wirklichkeit, Berlin (West) 1968

Stern, H.: Das Match des Jahrhunderts, Berlin 1960

Stern, H.: Die Revanche 1961, Berlin 1961

Suetin, A.: Schachstrategie der Weltmeister, Berlin 1983

Wilson, G.: A Picture History of Chess, New York 1981

Deutsche Schachblätter; I. Jahrgang 1909/10, Coburg 1910

Deutsche Schachblätter; XV. Jahrgang 1926, Leipzig 1926

Deutsche Schachzeitung; Jahrgänge 1885, 1886, 1892, 1901, 1907, 1908, 1910, 1922, 1923, 1935, Leipzig, Berlin

Deutsches Wochenschach und Berliner Schachzeitung; Jahrgänge 1892. 1896, 1903, 1910, Berlin

Illustrierte Zeitung, 21. Band 1873, 26. Band 1886, 27. Band 1887, Leipzig

SCHACH, Zeitschrift des Deutschen Schachverbandes der DDR, Berlin

The Icelandic Chess Magazine, Special World Chess Championship Issue, 1–23, Reykjavik 1972

Wiener Schachzeitung; Jahrgänge 1904, 1907, 1909, 1910, 1914, 1924, Wien

Bildnachweis

Fotos: ADN-Zentralbild (39), APN-Nowosti (15), Archiv (177); Awerbach (4), Berliner Verlag (7), Freie Welt (2), Junge Welt (2), Keller–Herrmann (3), Machatscheck (1), Martin (2), Schach (2), Schachrundschau 64 (14), Sportverlag (4), Stolze (4), Ten Have (6), Turow (31); Behrendt (4), Billeb (4), Beyer (6), Dolmatowski (2), Donskoi (34), Götze (1), Haupt (2), Kaufman (12), Löffler (11), Schröter (2)